웹사이트 구축을 위한

# ASP 웹 프로그래밍

김 대 성 저

오성 오성미디어

# 머 리 말

일반적으로 홈 페이지의 제작은 가장 기본적으로 HTML 문서로 간단하게 제작할 수 있다. 그러나 HTML에서 제공하는 태그 기능으로는 일부 특정한 내용을 제외하면 정적인 홈페이지 제작만 가능하며, 동적인 기능을 제공할 수 없다. 가령 어떤 사람이 홈페이지에 접속해서 글을 남겨 놓고 갈 수 있는 기능을 제공하고 싶다면 HTML만으로는 불가능하다. 따라서 게시판이라든지 다른 여러 가지 동적인 기능을 제공하기 위해서는 웹프로그래밍 언어를 이용하여 홈페이지를 제작해야 하는데, 이 웹 프로그래밍 언어는 ASP, PHP, JSP 등 여러 가지가 있다. 본서에서는 마이크로소프트사의 NT 계열 Windows 2000서버 등의 IIS에서 채택하고 있는 웹 프로그래밍 언어인 ASP (Active Server Page)의 초급 입문서이다. 따라서 본서는 ASP라고 하는 서버 스크립트를 이용하여 인터넷 상에서 여러 가지 유용한 콘텐츠를 구축하고자 하는 웹 프로그래머들을 위한 기본서이다. 본서의 특징으로는 웹서버 구축 및 ASP 웹 프로그래밍에 대한 기본적인 이해에 완벽을 기하기 위하여, 응용 프로그램을 작성하는데 필요한 관련된 내용을 세부적으로 설명하려고 노력하였으며, 데이터베이스 연동에 대한 충분한 설명을 첨부하였다. 필요한 경우 종합실습으로 실무능력을 제고할 수 있도록 본서 후미의 참고서적에 주어진 ASP 소스를 인용하여 응용하였다.

마지막으로 이 책이 웹 전문가가 되고자 원하는 사람들에게 많은 도움이 되기를 바라며, 원고가 완성될 수 있도록 도와주신 오성미디어의 오성걸 사장님께 깊은 감사를 드린다.

2012. 2월

연구실에서 저자

# 목 차

**제 1 장 웹서버 구축에 필요한 환경** ··· 1

1.1 인터넷과 웹서버 ··· 1
1.2 웹사이트 구축 시 고려사항 ··· 8
1.3 시스템 환경과 웹서비스 소프트웨어 ··· 8
1.4 웹사이트 구축 후 고려사항 ··· 9

**제 2 장 웹서버 구축** ··· 11

2.1 IIS 설치전 고려해야 할 사항 ··· 11
2.2 IIS 설치 ··· 14
2.3 IIS 관리 및 MMC ··· 17

**제 3 장 웹 문서 제작 및 운용** ··· 32

3.1 HTML을 이용한 웹 문서 제작 ··· 32
3.2 HTML 문서의 구성 ··· 32
3.3 HTML 문서작성 ··· 41
3.4 멀티미디어와 HTML ··· 76
3.5 입력양식 작성하기 ··· 78

**제 4 장 ASP와 웹 문서** ··· 84

4.1 동적인 웹문서 작성과 CGI ··· 84
4.2 ASP와 CGI 개발 언어 ··· 86
4.3 ASP 웹문서 시작 ··· 87
4.4 ASP 웹문서 기초 ··· 90
4.5 ASP에서 유용한 VBScript 함수 ··· 106

**제 5 장 ASP 내장객체 ······ 127**
5.1 Request 객체 ······ 127
5.2 Response 객체 ······ 135
5.3 Server 객체 ······ 145
5.4 Application 객체 ······ 151
5.5 Session 객체 ······ 157
5.6 ObjectContext 객체 ······ 159

**제 6 장 서버 컴포넌트와 스크립트 객체 ······ 162**
6.2 스크립트 객체 및 파일 접근 ······ 168
6.3 카운터 만들기 ······ 190

**제 7 장 웹과 데이터베이스 ······ 199**
7.1 데이터베이스와 웹 ······ 199
7.2 ASP와 DB 연동 ······ 201
7.3 OLE DB에 관하여 ······ 219
7.4 SQL (Structed Query Language) 문 ······ 224

**제 8 장 게시판 만들기 ······ 231**
8.1 게시판에 사용할 DB 및 테이블 ······ 231
8.2 글올리기 폼 제작 ······ 234
8.3 올라온 글 DB 저장 ······ 240
8.4 글 리스트 보여주기 ······ 251
8.5 글의 내용 보기 ······ 263
8.6 글 수정하기 ······ 267
8.7 글 삭제하기 ······ 275
8.8 작은 따옴표와 HTML 태그효과 제한방법 ······ 278

8.9 글 검색하기 ··· 280
8.10 관리자 구역 ··· 285

**제 9 장 답변형 게시판 제작 ··· 291**

9.1 답변형 게시판용 DB 테이블 ··· 291
9.2 글올리기/답변하기 (write.asp) ··· 294
9.3 올린 글 저장하기 ··· 299
9.4 답변 글이 포함된 글 리스트 ··· 303
9.5 자세 내용보기 및 답변하기 ··· 309
9.6 수정 및 삭제하기 ··· 317
9.7 관리자 구역 ··· 325

**제 10 장 회원인증, 관리 ··· 333**

10.1 회원관리용 테이블 만들기 ··· 333
10.2 회원 가입 폼 작성 ··· 335
10.3 회원 등록하기 ··· 342
10.4 회원 로긴과 인증 ··· 344
10.5 회원정보 수정/탈퇴 ··· 354

**제 11 장 자료실 구축하기 ··· 365**

11.1 파일업로드 테스트 ··· 366
11.2 자료실을 위한 DB 테이블 ··· 375
11.3 자료실 게시판 구축 ··· 376

# 제 1 장 웹서버 구축에 필요한 환경

## 1.1 인터넷과 웹서버

### 1.1.1 인터넷 이란?

인터넷(Internet)은 "International Network"의 줄인 말로서 컴퓨터 기술과 통신 기술이 접목되어, 전 세계의 컴퓨터들이 하나의 거대한 "망"으로 연결되어 컴퓨터 간에 정보를 주고받을 수 있도록 구성된 네트워크의 네트워크(Network of Network)이다. 즉, 전 세계의 기업체와 연구소, 학교와 정부 등의 서로 다른 기관에 의해 서로 다른 목적으로 구성된 네트워크들이 인터넷이라는 거대한 전산망에 연결되어 다양한 서비스를 제공하는 정보망을 이룬다. 그러나 각각의 네트워크들은 서로 독립적으로 관리되어 서로 간섭을 받지 않으며, 전체 네트워크 망을 통제하고 관리하는 조직도 없다.

인터넷에서 서로 다른 컴퓨터 간에 정보를 주고받으려면 일정한 규칙을 정하여 서로 간에 약속이 되어 있어야 정보 교환이 정확히 이루어질 수 있다. 이렇게 서로 다른 컴퓨터 간에 정보를 정확히 주고받기 위하여 약속된 일종의 통신규약을 프로토콜(Protocol)이라고 한다. 인터넷은 통신 프로토콜로 TCP/IP(Transmission Control Protocol/Internet Protocol)를 사용한다. TCP는 보내진 데이터를 제어하는 역할을 하는 통신규약으로써, 주된 기능은 IP에서 구성된 패킷이 정확히 네트워크 사이에서 전송되는 지를 확인하는 것이다. 그리고 IP는 전송 프로토콜로서 주어진 패킷을 어떻게 목적지까지 보낼 것인가에 대한 통신 규칙이다. 이러한 IP의 특징은 정보를 전송하기 위한 주소체제를 가지고 있다는 점이다.

인터넷의 시초는 1969년 미국방성에서 군사적 목적으로, 여러 곳에 분산된 군사기관들을 연결한 통신망의 안정성 확보와 연구원들의 상호 간에 정보를 공유하기 위한 필요성이 제기되어 고안된 ARPAnet(Advanced Research Projects Agency Network)이다. 그 당시 ARPAnet은 네트워크의 일부가 손상되더라도 다른 경로를 통해서 데이터를 전송할 수 있어 신뢰성이 높은 패킷교환(packet switching)방식을 채택하였으며, 다른 시스템 간에도 전송이 가능하도록 하는 NCP(Network Control Protocol)을 사용하였다. 그러나 ARPAnet의 사용자가 늘고 다양한 형태의 네트워크 접속을 원하는 컴퓨터 기종이 다양해지면서 그 동안 사용해 온 NCP로는 원활한 통신을 할 수 없었다. 이를 해결하기 위해 인터넷 워킹(internetworking)을 지원하는 TCP/IP라는 새로운 프로토콜을 개발하였으며 점차적으로 인터넷을 위한 표준 프로토콜로 정착되었다.

그 후 1983년 ARPAnet이 군사용 통신망인 밀넷(MILNET)과 대학 및 민간 연구 기관이 사용할 수 있는 연구용 통신망인 BITnet으로 분리되어 본격적인 인터넷 환경이 실현되었다. 1986년에는 미국립과학재단(NSF; National Science Foundation)에서 재단의 다섯 군데의 슈퍼 컴퓨터를 TCP/IP통신 프로토콜을 사용하여 서로 연결하는 NSFnet을 구축하였다. 이후 고가의 슈퍼컴퓨터를 효율적으로 사용하기 위해 미국내의 대학과 연구소 및 학술 단체 그리고 기업 등이 네트워크로 연결되어 미국의 국가 연구망으로 발전하였다. 1990년 이후에는 전 세계의 대학, 연구소, 기업 등을 NSFnet에 연결함으로서 하나의 거대한 거미줄 망처럼 인터넷이 형성되었다.

이러한 인터넷은 컴퓨터와 네트워크를 바탕으로 상호간의 정보를 교환하는 통신 수단으로써, 1960년대 군사적 목적으로 등장한 이래로 1989년에 WWW(World Wide Web) 서비스가 개발되면서 급속도로 발전하기 시작하였다. 이러한 인터넷의 세계에서는 TCP/IP 프로토콜이라는 일종의 교통법규에 의해 통제되고 있는데 패킷형식으로 정보를 교환하고 있다. 이러한 패킷(Packet)은 패킷교환망에서 데이터를 송·수신할 때 고정된 작은 단위인 1024비트로  분할하는데 이 전송 단위를 말하며, 패킷안에 주소정보, 제어정보, 데이터가 들어가 있다. 이 패킷은 패킷 스위칭 이라는 교통신호와 표지에 따라서 목적지까지 이동하게 된다.

처음의 인터넷은 Telnet (원거리 접속), FTP (File Transfer Protocol) 등과 같이 텍스트를 기반으로 한 전문가들이 이용하던 운영형식이 "World Wide Web"의 등장과 함께 문자, 음성, 영상 등 멀티미디어 정보를 일반인들도 널리 얻고 쉽게 이용할 수 있게 되었으며, 그 영향력이 급속도로 확장되고 있다.

고퍼(Gopher), WAIS, WWW(World Wide Web) 등 인터넷 사용을 지원하는 다양한 프로그램이 보급됨에 따라 전문가들만이 사용하던 인터넷을 비전문가들도 손쉽게 인터넷을 사용할 수 있게 되었다. 특히 웹(Web)이라고 불리어지는 WWW는 일반 사용자들에게 쉬운 인터페이스와 화상, 동영상, 음성 등의 다양한 멀티미디어 정보를 제공함으로서 대중화의 초석이 되었다.

인터넷의 주요노선에는 많은 정보 교통량이 오가게 된다. 이 노선들은 통합적으로 인터넷 백본(Internet Backbone:인터넷의 주요 간선)이라고 불린다. 그 기반은 GTE, MCI, Sprint, UUNet, America Online의 ANS같은 주요 인터넷 서비스 공급 업체가 이루고 있는데, 이들은 인터넷내의 가장 큰 네트워크들이다.

실제로 WWW이 본격적으로 상용하기 시작한 1992년부터 인터넷의 호스트수와 사용자의 수는 폭발적으로 증가하였다. 인터넷에 연결된 컴퓨터를 호스트라 하는데, 그 수가 매우 급격히 증가하고 있으며, 계속해서 사용자가 기하급수적으로 늘어가고 있다.

우리나라의 인터넷은 1982년 서울대학교와 전자통신연구소(KIET)가 SDN(System Development Network)을 연결한 것이 시초가 되었다. 그 후 미국 및 유럽과의 자료 교환이 이루어지는 등의 발전을 거듭하여 1990년 하나(HANA) SDN망이 개통된 후 비로소 국내에서 인터넷의 시대를 맞이하게 되었다.

인터넷은 클라이언트-서버 모델 (Client-Server Model)을 기반으로 한다. 서버란 제공하고자 하는 내용, 즉 데이터를 서비스 하고자 하는 시스템의 하드디스크에 저장해 두고 이들을 외부에 공개해 주는 컴퓨터를 지칭하며, 이 서버 컴퓨터가 제공하는 정보를 얻어오기 위하여 사용하는 컴퓨터를 클라이언트라고 한다. 이러한 서버는 제공하고 있는 서비스의 종류에 따라 각기 다른 형태의 정보를 저장하고 있으며, 이에 따라 서버의 이름을 다르게 지칭하기도 한다. 예를 들어 웹 서비스를 제공하는 서버를 웹 서버, 데이터베이스를 제공하는 서버를 데이터베이스 서버라고 부르기도 한다.

〈표 1-1〉 인터넷 서버의 종류

| 서버 종류 | 서비스 | 기능 |
|---|---|---|
| 웹 서버 | 월드 와이드 웹 (WWW) | 홈페이지 보관, 브라우저 주문 응답 |
| POP 서버 | Post Office Protocol | 전자송수신 담당, 메일 전달 |
| SMTP 서버 | Simple Mail Transfer Protocol | 전자우편을 받아서 상대방의 SMTP 서버로 보냄. 서버간의 메일 전송 |
| DNS 서버 | Domain Nama Server | 도메인 네임 관리 유지 |
| 프록시 서버 | Proxy | 특정조직의 랜과 외부 네트워크 사이에서 방화벽 역할을 수행하며, 동시에 여러 외부 서버의 데이터를 대신 받아주는 역할 수행. |
| Telnet 서버 | Telnet | 원격 시스템 접속 지원 |
| FTP 서버 | File Transfer Protocol | 파일 송수신 지원 |

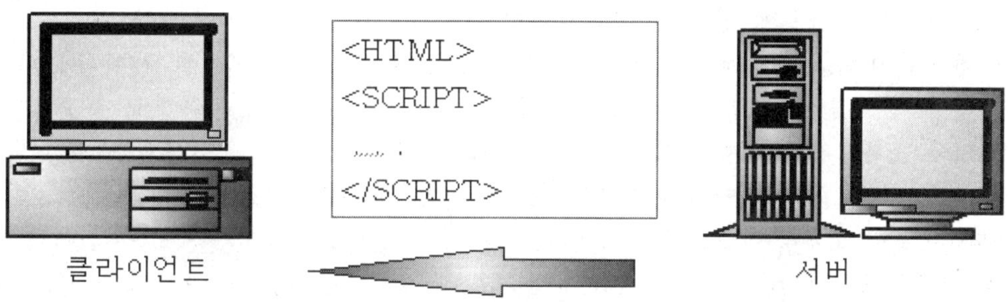


〈그림 1-1〉 클라이언트-서버 모델

이러한 서버와 클라이언트들은 역할을 수행하기 위한 프로그램이 필요하게 되며, 특정한 서버의 역할을 수행하는 프로그램을 지칭하여 서버 프로그램이라고 한다. 또한 일반 사용자는 클라이언트를 이용하여 서버에 접속하여 서비스를 이용하게 되는데 이 또한 클라이언트 프로그램이 사용된다. 예를 들어, WWW 서비스를 이용하기 위해서는 서버에는 시스템이 UNIX 혹은 LINUX 계열이면 아파치라는 웹 서버 프로그램이, 시스템이 Windows 또는 NT 계열이면 IIS (Internet Information Services)가 필요하며, 클라이언트에는 넷스케이프 네비게이터 혹은 인터넷 익스플로러와 같은 웹 브라우저 프로그램 (클라이언트 프로그램)이 있어야 한다. 웹 문서 (웹 페이지)는 하이퍼링크라는 기능을 이용하여, 텍스트, 오디오, 비디오, 이미지 파일 등에 연결할 수 있으며, 다른 서버에 있는 웹 페이지에도 쉽게 연결할 수 있도록 구성되어 있다. HTML (Hypertext Markup Language)로 작성된 서버의 웹 페이지는 이들 클라이언트 프로그램이 그 구성요소들을 해석하여 화면에 나타내주게 된다.

〈표 1-2〉 서비스와 사용하는 프로그램의 예

| 서비스 | 클라이언트 프로그램 | 서버 프로그램 |
|---|---|---|
| WWW | 웹브라우저 (Navigator, Explorer) | Apache, PWS, IIS |
| telnet | telnet, Netterm, 이야기 | telnet demon |
| FTP | ftp, WS_FTP | FTP demon |
| mail | mail, elm, Outlook Express, Messenger | Send Mail |

이들 네트워크는 서로 연결되어 있어, 미국뿐만 아니라 유럽, 일본, 아시아, 그리고전 세계를 잇는 초고속 노선을 형성한다. 그러나 그렇다고 해서 이 네트워크가 모든 곳에서 고르게 잘 개발되어 있는 것은 아니다. 미국의 백본에 연결되어 있는 노선은 많은 교차점을 가지고 있어서 한 부분이 느려지거나 막히면 데이터는 재빨리 다른 노선을 따라서 이동하게 된다. 이러한 특징을 중복(Redundancy)라고 한다. 미국 외의 나라의 네트워크에는 아무래도 이 중복이 적기 때문에 정보 전송이 느려지거나 막히는 문제가 더 심각한 편이다. 미국에서는 샌프란시스코, 산호세(캘리포니아), 시카고, 뉴욕(실제로는 펜소큰 뉴저지), 워싱턴 D.C.의 다섯 개 지점에 주요 노선이 교차되어 있는데 이는 마치 미국의 주요 항공사들 이 주요 도시에 착륙지점을 가지고 있는 것과 비슷하다. 이 통로들 중 세 개를 NAPs(Network Access Points:네트워크 접근점)이라고부르고 나머지 두 개를 MAEs(Metropolitan Area Exchange:대도시 교차점)이라고 부르지만 이들은 모두 근본적으로 같은 역할을 한다. 그것은 고속 네트워크 장비를 이용하여 주요 네트워크를 다른 (소규모)네트워크에 연결하는 것이다. 이런 네트워크들은 보다 작은 지역의 인터넷 제공 업체가 소유하고 있고 회사나 개인이 인터넷에 접속할 수 있도록 한다.

정부기관과 대학들도 연구나 지역 교육사회에 이용되는 슈퍼컴퓨터를 인터넷에 연결시키는데 능동적으로 참여하고 있다. 이것이 초반에 인터넷의 가장 큰 목적이었기는 했지만 개인적인 혹은 공적인 이유로 인터넷을 사용하는 사람들이 늘어나면서 이 인터넷의 백본(backbone)에는 커다란 정보 교통마비 현상이 나타나기 시작했다. 이제 인터넷을 다른 목적으로 이용하는 이용자가 너무 많아서 오히려 학계에서는 제대로 활용하지 못하고 있다.

### 1.1.2 웹사이트

제공하려는 정보를 HTML, ASP 등으로 웹 페이지를 작성하여 웹 서버에 저장해 두었다가 클라이언트가 웹 사이트에 접속하면 해당 페이지를 보내주는 컴퓨터 시스템을 말하며, 웹 서버를 구축하여 클라이언트에게 정보를 제공하기 위한 웹 사이트를 구축하기 위하여 필요한 시스템 요소는 하드웨어, 운영체제, 웹 서비스 소프트웨어, 네트워크 환경 (IP 주소 및 도메인), 그리고 웹 페이지이다.

웹 서버에 탑재되어 다양한 네티즌에게 웹 문서를 제공하는 역할을 담당하는 것이 웹 서비스 소프트웨어이다. 어떤 회사 등에서 웹 사이트를 운용하기 위해서는 웹 페이지를 탑재할 수 있는 웹 서버를 우선 구축해야 한다. 이 웹 서버를 구축하는데 필수적인 프로그램이 바로 웹 서비스 소프트웨어이며, 이 프로그램은 웹 콘텐츠를 제공하는데 있어서 보안, 접근권한 등 필요한 사항을 지원한다. 이러한 웹 서비스 소프트웨어는 UNIX 시스템에서 운영되는 Apache, 윈도우즈 NT 혹은 2000 서버에서 운영되는 IIS 등이 있다.

#### ⊙ 웹 서비스 소프트웨어 종류

조직의 규모가 큰 기업, 대학교, 관공서 등은 주로 UNIX 또는 LINUX 시스템에 Apache 웹 서비스 소프트웨어 또는 Windows NT 시스템의 IIS 웹서비스 소프트웨어를 사용하여 웹 서버를 구축하고 있다. 웹 서비스 소프트웨어를 무료로 제공하는 사이트는 많이 있으며, 예를 들어 아래의 사이트를 방문하면 자신의 시스템에 맞는 웹 서비스 소프트웨어를 구할 수 있을 것이다.

인터넷 초창기에는 주로 UNIX 운영체제를 사용하였기 때문에 웹 서버도 워크스테이션을 기반으로 구축되었으나, 최근 마이크로소프트사에서 Windows 2000 서버 등의 운영체제를 출시하여 저렴한 비용으로 웹 서버를 구축할 수 있게 되었다. 따라서 본서에서는 이들 마이크로소프트사에서 출시한 웹 서버 프로그램을 이용한 웹 서버 구축 및 처리절차에 대한 이해를 돕고, HTML, ASP, JavaScript, VBScript, Database를 통합하여 실무적인 웹 프로그래밍을 심층적으로 다루고자 한다. 그리고 이 웹 서버를 구축하기 위해서는 웹 페이지를 인터넷에서 연동시키기 위한 적절한 네트워크 환경을 가지고 있어야 한다.

#### ⊙ IP (Internet Protocol) 주소 및 호스트 네임

IP 주소(IP Address)와 도메인(Domain)은 구축된 웹 서버를 인터넷에 연동시키는데 있어서 필수적인 요소이다. 구축된 웹 서버에 환경을 설정하여 인터넷에 연동시키기 위해서는 다음 절차를 따라야 한다.

① 한국 통신 (http://www.adsl-service.co.kr/), 하나넷
(http://myhome.hananet.net/) 등 인터넷 전용선을 서비스하는 ISP (Internet Service Provider)로부터 IP 주소와 도메인을 할당받는다.

인터넷은 다양한 서비스를 제공하는 사이트에 접근하기 위하여 URL(Uniform Resource Locators)이라는 표준 주소방식을 이용한다. 이러한 URL의 형식은 다음과 같다.

protocol://sever_address/object_path

위에서 protocol에는 http 또는 ftp와 같은 응용계층의 프로토콜을 입력한다. 또한 sever_address에는 접속하고자 하는 서버의 IP address 또는 도메인을 입력한다. 예를 들면 다음과 같다.

도메인 : http://ebiz.kinst.ac.kr
IP Address : http://210.181.136.183

위와 같이 IP 주소는 숫자로만 구성되어 있기 때문에 사용자가 이용하거나 기억하는데 어려움이 따른다. 따라서 IP 주소를 대신하여 쉽게 이용할 수 있도록 이름이 부여된 도메인이 널리 사용된다. 인터넷에서 제공하는 컴퓨터 시스템의 주소 체계는 IP 주소와 호스트 네임이 있다. 호스트 네임 (도메인)은 인터넷상에서 문자로 구성된 시스템 주소이며 고, IP 주소는 도메인에 상응하는 8비트($2^8$=256)로 이루어진 4개의 숫자로 구성된 주소 체계이다. IP 주소와 도메인은 유일한 1:1의 관계를 가지고 있으며, 따라서 어떤 시스템에 접속하고자 하는 경우에는 IP 주소 혹은 도메인 이름을 사용해도 같은 호스트에 접속하게 된다.

IP 주소는 네트워크 주소와 호스트 주소로 구성되며 각각 4바이트(byte)로 구성된다. 인터넷의 사용자가 급증하고, 더 많은 컴퓨터들이 서로 연결될 수 있도록 하기 위해서 일반적으로 그림 1-2와 같이 3개의 클래스로 구분하여 사용하고 있다.

| A | 0 | 네트워크(7bit) | 호스트(8bit) | 호스트(8bit) | 호스트(8bit) |
|---|---|---|---|---|---|

| B | 1 | 0 | 네트워크(14bit) | 호스트(8bit) | 호스트(8bit) |
|---|---|---|---|---|---|

| C | 1 | 1 | 0 | 네트워크(21bit) | 호스트(8bit) |
|---|---|---|---|---|---|

〈그림 1-2〉 IP 주소 클래스

<그림 1-2>에서 A 클래스는 네트워크 주소 부분인 7bit ($2^7$=128)와 호스트 주소 부분인 24bit ($2^8$=256)로 구성된다. 따라서 126개의 네트워크와 16387064(254×254×254)개의 호스트를 나타낼 수 있다. 따라서 A 클래스는 국제적인 네트워크 또는 국가의 호스트들이 할당된다. B 클래스는 네트워크 주소 부분인 14bit와 호스트 주소 부분인 16bit로 구성된다. 따라서 A 클래스 보다 더 많은 네트워크와 적은 호스트(254×254개)로 나타낼 수 있다. 또한 C 클래스는 네트워크 주소 부분인 21bit와 호스트 주소 부분인 8bit로 구성된다. 따라서 A와 B 클래스 보다 더 많은 네트워크와 훨씬 적은 254개의 호스트를 나타낼 수 있다.

IP 주소는 A, B, C 등급으로 나누어져 있는데 회사에 따라 대기업은 A, 중소기업은 C 등급을 사용하고 있으나, 최근에는 C 등급을 여러 개 신청하여 사용하는 경향이 있다. 또한 IP 주소로 웹서버에 접속하기 위해서는 숫자 체계의 번호를 일일이 외워야하는 번거로움을 피하기 위하여 어떤 형식에 따라 문자로 구성된 도메인을 이용하면 웹 서버에 접속하기가 편리하다. 또한 도메인은 오른쪽으로 갈수록 상위 도메인을 나타낸다. 이러한 도메인은 다음과 같은 형식을 취한다.

시스템이름.소속기관.기관의성격.국가명 예) www.kinst.ac.kr

② 운영체제가 관할하는 네트워크 제어판에 할당받은 IP 주소와 도메인을 설정하면, 인터넷 응용프로그램 (FTP, Telnet 등)을 실행시킬 수 있다. 인터넷을 이용하기 위해서 과거에는 복잡한 네트워크 환경설정이 필요했지만, 최근에는 거의 모든 ISP가 사용자에게 자동으로 환경 설정과 접속을 해주는 프로그램을 제공하고 있다. 따라서, 매우 쉽게 ISP의 호

스트에 접속이 가능하고, 이를 통하여 여러 가지 지원 서비스를 이용할 수 있다.

③ 웹 서비스 소프트웨어에 다시 한번 IP와 도메인을 설정하여 인터넷에 연동된 웹 서버가 구축되어 클라이언트가 접속이 가능하도록 한다.

## 1.2 웹사이트 구축 시 고려사항

### ① 목표 설정

웹 사이트 구축에 대하여 기획을 할 때는 조직의 성격에 따른 목표를 구체적으로 설정해야 한다. 즉, 기획한 웹 사이트가 서비스를 통해 유형의 가치를 창출할 수 있는 분명한 목표가 있어야 한다.

### ② 비즈니스 측면의 수익구조

기획하고 있는 웹 사이트가 회사의 홍보나 개인의 취미가 아닌 비즈니스를 위한 것이라면 수익구조에 대하여 고려하여야 한다.

### ③ 사용자 분석

웹 사이트의 목표를 수익으로 설정한 경우에는 반드시 사용자에 대한 분석을 실시해야 한다.

### ④ 웹 서버의 위치결정 시 고려사항

웹 사이트의 설계와 분석 단계에서 고려해야 할 또 하나의 중요한 문제 중 하나가 바로 웹 서버를 설치하는 위치이다. 웹 서버는 네트워크 환경, 컨텐츠의 구성 복잡도, 웹 서버의 용도에 따른 클라이언트 수, 웹 사이트의 기능, 투자비용 대비 효과 등을 다음과 같이 고려하여 위치를 결정한다.

## 1.3 시스템 환경과 웹서비스 소프트웨어

웹서버 구축은 인터넷에 연동된 컴퓨터 시스템에 웹 서비스 소프트웨어를 탑재하고 적절한 환경을 구성하는 작업으로, 다양한 운영체제의 컴퓨터 시스템 환경에 탑재하여 웹 서버를 구축하는 경우를 살펴보자.

### ① 유닉스 시스템 환경 (UNIX, LINUX 등)

Apache 웹 서비스 소프트웨어를 설치하여 웹 서버를 구축하며, 현재 다양한 기능과 공개용이라는 장점 때문에 가장 많은 점유율을 보이고 있다. 이 Apache 소프트웨어는 윈도우즈 계열의 운영체제에도 설치하여 웹 서버 구축이 가능하지만, 현재로는 PWS나 IIS와 같이 GUI 환경을 제공하지 않기 때문에 윈도우즈 9x 계열의 운영체제에서는 웹 서버 운영에 조금 불편한 점이 있다.

### ② 서버 시스템 환경(Window NT 또는 2000 Server)

MS사의 IIS(Internet Information Services) 웹 서비스 소프트웨어를 설치하여 웹 서버를 구축한다. Windows 2000 Server 시스템에는 기본적으로 IIS 5.0 버전이 탑재되어 있으며, 기타 유용하고 다양한 확장 기능을 제공하고 있다.

> **웹 마스터 (Web Master)**
>
> 회사 등에서 웹서버 구축 및 관리, 홈페이지 운영 전반에 걸쳐 실무적인 책임을 지고 역할을 수행하는 사람을 말한다. 그러므로 웹 마스터는 웹 컨텐츠 디자인, 프로그램 기술, 데이터베이스 연동 기술, 인터넷 마켓팅 등의 지식을 가지고 있어야 한다. 이들 웹 마스터는 웹 디자이너, 웹 프로그래머, 웹 엔지니어, 웹 프로듀서 등으로 세분화할 수 있다.

## 1.4 웹사이트 구축 후 고려사항

### ① 시스템 유지/보수

웹사이트를 구축 운영하면서 빈번하게 부딪히는 문제가 접속자 수의 증가에 따른 네트워크 트래픽과 웹서버 시스템의 성능이다.

### ② 웹 사이트 신선도 유지

웹 사이트 내용에 대한 신선도 유지는 고객의 욕구를 지속적으로 만족시켜 주기 위해서 필요한 일이다.

### ③ 웹 사이트 홍보와 마케팅

홍보와 마케팅은 인터넷 웹 사이트 구축의 대표적인 목적이다. 웹 마스터는 웹 사이트를 구축만 해서는 안되며 전략적인 홍보와 마케팅 계획을 수립해야 한다.

# 제 2 장 웹서버 구축

Microsoft® Windows® Server 2003 제품군에 포함된 IIS(인터넷 정보 서비스)는 인트라넷, 인터넷 또는 엑스트라넷에서 통합되고, 안정적이고, 확장 가능하고, 안전하며, 관리 가능한 웹 서버 기능을 제공하고 있다. IIS는 동적 네트워크 응용 프로그램의 강력한 통신 플랫폼을 만드는 도구이며, 모든 규모의 조직에서 IIS를 사용하여 인터넷이나 인트라넷의 웹 페이지와 FTP 사이트를 호스트 및 관리하고 NNTP(네트워크 뉴스 전송 프로토콜)와 SMTP(단순 우편 전송 프로토콜)를 사용하여 뉴스나 메일을 라우팅할 수 있다. 최신 버전의 IIS 6.0에서는 Microsoft ASP.NET, XML 및 SOAP(Simple Object Access Protocol)와 같은 최신 웹 표준을 사용하여 웹 응용 프로그램을 개발하고, 구현하고, 관리할 수 있으며, 조직, IT 전문가, 웹 관리자 등이 하나의 IIS 서버나 여러 서버에서 앞으로 만들 수많은 웹 사이트에 대해 성능, 안정성, 확장성 및 보안이라는 목표를 달성하는 데 도움이 되는 새로운 기능을 갖고 있다.

악의적인 사용자나 공격자에 대비해 보다 능동적인 조치를 취할 수 있도록 기본적으로 Microsoft® Windows® Server 2003 제품군의 구성원에는 IIS가 설치되지 않는다. 또한 처음으로 IIS를 설치할 때는 보안 수준이 높은 "잠금" 모드로 설치된다. 즉, 기본적으로 IIS는 정적 콘텐트만 처리한다. 다시 말해서 ASP, ASP.NET, SSI(Server-Side Includes), WebDAV 게시 및 FrontPage® Server Extensions 같은 기능들은 따로 설정하지 않는 한 작동하지 않고, IIS를 설치한 후 이 기능을 사용하지 않으면 IIS는 404 오류를 반환하게 된다. IIS 관리자의 웹 서비스 확장 노드를 사용하면 동적 콘텐트를 지원할 수 있고 이러한 기능을 사용할 수 있게 된다. 또한 응용 프로그램 확장명이 IIS에 매핑되지 않으면 IIS는 404 오류를 반환한다. 확장명을 매핑하려면 응용 프로그램 매핑 설정을 참조하여 사용하면 된다.

## 2.1 IIS 설치전 고려해야 할 사항

IIS를 구성하기 전에 먼저 사용자들이 자주 접하는 문제를 이해하는 것이 중요하다. 예상되는 문제들을 미리 해결하고 넘어감으로써 구성 과정을 수월하게 진행할 수 있게 된다.

### 2.1.1 인터넷 연결 방화벽

Windows Server 2003 제품군 부터는 원격 컴퓨터에서 사용자의 서버로의 무단 연결을 방지하는 소프트웨어 기반 방화벽을 제공하고 있다. 인터넷 연결 방화벽은 기본적으로 사용되지는 않는다. 한편, Windows Server 2003 제품군 중 하나를 설치한 후 IIS를 설치하기 전에 기본 구성에서 방화벽을 사용하도록 설정하더라도 클라이언트는 서버에 연결할 수 없다. 다음 절차를 따라 클라이언트가 서버에 웹 및 기타 IIS 관련 연결을 시작할 수 있도록 인터넷 연결 방화벽을 구성할 수 있다.

※ 다음 절차를 수행하려면 로컬 컴퓨터에서 Administrators 그룹의 구성원이거나 적절한 권한을 위임받아야 한다. 최상의 보안을 유지하려면 Administrators 그룹에 속하지 않은 계정을 사용하여 컴퓨터에 로그온한 후 다음 계정으로 실행 명령을 사용하여 관리자로 이 절차를 수행하는 것이 좋다.

◉ IIS용 인터넷 연결 방화벽을 구성하려면

① 시작 메뉴에서 제어판을 클릭한다.

② 네트워크 연결을 두 번 클릭한다.

③ 로컬 영역 연결을 마우스 오른쪽 단추로 클릭한 다음 속성을 클릭한다.

④ 고급 탭을 클릭한다.

⑤ ICF(인터넷 연결 방화벽)를 사용하지 않으려면 인터넷에서 이 컴퓨터에 액세스하는 것을 제한하거나 금지하여 내 컴퓨터 및 네트워크 보호 확인란 선택이 취소되었는지 확인하고 확인을 클릭한다.

⑥ ICF(인터넷 연결 방화벽)를 사용하려면 인터넷에서 이 컴퓨터에 액세스하는 것을 제한하거나 금지하여 내 컴퓨터 및 네트워크 보호 확인란이 선택되었는지 확인하고 설정을 클릭한다.

⑦ 서비스 탭에서 클라이언트에게 액세스를 허용할 서비스를 사용할 수 있게 설정한다.

⑧ 서비스를 사용할 수 있게 설정하면 표시되는 서비스 설정 대화 상자에서 다음 작업 중 하나를 수행한다.

◉ 현재 작업 중인 컴퓨터에서 서비스를 사용할 수 있게 설정하면 컴퓨터의 이름이 표시된다. 확인을 클릭한다.

◉ 네트워크에 있는 다른 컴퓨터에서 서비스를 사용할 수 있게 설정하는 경우 해당 서비스를 호스트하는 컴퓨터의 이름과 IP 주소를 입력하고 확인을 클릭한다.

⑨ 클라이언트에게 액세스를 허용할 모든 서비스에 대해 7단계와 8단계를 반복한다.

### 2.1.2 원격 관리

많은 네트워크 관리자들은 원격으로, 즉 구성된 서버가 아닌 다른 컴퓨터에서 서버를 구성하길 원할 수 있다. 서버에 IIS를 설치할 때 다른 컴퓨터에서 이 IIS 설치를 구성하고 관리하려면 IIS를 실행하는 서버에 원격 관리를 구성해야 한다. 다음 도구를 사용하여 이 작업을 수행할 수 있다.

- ◉ IIS 관리자 : 서버의 IIS 관리자를 사용하여 IIS 4.0, IIS 5.0 또는 IIS 5.1(IIS 3.0은 지원 안 됨)을 실행하는 인트라넷 서버에 원격으로 연결하고 관리할 수 있다.
- ◉ 터미널 서비스 : 터미널 서비스를 사용하는 경우 IIS를 실행 중인 서버에 연결되면 웹 서버의 IIS 관리자를 로컬로 로그온한 것처럼 사용할 수 있기 때문에 원격 클라이언트 컴퓨터에 IIS 관리자를 설치할 필요가 없다.
- ◉ 원격 관리(HTML) 도구 : 원격 관리(HTML) 도구를 사용하면 인트라넷에 있는 모든 웹 브라우저에서 IIS 웹 서버를 관리할 수 있다. 이 버전의 원격 관리 도구는 IIS 6.0을 실행 중인 서버에서만 실행할 수 있다.

### 2.1.3 IP 주소 및 도메인 이름 등록

인터넷에 직접 연결된 서버에 IIS를 구성하는 경우(회사 네트워크 내에 있는 경우나 라우터를 사용하는 경우는 여기에 포함되지 않음) 이 IIS 구성에서 만들 각 사이트의 IP 주소와 도메인 이름을 알고 있어야 한다. 자세한 내용은 도메인 이름 확인 및 단일 서버에 여러 웹 사이트 호스팅을 참조할 수 있다.

서버가 회사 네트워크 내에 있거나 라우터를 사용하는 서버에 IIS를 구성하는 경우 네트워크 관리자에게 IP 주소를 확인해야 하며, IIS 서버의 들어오고 나가는 트래픽이 라우터 및/또는 방화벽을 통과할 수 있도록 요청해야 한다. 회사 네트워크 내에 있는 IIS 서버는 대개 인트라넷 전용으로 사용되기 때문에 대부분의 경우 도메인 이름을 등록할 필요가 없다.

웹 사이트의 IP 주소는 고유 IP 주소여야 한다. 동적 IP 주소는 모든 IIS 구성에 적합하지 않다.

### 2.1.4 사용 권한 및 액세스 제어

IIS를 구성하여 다른 서버나 네트워크 구성 요소(예: 라우터)를 통해 콘텐트를 제공하려는 경우 IIS 구성을 시작하기 전에 다른 서버나 네트워크 구성 요소를 구성하여 IIS 서버가 액세스할 수 있도록 해야 하고 사용자에게 적절한 인증 정보가 있어야 한다. 자세한 내용은 인증 및 액세스 제어를 참조하라.

## 2.2 IIS 설치

### 2.2.1 서버 구성 마법사를 사용하여 IIS를 설치하려면

① 시작 메뉴에서 사용자 서버 관리를 클릭한다.

② 서버 역할 관리에서 역할 추가/제거를 클릭한다.

③ 서버 구성 마법사에서 준비 단계를 읽고 다음을 클릭한다.

④ 서버 역할에서 응용 프로그램 서버(IIS, ASP.NET)를 클릭하고 다음을 클릭한다.

⑤ 요약을 읽고 다음을 클릭한다.

⑥ 마침을 클릭한다.

### 2.2.2 제어판에서 IIS를 설치하거나, 구성 요소를 추가 또는 제거하려면

① 시작 메뉴에서 제어판을 클릭한다.

② 프로그램 추가/제거를 두 번 클릭한다.

③ Windows 구성 요소 추가/제거를 클릭한다.

④ 구성 요소 목록 상자에서 응용 프로그램 서버를 클릭한다.

⑤ 자세히를 클릭한다.

⑥ 인터넷 정보 서비스(IIS)를 클릭한다.

⑦ 자세히를 클릭하여 IIS의 선택적 구성 요소 목록을 보고, 설치하려는 선택적 구성 요소를 모두 선택한다.

⑧ 확인을 계속 클릭하여 Windows 구성 요소 마법사로 돌아온다.

⑨ 다음을 클릭하여 Windows 구성 요소 마법사를 완료한다.

### 2.2.3 선택적 구성 요소

IIS에는 제어판의 프로그램 추가/제거 항목이나 무인 설치를 사용하여 언제든지 사용 여부를 설정할 수 있는 선택적 구성 요소가 있다. 다음은 이러한 구성 요소에 대한 설명과 현재 사용 중인 IIS 설정에 미치는 영향에 관해 설명하고자 한다.

IIS를 새로 설치할 경우 ASP(Active Server Pages), Internet Data Connector, Server-Side Includes 및 WebDav용 파일은 설치는 되지만 사용할 수 없도록 기본 설정되어 있다. 업그레

이드할 경우에는 기본적으로 모든 IIS 기능이 사용된다. Windows 구성 요소 마법사에서 이 구성 요소 중 하나를 선택하거나 선택 취소하면 해당 구성 요소는 WebSvcExtRestrictionList 메타베이스 속성에서 사용 여부가 설정됩니다.

### ⊙ BITS(Background Intelligent Transfer Service) 서버 확장

BITS(Background Intelligent Transfer Service)는 백그라운드 파일 전송 메커니즘 및 큐 관리자로, drizzle 서비스라고도 한다. BITS는 파일 요청을 조절하여 대역폭 소모를 최소화하고 최종 사용자 경험을 향상시켜준다. 서비스의 웹 서버 품질을 유지하려면 IIS에서 BITS를 사용하는 것을 권장한다. Windows 구성 요소 마법사에서 자세히를 클릭하여 다음과 같은 BITS 서버 구성 요소를 사용한다.

① BITS 서버 확장 ISAPI : 이 옵션을 사용하여 BITS 서버를 통해 IIS 요청을 조금씩 처리합니다.
② BITS 관리 콘솔 스냅인 : 이 옵션을 사용하여 BITS GUI(그래픽 사용자 인터페이스)에 액세스하여 봅니다.

### ⊙ 공용 파일

서버 환경의 보안을 위해 공용 파일의 일부를 선택 취소할 수 있다. 그러나 공용 파일 옵션 선택을 취소하면 모든 공용 파일 선택이 취소되어 IIS를 컴퓨터에 설치할 수 없게 된다. 그러므로 컴퓨터에 IIS를 설치하려면 이 옵션이 선택된 상태로 둔다. IIS와 함께 설치된 서비스와 구성 요소를 제한하려면 공용 파일 구성 요소 아래에 나열된 구성 요소를 개별적으로 선택을 취소한다.

### ⊙ FTP(File Transfer Protocol) 서비스

FTP(파일 전송 프로토콜)는 TCP/IP(전송 제어 프로토콜/인터넷 프로토콜)를 사용하는 네트워크에서 원격 컴퓨터 시스템 사이에 파일을 복사하는 데 사용된다.

### ⊙ FrontPage 2002 Server Extensions

FrontPage를 사용하면 사용자의 서버에서 웹 사이트를 손쉽게 만들 수 있고 원격으로 IIS에 웹 페이지를 만들고, 편집하고, IIS에 게시할 수 있다. 사용자가 사이트를 만드는 동안 FrontPage는 웹 페이지를 저장하고 변경하면서 IIS로의 연결을 유지하여 사용자가 자신의 사이트를 볼 수 있도록 한다. FrontPage Server Extensions를 설치하지 않도록 선택하면 직접 모든 웹 콘텐트를 복사하고 설정을 구성해야 하며 경우에 따라 이미 FrontPage에 등록된 응용 프로그램을 수동으로 등록해야 한다.

### ⊙ 인터넷 정보 서비스 관리자

IIS 관리자는 웹 사이트 관리를 위한 GUI(그래픽 사용자 인터페이스)이다. IIS의 이전 릴리스에서는 이 도구를 인터넷 서비스 관리자라고 불렀다. IIS 관리자를 사용하지 않더라도 서버를 관리할 수는 있지만 사이트, 응용 프로그램, 가상 디렉터리, 보안 설정 등을 만들려면 IIS API를 호출하는 코딩된 스크립트를 사용해야 한다.

### ⊙ NNTP Service

NNTP(Network News Transfer Protocol)를 사용하여 네트워크 뉴스 메시지를 NNTP 서버와 인터넷상의 NNTP 클라이언트(뉴스 읽기 프로그램)에 배포한다. NNTP는 인터넷에서 안정적인 스트림 기반의 뉴스 전송을 통해 뉴스 기사의 배포, 문의, 검색, 게시 기능을 제공한다. 또한 뉴스 기사를 중앙 데이터베이스의 서버에 저장하도록 설계되었으므로 사용자가 특정 항목을 선택하여 읽을 수 있다. 인덱스, 상호 참조, 기간이 만료된 메시지 처리 기능도 제공한다.

### ※ NNTP를 설치한 경우 브라우저 주소 표시줄에

file:\\%systemroot%\help\news.chm
을 입력하고 Enter 키를 누르면 Microsoft News (NNTP) Service 도움말을 볼 수 있다.

### ⊙ SMTP Service

SMTP(Simple Mail Transfer Protocol)를 사용하여 IIS와 연동되는 인트라넷 메일 서비스를 설치할 수 있다. SMTP는 네트워크상의 컴퓨터 간에 메시지를 보내는 TCP/IP 프로토콜이며, 이 프로토콜은 인터넷에서 전자 메일을 라우팅할 때 사용한다.

※ SMTP를 설치한 경우 브라우저 주소 표시줄에 file:\\%systemroot%\help\mail.chm
을 입력하고 Enter 키를 눌러 Microsoft Mail (SMTP) Service 도움말을 볼 수 있다.

### ⊙ World Wide Web 서비스

IIS는 인터넷과 World Wide Web 페이지를 지원한다. IIS의 기본 서비스를 수행하려면 이 구성 요소를 IIS에 설치해야 하며, 이 옵션을 선택하지 않으면 IIS를 사용할 수 없다.

World Wide Web 게시 서비스(WWW 서비스)에는 다음과 같은 하위 구성 요소가 있다.

① Active Server Pages : 서버에서 ASP를 사용하려면 이 옵션을 선택한다. 이 옵션을 선택하지 않으면 모든 .asp 요청에 대해 404 오류를 반환합니다.

② Internet Data Connector : 서버에서 Internet Data Connector를 사용하려면 이 옵션을 선택한다. 이 옵션을 선택하지 않으면 모든 .idc 요청에 대해 404 오류를 반환한다.

③ 원격 관리(HTML) : 인트라넷 웹 브라우저에서 IIS 웹 서버의 원격 웹 관리를 사용하려면 이 옵션을 선택한다. IIS를 설치하고 IIS 관리자를 통해 웹 사이트를 보면 IIS에서 Administration이라는 사이트를 만든다.

④ 원격 데스크톱 웹 연결 : 원격 위치에서 컴퓨터의 데스크톱에 연결하고 콘솔에서처럼 응용 프로그램을 실행하려면 이 옵션을 선택한다.

⑤ Server Side Includes: 서버에서 Server-Side Include 파일을 사용하려면 이 옵션을 선택한다. 이 옵션을 선택하지 않으면 모든 .shtm, .shtml 및 .stm 요청에 대해 404 오류를 반환한다.

⑥ WebDAV Publishing : 서버에서 WebDAV(Web Distributed Authoring and Versioning)를 사용하려면 이 옵션을 선택한다. WebDAV를 사용할 경우 모든 WebDAV 클라이언트에서 HTTP를 사용하여 WebDAV 디렉터리의 콘텐트를 게시하고 변경할 수 있다는 점을 제외하면 WebDAV는 FTP와 비슷하다.

⑦ World Wide Web 서비스 : World Wide Web 서비스를 설치하려면 이 옵션을 선택한다. 이 옵션을 선택하지 않으면 서버에서 IIS가 실행되지 않는다.

## 2.3 IIS 관리 및 MMC

① 홈 디렉토리란 서버의 IP 주소나 도메인을 입력할 때 연결되는 서버의 특정 디렉토리를 말한다. 위에서 IIS를 설치하고 나면 디폴트로 홈 디렉토리 "C:\Inetpub\wwwroot"가 설정되어 있음을  확인 할 수 있다.

② 이제 다음과 같이 인터넷 정보서비스 관리를 연다.

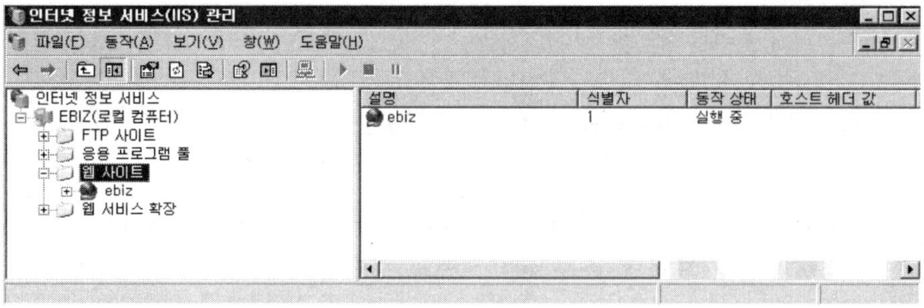


〈그림 2-1〉 인터넷 정보 서비스 (IIS) 관리 창

위 <그림 2-1>에서 웹사이트의 아래에 등록된 ebiz (서버 마다 다른 이름으로 설정되어 있음)에 마우스 포인터를 위치시키고 오른쪽 버튼을 누르면, 속성이 보이는데 이 속성을 클릭하여 다음과 같이 인터넷정보 서비스 MMC(Microsoft Management Consol)이 나타나게 된다.

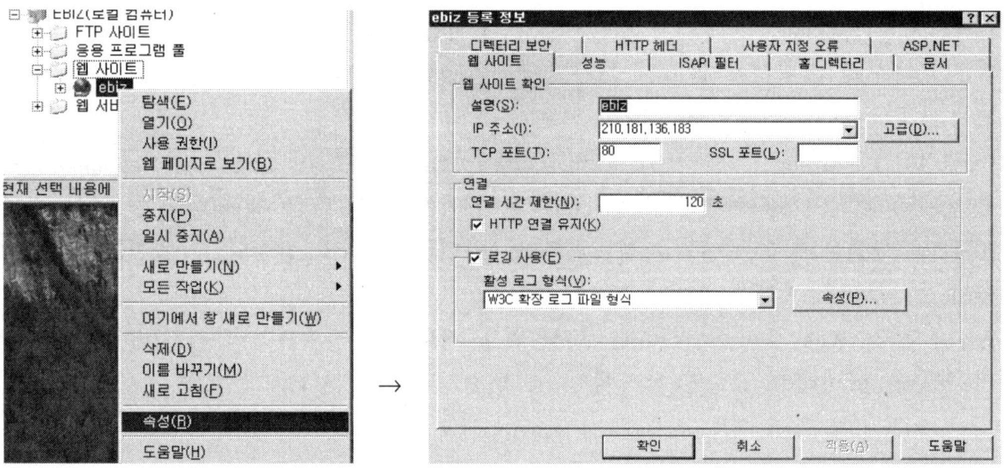


〈그림 2-2〉 인터넷정보서비스 MMC

이 MMC를 이용하면 여러 유형의 서비스, 즉 FTP, 웹사이트, 그리고 SMTP 등에 대한 통합 관리가 가능하다.

### ⊙ [웹 사이트] 탭

우선은 위의 창에서 보이는 [웹사이트] 탭에 대하여 공부해보자. 여기에서는 사이트에 대한 정보를 고치거나 포트 연결 제한 수 등을 지정할 수 있다. 웹 사이트의 포트는 80번을 이용하고 있는데, 이것은 디폴트 값이며 이 값을 변경하게 되면 그 포트번호를 알지 못하는 사람들은 결코 이 사이트에 접속하지 못하게 된다. 다음 두 번째의 내용인 [연결]에서는 기본적으로 연결 시간 초과가 120초로 지정되어 있으며, 이것은 클라이언트가 서버로 어떤 요청을 시도하여 연결된 후 120초 이상 다운로드가 안되는 경우에는 "시간이 초과 되었습니다"라는 메시지를 클라이언트에게 보내게 된다. 이러한 기본적인 세팅은 특별한 사유가 발생하지 않는 한 그대로 유지하여 사용하는 것이 좋다.

세 번째로 [로깅사용]은 여러 정보를 로그파일에 저장하겠다는 것을 의미하며, 이렇게 로그파일을 저장해 두면 나중에 여러 가지 클라이언트에 대한 로깅 정보, 예를 들어 어떤 IP 주소를 가진 클라이언트가 언제 현재 서버의 폴더에 접근 했는지 등을 파악할 수 있다. [로깅사용] 부분의 [등록정보] 버튼을 누르면 다음과 같은 창이 나타나게 된다.

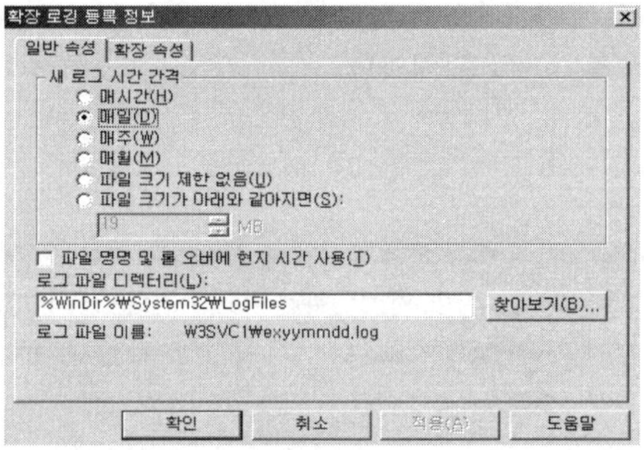


<그림 2-3> 인터넷정보서비스 확장 로깅 등록정보 (일반 속성) 창

위에서 보는 바와 같이 기본은 [매일]로 지정되어 있으며, 로그파일은 시스템 루트 디렉토리의 winnt\system32\Logfiles에 로그파일이 저장되며, 위의 창에서 [확장 속성] 탭을 클릭하면 어떠한 정보를 로그파일에 저장할 것인지를 정할 수 있는 다음 창이 뜨게 된다.

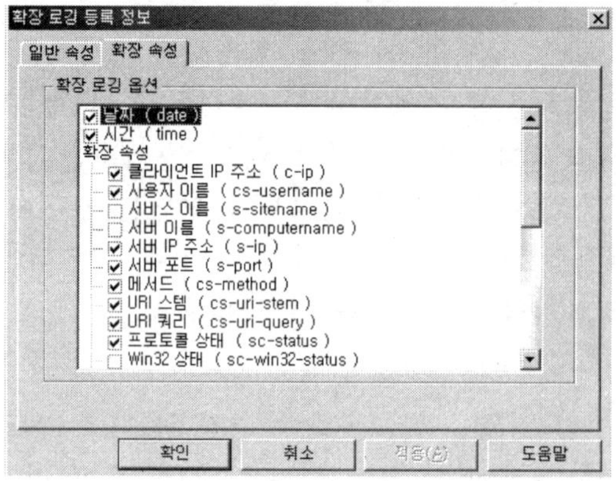


〈그림 2-4〉 인터넷정보서비스 확장 로깅 등록정보 (확장 속성) 창

이 로깅코드에 대한 자세한 분석 및 상세 사항은 Windows 2003 서버에 대한 전문서적을 참고하면 더 자세한 정보를 얻을 수 있을 것이다.

## ⊙ [디렉토리 보안] 탭

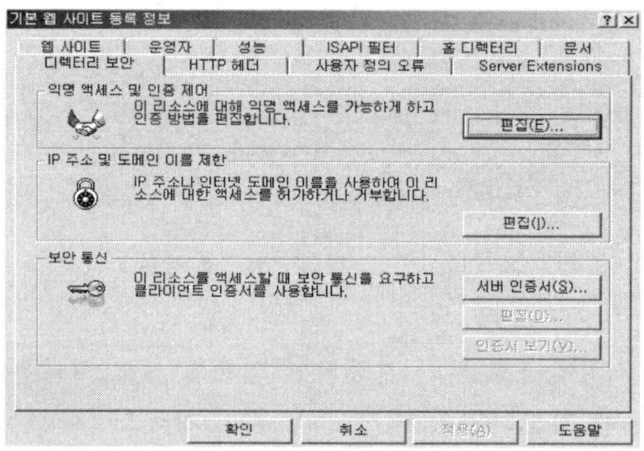


〈그림 2-5〉 인터넷정보서비스 디렉토리 보안 관리창

이곳은 IIS의 보안을 제어하는 중요한 부분이며, 아무나 서버에 함부로 접근할 수 없도록 제어할 수 있으며, 보안 처리도 할 수 있는 것이다. 여기에서는 3가지 구분, "익명 액세스 및 인증 컨트롤", "보안 통신", 그리고 "IP주소 및 도메인 이름제한"이 바로 그것이다. 그러나 이 책에서 Certificate Server (인증 서버)를 사용하여 암호키를 가지고 인증을 처리해야하는 "보안 통신"부분을 다루기에는 무리가 있기 때문에 다루지 않고, 이 부분은 관련 전문서적에 그 역

할을 넘기고, 여기에서는 인증 부분을 중심으로 이야기 하고자 한다.
우선 첫 번째로 "익명 액세스 및 인증 컨트롤"에서 [편집] 버튼을 누르면 다음 창이 뜨게 된다.

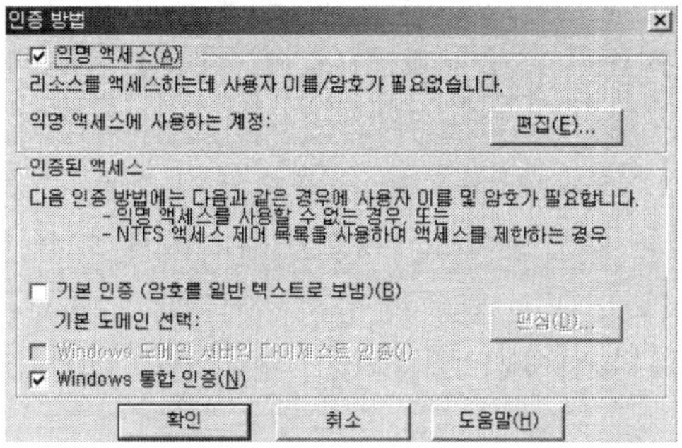


〈그림 2-6〉 인터넷정보서비스 디렉토리 보안 인증방법 창

인증 방법에는 위에서와 같이 3가지 방법이 있는데 이 방법들에 대하여 알아보자.

## ⊙ 익명 액세스

위의 익명액세스 탭에서 [편집] 버튼을 누르면 다음창이 뜬다.

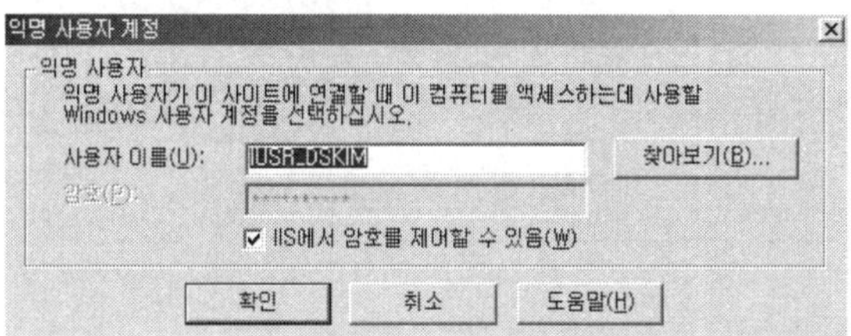


〈그림 2-7〉 인터넷정보서비스 디렉토리 보안 익명 액세스 관리

현재 사이트에 접근하는 사용자들은 모든 인터넷 게스트 계정 "IUSR_컴이름"이라는 계정을 통하여 서버로 접속을 시도하게 되며, 이 부분은 그러한 인터넷 게스트 계정을 허용할 것인지를 지정하는 곳으로 디폴트로 지정되어 있다. 이 "IUSR_컴이름" 계정은 윈도우즈 NT 또흔 윈도우즈 2003 서버의 IIS가 설치되면 자동으로 만들어지는 계정으로, 보안상 큰 문제가 없는 사이트라면 이 계정을 그대로 유지하는 것이 좋은데, 왜냐하면 이 계정을 지울 경우에는 모든 사용자들이 현재 서버에 계정이 있어야지만 접근할 수 있게 되기 때문이다. 위에서는 현재 컴퓨터 이름이 "DSKIM"임으로 이곳의 계정이 "IUSR_DSKIM"으로 지정되어 있다.

### ⊙ 기본 인증

많이 이용되는 인증 방법은 아니지만, 이 인증 방법을 사용하게 되면 브라우저가 사용자에게 인증을 위한 윈도우즈 서버의 계정과 패스워드를 묻게 되며, 사용자가 기입을 완성하면 내용을 암호화된 텍스트로 IIS 서버로 전달하게 된다. 이 인증을 사용하려면 모든 윈도우즈 서버 계정의 사용자는 반드시 "로컬 로그온"이라는 권한을 가지고 있어야하는데, 이 인증 방법은 상당히 빠르며, SSL (Secure Sockets Layer)를 사용하면 암호화 전송으로 인해 안전한 인증을 수행할 수 있게 된다. 그러나 SSL 없이 이 인증을 사용하게 되면 전송보안에 오히려 문제를 야기할 수 있기 때문에 많이 사용되는 방법은 아니다. 그러나 이 인증 방법이 아래의 Windows 통합인증 방법보다 효과적인 경우, 즉,

※ 방화벽(프록시서버)를 통하여 웹 서버에 접근하는 경우

※ 인터넷 익스플롤러가 아닌 다른 웹 브라우저로 서버에 접근하는 경우에는 이 기본인증 방법을 사용하는 것이 좋다.

**SSL (Secure Sockets Layer)란?**

TCP/IP 연결을 통해서 프라이버시와 인증, 메시지 무결성 등을 제공하는 프로토콜로 방화벽을 통해 통신을 강화하고, 웹 서버의 원격관리에 대해 보안을 제공해주는 역할을 하게된다. 이것을 이용하면 클라이언트와 서버는 침입, 변경, 위조의 가능성없이 통신이 가능하기 때문에 사용자의 정보를 안전하게 암호화하여 전송하게 된다.

### ⊙ 윈도우즈 통합 인증

이 방법을 이용하게 되면, 윈도우즈 서버에 처음 로그온하는 방법으로 인증을 거치게 되며, 따라서 보안성이 상당히 강하다고 볼 수 있다. 또한, 이 인증 방법을 사용하면 IIS에 대한 확실한 안정성을 보장해 주기는 하지만, 방화벽으로 보호된 서버 혹은 익스플롤러 이외의 브라우저를 이용하면 적용되지 않는다는 단점이 있다.

## ⊙ [HTTP 헤더] 탭

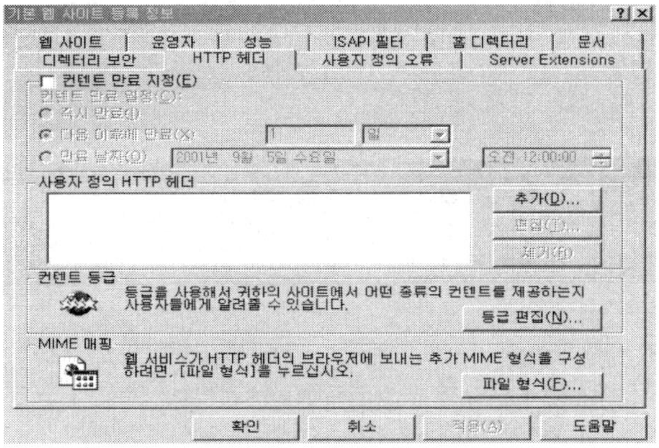


〈그림 2-8〉 인터넷정보서비스 HTTP 헤더 창

HTTP 헤더의 내용 만료시기, 사용자 정의 헤더, 내용의 등급 등을 설정할 때 이용된다. 예를 들어 "컨텐츠 만료 지정"을 선택하여 지정해 주면 서버와 클라이언트 사이의 보조적인 정보를 주고 받는 HHTP 헤더의 내용에 대한 날짜를 지정하여 보관, 삭제할 수 있게 되는데, 기본적으로는 설정이 안되어 있다. 다음으로 MIME 매핑은 클라이언트에게 데이터를 보내는 경우 그 데이터의 종류가 어떤 것인지를 알려주는 정보의 지도로, 이러한 정보가 있으면 클라이언트의 브라우저는 이러한 데이터를 어떻게 처리할 것인지를 쉽게 파악하여 속도를 빠르게 할 수 있게 된다.

## ⊙ [사용자정의 오류] 탭

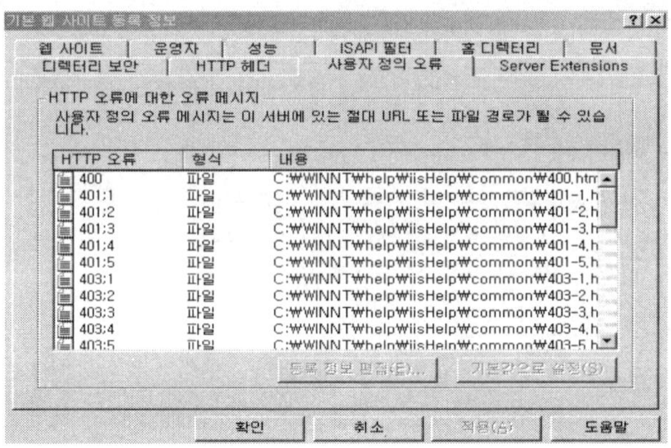


〈그림 2-9〉 인터넷정보서비스 HTTP 헤더 (사용자정의 오류) 창

이 페이지는 브라우저에서 만나게 되는 수많은 에러 메시지가 어떻게 존재하고, 어떻게 구성되어 있는지를 지정하고 있는데, 페이지을 조작하여 클라이언트에게 보내는 에러메시지를 조작할 수도 있다. 예를 들어, 우리가 자주 만나는 에러 메시지는 존재하지 않는 html 문서를 요청하는 경우 이러한 페이지를 만나게 된다.

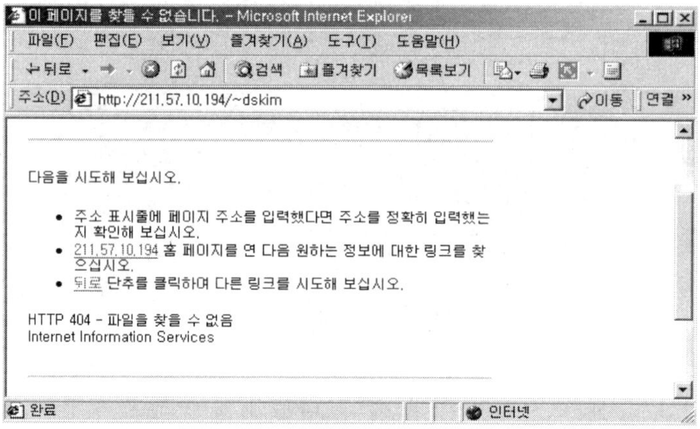


〈그림 2-10〉 존재하지 않는 HTML 문서를 요청한 경우 1

위의 오류 페이지는 404라는 에러코드를 알려주고 있는데, 이 의미는 현재 사이트에서 찾을 수 없는 페이지를 요청하면 HTTP 에러를 야기하고, 위의 "사용자 정의 오류" 창에 매칭된 404b.htm 페이지를 찾아서 클라이언트에게 되돌려 주고 있는 것이다. 그럼으로 우리는 위에서의 정보를 참고하여, c:\windows\help\iishelp\common\404b.htm의 페이지를 편집하면 조금 다른 모습의 창이 다음과 같이 열리게 된다.

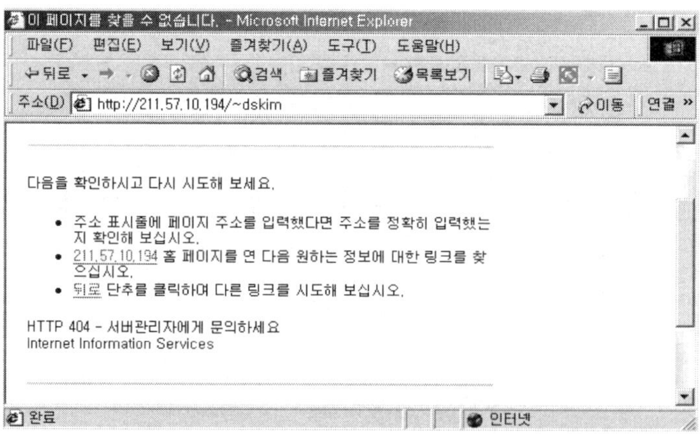


〈그림 2-11〉 존재하지 않는 HTML 문서를 요청한 경우 2

## ⊙ [운영자] 탭

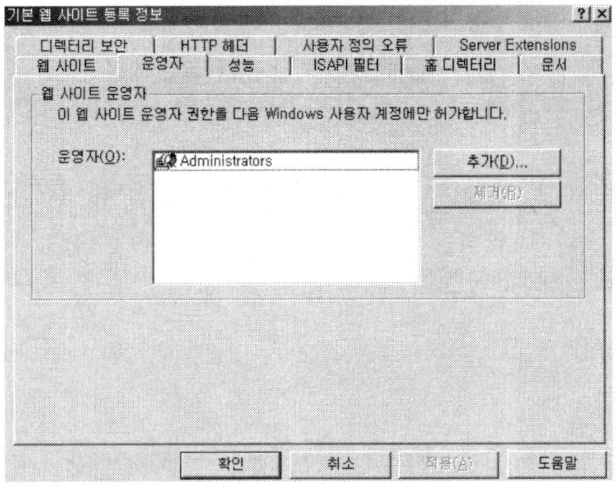


〈그림 2-12〉 인터넷정보서비스 운영자 탭

이 페이지는 간단한 내용을 포함하고 있으며, 웹 사이트를 관리할 수 있는 사용자들을 지정하는 곳이다. 기본적으로는 서버 관리자 계정인 Administrators가 들어 있으며, 추가로 어떤 계정 또는 그룹으로 웹사이트를 관리하고자 원한다면 그 계정 똔느 그룹을 추가하면 된다.

## ⊙ [성능] 탭

다음으로 [성능] 탭을 클릭하면 다음 창이 열린다.

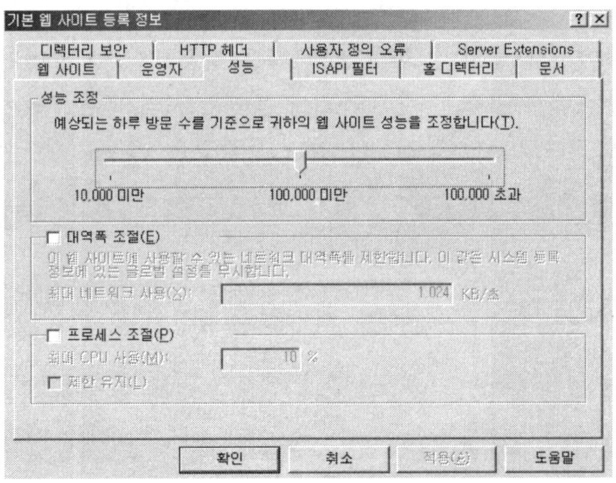


〈그림 2-13〉 인터넷정보서비스 성능 탭

위에서 성능조정 부분은 서버의 성능을 향상시킬 수 있는 부분으로, 사이트의 적절한 접속인원을 예상하여, 클라이언트 요청정보를 저장하는 캐시의 크기를 적절히 결정하게 만들어 준다. 기본은 하루 10만으로 되어 있으며, 너무 크게 정하면 서버 캐쉬 메모리의 낭비임으로 적절히 세팅하여 사용할 수 있다.

다음 "대역폭 조절"은 해당 사이트가 사용하는 네트워크의 대역폭을 제한하는데 사용되며, 기본으로는 1024KB/초로 되어 있다. 마지막으로 "프로세스 조절"은 10%로 세팅되어 있는데, 서버에 부담이 되지 않는 범위에서 설정해 두면 된다.

## ⊙ [ISAPI 필터] 탭

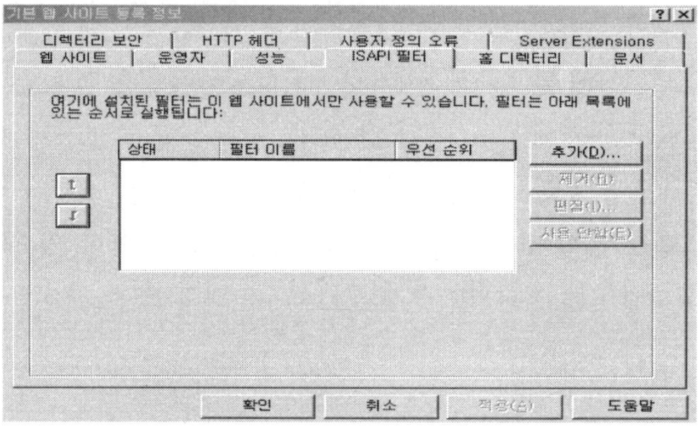


〈그림 2-14〉 인터넷정보서비스 ISAPI 필터 탭

이 페이지는 애플리케이션의 일종인 ISAPI를 제작한 경우 그 ISAPI 필터를 설치하는 공간이다. ISAPI로 제작된 DLL은 이곳에서 설치되고 구성해서 서버의 메모리에 탑재되어 클라이언트의 요청에 응답하게 된다. ISAPI에 관심이 있는 사람들은 Visual C++ 관련 전문서적 등에서 그 제작 방법을 공부할 수 있다.

**ISAPI (Internet Server Application Programming Interface)**

기존의 CGI 단점을 극복하기 위하여 등장하였으며, 기존의 CGI가 실행파일 형식으로 클라이언트의 요구때 마다 각각의 프로세스를 만들어 주었지만, 이 ISAPI는 단 하나의 프로세스를 모든 사용자가 함께 공유하여 서버의 성능을 향상시켜주고 있다. ISAPI는 익스텐션과 필터라는 두 종류로 제작될 수 있다. 이 ISAPI는 ASP와 마찬가지로 DLL로 제작되어 서버에 한번 로딩 되면 계속하여 클라이언트의 요청에 응답하게 된다. 일단 메모리에 탑재되면 계속하여 클라이언트의 요청을 처리하여 그 기능이 상당히 탁월하다.

## ⊙ [홈 디렉토리] 탭

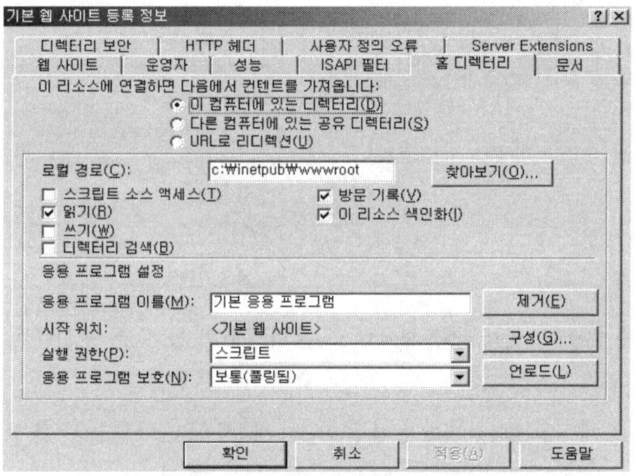


〈그림 2-15〉 인터넷정보서비스 홈디렉토리 탭

이 페이지는 내용이 많음으로 하나하나 설명해 보기로 하자.

## ○ 홈 디렉토리 설정

이 버튼에 표시가 되어 있다면, 이것은 현재 사이트의 홈 디렉토리가 현재의 PC에 존재한다는 의미이다. 기본적으로는 c:\Inetpub\wwwroot로 경로가 정해져 있으며, 가능하면 바꾸지 않는 것이 좋다.

그러나 변경하기를 원하면 인터넷정보서비스 관리를 이용하여 홈 디렉토리를 변경하여 사용할 수 있다.

### ○ 다른 컴퓨터에 있는 공유 디렉토리

이 옵션을 선택하게 되면, 클라이언트에 제공할 웹 문서들의 자신의 로컬 서비스가 아닌 네트워크 상의 다른 컴퓨터에 둘 수 있게 된다.

경로를 적어줄 경우에는 "\\컴퓨터이름\공유폴더" 와 같이 형식에 맞추어 지정해 주어야한다. 또한 이렇게 다른 컴퓨터를 지정할 경우에는 네트워크 상에 지정된 컴퓨터는 홈 디렉토리로 사용할 폴더를 공유해야하며, 그 컴퓨터로 접근할 수 있는 서버계정을 지정해 주어야 한다.

### ○ URL로 리디렉션

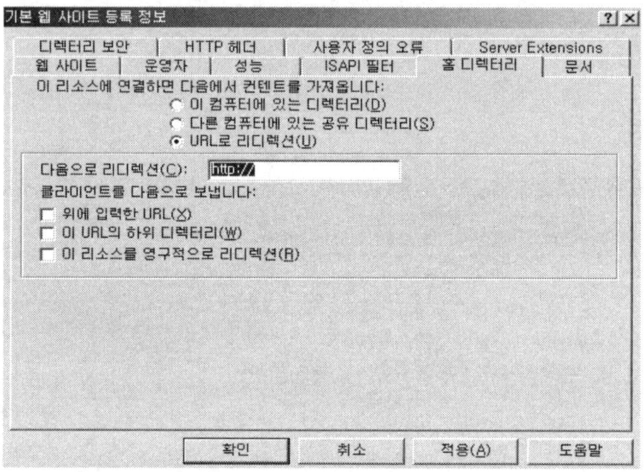


〈그림 2-16〉 인터넷정보서비스 홈디텍토리 URL로 리디렉션 탭

이 기능은 우리 사이트에 접근하는 사용자들이 현재 사이트의 다른 가상 디렉토리나 특정한 하나의 페이지로 전부 되돌리게 하는 기능을 갖게된다. 현재 사이트 내부에 존재하는 페이지로 이동할 수도 또한 다른 사이트로 자동으로 이동하게 할 수도 있다.

### □ 위에 입력한 URL

이 옵션으로 우리는 사이트에 접속하는 사용자를 현재 사이트의 한 파일로 이동시키거나 또는 다른 사이트로 자동으로 이동시킬 수 있게 된다. 예를 들어, 이 체크박스에 표시하고 경로를 http://www.kinst.ac.kr이라고 적고 현재 사이트에 접속하면 자동으로 경기공업대학 홈페이지로 이동할 것이다.

### □ 이 URL의 하위 디렉토리

이 옵션을 선택하면 클라이언트의 요청을 현재의 가상 디렉토리의 하위 디렉토리로 보내게 된다. 예를 들어, 현재 사이트에 http://dskim/dsSite/라는 가상 디렉토리가 있고, 그 하위에 http://dskim/dsSite/myRoom 이라는 디렉토리가 있다고 가정하자. 그리고 myRoom이라고 재 지정하게 되면 dsSite로 접속하는 모든 사용자들은 자동으로 myRoom이라는 디렉토리로 이동하게 된다.

### □ 이 리소스를 영구적으로 리디렉션

이 옵션을 선택하면 위의 기능처럼 다름 사이트 혹은 페이지로 이동시킬 뿐만 아니라, 만일 우리 사이트가 북마크되어 있다면 브라우저에 따라서는 그 북마크 되어있는 내용을 자동으로 수정할 수 있도록 해주는 기능이 있다.

다음으로 여러 가지 체크박스가 있으며, 액세스 권한으로는 "읽기"가 선택되어 있는데, 만일 이 체크박스를 지우면 접속자는 현재 사이트에서 그 어떤 문서도 읽을 수 없게 된다. 또한 접속자가 어떤 폴더내에 무슨 내용을 기록할 수 있도록 하려면 여기에서 "쓰기" 권한을 주어야 한다.

그 다음으로 보이는 내용은 [응용 프로그램 설정] 구역인데, 이것이 설정되면 사이트는 한 애플리케이션으로 취급되어, 홈 디렉토리는 기본적으로 하나의 응용프로그램으로 인식되어지고 자신만의 구성을 가질 수 있도록 되어있다.

### ○ 응용프로그램의 구성 설정

우측의 [구성] 버튼을 클릭하면 다음 창이 뜨게 된다.

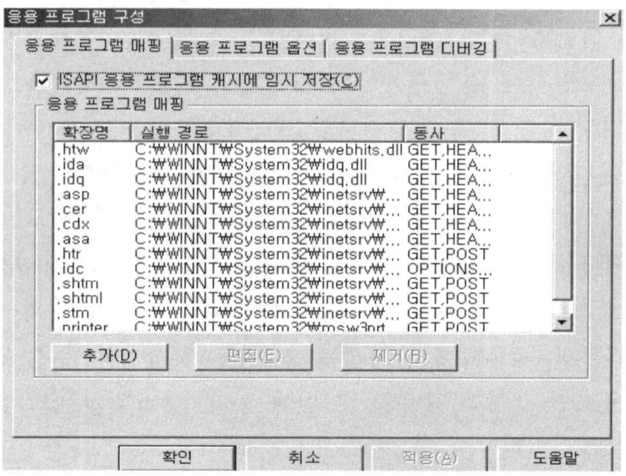


〈그림 2-17〉 인터넷정보서비스 응용프로그램 구성 설정

이 페이지에서는 여러 응용프로그램의 매핑 상황를 볼 수 있다. 즉, .asp 혹은 .asa라는 확장자를 가진 문서를 호출하면 이 들은 우선 asp.dll로 보내져 어떤 처리를 받게 된다는 정보를 볼 수 있는 것이다.

여기에서 우리는 자신의 특정한 확장자를 만들어 asp 페이지처럼 asp.dll과 연결 시키면 그 페이지를 asp 페이지처럼 취급하도록 만들어 줄 수 있다. 다음을 따라 해보자.

맨 아래의 [추가] 버튼을 클릭하면 다음과 같은 창이 뜨게되는데, [찾아보기] 버튼을 클릭하여 asp.dll 파일을 선택하고, 확장명은 자신이 원하는 확장자를 기입해주자. 여기에서는 dsk를 사용하였다.

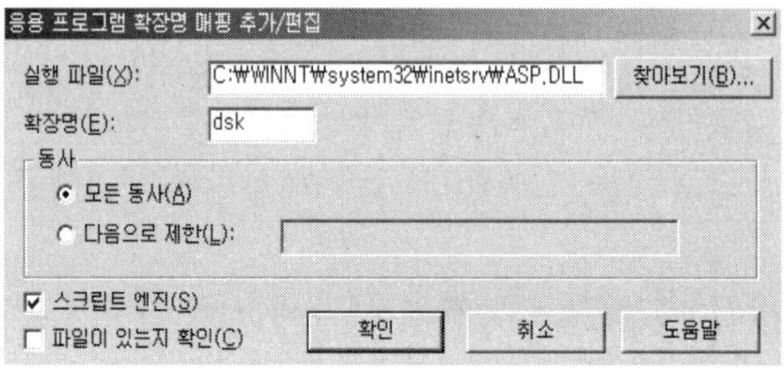


〈그림 2-18〉 인터넷정보서비스 응용프로그램 확방명 매핑 추가/편집

다음으로 보이는 것이 "스크립트 엔진"인데 이것은 사용자가 CGI용 실행파일 혹은 DLL을 요구하면 이들은 서버에서 그들의 역할을 수행하게 된다. 그러나 실행파일, DLL 등은 실행권한이 있는 디렉토리 안에 있어야 동작될 수 있고 그렇지 않으면 전혀 실행되지 않고 에러 메시지를 클라이언트에게 되돌려 준다. 그러므로 일반적으로 이러한 실행파일 및 DLL은 특정 폴더에 모두 보관되고 그 폴더에 실행권한이 부여되는 것이다. 대체적으로 IIS는 이런 식으로 구성되어 있지만, 그렇다고 해서 모든 실행파일 또는 DLL 이 이렇게 특정 폴더에 반드시 들어가야만 하는 것은 아니다. 그렇게 하지 않고도 클라이언트가 이러한 DLL들을 실행가능하게 하는 방법이 바로 "스크립트 엔진"인데, 이렇게 체크박스에 지정을 하고나면 디렉토리이 실행권한 여부와 관계없이 이들을 실행할 수 있게 된다. 그러나 가능하면 특정 폴더에 저장하고 그 폴더에 실행권한을 주는 것이 관리적인 측면에서 상당히 좋은 방법이다.

위에서처럼 지정하여 두면, 사이트에서 이제는 .dsk라는 확장자를 가진 문서도 asp.dll을 통과하게 되어 마치 asp 문서인 것처럼 사용할 수 있게 된다. 테스트용 dsk 파일을 만들어 실험해 보는 것도 좋은 방법일 것이다.

다음으로 나타나는 것이 [응용 프로그램 옵션]이며 세션의 시간이 20분으로 기본 설정되어 있는 것을 볼 수 있다. 이 값은 물론 수정하여 세션의 시간을 늘이거나 줄일 수 있다. 그러나 가능하면 디폴트 세팅으로 사용하는 것이 좋은 방법이다. 왜냐하면 이것을 건드리지 않고도 세션을 요구하는 페이지 등에서 “Session.timeout=05" 등으로 세션 시간을 제어할 수 있기 때문이다. 또한 여기에서 ”버퍼링 사용“을 지정하면 모든 ASP 페이지는 기본적으로 버퍼를 사용하게 됨으로 좋은 방법이 아니다. 필요한 ASP 페이지에서 ”response.buffer=true"로 세팅할 수 있기 때문이다.

그리고 “상위경로 사용”이라는 옵션에는 VBScript라고 설정되어 있는데, 이것은 현재 사이트에서 ASP 언어로 사용할 스크립트는 기본적으로 VBScript로 하겠다는 의미이며, 이렇게 설정을 해 놓으면 ASP 페이지에서는 그 어떤 다른 표시 없이도 VBScript의 사용이 가능한 것이다. IIS에서는 VBScript와 JScript만을 사용할 수 있으며, 만일 어떤 특정한 페이지에서 JScript를 사용하기 원하면 <%@Language="JScript"%>라고 지정하면 그 페이지는 JScript의 사용이 가능한 것이다.

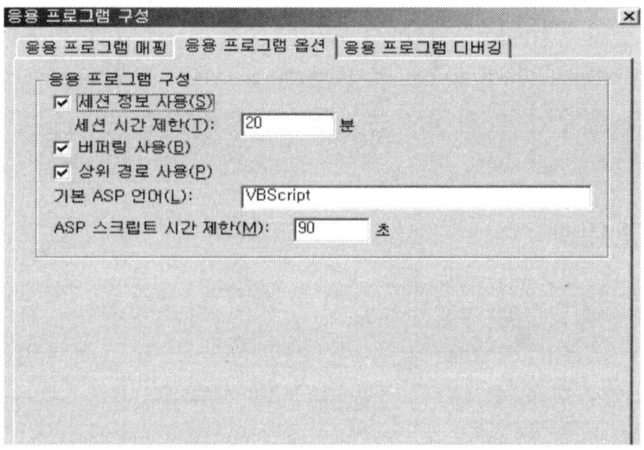


〈그림 2-19〉 인터넷정보서비스 응용프로그램 구성 옵션

이것이 물론 전부는 아니지만 이제 어느 정도는 IIS를 다룰 수 있지 않을까 생각한다. 어느새 여러분은 웹 서버의 관리자로 가는 길의 길목에 접어든 것이다. 사실 공부해야할 분야는 너무도 많다. 우리는 여기에서 기본적인 MMC라는 도구를 사용하는 방법을 알아보았을 뿐이다. 그러나 하나하나 연습하면서 시행착오를 거치면서 여러분은 실제 실력이 점점 향상될 수 있을 것이다.

# 제 3 장 웹 문서 제작 및 운용

## 3.1 HTML을 이용한 웹 문서 제작

### 3.1.1 HTML의 개요

HTML은 HyperText Markup Language의 약자로 월드 와이드 웹(World Wide Web)을 위한 하이퍼텍스트(Hypertext) 문서를 작성하는 언어이다. 즉 브라우저를 통하여 사용자에게 보여지는 문서의 내부형식을 규정하는 언어이다. Markup Language는 화면에 표시할 문자열의 앞뒤에 태그(Tag,일종의 해석 기호)를 붙여서 그 문자열의 특성을 나타내는 언어로 특징으로는 하이퍼텍스트(Hypertext)와 하이퍼미디어(Hypermedia)를 지원하며, 일반 텍스트 문서와 마찬가지로 아스키(ASCII) 파일이며 확장자는 htm 또는 html로 주어진다.

### 3.1.2 HTML과 SGML

HTML은 웹 상에서 흔히 사용되는 문서 타입중의 하나에 불과하며, 제목, 문단, 목차, 그림 등과 하이퍼텍스트와 멀티미디어 지원을 통해 간단한 사무용 보고서들의 묘사가 가능하지만 고정된 문서타입 및 서로 호환되지 않는 문서들 때문에 어려운 면을 가지고 있기도 하다.

SGML(Standard Generalized Markup Language)은 문서의 논리적 구조를 기술하기 위한 Markup Language의 정의를 위한 언어로 시스템 및 응용에 독립적인 문서 정보처리의 필요로 인해 제정되었다. 미 국방성 등의 CALS, 미출판협회, WWW의 HTML 등 문서 관련 표준으로 사용될 뿐만 아니라 EC, EDI, 전자 도서관, intranet 등까지 사용되고 있다.

XML은 사용자만의 문서타입을 정의하고, 프로그래머가 프로그램을 쉽게 작성할 수 있도록 하기 위한 SGML의 축소된 버전이라고 할 수 있다. SGML의 복잡하고 자주 사용되지 않는 부분을 생략함으로써 어플리케이션의 작성을 쉽게 할 분 아니라 이해가 쉽고 웹 상에서 전달과 처리(interoperability)에 적합하다.

## 3.2 HTML 문서의 구성

### 3.2.1 HTML 문서 만들기

HTML 파일은 간단한 아스키 파일이므로 Windows 등의 메모장 등, 텍스트 편집기를 사용하면 생성할 수 있다. 본 교재에서는 메모장을 이용하여 HTML 문서를 작성하는 방법과 워드 프로세서(Word Processor)를 이용하는 방법, HTML 전용 저작도구 이용하는 방법 등을 간단히 설명하도록 하겠다.

### ⊙ 메모장 이용

실행순서는 [시작]→[프로그램]→[보조프로그램]→[메모장]의 순서로 선택한다.

이 메모장에서 HTML 문서 코드를 작성하면 된다. 따라서 이 메모장은 HTML 태그에 대해 공부하고자 할 때 또는 직접 태그를 편집하고자 할 때에 유용하다. 저장할 경우에는 파일 형식을 모든 파일(*.*)로 선택해야 한다. 만약 텍스트 문서를 선택할 경우 파일명 끝에 자동적으로 .txt'가 붙어 HTML 문서로서의 기능을 하지 못한다.

### ⊙ 워드 프로세서 이용

HTML 문서를 작성한 후 아스키 파일로 저장할 수도 있고, 일부 워드 프로세서에서는 작성한 Word 문서를 HTML 형식으로 변환하여 저장해주는 기능도 있다. 대표적인 워드 프로세서로는 Microsoft사의 Word와 한글과 컴퓨터사의 한글이 있다.

### ⊙ HTML 전용 저작도구 이용

HTML문서는 아스키 파일이므로 어떤한 문서 편집기를 사용하더라도 상관이 없으나, HTML 전용 저작도구를 사용하게 되면 WYSIWYG 환경에서 더욱 쉽게 HTML 문서를 저작할 수 있다. 대표적인 WYSIWYG방식의 저작도구로는 Netscape사의 Composer와 나모 인터랙티브사의 나모 웹 에디터, Microsoft사의 FrontPage가 있다.

## 3.2.2 홈 디렉토리, 시작페이지 지정 및 프레임 나누기

이 교재에서는 HTML연습부터 시작하여, 체계적으로 ASP 프로그래밍 연습을 하기 위하여 다음과 같이 무조건 따라해 보기로 하자. 우선 홈 디렉토리를 지정하고, 시작 페이지를 우선 프레임을 나누고자 한다. 다음과 같이 윈도우즈 탐색기를 열어서 c:\Home 이라는 폴더를 생성한다.

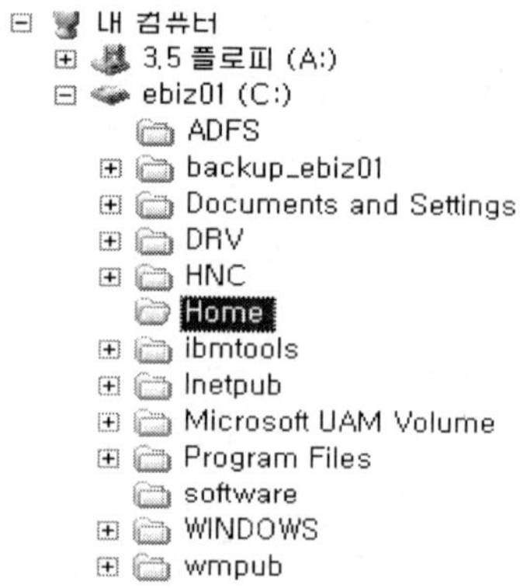


〈그림 3-1〉 홈 디렉터리 생성

이제 우리는 어떤 클라이언트가 서버에 홈 페이지를 보여줄 것을 요청하는 경우, 처음 서버에서 응답하는 페이지의 이름을 start.htm이라는 페이지를 정하여 보여줄 예정이다. 이 페이지는 프레임으로 구성되어 이 프레임은 하나의 웹 브라우저 화면을 여러 개의 창으로 나누어 주는 역할을 한다. 이 경우, HTML 문서를 몇 개의 파일로 나누어 작성한 후, 이 파일을 프레임으로 구분된 각 창에서 보여줄 수 있다.

◎ 가로로 나누기

<FRAMESET ROWS="나누는 개수만큼의 각 프레임의 세로 길이들">

◎ 세로로 나누기

<FRAMESET COLS="나누는 개수만큼의 각 프레임의 세로 길이들">

만들고 싶은 프레임의 개수 만큼 길이를 입력하고, 각각 쉼표로 구분

◎ 프레임의 길이

픽셀의 수 : 예) 두개로 나눌때 "140, *"

백분율 : 예) 세개로 나눌때 "20%, 30%, 50%

비율 : 예) 두개를 3:1로 나눌때 "3*, *"

* : 나머지 부분을 대신해서 사용할 수 있음

그러면 메모장을 열어서 다음 페이지를 작성하여, start.htm 이라는 이름으로 방금 전 만들어 놓은 c:\Home 라는 폴더에 저장해 보자.

시작페이지 작성) start.htm

```
<html>
```

```
<head>
<title>편안한 얘기를 나누는 우리들의 e-비즈니스 </title>
</head>
<frameset rows="50, 100%" cols="1*" border="5">
    <frame src="top.htm" name="top" scrolling="no">
    <frameset rows="1*" cols="179, 83%" border = "0">
        <frame src="left.htm" name="left" scrolling="auto">
        <frameset rows="93%, 35" cols="1*">
        <frame src="main.htm" name="right" scrolling="auto">
            <frame src="bottom.htm" name="bottom" noresize scrolling="no">
        </frameset>
    </frameset>
<noframes>
<body>
</body>
</noframes>
</frameset>
</html>
```

이제 인터넷 정보 서비스 관리를 열어서, 이 홈 디렉토리를 지정하고 처음 클라이언트에게 응답하는 페이지로 start.htm을 지정하여 보자.

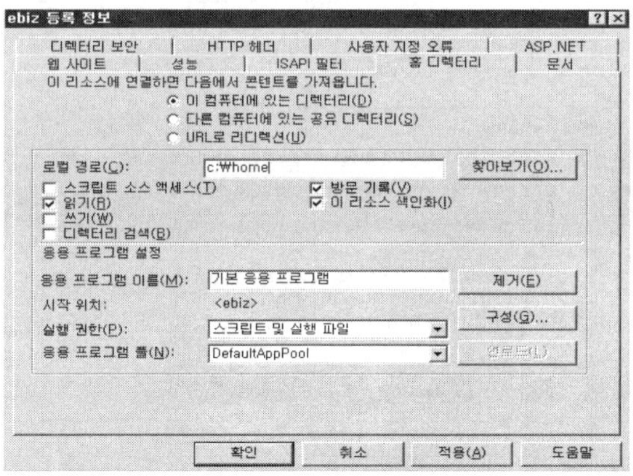


〈그림 3-2〉 홈 디렉토리 지정

다음으로 문서탭을 클릭하여, start.htm을 추가하고 확인 버튼을 누른다.

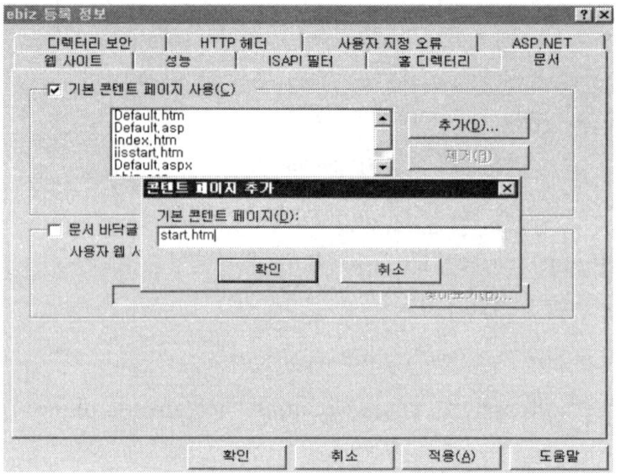


〈그림 3-3〉 시작페이지 등록

다음에 웹 브라우저를 열어서 주소창에서 다음과 같이 홈페이지 URL을 요청한다. (여기에서 참고하는 홈 페이지는 http://ebiz.kinst.ac.kr이다.) 그러면 요청한 클라이언트에게 다음과 같이 응답할 것이다.

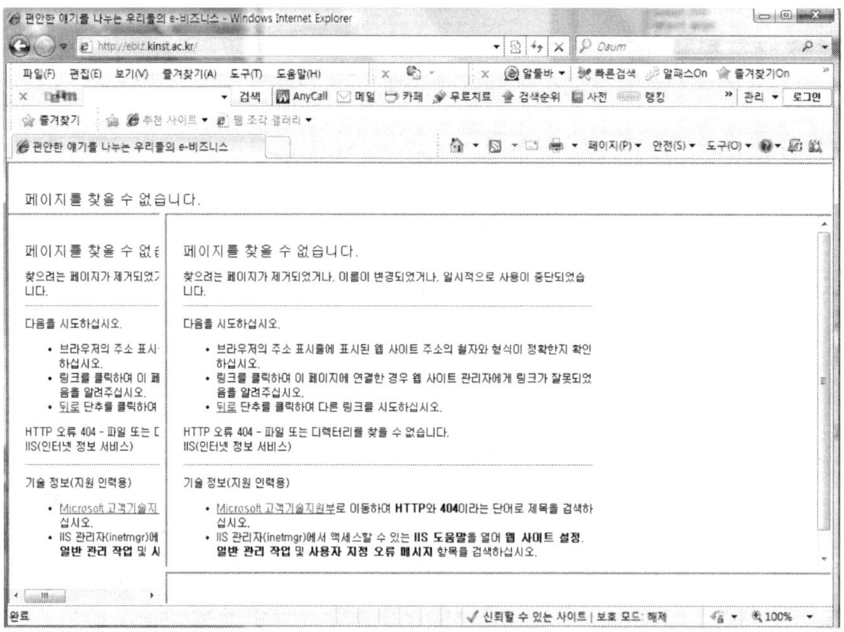


〈그림 3-4〉 클라이언트에게 응답하는 페이지

이제 사실은 start.htm이 4개의 페이지로 구성되어 있으며, 맨 위의 프레임 이름은 top이며 top.htm 이라는 페이지가 진열되고, 왼 쪽 프레임의 이름은 left 이며 left.htm이 진열되며, 중앙의 프레임 이름은 right이며 main.htm 페이지가 진열되고, 마지막으로 중앙 하단의 프레임 이름은 bottom이며 bottom.htm 페이지가 진열된다는 것을 나타내고 있다.

그러면 c:\Home 디렉터리에 start.htm과 함께, 다음 top.htm, left.htm, main.htm, 그리고 bottom.htm 페이지를 작성하여 저장하여 보자.

◎ top.htm

```
<html>
<body>
<center>
<font size="5" color="navy">비즈프레스(Bizpress)와 ASP </font>
</center>
</body>
</html>
```

◎ left.htm

```
<html>
<body>
<center>
<font size="3" color="red">제 3장 </font>
</center>
<hr>
<p align = "right">
<h5><a href="chap03\chap03_01.htm" target="right">HTML연습01</h5>
<hr>
</body>
</html>
```

◎ main.htm

```
<html>
<body>
```

```
<h1>안녕하세요, 어서오세요</h1>
</body>
</html>
```

◎ bottom.htm

```
<html>
<body>
<center>
<font size="2" color="black">비즈프레스(Bizpress)에 오신것을 환영합니다</font>
</center>
</body>
</html>
```

이제 우리는 다시 웹 브라우저를 열어서 주소창에서 호출했던 같은 홈페이지를 요청하면 다음과 같은 페이지가 응답하는 것을 보게 될 것이다.

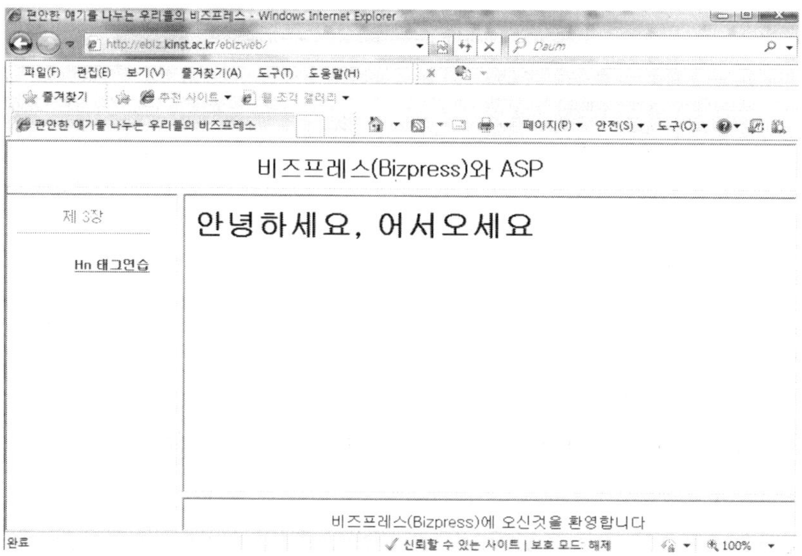


〈그림 3-5〉 클라이언트에게 다시 응답하는 페이지

## ⊙ 프레임 속성

스크롤바 표시 속성 : SCROLLING

YES : 항상 표시됨, AUTO : 문서의 길이가 길어지면 표시됨, NO : 표시하지 않음

NAME 속성 : 프레임의 이름을 지정할 수 있다. 앵커(<A>) 태그에서 TARGET 속성으로 프레임의 이름을 지정하면 지정된 프레임에서 문서를 보여준다.

## ⊙ 가상 디렉터리 설정

가상 디렉터리는 다음과 같이 설정하여, 사용할 수 있다. 우선 인터넷 정보 서비스 관리에서 웹사이트 탭 아래 사이트 (여기에서는 ebiz)에 마우스 포인터를 위치시키고 다음과 같이 가상 디렉터리를 클릭한다.

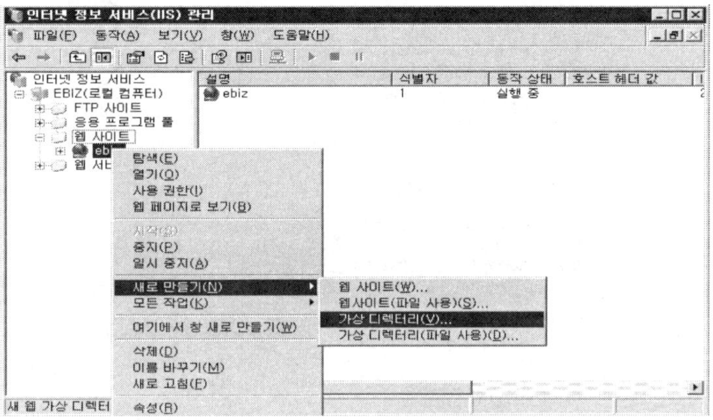


〈그림 3-6〉 가상 디렉터리 설정

〈그림 3-7〉 가상 디렉터리 만들기 마법사

그럼 <그림 3-7>과 같이 가상 디렉터리 만들기 마법사가 뜨게 되며, 다음을 클릭하여 가상 디렉터리에 접근하는데 사용할 이름을 임의로 정한다. (여기에서는 ebizweb 으로 정함)

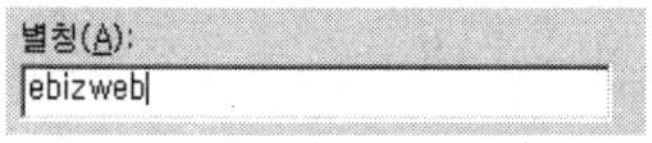

(가상 디렉터리 별칭)

그러면 디렉터리 경로를 요구하는 데 찾아보기에서 c:\Home을 지정하고, 다음을 클릭한다. 그리고 우리는 앞으로 ASP를 계속하여 연습할 예정임으로 다음과 같이 스크립트 실행을 선택한다.

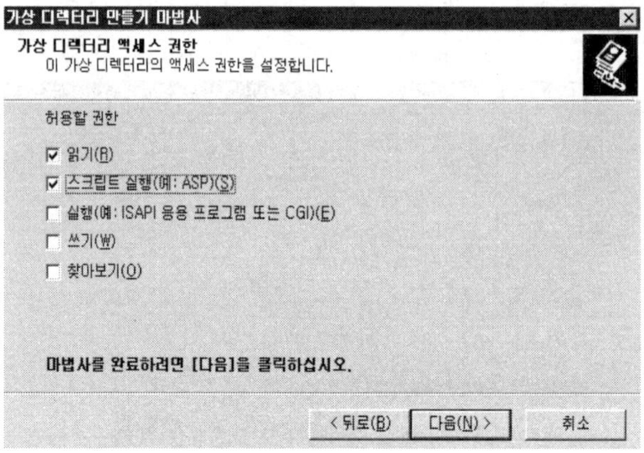


〈그림 3-8〉 스크립트 실행 선택

그리고, 다음을 클릭하여 완료하면 가상 디렉터리가 만들어지며 만일 첫 응답문서 start.htm 이 등록되어 있지 않은 경우에는 인터넷 정보 서비스 MMC를 열어서 문서를 추가 등록한다. 그리고 다음과 같이 가상 디렉터리를 브라우저에서 연다.

http://ebiz.kinst.ac.kr/ebizweb

여기에서 주목할 내용은, 원래 c:\Home을 웹사이트 홈 디렉터리로 정한 경우에는 냥

http://ebiz.kinst.ac.kr

라는 것이며, 가상 디렉터리 ebizweb로 설정한 경우에는
http://ebiz.kinst.ac.kr/ebizweb

이라는 사실이다.

### 3.2.3 HTML 문서의 기본 구성

HTML 문서는 문서의 내용과 이를 둘러싼 태그로 그 형식을 정한다.

◉ 태그의 형식

시작 태그 : <태그 이름>

끝 태그 : </태그 이름>

시작 태그와 끝 태그 사이에 문서 내용이 나타나며 다른 태그들도 포함 가능하고 시작 태그안에 속성 이름="속성값" '의 쌍들로 속성을 지정할 수 있다.

◎ <HTML>: HTML문서임을 나타낸다.

<TITLE>: 브라우저의 바에 나타나는 말을 나타낸다.

<HEAD>: HTML문서의 설명을 나타낸다.

<BODY>: 문서의 실제 내용부분을 나타내다.

#### ⊙ HTML 문서의 기본 구성과 실행의 예

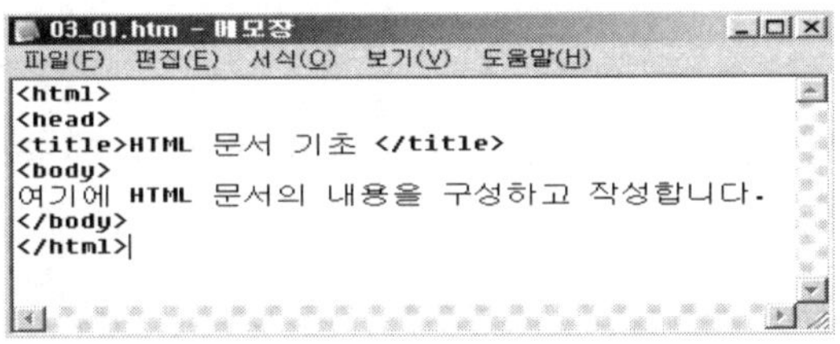


〈그림 3-9〉 메모장을 이용한 html 문서 코드 작성

## 3.3 HTML 문서작성

이제 c:\Home 디렉터리에 chap03 라는 폴더를 다음과 같이 다시 생성하도록 하자.

c:\Home\chap03

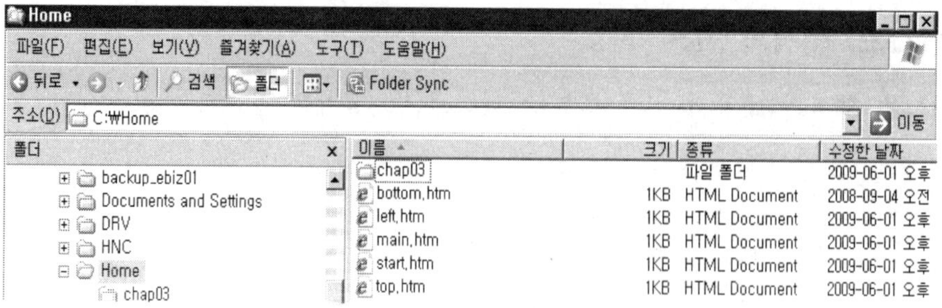


〈그림 3-10〉 제 3장 HTML 문서 저장을 위한 폴더생성

이렇게 하는 이유는 제 3 장에서 다루고자 하는 HTML 문서 작성 예제는 이 폴더에 저장해 두고, 앞으로 다룰 제 4 장 에서 다루는 문서는 chap04 폴더 순으로, 정하여 연습하는 것이 효율적인 면에서 좋은 방법이기 때문이다.

### 3.3.1 텍스트 관련 태그

① 문서의 제목 (Header)
문서에서 제목에 해당하는 문자열을 표시하는 태그로 아래와 같이 표현된 태그이다.

```
<Hn>...</Hn>
```

<H1> 에서 <H6>까지의 Heading tag가 있으며 숫자가 작을 수록 글씨 크기가 크며, 한 줄을 차지하게 된다.

그럼 다시 메모장을 열어서 다음 문서를 작성한 후, chap03 폴더에 html_0301.htm 이라는 이름으로 저장해 두자.

**예제 03_01 : 태그 글자 보기 (html_0301.htm)**

- - - - - - - - - - - - - - - - - - - - - - - - - - - - - - - - - - - - - - - - - - - - -

```
<html>
<head>
<title> Hn 태그 글자 보기</title>
</head>
<body>
<h1> H1 태그 글자  인터넷1 </h1>
```

```
<h2> H2 태그 글자  인터넷2 </h2>
<h3> H3 태그 글자  인터넷3 </h3>
<h4> H4 태그 글자  인터넷4 </h4>
<h5> H5 태그 글자  인터넷5 </h5>
<h6> H6 태그 글자  인터넷6 </h6>
</body>
</html>
```

- - - - - - - - - - - - - - - - - - - - - - - - - - - - - - - - - - - - - - - - -

그리고 c:\Home 디렉터리의 left.htm 문서를 열어서 다음과 같이 위의 문서를 링크해 보자.

```
<html>
<body>
<center>
<font size="3" color="red">제 3장 </font>
</center>
<hr>
<p align = "right">
<h5><a href="chap03\html_0301.htm" target="right">HTML연습01</h5>
<hr>
</body>
</html>
```

그러면 왼쪽 창에는

HTML연습1

이라는 글자만 보이게 되는데, 이 글자를 클릭하면 chap03폴더에 있는 html_0301.htm 문서를 여는데 어디에 진열 하는가는 target="right" 바로 right 이라는 프레임에 진열하라는 의미이다. 왼쪽 HTML연습1 클릭하여 실행결과를 보도록 하자.

**실행결과**

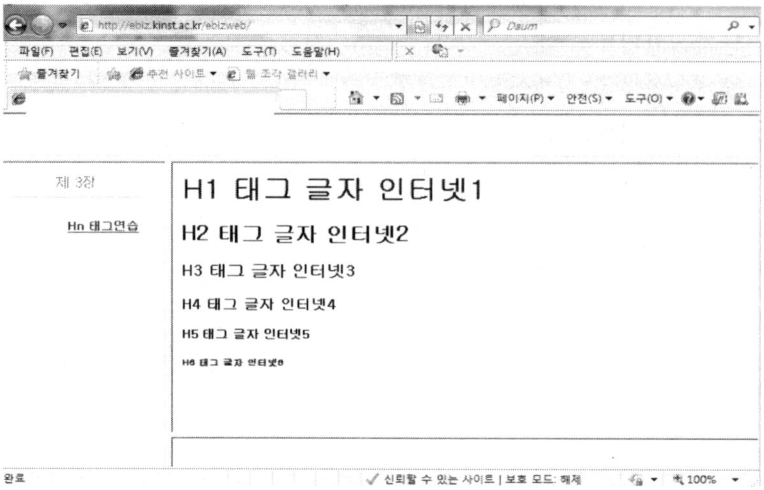


〈그림 3-11〉 결과 화면

② 입력한 대로 주여주기 위해 사용하는 태그 : <pre> ~ </pre>
다음 예제를 메모장으로 작성 후, 위에서와 같이 left.htm으로 링크시키고 클릭해 보자.

**예제 03_02) : pre 태그 (html_0302.htm)**

- - - - - - - - - - - - - - - - - - - - - - - - - - - - - - - - - - - - - - - - -

```
<html>
<head>
<title> pre 태그</title>
</head>
<body>
글자를 띄어 써도
HTML 문서는 공백을
모르네요.
<pre>
그러나 pre 태그를 이용하면
공백을 알아 차려 잘 출력합니다.
비  즈  프  레  스
```

```
</pre>
</body>
</html>
```

---

**실행결과**

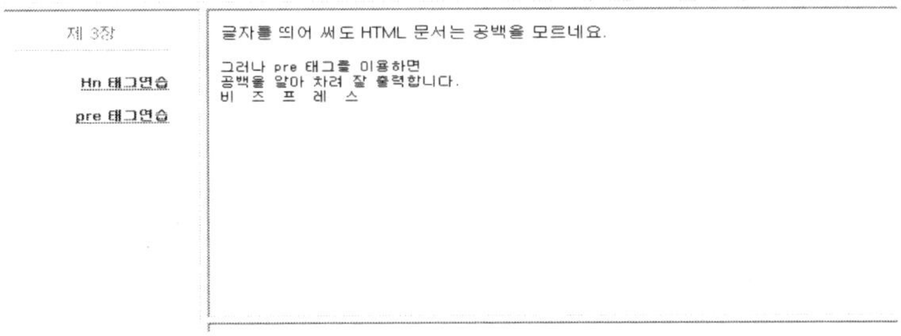


〈그림 3-12〉 pre 태그연습 결과 화면

③ 단락에 사용하는 태그 : <p> ~ </p>

<p align="left"> : 왼쪽 정렬
<p align="right"> : 오른쪽 정렬
<p align="center"> : 가운데 정렬

다음 예제를 메모장으로 작성 후, 위에서와 같이 left.htm으로 링크시키고 클릭해보자.

**예제 03_03) : p 태그 (html_0303.htm)**

---

```
<html>
<head>
<title> p 태그 </title>
</head>
<body>
<p align="left">
세계를 향한 <br>
Global 비즈프레스
</p>
```

```
<p align="right">
세계를 향한 <br>
Global 비즈프레스
</p>
<p align="center">
세계를 향한 <br>
Global 비즈프레스
</p>
</body>
</html>
```

---

**실행결과**

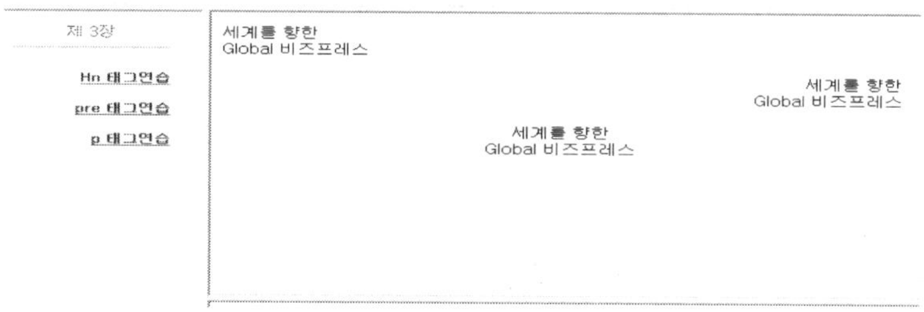


〈그림 3-13〉 p 태그연습 결과 화면

④ 수평선 태그 : <hr> (단독태그)

**예제 03_04) : hr 태그 (html_0304.htm)**

---

```
<html>
<head><title> hr 태그 </title></head>
<body>
<p>
1) 다음 글 아래에 선을 그어 단락을 구분합니다.
<hr>
<p>
2) 선의 길이와 두께를 조절하여 단락을 구분합니다.
```

```
<hr width=50% size=20>
<p>
3) 선의 위치를 오른쪽으로 지정 합니다.
<hr width=50% align="right">
<p>
4) 그림자 등 입체감이 없습니다.
<hr noshade>
</body>
</html>
```

- - - - - - - - - - - - - - - - - - - - - - - - - - - - - - - - - - - - - - - -

**실행결과**

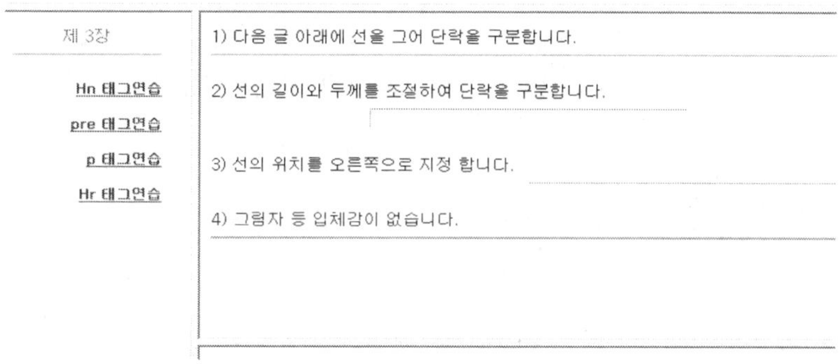


〈그림 3-14〉 hr 태그연습 결과 화면

⑤ 글자 크기

본문의 글자 크기를 조절하는데 사용하며, 크기는 1~7까지이고 1일때 크기가 가장 작음. 색 번호는 16진수로 표현되는 태그로 다음과 같이 표현된다.

```
<FONT SIZE="크기" COLOR="색 번호">...</FONT>
```

**예제 03_05) : font 태그 (html_0305.htm)**

- - - - - - - - - - - - - - - - - - - - - - - - - - - - - - - - - - - - - - - -

```
<html>
<head>
<title>글자 크기의 결정</title>
```

```
</head>
<body>
<font SIZE="1">크기가 1 인 경우 : Love 1 </font><br>
<font SIZE="2">크기가 2 인 경우 : Love 2 </font><br>
<font SIZE="3">크기가 3 인 경우 : Love 3 </font><br>
<font SIZE="+2">상대적인 크기를 2 만큼 크게 했을때 : Love +2 </font><br>
<font SIZE="-2">상대적인 크기를 2 만큼 작게 했을때 : Love -2 </font>
</body>
</html>
```

**실행결과**

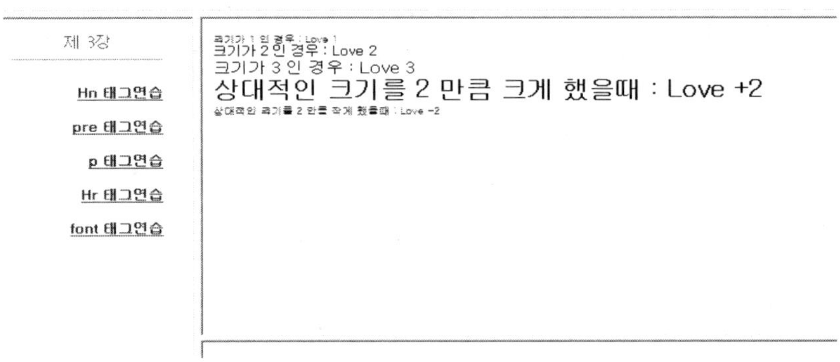


〈그림 3-15〉 font 태그연습 결과 화면

▶ 색 번호

RGB의 방식으로 표현되며, R, G, B 모두 0~255 까지의 단계가 가능하며 두 자리의 16진수로 표현한다.

예를 들면, 빨간색 : R:FF(255), G:00(0), B:00(0) => "#FF0000"

검정색 => #000000, 빨간색 => #FF0000, 초록색=> #00FF00
노란색 => #FFFF00. 파란색=> #0000FF, 하늘색=> #00FFFF
연두색 => #AAFF00, 보라색=> #FF00FF, 크림색=> #FFFBF0
하얀색 => #FFFFFF

⑥ 특수 문자의 출력

& (&), < (<). > (>), " (") 등의 기호는 HTML에서 태그와 혼동될 우려가 있

기 때문에 특수 문자로 처리 한다.

글자의 모양

<STRONG> </STRONG> : 문자를 진하게 보여줌(논리적 스타일)

<B> </B> : 문자를 진하게 보여줌(물리적 스타일)

<EM> </EM> : 이탤릭체로 보여줌(논리적 스타일)

<I> </I> : 이탤릭체로 보여줌(물리적 스타일

<CITE> </CITE> : 자료를 인용할 때 쓰이며 이탤릭체로 보여줌

<SUP> </SUP> : 위 첨자

<SUB> </SUB> : 아래 첨자

<TT> </TT> : 타자체로 보여줌

<CODE> </CODE> : 프로그램 코드를 보여줄 때 쓰이며 타자체로 보여줌

<U> </U> : 밑줄을 그어줌

**예제 03_06) : 다양한 글자 모양 (html_0306.htm)**

- - - - - - - - - - - - - - - - - - - - - - - - - - - - - - - - - - - - - - - -

```
<html>
<head>
<title>여러가지 다양한 글자의 모양</title>
</head>
<body>
<p>&quot; &lt; &amp; &reg; &copy; &Otilde; &gt; </p>
<p> 보통 글자체: 나의 사랑</p>
<i>&lt;I&gt;를 이용한 이탤릭 글자체 : 나의 사랑</i></p
<p><em>&lt;EM&gt;을 이용한 이탤릭 글자체 :나의 사랑</em><br>
<p><strong>&lt;STRONG&gt;을 이용한 굵은 글자체: 나의 사랑</strong><br>
<b>&lt;B&gt;를 이용한 굵은 글자체 : 나의 사랑</b></p>
<p><u>&lt;U&gt; 를 이용한 밑줄 긋기 : 나의 사랑</u></p>
<p>아래 첨자를 이용한 예 : F<sub>x</sub><br>
위 첨자를 이용한 예 : X<sup>2</sup> </p>
</body>
```

</html>

---

**실행결과**

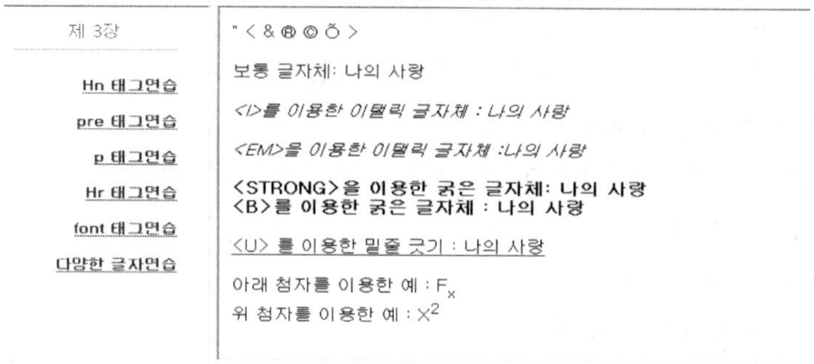


〈그림 3-16〉 다양한 글자연습 결과 화면

▶ 줄 바꾸기

HTML에서는 엔터(Enter)와 탭(Tab)을 무시하고 하나의 공백(space)로 처리하며, 연속된 공백을 하나의 공백으로 처리하므로 이러한 효과를 화면에 나타내기 위해서는 별도의 태그를 사용해야 한다.

<BR> : 태그는 줄만 바꿔주는 역할

▶ 주석

<!- 여기에 주석을 넣음, 담긴 주석은 웹 브라우저에서는 볼 수 없음 ->

⑦ 순서 없는 목록

<UL>...</UL>

각 항목 앞에 불렛(bullet)이 붙는 목록으로
<UL>과 </UL> 태그 안에

<LH>와 </LH> 사이에 목록의 제목을
<LI> 다음에 각 항목의 내용을 쓴다.
<LI> 태그의 하위에 <UL> 태그를 넣어 계층적 정보를 나타낼 수 있다.
불렛의 모양은 TYPE 속성에 다음 값을 주어 지정할 수 있다.
DISC : 검은 원, CIRCLE : 하얀 원, SQUARE : 검은 사각형

**예제 03_07) : 순서 없는 목록 (html_0307.htm)**

```
<html>
<head>
<title>순서 없는 목록 만들기</title>
</head>
<body>
<ul>
<LH>
<h3>내가 여행하고 싶은 곳</h3>
</LH>
<li>국내 <ul>
<li>제주도</li>
<li>울릉도</li>
</ul>
</li>
<li>해외 <ul>
<li>Gold Coast[호 주]</li>
<li>Pasedena [미 국]</li>
</ul>
</li>
</ul>
</body>
</html>
```

**실행결과**

**내가 여행하고 싶은 곳**

- 국내
  - 제주도
  - 울릉도
- 해외
  - Gold Coast[호 주]
  - Pasedena [미 국]

⑧ 순서 있는 목록 (Ordered List)

<OL>...</OL>

각 항목 앞에 번호가 붙는 목록
<OL>과 </OL> 태그 안에
<LH>와 </LH> 사이에 목록의 제목을
<LI> 다음에 각 항목의 내용을 쓴다.
<LI> 태그의 하위에 <OL> 태그를 넣어 계층적 정보를 나타낼 수 있다.
초기치로 지정된 번호는 아라비아 숫자 (1,2,3,...) 이며, 번호 형식은 TYPE 속성에 다음 값을 주어 지정 한다.
I : 로마자 (I, II, III,...), A : 알파벳 (A,B,C...),

**예제 03_08) : 순서 있는 목록 (html_0308.htm)**

- - - - - - - - - - - - - - - - - - - - - - - - - - - - - - - - - - - - - - - -

```
<html>
<head>
<title>순서 있는 목록 만들기</title>
</head>
<body>

<lh>
<h3>저자별 중요 저서 </h3>
</lh>
<li> 김 대 성<ol type="I">
<li>JAVA 프로그래밍</li>
<li> MS-오피스의 활용</li>
</ol>
</li>
<li> 오 바 마<ol type="A">
<li> 전자 상거래 입문</li>
<li> 인터넷 쇼핑몰 구축 </li>
```

**실행결과**

**저자별 중요 저서**

- 김 대 성

  I. JAVA 프로그래밍
  II. MS-오피스의 활용

- 오 바 마

  A. 전자 상거래 입문
  B. 인터넷 쇼핑몰 구축

- 이에야스

  1. 전산 정보 수학
  2. C언어 연습

```
</ol>
</li>
</ol>
</li>
<li> 이에야스  <ol>
<li> 전산 정보 수학  </li>
<li> C언어 연습 </li>
</ol>
</li>
</body>
</html>
```

- - - - - - - - - - - - - - - - - - - - - - - - - - - - - - - - - - - - - - - - - - - -

⑨ 정의 목록 (Definition List)

<DL>...</DL>

어떤 항목에 대한 정의나 설명을 써줄 때 사용 하며,
<DL>과 </DL> 태그 안에
<LH>와 </LH> 사이에 목록의 제목을
<DT> 뒤에 항목을, <DD> 뒤에 그 항목에 대한 정의나 설명을 쓴다.
순서없는 목록이나, 순서 있는 목록과 마찬가지로 중첩 사용 가능하며, 하위 항목으로 들어감에 따라 문단이 조금씩 안쪽으로 들어간다.

### 예제 03_09) : 정의 목록 (html_0309.htm)

- - - - - - - - - - - - - - - - - - - - - - - - - - - - - - - - - - - - - - - - - - - - -

```
<html>
<head>
<title>정의 목록 만들기</title>
</head>
<body>
<h3>내가 좋아하는  TV 드라마</h3>
<dl>
```

**실행결과**

내가 좋아하는 TV 드라마

왕 건
　　나라의 운명은 힘보다는 정신적 지주의 존재의 유/무 ?
여인 천하
　　여인들의 잔잔히 미소 뒤에 숨은 속마음이 무엇인지?.

```
<dt> 왕 건 </dt>
<dd> 나라의 운명은 힘보다는 정신적 지주의 존재의 유/무 ? . </dd>

<dt> 여인 천하 </dt>
<dd> 여인들의 잔잔히 미소 뒤에 숨은 속마음이 무엇인지?. </dd>
</dl>
</body>
</html>
```

- - - - - - - - - - - - - - - - - - - - - - - - - - - - - - - - - - - - - - - - - - - -

⑩ 목록 겹쳐 쓰기

서로 다른 형식의 목록이라도 중첩해 사용할 수 있으며, 이를 사용하면 문서가 계층적인 구조를 갖게 되어 더욱 효율적인 페이지를 만들 수 있다.

**예제 03_10) : 목록 겹쳐쓰기 (html_0310.htm)**

- - - - - - - - - - - - - - - - - - - - - - - - - - - - - - - - - - - - - - - - - - - -

```
<html><head><title>목록 겹쳐쓰기</title></head>
<body>
<ol>
<LH>
<h3>나를 지탱하는 소중한 것들</h3>
</LH>
<li> 커 피</li>
<li> 술 <ul>
<li> 소 주</li>
<li> 막걸리</li>
</ul>
</li>
<li> 담 배 <ul>
<li>엣 세</li>
<li>타 임</li>
</ul>
```

**실행결과**

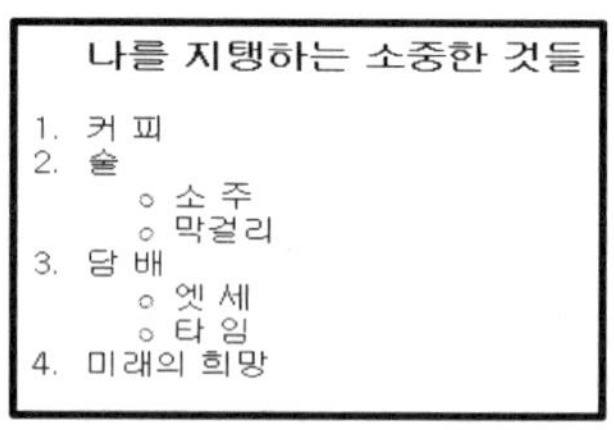

```
</li>
<li>미래의 희망</li>
</ol>
</body>
</html>
```

- - - - - - - - - - - - - - - - - - - - - - - - - - - - - - - - - - - - - - - - -

⑪ 움직이는 텍스트를 만드는 <MARQUEE> 태그

<marquee> 태그의 속성

| 속성 | 의미 |
|---|---|
| align | 텍스트 위치 지정 |
| height, width | 텍스트 범위 지정 |
| hspace, vspace | 텍스트 밖의 여백 지정 |
| scroll | 문자열이 페이지를 가르며 계속 흘러 감 |
| slide | 스크롤 하던 문자가 한쪽 끝에 닿으면 정지 |
| alternate | 문자열이 일정 범위 내에서 반복 |
| direction | 문자의 흐르는 방향 조정 |

**예제 03_11) : marquee 태그 (html_0311.htm)**

- - - - - - - - - - - - - - - - - - - - - - - - - - - - - - - - - - - - - - - - -

```
<html>
<head><title>marquee</title></head>
<body>
<marquee behavior=scroll height=50>
텍스트가 어떻게 흐르는가?
</marquee>
<marquee height=50 width=400 hspace=10 vspace=50>
텍스트가 어떻게 흐르는가?
</marquee>
<marquee height=50 direction="up">
텍스트가 어떻게 흐르는가?
</marquee>
<marquee height=50 scrolldelay=180>
텍스트 scrolldelay 숫자를 변경해보라
```

```
</marquee>
<marquee bgcolor="pink" height=50 loop="1">
텍스트 색 및 loop를 변경해보라
</marquee>
<marquee bgcolor="yellow" height=50 loop="2">
텍스트 색 및 loop를 변경해보라
</marquee>
</body>
</html>
```

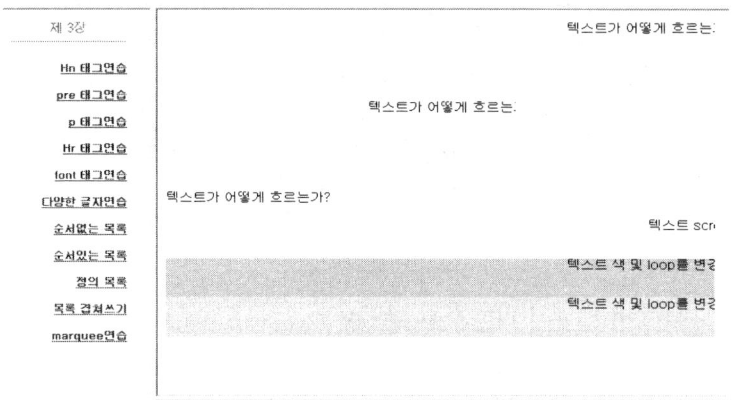


〈그림 3-17〉 다양한 marquee 태그 효과

### 3.3.2 HTML 문서의 연결

① 문서간의 연결

<A HREF= "연결하고자 하는 곳의 URL" >...</A>

<A> 태그는 Anchor의 약자로 다른 문서나 다른 컴퓨터에 연결할 때 쓰이며, HREF 속성에 연결하고자 하는 URL이나 File 이름 등을 지정하게 된다.

**예제 03_12) : 사이트 연결 문제 (html_0312.htm)**

```
<html>
```

```
<head>
<title>다른 사이트로 연결</title>
</head>
<body>
<h3>검색 엔진들</h3>
<a HREF="HTTP://www.yahoo.co.kr"><p> 1)한국 야후 사이트로!!</a>
<a HREF="HTTP://www.yahoo.com">      2)야후 사이트로!!</a><br>
<a HREF="HTTP://www.altavista.co.kr">    3)한국 알타 비스타로!!</a>
<a HREF="HTTP://www.altavista.com">  4)알타 비스타로!!</a><br>
<a HREF="HTTP://www.simmany.com">    5)심마니로!!</a> </p>
</body>
</html>
```

- - - - - - - - - - - - - - - - - - - - - - - - - - - - - - - - - - - - - - - -

② 문서내의 연결

```
<A HREF="#문서 내에서 찾아가야 할 단어">...</A>
<A NAME="단어">...</A>
```

문서의 내용이 많을 때 스크롤바를 이용하지 않고, 문서의 다른 부분으로 찾아 갈때 유용하며, NAME 속성으로 찾아 가야 할 단어를 정해 놓고, HREF 속성에 연결하고자 하는 단어를 지정하여 사용한다. 링크된 단어를 클릭하면 NAME 속성에서 지정된 부분으로 이동하게 된다.

**예제 03_13) : 문서 내 연결 (html_0313.htm)**

- - - - - - - - - - - - - - - - - - - - - - - - - - - - - - - - - - - - - - - -

```
<html>
<head><title>문서 내 연결</title></head>
<body>
<p>문서 내의 연결방법.<br>
이 문서의 마지막 부분에 있는 <a HREF="#부록">부록</a>으로 이동.<br>
</p>
<p> 단락1.</p>
<p> 단락2.</p>
```

```
<p> 단락3.</p>
<p><a NAME="부록">부록</a><br>
위에서 부록을 클릭한다면 바로 이 부록 부분으로 이동함 </p>
</body>
</html>
```

③ 편지 쓰기 서비스

<A HREF="mailto:E-mail 주소>...</a>

보통 <ADDRESS>...</ADDRESS> 태그로 감싸 이탤릭 체로 주소를 보여주게 되며, 주소를 클릭하면 사용자의 컴퓨터에 등록된 메일쓰기 프로그램이 작동되어 편지를 쓸 수 있도록 해준다.

**예제 03_14) : 편지 쓰기 (html_0314.htm)**

```
<html>
<head><title>E-mail로 편지 쓰기</title></head>
<body>
<address>
관리자<a href="mailto:webmaster@kinst.ac.kr">webmaster@kinst.ac.kr</a>
</address>
</body>
</html>
```

## 3.3.3 이미지 삽입하기

◉ Inline 이미지와 External 이미지

Inline 이미지는 웹 문서를 읽으면 바로 나타나는 이미지로, 모든 브라우저에서 지원하는 GIF 형식을 주로 사용한다.

External 이미지는 웹 문서에서 필요하면 다운을 받아 사용할 수 있는 이미지로, 이미지를 압축하여 저장받아 다운 받는 시간을 절약할 수 있는 JPEG 형식을 많이 사용하게 된다.

① 이미지 삽입하기

<IMG SRC="이미지의 URL">

<IMG>태그에서 SRC를 반드시 지정해야 한다.

**예제 03_15) : 이미지 삽입 (html_0315.htm)**

```
<html>
<head><title>이미지 삽입</title></head>
<body>
<p>지구환경을 살립시다</p>
<p><img src="images/earth01.jpg" width="200" height="150"> </p>
</body>
</html>
```

주) 위에서 이미지 파일의 경로를 주의할 것

**실행결과**

<그림 3-18> 이미지 삽입

② 이미지 형식

▶ 이미지의 크기 : WIDTH와 HEIGHT 속성값을 픽셀 단위, 또는 브라우저 창에 대한 백분율로 지정한다.

▶ 테두리 : BORDER = 픽셀의 수를 지정한다.

▶ 좌우 여백 : HSPACE = 픽셀의 수 ④ 상하 여백 : VSPACE = 픽셀의 수

**예제 03_16) : 이미지 속성 (html_0316.htm)**

```
<html>
<head><title>이미지 속성</title></head>
<body>
<img src="images/earth01.jpg" >
<h3> 이미지의 속성 이해<h3>
<img src="images/earth01.jpg" align="left" width="100" height="100">
<img src="images/earth01.jpg" align="center" width="50" height="50" border="10">
</body>
</html>
```

**실행결과**

〈그림 3-19〉 이미지 속성

③ 이미지의 정렬

이미지와 텍스트의 정렬 : ALIGN = TOP, MIDDLE, BOTTOM

이미지의 위치 : ALIGN = LEFT, RIGHT

**예제 03_17) : 이미지 정렬 (html_0317.htm)**

```
<html>
<head><title>이미지 정렬</title></head>
<body>
<p><img src="images/f1.jpg"
      ALIGN="TOP" WIDTH="70" HEIGHT="70">음악 로고</p>
<p><img src="images/f2.jpg"
      ALIGN="MIDDLE" WIDTH="70" HEIGHT="70">멍멍이 로고</p>
<p><img src="images/f3.jpg"
      ALIGN="BOTTOM" WIDTH="70" HEIGHT="70">싸이클 로고</p>
</body>
</html>
```

**실행결과**

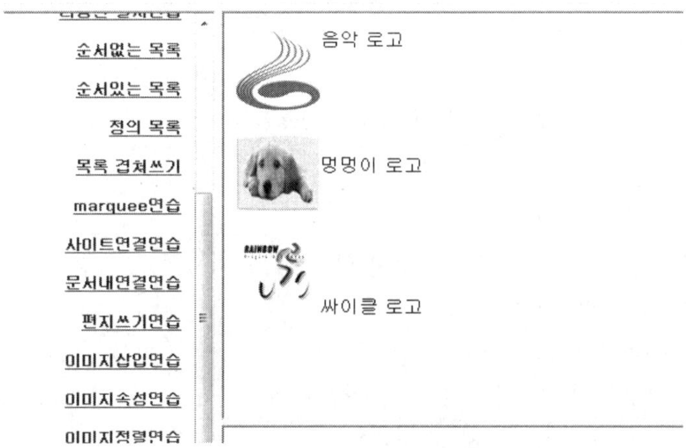


〈그림 3-20〉 이미지 정렬

④ 이미지 대체하기

이미지가 제대로 전송되지 않았거나 브라우저가 이미지를 받아 들일수 없을때 대체하는 문구를 넣는 속성으로 ALT = "이미지 설명" 형식을 취한다.

### 예제 03_18) : 이미지 대체 (html_0318.htm)

```
<html>
<head><title>이미지 대체하기</title></head>
<body>
<p><img SRC="images/f11.jpg"
ALT="그림이 전송되지 않았을 때 ALT 속성문구(음악로그 그림 표시 장소)가 이미지를 대
신한다" > </p>
</body>
</html>
```

⑤ 이미지에 연결기능 추가하기

텍스트에서와 마찬가지로 이미지 태그 바깥쪽에 앵커(Anchor) 태그를 씌워서 사용한다.

<A HREF="URL"><IMG SRC="이미지 파일" ...></a>

### 예제 03_19) : 이미지 연결기능 (html_0319.htm)

```
<html>
<head><title>이미지에 연결기능 추가하기</title></head>
<body>
<a HREF="http://www.chosun.com">
<p><img SRC="images/f4.jpg" width="177" height="66">조선일보</a></p>
<p><a HREF="http://www.cnn.com">
<img SRC="images/f5.jpg" width="130" height="80">
      세계 최초의 24시간 뉴스 전문 TV CNN</a></p>
<p><a HREF="http://s700.uminho.pt/europa.html">
<img SRC="images/f6.jpg" width="350" height="80"><br>
            유럽 여행정보</a></p>
</body>
</html>
```

**실행결과**

〈그림 3-21〉 이미지 연결기능

⑥ 이미지를 배경으로 사용하기

<BODY BACKGROUND="이미지 파일 이름" BGCOLOR="색번호" TEXT="색번호">

이미지를 배경에 사용하려면 <BODY>태그에서 지정해야 하며, BGCOLOR는 배경색을 TEXT는 글자 색을 결정한다.

**예제 03_20) : 이미지 배경사용 (html_0320.htm)**

```
<html>
<head><title>이미지를 배경에 사용하기</title></head>
<body BACKGROUND="images/earth01.jpg " BGCOLOR="blue" TEXT="red" >
<p>
<h2 Align="center">이미지 사용</h2>
</p>
</body>
</html>
```

실행결과

〈그림 3-22〉 이미지 배경사용

⑦ 플래쉬(flash) 효과를 볼 수 있는 필터

◉ {filter:Alpha(속성)}

속성 Opacity : 불투명도를 % 단위로 설정

FinishOpacity : 증감 끝부분의 불투명도 설정

Style : 불투명도 모양 설정 (0 : 단일, 1 : 선형, 2 : 구형, 3 : 사각형)

StartX/StartY : 불투명도 시작 x, y 좌표

FinishX/FinishY : 불투명도 끝 x, y 좌표

### 예제 03_21) : 이미지 배경사용 (html_0321.htm)

```
<html>
<head><title>이미지 삽입</title></head>
<body>
<p>지구환경을 살립시다</p>
<p><img src="images/earth01.jpg" width="300"
      height="300" style="filter:alpha(opacity=20)">
</p>
</body>
```

실행결과

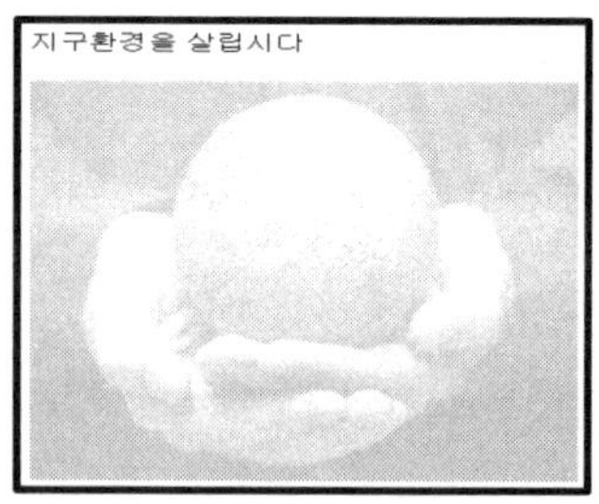

```
</html>
```

---

예제 03_22) : Alpha 필터를 이용한 멀티미디어 효과 (html_0322.htm)

---

```
<html>
<head>
<script language="JavaScript1.2">
function Over()
{
    image.filters.alpha.opacity = 100
}
function Out()
{
    image.filters.alpha.opacity = 20
}
</script>
</head>
<body>
<center>
<p>지구환경을 살립시다</p>
<img src="images/earth01.jpg" name="image" width="300" height="300"
  style="filter:alpha(opacity=20)"
  onMouseover="Over()" onMouseout = "Out()">
</center>
</body>
</html>
```

---

**실행결과**

지구환경을 살립시다

지구환경을 살립시다

〈그림 3-23〉 마우스를 가져가면 불투명하게 나타나고, 벗어나면 투명함

◉ {filter:Blur(속성)}

속성 add : 원본 그림과 효과가 적용된 그림이 겹쳐서 보이도록 설정

direction : 번지는 방향의 각도 설정

strength : 번질 픽셀의 개수 설정

### 예제 03_23) : Blur 필터 사용 (html_0323.htm)

```
<html>
<head><title>Blur 필더 사용</title></head>
<body>
<p>지구환경을 살립시다</p>
<p><img src="images/earth01.jpg" width="300" height="300"
      style="filter:blur(Add=false, direction=90, strength=20)"> </p>
</body>
</html>
```

**실행결과**

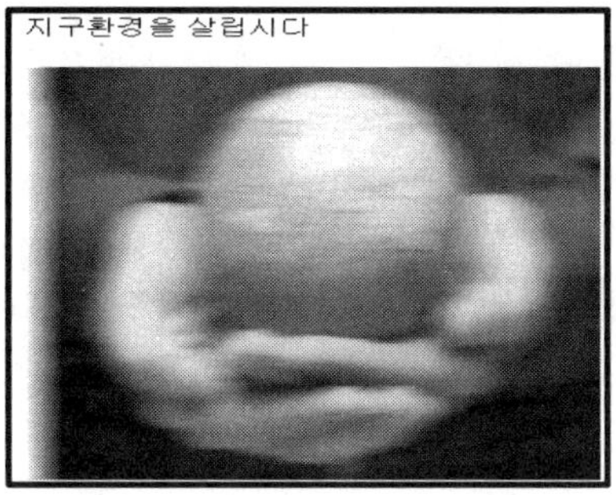


◉ {filter:Wave(속성)}

속성 add : 원본 그림과 효과가 적용된 그림이 겹쳐서 보이도록 설정

freq : 파동의 개수 입력

lightstrength : 파동효과 강도를 %단위로 입력

phase : 파동효과의 시작위치 설정

strength : 번질 픽셀의 개수 설정

**예제 03_24) : Wave 필터 사용 (html_0324.htm)**

```
<html>
<head><title>Wave 필터 사용</title></head>
<body>
<p>지구환경을 살립시다</p>
<p><img src="images/earth01.jpg" width="300" height="300"
      style="filter:wave(Add=false, freq=5, lightstrength=20, strength=20)"> </p>
</body>
</html>
```

**실행결과**

◉ {filter:FlipV}, {filter:FlipH}

### 예제 03_25) : FlipV 와 FlipH 필터 사용 (html_0325.htm)

```
<html>
<head><title>FlipV 필터 사용</title></head>
<body>
<center>
<p>지구환경을 살립시다</p>
<img src="images/earth01.jpg" width="300" height="300">
<img src="images/earth01.jpg" width="300" height="300" style="filter:FlipV">
</center>
</body>
</html>
```

**실행결과**

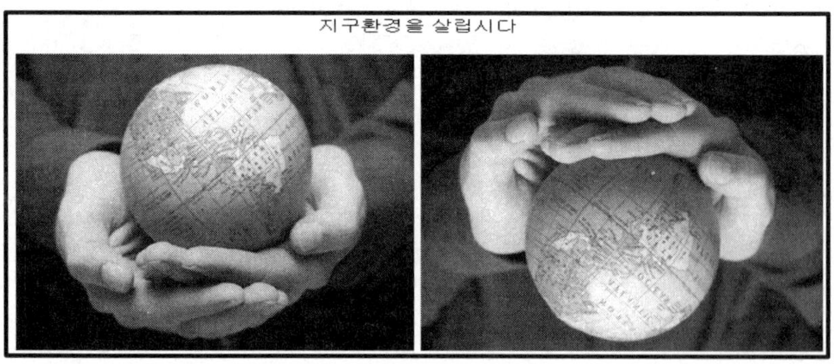

### 3.3.4 테이블의 활용

테이블을 사용할 경우의 장점은 단순한 도표뿐만 아니라 복잡한 문단을 정렬할 수 있고, 표제 지정도 가능하다. 또한, 일목요연하게 항목들을 비교할 수 있으며, 문서를 깔끔하게 정리할 수 있다

① 테이블의 삽입

<TABLE>...</TABLE>

<Table> 과 </Table> 태그 사이에  줄(row)에 해당하는 <TR> </TR> 태그를 넣고 그 사이에 각 칸에 들어갈 표의 내용을 나타내는 <TD> </TD> 태그가 들어간다. 이때, <TD>는 항상 <TR>에 의해 둘러싸여야 한다. <TD> 대신 <TH> 태그를 쓰면 수평, 수직 정렬이 자동으로 가운데가 되며, 볼드(bold)체로 표시된 표제가 된다.

**예제 03_26) : 테이블 삽입 문제 (html_0326.htm)**

- - - - - - - - - - - - - - - - - - - - - - - - - - - - - - - - - - - - - - - - - - - -

```
<html>
<head><title>테이블 삽입</title></head>
<body>
<table BORDER="1">
<caption>한국의 쇼핑물</caption>
<tr>
<td> 현대 백화점</td>
<td><a HREF="http://www.hyundaidept.com">
http://www.hyundaidept.com</a></td>
</tr>
<tr>
<td>영풍문고</td>
<td><a HREF="http://www.ycbooks.co.kr">
http://www.ycbooks.co.kr</a> </td>
</tr>
</table>
</body>
```

실행결과

```
</html>
```

② 테이블의 속성

테이블 크기 : WIDTH = (픽셀의 수 또는 백분율), HEIGHT = (픽셀의 수 또는 백분율)
테두리 : BORDER = 픽셀의 수
테이블 내부의 선 굵기 : CELLSPACING = 픽셀의 수
테이블 내용과 선 간의 여백 : CELLPADDING = 픽셀의 수

**예제 03_27) : 테이블 속성 문제 (html_0327.htm)**

```
<html>
<head><title>여러 가지 테이블의 속성들</title></head>
<body>
<h3>국내 주요 인터넷 쇼핑몰</h3>
<table BORDER="5" WIDTH="80%" HEIGHT="30%">
<tr><td>쇼핑몰</td><td>지불방식</td><td>운영형태</td></tr>
<tr><td>롯데백화점</td><td>신용카드,백화점카드,온라인</td><td>상점</td></tr>
<tr><td>신세계백화점</td><td>신용카드,백화점카드,온라인</td><td>상점</td></tr>
</table>
<table BORDER="1" CELLPADDING="5">
<tr><td>쇼핑물</td><td>지불방식</td><td>운영형태</td></tr>
<tr><td>종로서적</td><td>신용카드, 온라인</td><td>전문점</td>
</tr>
<tr><td>월드 북</td><td>신용카드, 온라인</td><td>전문점</td></tr>
</table>
<table BORDER="1" CELLSPACING="10">
<tr><td>쇼핑물</td><td>지불방식</td><td>운영형태</td></tr>
<tr><td>신비로</td><td>신용카드</td><td> Mail to Mail </td></tr>
<tr><td>한솔CS Club</td><td>신용카드, 온라인</td>
<td>Mail to Mail</td></tr>
```

```
</table>
</body>
</html>
```

---

**실행결과**

국내 주요 인터넷 쇼핑몰

| 쇼핑몰 | 지불방식 | 운영형태 |
|---|---|---|
| 롯데백화점 | 신용카드,백화점카드,온라인 | 상점 |
| 신세계백화점 | 신용카드,백화점카드,온라인 | 상점 |

| 쇼핑몰 | 지불방식 | 운영형태 |
|---|---|---|
| 종로서적 | 신용카드, 온라인 | 전문점 |
| 월드 북 | 신용카드, 온라인 | 전문점 |

| 쇼핑몰 | 지불방식 | 운영형태 |
|---|---|---|
| 신비로 | 신용카드 | Mail to Mail |
| 한솔CS Club | 신용카드, 온라인 | Mail to Mail |

〈그림 3-23〉 테이블 응용

③ 셀 합치기

여러 행에 걸치는 셀 : ROWSPAN = 행의 수

여러 열에 걸치는 셀 : COLSPAN = 열의 수

### 예제 03_28) : 테이블에서 셀 합치기 문제 (html_0328.htm)

---

```
<html>
<head>
<title>테이블에서 셀 합치기</title>
</head>
<body>
<table BORDER="1" WIDTH="100%">
<caption>많이 쓰이고 있는 웹 브라우저 </caption>
<tr><th WIDTH="40%">회사 </th><th WIDTH="60%" COLSPAN="2">내용</th>
</tr>
```

```
<tr><td WIDTH="40%" ROWSPAN="3">Netscape</td>
<td ALIGN="CENTER" WIDTH="25%" ROWSPAN="2">종류</td>
<tr><td WIDTH="35%">Navigator 3.0</td></tr>
<tr><td WIDTH="35%">Navigator 4.0</td></tr>
<tr><td WIDTH="40%" ROWSPAN="2">Microsoft</td>
<td ALIGN="CENTER" WIDTH="25%" ROWSPAN="2">종류</td>
<td WIDTH="35%">Internet Explorer 7.0</td>
</tr>
<tr><td WIDTH="35%">Internet Explorer 8.0</td></tr>
</table>
</body>
</html>
```

**실행결과**

많이 쓰이고 있는 웹 브라우저

| 회사 | 내용 | |
|---|---|---|
| Netscape | 종류 | Navigator 3.0 |
| | | Navigator 4.0 |
| Microsoft | 종류 | Internet Explorer 7.0 |
| | | Internet Explorer 8.0 |

## 3.3.5 프레임 나누기

프레임은 하나의 웹 브라우저 화면을 여러개의 창으로 나누어 주는 역활을 한다. 이 경우, HTML 문서를 몇 개의 파일로 나누어 작성한 후, 이 파일을 프레임으로 구분된 각 창에서 보여줄 수 있다.

① 화면 나누기

◉ 가로로 나누기

<FRAMESET ROWS="나누는 개수만큼의 각 프레임의 세로 길이들">

◉ 세로로 나누기

<FRAMESET COLS="나누는 개수만큼의 각 프레임의 세로 길이들">

만들고 싶은 프레임의 개수 만큼 길이를 입력하고, 각각 쉼표로 구분

◉ 프레임의 길이

픽셀의 수 : 예) 두개로 나눌때 "140, *"

백분율 : 예) 세개로 나눌때 "20%, 30%, 50%

비율 : 예) 두개를 3:1로 나눌때 "3*, *"

* : 나머지 부분을 대신해서 사용할 수 있음

### 예제 03_29) : 프레임 나누기 문제 (html_0329.htm)

- - - - - - - - - - - - - - - - - - - - - - - - - - - - - - - - - - - - - - - - - - -

```
<html>
<head>
<title> 프레임으로 화면 나누기</title>
</head>
<frameset rows="25%,*">
   <frame src="top.htm">
   <frameset cols="30%,70%">
      <frame src="left.htm">
      <frame src="right.htm">
   </frameset>
</frameset>
</html>
```

```
// top.htm
<html>
<head>
  <title>위의 창</title>
</head>
<body>
  <h2>배너 윈도우</h2>
</body>
</html>
```

```
// left.htm
<html>
<head>
  <title>왼쪽 창</title>
</head>
<body>
  <h2>메뉴 윈도우</h2>
</body>
</html>
// right.htm
<html>
<head>
  <title>오른쪽 창</title>
</head>
<body>
  <h2>메인 윈도우</h2>
</body>
</html>
```

**실행결과**

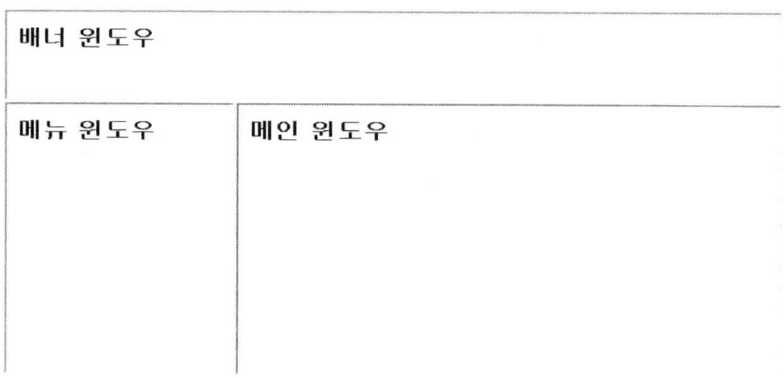


〈그림 3-24〉 프레임 나누기

② 프레임 속성

스크롤바 표시 속성 : SCROLLING

YES : 항상 표시됨, AUTO : 문서의 길이가 길어지면 표시됨, NO : 표시하지 않음
NAME 속성 : 프레임의 이름을 지정할 수 있다. 앵커(<A>) 태그에서 TARGET 속성으로 프레임의 이름을 지정하면 지정된 프레임에서 문서를 보여준다.

### 예제 03_30) : 프레임 속성 문제 (html_0330.htm)

- - - - - - - - - - - - - - - - - - - - - - - - - - - - - - - - - - - - - - - - -

```
<html>
<head><title> 프레임의 속성 살펴보기</title></head>
<frameset rows="13%,*">
   <frame src="top1.htm" name="top1" scrolling="no">
   <frameset cols="32%,*">
      <frame src="left1.htm" name="left1" noresize scrolling="auto">
      <frame
       src="http://www.altavista.co.kr" name="right" noresize  scrolling="yes">
   </frameset>
</frameset>
</html>
```

**//top1.htm**

```
<html>
<head><title>배너 윈도우</title></head>
<body text="#ff0000" bgcolor="f9fc7a">
  <h4>검색엔진 링크 페이지에 오신 것을 환영합니다.</h4>
</body>
</html>
```

// **left1.htm**

```
<html>
<head><title>메뉴 윈도우</title></head>
<body width="100%" height="100%" bgcolor="b3c6ee">
  <hr>
  <h5>검색 엔진들</h5>
```

```
  <p>
<a href="http://www.naver.com" target="right"> 네이버 </a><br>
<a href="http://www.yahoo.co.kr" target="right">한국야후</a><br>
<a href="http://www.yahoo.com" target="right">야후</a><br>
<a href="http://www.simmany.net" target="right">심마니</a><br>
</p>
<hr>
</body>
</html>
```

**실행결과**

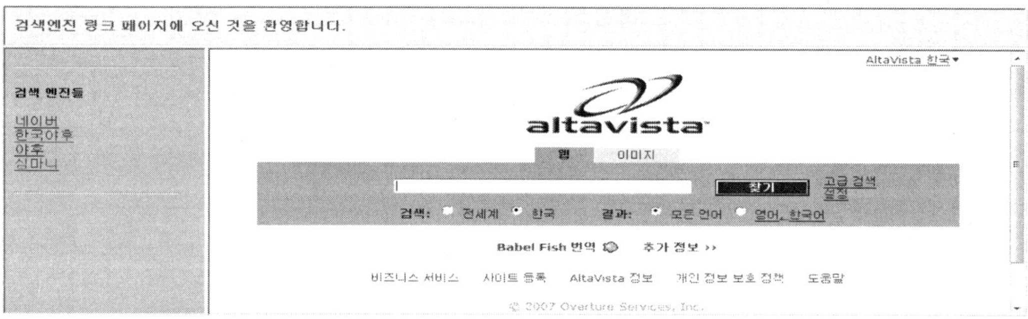


〈그림 3-25〉 각 프레임 실행 창

## 3.4 멀티미디어와 HTML

### 3.4.1 사운드의 활용

◉ 사운드 파일의 종류

WAVE는 윈도우에서 기본으로 제공되는 매체 재생기로 들을 수 있으며, 확장자는 "wav" 이다. MIDI는 WAVE 파일에 비해 용량이 작으므로 전송에는 유리하나 전송이 완료될 때까지 들을 수 없다는 단점이 있다. 확장자는 "mid" 이다.

AU는 주로 Unix 운영체제에서 사용하던 것으로 인터넷에 많이 사용하며, Netscape에서 자동으로 열리는 Naplayer로 들을 수 있다. 확장자는 "au" 이다.

RealAudio : 플러그인(Plug-in)으로 최근 인기 높은 사운드 파일로, 압축률이 뛰어나고 실시간 전송이 가능하다. 확장자는 “ra” 이다.

◉ 사운드의 삽입
<EMBED> 태그 사용
<EMBED SRC="사운드 파일의 URL">

문서상에서 사운드 재생, 정지, 일시 정지 등의 조작을 할 수 있는 오디오 세트(Audio Set)를 제대로 나타내기 WIDTH, HEIGHT 속성 설정 필요하다. 링크(Link)로 연결 하는 경우에는 앵커(Anchor) 태그의 HREF를 사운드 파일의 URL로 지정하면 된다.

◉ 사운드의 속성
볼륨 : VOLUME = 숫자 (최대값 100)
자동 연주 : AUTOSTART = TRUE
반복 연주 : LOOP = TRUE
오디오 세트(Audio Set) 감추기 : HIDDEN = TRUE

### 3.4.2 비디오의 활용

◉ 비디오 파일의 종류
MPEG는 Motion Picture Expert Group의 약자이며, 압축률이 좋다. 눈이나 귀로 느낄 수 없을 정도의 에러를 허용하여 압축하며, 기종에 관계 없이 사용 가능하다. 확장자는 “mpg” 이다. Quicktime은 본래 매킨토시 운영 체제에서 제공되는 동화상 규약으로, 최근에 Windows용인 QuickTime for WIndows가 나와 있다. Lossy 압축으로 어느정도의 에러 허용한다. 확장자는 “mov”이다. AVI는 Audio Video Interleaved의 약자로 Windows에서 기본으로 제공되는 동화상으로 매체 재생기를 통해 볼 수 있다. 특정한 하드웨어가 필요하지 않으며, 사용은 편리하지만 압축률이 낮다. 확장자는 “avi” 이다.

◉ 비디오의 삽입
<EMBED> 태그 사용
<EMBED SRC="비디오 파일의 URL">

보통 동영상은 매우 큰 크기를 갖고 있기 때문에 다운로드 받을 수 있도록 하는 것이 좋다.
링크(Link)로 연결하는 경우는 앵커(Anchor) 태그의 HREF를 비디오 파일의 URL로 지정한다.

**예제 03_31) : 멀티미디어 자료의 활용 (html_0331.htm)**

```
<html>
<head>
<title>멀티미디어 자료의 활용 예</title>
</head>
<body>
<h3>동영상 예</h3>
<p><embed SRC="file/Butterfly.wmv" width="150" height="150"><br>
<a HREF="file/Butterfly.wmv">나비</a></p>
<h3>사운드 예</h3>
<p><embed SRC="file/Symphony.wma"  WIDTH="145" HEIGHT="50"><br>
<a HREF="file/Symphony.wma">심포니</a></p>
</body>
</html>
```

실행결과

〈그림 3-26〉 멀티미디어 실행 창

# 3.5 입력양식 작성하기

## 3.5.1 입력양식 폼

◉ 간단한 폼 양식 : <form> ~ </form>

속성 action : 송신한 폼의 데이터를 처리할 URL을 지정

method : 어떤 방식으로 데이터를 송신할지를 결정 get 방식과 post 방식이 있음.
enctype : 보내질 데이터의 형식 설정

◉ 데이터를 입력받는 양식 : <input type="text">
◉ 암호입력 양식 : <input type="password">
◉ 체크 박스 양식 : <input type="checkbox">
◉ 라디오 버튼 양식 : <input type="radio">
◉ 명령을 지시하는 버튼 : <input type="button">, <input type="submit">
◉ 이전에 입력한 양식 초기화 : <input type ="reset">
◉ 기타 입력양식
텍스트 영역 : <textarea> ~ </textarea>
콤보 박스 작성 : <select> ~ </select>

**예제 03_32) : 회원가입문서 만들기 (html_0332.htm)**

- - - - - - - - - - - - - - - - - - - - - - - - - - - - - - - - - - - - - - - - - - - -

```
<html>
<head>
<title> 회원가입문서</title></head>
<body bgcolor="white">
<center>
회원가입하기 </br>
</center>
<form>
<table border=0 cellspacing=0 cellpadding =0 width=600 align="center">
  <tr bgcolor="#EFEFEF">
    <td align="right"> 이름 </td>
    <td>  
      <input type=text size=20 value=""> </td>
   </tr>

  <tr bgcolor="#EFEFEF">
    <td align="right"> 주민등록번호 </td>
```

```
 <td>  
    <input type=text size=6 value="">-
    <input type=text size=7 value="">
    <input type="button" value="중복검사">
 </td>
</tr>

<tr bgcolor="#EFEFEF">
 <td align="right"> 전화번호 </td>
 <td>  
    <input type=text size=3 value="">-
    <input type=text size=4 value="">-
    <input type=text size=4 value="">
 </td>
</tr>

<tr bgcolor="#EFEFEF">
 <td align="right"> 휴대폰 </td>
 <td>  
    <input type=text size=3 value="">-
    <input type=text size=4 value="">-
    <input type=text size=4 value="">
 </td>
</tr>

<tr bgcolor="#EFEFEF">
 <td align="right"> 주소 </td>
 <td>  
    <input size=45 value="">-
    <input type=hidden size=36 value="">-
    <input type="button" value="주소찾기">
 </td>
```

```
</tr>

<tr bgcolor="#E4E4E4">
 <td align="right"> 아이디 </td>
 <td>  
   <input type=text size=12 value="">  
   <input type="button" value="중복검사">
 </td>
</tr>

<tr bgcolor="#EFEFEF">
 <td align="right"> 비밀번호 </td>
 <td>  
   <input type=text size=12 value="">   비밀번호확인  
   <input type="password" size=12 value="">
 </td>
</tr>

<tr bgcolor="#EFEFEF">
 <td align="right"> 직업 </td>
 <td>  
   <select name="job">
     <option value=""> </option>
     <option value="학생">학생</option>
     <option value="회사원">회사원</option>
     <option value="공무원">공무원</option>
   </select>
 </td>
</tr>
<tr bgcolor="#EFEFEF">
 <td align="right"> 성별 </td>
 <td>  
```

```
        <input type=radio name=sex value="m" checked>남자
        <input type=radio name=sex value="w">여자
      </td>
    </tr>

    <tr bgcolor="#EFEFEF">
      <td align="right"> e-mail </td>
      <td>  
        <input type=text name=email size=25 value="">
      </td>
    </tr>
    <tr bgcolor="#EFEFEF">
      <td align="right"> 개인프로필 </td>
      <td>  
        <textarea row="4" cols="40"> </textarea>
      </td>
    </tr>

    <tr bgcolor="#DCDCDC">
      <td colspan="2" bgcolor="#DEDBCE" align="center" valign=middle height=40>
      <input type="button" value="가입하기“>  
      <input type="reset" value="다시작성“>
      </td>
    </tr>
</table>
</form>
</body>
</html>
```

- - - - - - - - - - - - - - - - - - - - - - - - - - - - - - - - - - - - - - - - - - - - -

실행결과

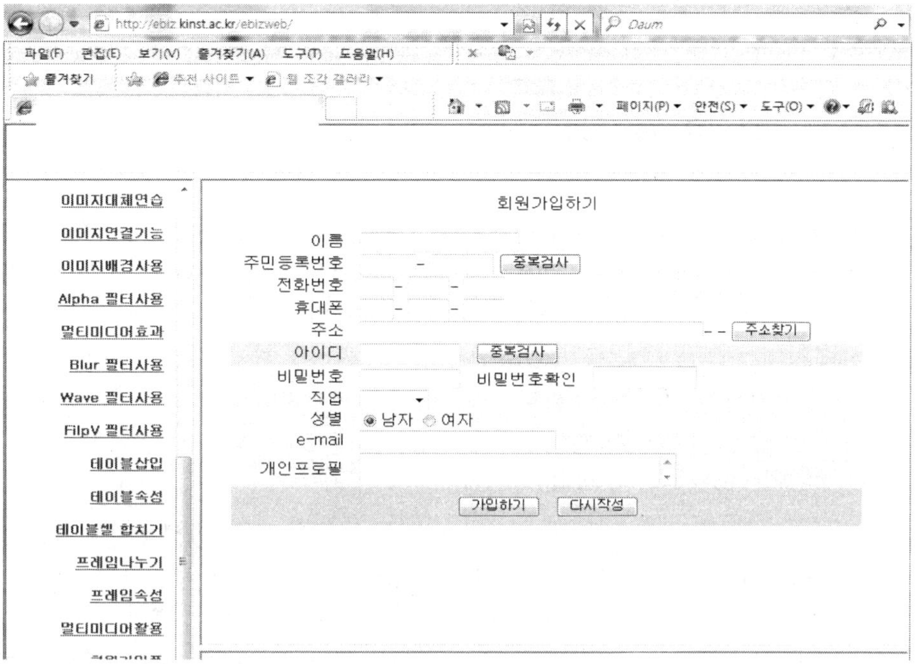


〈그림 3-27〉 회원가입 폼

# 제 4 장 ASP와 웹 문서

## 4.1 동적인 웹문서 작성과 CGI

HTML 태그로만 작성된 웹문서는 클라이언트와 서버간의 상호작용없이 웹서버로부터 미리 정해진 내용이 일방적으로 전달되는 정적(Static)인 특징을 가지고 있다. 이러한 HTML 웹문서의 단점을 극복하고 동적(Dynamic)인 웹문서를 작성하기 위하여 등장한 기술이 CGI (Common Gateway Interface)이다. 즉, CGI는 HTML의 기능을 확장하기 위하여 외부 프로그램을 HTML과 연결시키려는 시도로 프로그램 언어가 아닌 하나의 표준 규약이다. 클라이언트와 웹서버 간에 대화 방식으로 정보를 주고받는 웹 검색, 전자게시판, 회원등록 등의 웹서비스는 CGI 기술을 바탕으로 구현된 것이다.

예를 들어, 어떤 도서관에서 도서목록 검색서비스를 위하여 동적인 웹문서를 탑재한 웹사이트를 운영한다고 가정하자. 어떤 클라이언트가 2001년 출간된 도서중에서 저자가 "홍길동"인 목록을 찾는다고 가정하자. 그러면 클라이언트는 브라우저를 통하여 검색정보 (2001, 홍길동)를 웹서버에 넘겨주고, 웹 서버는 이 정보를 인식하고 CGI 프로그램을 통한 처리 결과를 클라이언트에 넘겨주게 된다. CGI 프로그램 개발에 사용되는 언어는 제한되어 있지 않으며, 웹서버 개발자는 자신에게 익숙한 C/C++, Perl, PHP, ASP, JAVA 등 프로그램 언어를 사용하여 CGI를 개발할 수 있다. CGI 프로그래밍 언어는 웹서버의 종류와 제공할 서비스의 특징에 따라 선택하면 된다. UNIX 시스템에서 Apache 웹서버를 사용하는 경우는 Perl 또는 C언어를 주로 사용하며, 윈도우즈 NT 시스템인 IIS 웹서버를 사용하는 경우는 Perl이나 ASP를 주로 이용하게 된다. 웹서버 종류에 따라 선택된 CGI 언어에서 Perl이나 Visual Basic과 같은 인터프리터 언어는 특별한 절차없이 실행할 수 있으나, C언어인 경우는 별도의 컴파일 과정을 거쳐야 한다. HTML 웹문서에 작성된 CGI 프로그램이 실행되기 위해서는 반드시 CGI 프로그램이 서버에 존재해야 한다. 그리고, 웹 서버 데몬 (Daemon)이라고 하는 프로세스가 항상 실행 중 (또는 클라이언트의 요청을 실행할 준비 중)에 있어야 한다.

### ⊙ Perl (Practical Extraction and Report Language)

스크립트 언어로 운영체제의 종류에 관계없이 동작하며, 한번 작성된 소스는 모든 시스템에서 동일하게 동작한다. 각종 DB연동 프로그램에 필요한 라이브러리를 제공하고 있으며, 스크립트 언어이므로 컴파일 언어에 비하여 수행 속도가 떨어지며, 프로그램 언어 자체는 무료로 구할 수 있다. 윈도우즈 NT용의 경우 운영체제에 최적화된 Active Perl을 MS지원으로 개발이 되어 현재 무료로 배포되고 있으며, 아파치를 웹서버로 사용할 경우 Perl 모듈을 사용하면 효율적인 실행 효과를 얻을 수 있다.

### ⊙ PHP (Personal Home Page)

PHP는 말 그대로 개인용 홈페이지 개발을 위하여 만들어진 언어였으나, 현재는 기능이 많이 보강되어 기업용 프로그램 개발에도 많이 사용되고 있다. PHP는 UNIX와 NT에서 모두 수행이 가능하며, 특히 UNIX에서 아파치 웹서버 PHP 모듈을 사용할 경우, 아주 빠른 수행 속도를 보여준다. 그러나 DB연결 기능의 제공되어야 하는 단점이 있다. 현재 나와 있는 대부분의 사용 DB는 바로 사용이 가능하나, 일부 DB의 경우 사용이 불가능한 경우도 있다.

### ⊙ JAVA

자바는 미국 썬마이크로시스템사에서 개발한 언어로 컴파일 방식과 스크립트 언어의 중간 방식이다. 소스를 컴파일하여 나온 프로그램은 단독으로 실행이 불가능하여 따로 해석기(Intrepreter)를 통하여 프로그램을 실행하여야 한다. 현재 외국에서 점차 사용이 증가하고 있는 경향이 있으며, 대규모 사이트 개발에서 미들웨어 연동 등에 많이 이용되고 있다. 웹사이트 개발시 JAVA는 일반적인 방식보다는 Applet과 Java Servlet을 사용하여 개발한다. Applet은 클라이언트/서버 방식의 프로그램 개발이 가능하며 브라우저에서 실행되는 프로그램이다. 자바 Sevelet은 CGI의 한 형태로 수행속도가 일반 CGI보다 더 빠르고 안정적인 것으로 나타나고 있다. JAVA는 운영체제의 종류에 관계없이 구현이 가능하다.

### ⊙ C/C++

대부분의 운영체제에서 사용이 가능하며, 다른 언어와 비교하여 수행속도가 빠르다. 각종 DB에서 C/C++용 라이브러리를 제공하고 있으므로 CGI 개발이 용이하다. UNIX에서 작성된 소스를 윈도우즈 NT에서는 바로 사용할 수 없는 경우가 많이 있다.

### ⊙ ASP (Active Server Page)

일종의 스크립트 언어로 MS사에서 제작되었다. ASP 프로그램이 작동되기 위해서는 윈도우즈 NT 또는 윈도우즈 2000 기반의 IIS 서버 4.0 이상 운영체제가 필요하다. ASP는 운영체제에 특성화 되어 있기 때문에 다른 스크립트 언어에 비하여 그 수행속도가 빠르며, DB에 접속하여 처리하는 프로그램 작성에도 용이하다.

## 4.2 ASP와 CGI 개발 언어

ASP (Active Server Pages)는 1995년 말에 등장한 IIS (Internet Information Server)의 세 번째 버전으로 Windows NT 기반의 IIS 3.0 이상 에서만 동작하는 일종의 스크립트 언어이다. 즉, ASP코드는 자바스크립트 또는 VB 스크립트와 마찬가지로 HTML 문서 내에 스크립트를 삽입하여 동적인 웹 페이지를 구성한다. 스크립트 언어는 서버-사이드 (Server-Side)와 클라이언트-사이드 (Client-Side) 두 가지로 분류할 수 있다. ASP 스크립트를 포함하는 웹문서를 클라이언트가 요청하면, 서버는 ASP.DLL을 통하여 스크립트를 처리한 후 넘겨주는 경우가 서버-사이드 스크립트이다. 그러나 자바 또는 VB 스크립트를 포함하는 웹 문서를 요청하면 웹서버는 해당 웹 페이지를 바로 클라이언트에 전송하며, 브라우저가 이를 받아 스크립트 코드를 해석하여 화면에 내용을 나타내게 된다. 이런 종류의 스크립트를 클라이언트-사이드 스크립트라고 한다.

### ⊙ ASP의 장점

① ASP는 서버-사이드 스크립트 언어로 브라우저와 서버가 상호 교신할 필요성을 줄여 주어 실제 클라이언트에서 페이지를 로딩 하는 시간이 줄어들게 된다.

② ASP로 작성된 문서는 서버가 HTML 형식으로 바꾼 웹 페이지를 전송하기 때문에 브라우저와 무관하게 수행된다.

③ 웹서버는 HTML로 변환된 문서를 전달하기 때문에 사용자는 웹브라우저에서 ASP소스코드를 볼 수 없어 보안성이 증대된다.

④ ASP가 작동하기 위한 환경은 Windows NT 또는 Windows 2000에서 제공하는 IIS 웹 서비스 소프트웨어만 있으면 된다. 또한 ASP를 이용하여 응용 프로그램을 개발하는 환경만으로 사용하려면 Windows 9x 시스템의 PWS 웹서비스 소프트웨어로 충분하다.

⑤ ASP는 DLL에 의하여 해석되기 때문에 사용자의 서비스 요청에 따라 독립적인 프로세스를 생성하지 않는다. 그리고 스레드를 이용해 응답하기 때문에 CGI 방식보다 ASP가 웹서버에 주는 부담이 상대적으로 적다.

⑥ ASP는 VB스크립트를 근간으로 만들어졌기 때문에 VB 프로그래밍에 익숙한 개발자는 쉽게 이용할 수 있다.

### ⊙ ASP의 단점

① 클라이언트가 웹문서의 ASP 소스를 보기가 힘들다는 것은 장점이자 단점이다.

② HTML 문장에 삽입하여 사용하기 때문에 코딩시 줄 맞추기를 하지 않으면 개발 후에

문장을 이해하기 어렵다.

③ ASP는 스크립트 언어이므로 패키지로 판매가 어렵다. 예를 들어 C언어로 작성된 CGI는 소스 코드 없이도 실행 파일만 있으면 사용할 수 있으나, ASP는 완전 공개를 해야 사용이 가능하다.

## 4.3 ASP 웹문서 시작

우선 3장에서 시작한 여러분의 홈 디렉토리에 있는 start.htm을 메모장으로 열고, 다음과 같이 고치기로 하자.

```
원래 문자열 :    <frame src="left.htm" name="left" scrolling="auto">
고친 문자열 :    <frame src="left.asp" name="left" scrolling="auto">
```

다음으로 left.htm 의 확장자를 asp로 고쳐서 left.asp 라고 저장하자. 그리고 홈 디렉터리에 "chap04" 라는 서브 디렉터리를 만들어 두고, 제 4장에서 진행할 ASP 연습 페이지를 저장할 수 있도록 하자.

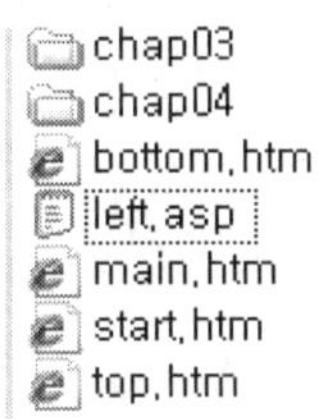


〈그림 4-1〉 Home 디렉터리 파일

물론 left.asp 페이지를 열어서 이 페이지들을 링크할 준비를 다음과 같이 해 두자.

```
- - - - - - - - - - - - - - - - - - - - - - - - - - - - - - - - - - - -
.
.
.
<h5 align="right"><a href="chap03\html_0332.htm" target="right">회원가입폼</h5>
<hr>
<center>
```

```
<font size="3" color="red">제 4장 </font>
</center>
<hr>
<h5 align="right"><a href="chap04\asp_0401.asp" target="right">ASP 시작</h5>
</body>
</html>
```

자 이제 다음에 주어진 ASP 문서를 작성하는 것을 시작으로 ASP 웹 문서를 작성해 보도록 하자. ASP 문서는 앞에서와 같이 문서의 확장자가 000.asp 이다.

### 예제 04_01) : ASP 시작 (asp_0401.asp)

```
<html>
<head><title>ASP 시작</title></head>
<body>
<%
asptime="<br>지금은" & time() & "시이다 <br>"
For i=1 to 3
Response.Write asptime
Next
%>
</body>
</html>
```

◉ 설 명

① ASP는 <% ASP 문장 %> 사이에 기술하며, 위에서는 For ... Next 반복문을 사용하고 있다. Response.write는 변수 asptime에 저장된 내용을 출력하라는 명령문이다.

② 클라이언트가 서버사이드 스크립트 ASP코드를 포함하는 asp001.asp 웹문서를 웹서버에 요청하면, 웹서버는 이 웹문서를 asp.dll을 통하여 HTML 태그 형식으로 변환하여, 현재

의 시간을 출력하게 된다. 결과는 "지금은 오전 10:20:23 시이다."라는 문자열을 3번 반복 하여 출력하고 있음을 알 수 있는데, 확인하면 다음과 같을 것이다.

```
<html>
<head><title>ASP 시작</title></head>
<body>
<br> 지금은 오전 1:16:13 시이다.<br>
<br> 지금은 오전 1:16:13 시이다.<br>
<br> 지금은 오전 1:16:13 시이다.<br>
<body>
</html>
```

③ 웹서버는 ASP 코드를 HTML 형식으로 변환하여 클라이언트 브라우저에 전송함으로 클라이언트는 변환된 결과만 전송 받게 됨으로 소스코드는 볼 수 없는데, 이러한 종류의 스크립트를 서버-사이드 스크립트라고 한다.

▶ ASP 문장이 포함된 웹문서의 확장자는 반드시 .asp로 저장되어야 한다. ASP 코드를 사용하지 않는 경우에는 확장자를 .htm으로 작성하는 것이 좋은데, 왜냐하면 확장자를 .asp로 작성하면 반드시 스크립트 엔진 asp.dll을 통과해야 하기 때문에 서버에 부담을 주게 된다.

④ 소스분석

```
asptime="<br>지금은 " & time() & "시이다 <br>"
```

이것은 asptime 이라는 변수에 html 태그와 현재 시간을 저장한다. 엠퍼센드라고 불리우는 &은 일종의 연산자로 문자열을 연결시켜주는 역할을 한다. time() 이라는 함수는 현재의 시간을 되돌려 주는 메소드로 서버의 시간을 넣어주게 된다.

```
For i=1 to 3
Response.Write asptime
Next
```

ASP 문법에서 For 문 및 Write에 대한 설명은 나중에 자세히 설명할 것이므로, 여기에서는 간략히 의미만 이야기 하고자 한다. response.Write 라는 것은 문자열이나 변수를 HTML에 출력하는 역할을 하라는 의미인데, 여기에서는 asptime에 저장된 변수를 출력하라고 명령하고 있다. 이러한 결과로 우리는 세 번 반복되는 "<br> 지금은 오후 1:16:13 시이다.<br>"를 HTML에 찍어주게 되는 것이다.

**실행 결과**

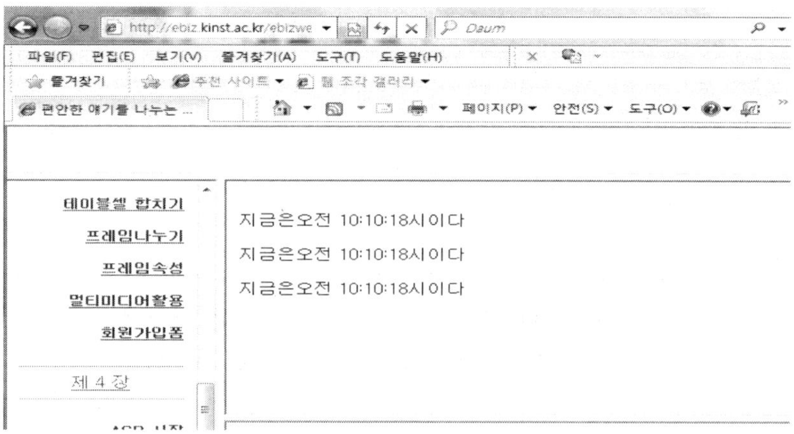


〈그림 4-2〉 ASP 시작

## 4.4 ASP 웹문서 기초

ASP는 Application, ObjectContext, Request, Server, Session 객체가 계층으로 구성되어 있는데, 이들 객체에 대한 자세한 내용은 5장에서 다룰 것이다. 여기에서는 기초적인 문법, 즉 출력 방법, 변수 및 배열 선언, 제어문 등에 대하여 공부하고자 한다.

우선 ASP에서는 Visual Basic과 마찬가지로 변수를 지정할 경우, 대/소문자를 구분하지 않는다. 즉, ASP라는 변수이름과 ASP 또는 asp라는 변수이름을 동일하게 생각한다는 것이다. 이러한 면은 편해 보이기는 하지만, 어떤 경우에는 상당히 문제가 될 수도 있다. 그러므로,

대.소문자 구분이 없다고 하더라도, 여러분은 대/소문자를 구분해 가면서 코딩하는 습관을 습득하는 것이 좋은 방법이다. 왜냐하면, 자바 등은 대/소문자를 구분하기 때문에, 대/소문자를 구분하는 습관이 없으면 나중에 아주 곤란을 겪기 때문이다.

### 4.4.1 변수와 배열의 선언

다음과 같이 변수와 배열을 선언하는 프로그램을 다음 예제와 같이 코딩하여, 다시 두 번째 링크를 만들고 마우스로 클릭해 보자.

**예제 04_02) : 변수와 배열의 문제 (asp_0402.asp)**

```
<html>
<head><title>ASP에서 변수와 배열</title></head>
<body>
<h2>ASP에서 변수와 배열 예제</h2>
<%
dim i
dim array()
redim array(3)
array(0) ="KBS"
array(1) ="MBC"
array(2) ="SBS"
redim preserve array(4)
array(3) = "방송국"
for i=0 to 3
Response.Write array(i)
next
%>
</body>
</html>
```

◉ 설 명

① ASP에서 변수를 선언하려면 dim이라는 것을 이용하는데, 이것은 선언해 주지 않아도 문제가 없기 때문에 자주 선언 없이 사용하기도 한다. 숫자와 문자의 구분이 없이 그냥 dim으로 선언하면 알아서 숫자, 문자로 사용이 가능하다. 예를 들어, 문자로 쓸 때는 munja="kim", 숫자로 쓸 때는 num=1234로 사용하면 자동으로 문자와 숫자를 인식하게 된다.

② 소스 설명

dim i 는 변수를, dim array()는 크기가 정해지지 않은 배열을 선언하는 문장이다. 위에서 redim array(3)은 크기가 정해지지 않은 array()에 대한 크기를 정해주고 있다. array(0)="KBS,"는 배열 첫 번째 방에 "KBS,"라는 문자열의 데이터를 넣고 있으며, redim preserve array(4)는 기존의 데이터를 저장한 채로 배열의 사이즈를 늘려주는 역할을 한다.

**실행 결과**

〈그림 4-3〉 ASP에서 변수와 배열 예제

### 4.4.2 제어문과 반복문

① 제어문의 사용

예제 04_03) : 제어문의 사용문제 (asp_0403.asp)

- - - - - - - - - - - - - - - - - - - - - - - - - - - - - - - - - - - - - - - - - - - - -

```
<%
grade = "1"
```

```
choice = "ebiz"
%>
<HTML>
<HEAD><title>If문, Selet문</title>
</HEAD>
<BODY bgcolor="#ffffff">
<h2>If문 예제</h2>
<font face="돋움" size="2">
<% if grade ="1" then %>
당신은 1학년이시군요
<%else%>
당신은 1학년이 아니시군요
<%end if%>
<br><p><h2>Select문 예제</h2>
<%
select case choice
   case “ebiz”
      Response.Write "비즈프레스선택"
   case “know”
      Response.Write "글로벌지식대학선택"
   case “service”
      Response.Write "서비스산업대학선택"
   case else
      Response.Write "다른 대학 선택"
end select
%>
</font>
</BODY>
</HTML>
```

- - - - - - - - - - - - - - - - - - - - - - - - - - - - - - - - - - - - - - - - - - - - -

◉ 설명

① grade="1" choice="Daesung"로 변수에 직접 데이터를 저장한다.

② <% if grade="1" then %>은 grade라는 변수에 1이라는 값이 들어 있으면 "당신은 1학년이시군요"를 출력하고, 1이 아닌 다른 값이 들어 있으면 <% else %> "당신은 1학년이 아니시군요"를 출력한다. 그리고 <% end if %>문으로 종료한다.

▶ <% if then %> 문장아래에서 어떤 문자열을 Response.Write를 이용하여 출력하는 경우에는 반드시 <% 문장 %> 형식을 취해야 한다.
즉, <% Response.Write "당신은 1학년이시군요" %>라고 기술해야 오류가 발생하지 않게 된다.

③ "Select Case choice" 문장은 if 보다 많은 복잡한 비교를 하는 경우에 이용하면 편리하다.

**실행 결과**

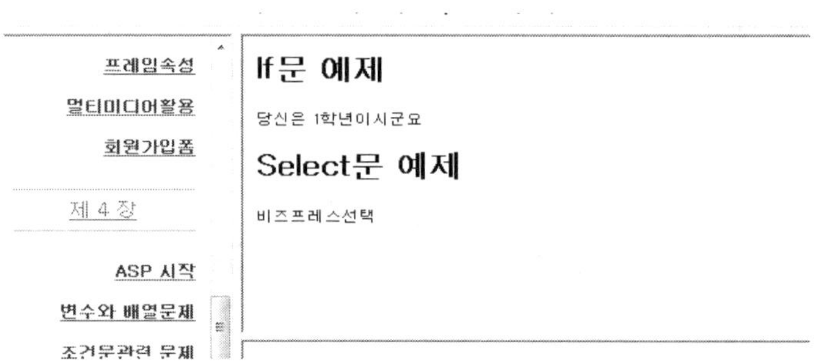


<그림 4-4> 제어문의 사용

◉ 입력폼의 사용

여기에서 우리는 3장의 끝부분에서 만들어 보았던 입력폼을 기억하고 이것을 이용하여 보자. 즉, 위의 예제 04_03) 윗부분을 보면

```
<%
grade = "1"
choice = "ebiz"
%>
```

으로 되어 있고, 다른 내용을 화면에 출력해 보려면 이 페이지를 열어서

```
<%
grade = "2"
choice = "know"
%>
```

등으로 바꾸어 가면서 출력하는 연습을 해야 조건문을 이해하게 될 것이다. 그러나 어떤 입력폼에서 grade 와 choice를 asp_0403.asp 으로 전송하고, 이 asp_0403.asp 페이지는 보내진 grade와 choice에 따라 조건에 맞는 출력을 할 수 있다면 좋지 않겠는가? 이렇게 할 수 있는 방법을 연습해 보자.

① 입력폼 만들어 전송하기

### 예제 04_04) : 입력내용 전송하기 (asp_0404.htm)

- - - - - - - - - - - - - - - - - - - - - - - - - - - - - - - - - - - - - - - - - -

```
<html>
<head><title>Form으로 보내기</title></head>
<body>
<h2>입력내용 전송하기</h2>
<form method="post" action="asp_0404.asp">
<table border="2">
<tr>
<td>grade</td>
<td><input type="text" size="10" name="grade"></td>
</tr>
<tr>
<td>choice</td>
<td><input type="text" size="10" name="choice"></td>
</tr>
<tr>
<td><input type="submit" value="보내기"></td>
```

```
<td><input type="reset" value="재입력"></td>
</tr>
</table>
</form>
</body>
</html>
```

◉ 설명

① <form method="post" action="asp_0404.asp">
입력폼에 입력되는 내용을 asp_0404.asp 페이지로 보내라는 내용이다.

② <input type="text" size="10" name="grade">
이곳에 입력되는 내용은 grade라는 그릇에 담아서 보내라는 뜻이다.

이제 asp_0404.htm를 left.asp에서 다음과 같이
<h5 align="right"><a href="chap04\asp_0404.htm" target="right">첫번째 전송</h5>
링크하여 실행하여 보자.

**실행 결과**

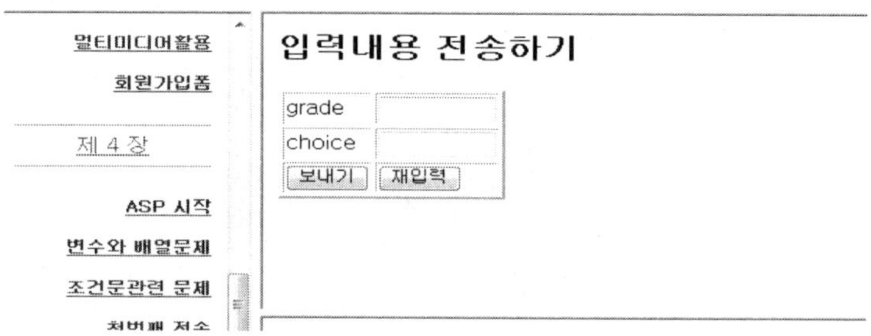


〈그림 4-5〉 입력 폼 사용

위의 폼에 grade에 “1”을 그리고 choice에 “ebiz"를 입력하고 [보내기]를 클릭하면 에러가 발생한다. 왜냐하면 아직 까지 입력된 내용을 전송받아서 처리할 asp_0404.asp 페이지를 만들기 않았기 때문이다.

그럼 이제 보내진 내용을 받아서 처리할 페이지를 다음과 같이 작성하여 보자.

② 전송된 내용에 따라 화면에 출력하기

**예제 04_04) : 전송된 내용 처리하기 문제 (asp_0404.asp)**

- - - - - - - - - - - - - - - - - - - - - - - - - - - - - - - - - - - - - - - - - - - - -

```
<%
grade = request("grade")
choice = request("choice")
%>
<HTML>
<HEAD><title>If문, Selet문</title>
</HEAD>
<BODY bgcolor="#ffffff">
<h2>If문 예제</h2>
<font face="돋움" size="2">
<% if grade ="1" then %>
당신은 1학년이시군요
<%else%>
당신은 1학년이 아니시군요
<%end if%>
<br><p><h2>Select문 예제</h2>
<%
select case choice
   case “ebiz”
      Response.Write "비즈프레스선택"
   case “know”
      Response.Write "글로벌지식대학선택"
   case “service”
      Response.Write "서비스산업대학선택"
   case else
```

```
        Response.Write "다른 대학 선택"
end select
%>
</font>
</BODY>
</HTML>
```

- - - - - - - - - - - - - - - - - - - - - - - - - - - - - - - - - - - - - - - -

이제 입력폼에 임의의 여러 가지 숫자 또는 이름을 입력하여 보면 보내진 내용에 따라 다르게 출력되는 것을 확인해 볼 수 있을 것이다.

우선 여기에서는 입력폼에서 넘어온 값을 request 객체로 받고 있다는 사실만 알고 넘어가기로 하자. 이와 관련된 ASP 내장 객체에 대해서는 제 5 장에서 자세하게 다루게 될 것이다.

### ② 반복문의 사용

반복문에는 For ~ Next, Do ~Loop 가 있는데, 이들을 이용하면 지정한 변수에 의해 지정된 숫자만큼 반복하여 실행한다. For 문은 간단한 반복문에서, Do 문은 복잡한 반복문에서 주로 이용되며, 형식은 다음과 같다.

| For문 형식 | Do문 형식 |
|---|---|
| For i = 시작 To 끝<br>  실행문<br>Nex | Do<br>  실행문<br>Loop |

**예제 04_05) : 반복문 For문의 사용문제 (asp_0405.asp)**

- - - - - - - - - - - - - - - - - - - - - - - - - - - - - - - - - - - - - - - -

```
<%
 num=5
%>
<HTML>
<HEAD>
<TITLE>For문의예제</TITLE></HEAD>
```

```
<BODY>
<H3>For문의 예제</H3>
<%
FOR i=1 TO 9
  product=num*i
%>
<br>
<%
  Response.Write num & "*" & i & "="
  Response.Write product
NEXT
%>
</BODY>
</HTML>
```

◉ 설명

For i=1 to 9 는 i의 값을 1에서 9까지 반복한다. 변수 num은 5로 지정되어 있음으로, num에 i값을 곱하면 5에 대한 구구단이 되며, 이렇게 생성된 값은 product라는 변수에 저장되고, 그 값은 Response.Write를 이용하여 <그림 4-6>과 같이 출력된다.

**실행 결과**

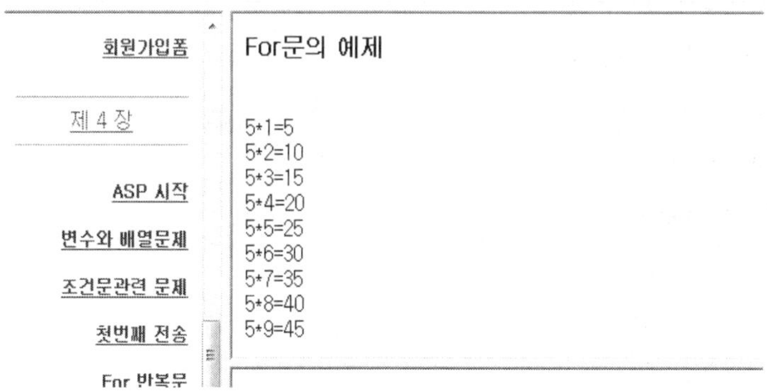


〈그림 4-6〉 For 반복문의 사용

다른 구구단 즉 7단의 출력을 원한다면, 우리는 원래 페이지를 다음과 같이 편집하여 출력하면 될 것이다.

```
<%
 num=7
%>
```

그러나 매번 본 페이지를 열어서 숫자를 바꾸어 주면 여간 불편한 것이 아니다. 여기에서 우리는 바로 이전의 예제 (asp_0404.htm)에서와 마찬가지로 입력 폼을 만들어 그 값을 전송하여, 보내진 값에 따라 구구단을 출력하게 할 수 있도록 만들어 보도록 하자.

① 입력폼 만들어 전송하기

**예제 04_05) : 입력내용 전송하기 (asp_0405_01.htm)**

- - - - - - - - - - - - - - - - - - - - - - - - - - - - - - - - - - - - - - - -

```
<html>
<body>
<form method="post" action="asp_0405_01.asp">
<table border="1" bgcolor="pink">
<tr>
<td>숫자</td>
<td>
<select name="AA" size="1">
   <option value="not">선택</option>
   <option value="2">2</option>
   <option value="3">3</option>
   <option value="4">4</option>
   <option value="5">5</option>
   <option value="6">6</option>
   <option value="7">7</option>
   <option value="8">8</option>
   <option value="9">9</option>
```

```
</select>
</td>
<td>
<input type="submit" value="전송">
</td>
</tr>
</table>
</form>
</body>
</html>
```

② 전송된 숫자에 따라 구구단 화면에 출력하기

**예제 04_05) : 전송된 내용 처리하기 문제 (asp_0405_01.asp)**

```
<%
prod = request("AA")
%>
<html>
<body>
<h2>For문을 이용한 구구단</h2>
<h3>현재시간 : <%=now()%></h3>
<%
For i=1 to 9
  prodno=prod*i
%>
<br>
<font face="궁서체" size="5" color="pink">
<%
  Response.Write prod & "*" & i & "="
  Response.Write prodno
```

```
Next
%>
</font>
</body>
</html>
```

**실행 결과**

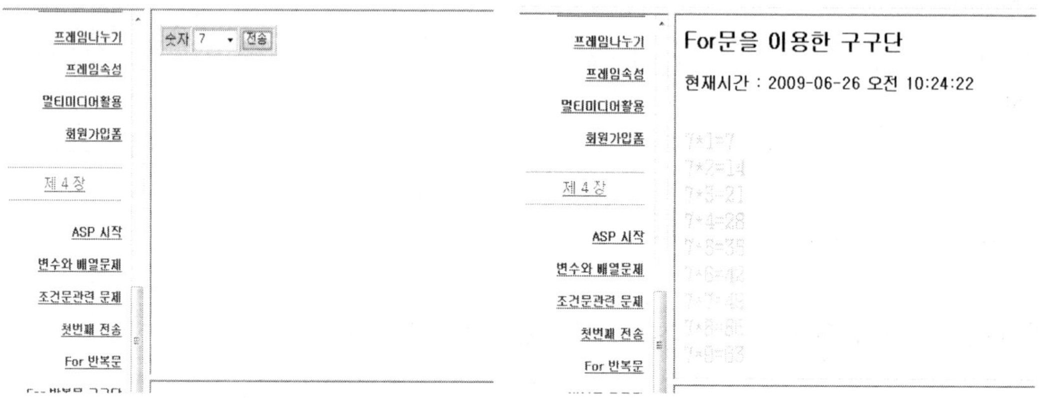


〈그림 4-7〉 For 반복문을 이용한 구구단 (숫자 보내기 및 받아서 처리하는 내용)

### 예제 04_06) : 반복문 Do Loop문의 사용 문제(asp_0406.asp)

```
<html>
<head><title>Do Loop문 예제</title></head>
<body>
<h3>Do Loop문 예제</h3>
<%
DO
a=a+1
response.write a
%>
<br>
<%
```

```
LOOP UNTIL a=5
%>
</body>
</html>
```

---

**실행 결과**

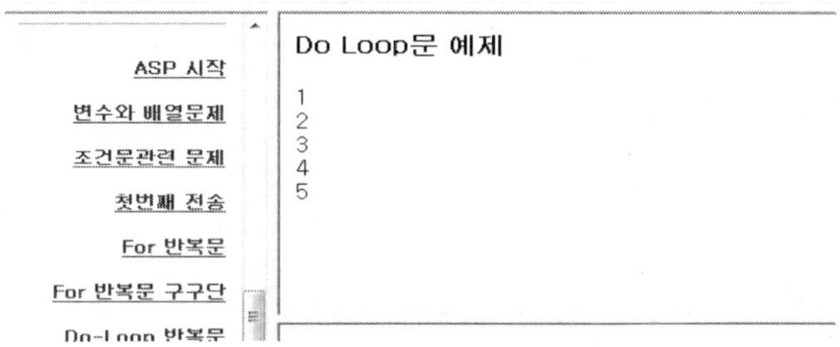


〈그림 4-8〉 Do Loop문

① 입력폼 만들어 전송하기

### 예제 04_06) : 입력내용 전송하기 (asp_0406_01.htm)

---

```
<html>
<body>
<form method="post" action="asp_0406_01.asp">
<table border="1" bgcolor="navy">
<tr>
<td><font color="yellow">숫자</font></td>
<td>
<select name="DOAA" size="1">
  <option value="not">선택</option>
  <option value="2">2</option>
  <option value="3">3</option>
  <option value="4">4</option>
```

```
  <option value="5">5</option>
  <option value="6">6</option>
  <option value="7">7</option>
  <option value="8">8</option>
  <option value="9">9</option>
</select>
</td>
<td>
<input type="submit" value="전송">
</td>
</tr>
</table>
</form>
</body>
</html>
```

② 전송된 숫자에 따라 구구단 화면에 출력하기

**예제 04_06) : 전송된 내용 처리하기 문제 (asp_0406_01.asp)**

```
<%
num=request("DOAA")
%>
<html>
<head>
<title>Do Loop문 예제</title>
</head>
<body>
<h3>Do Loop문 예제</h3>
<table border="2" bgcolor="pink">
```

```
<tr>
<td>구구단</td>
</tr>
<tr>
<td><%=num%>단</td>
<td>*숫자 = </td>
<td>결과</td>
</tr>
<%
DO
a=a+1
prod=num*a
%>
<tr>
<td><%=num%></td>
<td>*숫자 = <%=a%></td>
<td><%=prod%></td>
</tr>
<%
LOOP UNTIL a=9
%>
</table>
</body>
</html>
```

- - - - - - - - - - - - - - - - - - - - - - - - - - - - - - - - - - - - - - - - - - - - - -

**실행 결과**

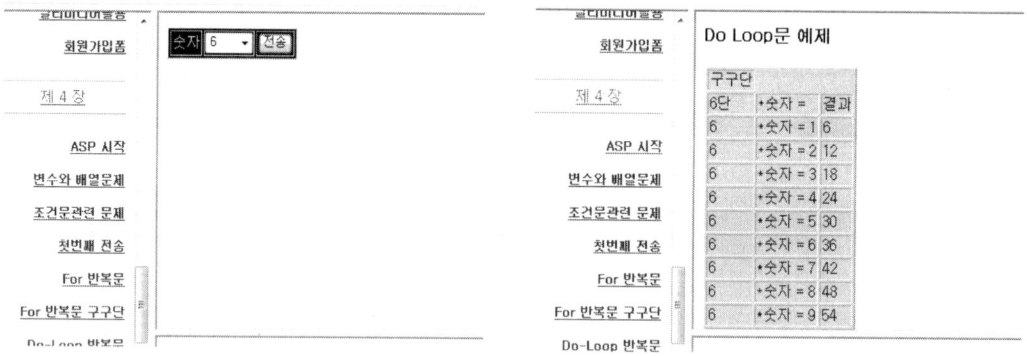


〈그림 4-9〉 Do-Loop를 이용한 구구단 (숫자 보내기 및 받아서 처리하는 내용)

## 4.5 ASP에서 유용한 VBScript 함수

VB스크립트에 대한 자세한 내용은 MS의 사이트에서 그 정보를 얻을 수 있으며, 이곳에서 제공하는 온라인 자습서는 무료로 다운 받을 수 있기 때문에, 이 책에서 소개되는 함수 이외에도 여러 가지 유용한 함수들을 스스로 공부할 수 있다. 이 모든 내용을 이 책에서 모두 다룰 수는 없는 일이지만 필요한 것들은 다루어 보기로 하자.

### 4.5.1 변환관련 함수

이 함수들은 변수 내의 값들을 다른 형식으로 변환하는데 사용된다. 우선은 다음 ASP 파일을 만들어 적당한 이름으로 저장하고 실행해보자.

**예제 04_07) : 변환함수의 사용 문제 (asp_0407.asp)**

```
<%
   a=19.8719
   b=17.2
   c=a+b
%>
```

```
<html>
<head><title>변환함수 예제</title></head>
<body>
<h3>변환함수 예제</h3>
<hr>
<b>
    a : <%=a%><br>
    b : <%=b%><br></b>
    a+b=cint(c) : <%=cint(c) %><br>
    a+b=cdbl(c) : <%=cdbl(c) %><br>
    round(c,2) : <%=round(c,2) %>
</body>
</html>
```

- - - - - - - - - - - - - - - - - - - - - - - - - - - - - - - - - - - - - - - - - - -

◉ 설명

a는 문자열이 11.2593이며, b는 문자열이 15.3인 상태이다. 그런 두 개의 문자열을 더한 c라는 변수는 당연히 "11259315.3"이라는 문자열이다. 그러면, 이런 모양만 숫자인 두 개의 문자를 숫자로 취급하여 더하고자 한다면 어떻게 하는가? 이런 경우 쓰이는 함수가 바로 Cint()이다. Cint()는 모양만 숫자인 문자를 실제 숫자로 변환시켜주는 역할을 하는데, 단지 그 값의 정수값만 돌려준다는 것이 중요하다. 예를 들어 Cint(11.2593)이라면 이 값은 숫자 11을 돌려주게 된다. 그래서 위에서 Cint(c)는 a+b의 정수값 27이라는 값을 돌려주는 것을 알 수 있다. 그렇다면 소수점 이하까지도 계산하고 싶다면 어떻게 하는가? 그런 경우에는 위에서와 같이 CDbl()이라는 함수를 이용하면 된다. 또한 지정한 소수점 자리에서 반올림한 숫자를 되돌려 주는 함수로는 Round()라는 함수를 이용하게 된다. 그 이외의 유용한 변환 관련 함수로는 다음과 같은 것이 있다.

〈표 4-1〉 변환함수의 종류

| 함수 | 설명 |
|---|---|
| Asc | 문자열에서 첫 번째 문자에 대한 ANSI 코드번호를 되돌려 줌 |
| CBool | Boolean 형식의 인자값을 되돌려 줌 |
| Byte | Byte 형식의 인자값을 되돌려 줌 |
| CDate | Date 형식의 인자값을 되돌려 줌 |
| CDbl | Double 형식의 인자값을 되돌려 줌 |
| Cint | 정수 형식의 인자값을 되돌려 줌 |
| Clng | Long 형식의 인자값을 되돌려 줌 |
| CSng | Single 형식의 인자값을 되돌려 줌 |
| Cstr | String 형식의 인자값을 되돌려 줌 |
| Sgn | 숫자의 부호를 나타내는 정수를 되돌려 줌 |

▶ ASP에서 <% = %>은 Response.Write의 다른 표현으로 같은 명령을 실행한다.

**실행 결과**

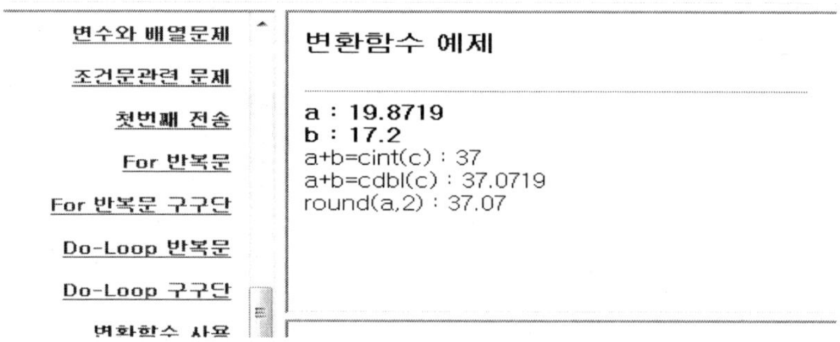


〈그림 4-10〉 변환함수의 사용

◉ 변환함수를 이용한 사칙연산 계산기

위 예제를 이용하여 여기에서는 다음과 같이 사칙연산 계산기를 제작하여 보자. 지금까지 연습한 실력을 활용하면 쉽게 제작할 수 있을 것이다.

▶ 입력 폼에 자바 스크립트 추가하기

이제 우리가 작성했던 폼에 약간의 스크립트를 추가해 보자. 이 스크립트를 설명하기 전에

submit 은 이미 사용해 본 바와 같이 <input type="submit" value="전송“> 이라는 버튼을 눌러서 폼의 내용을 action="전송할 ASP 페이지”을 통하여 제출하게 된다. 즉, type="submit" 이 제출하는 역할을 해주고 있는 것이다. 이 submit 버튼을 누르면 무조건 그 내용이 무엇이건 묻지 않고 폼의 내용을 전송하게 된다.

그러나 폼의 내용을 전송하는 방법은 다음과 같이 스크립트를 이용하여도 가능한데 내용은 다음과 같다.

```
<html>
<body>
<form method=“post“ action=“asp_000.asp“>
<input type=“text“ name=“name“ size=“10“>
<input type=“submit“ value=“전송“>
</body>
</html>
```

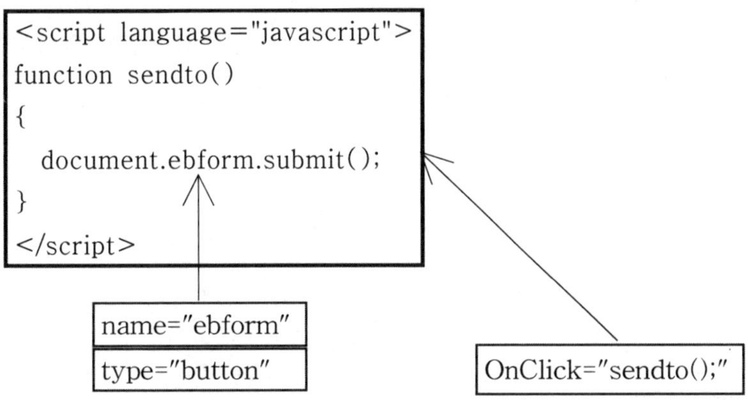

```
<html>










<body>
<form method="post" action="asp_000.asp">
<input type="te        xt"   size="10">
<input                        value="전송"                        >
</body>
</html>
```

위에서 첫 번째는 type="submit" 이고 두 번째는 type="button" 이다. 두 번째 button이 클릭되면 sendto()라는 스크립트 함수를 동작시키라는 명령을 수행하게 되며, 결과적으로 첫 번째와 같은 동작을 하게 된다. 조금 복잡해 보이는 이 스크립트 함수는 중요한 역할을 수행하기 위해서 인데, 왜냐하면 submit을 이용하면 입력값이 무엇이든지, 또는 입력값이 없다고 해도 그냥 제출해 버린다. 그렇지만 button을 이용하면 제출하는 내용을 다음과 같이 제어할 수 있게 된다.

```
<script language="javascript">
function sendto()
{
        //name
         if (document.ebform.name.value == "") {
                alert("name을 입력해 주십시오!!");
                return false;
         }
                 document.ebform.submit();
}
</script>
```

그러면 위의 자바스크립트를 적용한 계산기용 입력폼을 다음과 같이 제작하여 보자.

① 더하기, 빼기, 곱하기, 나누기 할 숫자 입력폼

**예제 04_07) : 입력내용 전송하기 (asp_0407_01.htm)**

- - - - - - - - - - - - - - - - - - - - - - - - - - - - - - - - - - - - - - - - - - - - -

```
<html>
<head></head>
<script language="javascript">
<!--
function towrite()
{
        //AA값
         if (document.ebform.AA.value == "")  {
                alert("AA를 입력해 주십시오.. please.");
                return false;
         }
                 document.ebform.submit();
}
//-->
</script>
<body>
<table bgcolor="yellow" border="1">
<form name="ebform" method="post" action="asp_0407_01.asp">
<tr>
<td> 숫자 A </td>
<td><input type="text" name="AA" size="10"></td>
</tr>
<tr>
<td>숫자 B </td>
<td><input type="text" name="BB" size="10"></td>
```

```
</tr>
<tr>
<td>선택</td>
<td>
<select name="CC" size="1">
   <option value="plus">더하기</option>
   <option value="minus">빼기</option>
   <option value="pludct">곱하기</option>
   <option value="divid">나누기</option>
</select>
</td>
</tr>
<tr>
<td>
<input type="button" value="숫자전송"
       name="write" OnClick="towrite()"> 
</td>
<td><input type="reset" value="재입력"></td>
</tr>
</form>
</table>
</body>
</html>
```

위 페이지를 링크 시키고 아무값도 입력하지 않고 그냥 [숫자전송] 버튼을 누르면,

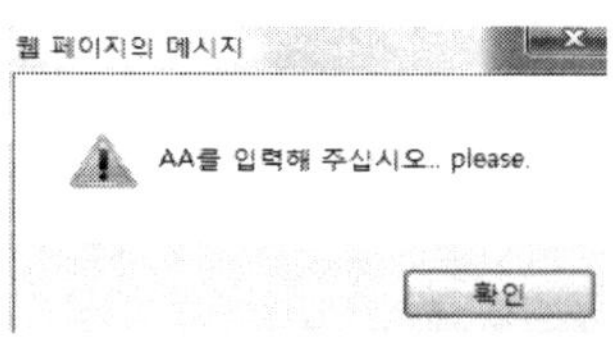

위의 그림과 같은 경고창이 뜨고, 값을 입력 받아야 최종적으로 제출하게 된다.

② 전송된 숫자와 조건에 따라 더하기, 빼기, 곱하기, 나누기 값 출력하기

**예제 04_07) : 전송된 내용 처리하기 문제 (asp_0407_01.asp)**

- - - - - - - - - - - - - - - - - - - - - - - - - - - - - - - - - - - - - - - - - - - -

```
<%
 a = request("AA")
 b = request("BB")
 c = request("CC")
%>
<html>
<body>
<h3>변환함수 예제</h3>
<hr>
<b>
  a : <%=a%><br>
  b : <%=b%><br>
</b>
<hr>
<%
  plus = cdbl(a) + cdbl(b)
  minus = cdbl(a) - cdbl(b)
  product = cdbl(a)*cdbl(b)
  div = cdbl(a)/cdbl(b)
%>
<%if c="plus" then%>
  a+b = <%=round(plus,4)%><br>
<%end if%>
<%if c="minus" then%>
  a-b = <%=minus%><br>
<%end if%>
```

```
<%if c="pludct" then%>
  a*b = <%=product%><br>
<%end if%>
<%if c="divid" then%>
  a/b = <%=round(div,4)%>
<%end if%>
</body>
</html>
```

**실행 결과**

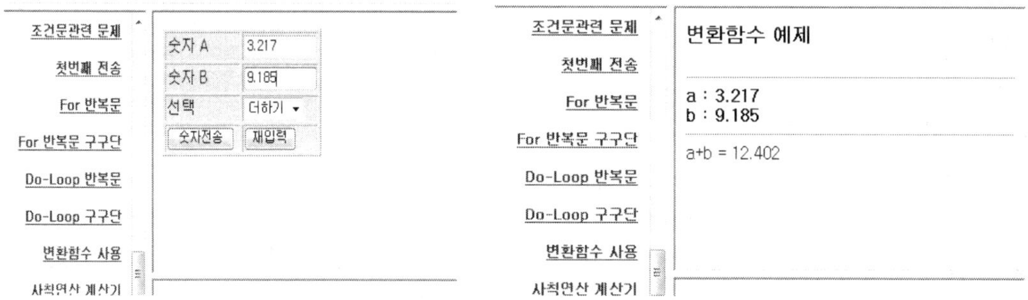

〈그림 4-11〉 사칙연산 계산기 입력창과 결과 창

## 4.5.2 날짜/시간 관련 함수

이들은 컴퓨터 시스템이 나타내는 날짜 혹은 시간을 되돌려 주거나, 기존의 값을 조작하는 데 이용된다. 마찬가지로 다음과 같은 ASP 파일을 링크한 후 브라우저로 실행하여 보자.

### 예제 04_08) : 시간/날짜 관련 함수 사용 문제 (asp_0408.asp)

```
<html>
<head><title>시간/날짜 관련 함수 예제</title></head>
<body>
<h3>시간/날짜 관련 함수 예제</h3>
<hr>
<b> 시간 </b><br>
```

```
<%=Hour(now)%>시
<%=Minute(now)%>분
<%=Second(now)%>초
지금은 <%=Time%>입니다. <br>
<b>날짜</b><br>
<%=Year(now)%>년
<%=Month(now)%>월
<%=Day(now)%>일
<%if WeekDay (now)="1" then%> 일요일<br>
<%end if%>
<%if WeekDay (now)="2" then%> 월요일<br>
<%end if%>
<%if WeekDay (now)="3" then%> 화요일<br>
<%end if%>
<%if WeekDay (now)="4" then%> 수요일<br>
<%end if%>
<%if WeekDay (now)="5" then%> 목요일<br>
<%end if%>
<%if WeekDay (now)="6" then%> 금요일<br>
<%end if%>
<%if WeekDay (now)="7" then%> 토요일<br>
<%end if%>
<br>
오늘은 <%=date%> 입니다.
</body>
</html>
```

◉ 설명

시스템의 시간을 가져오는 방법은 간단한데, Now라는 함수는 현재 시스템의 시간 및 날짜를 한꺼번에 돌려준다. 시간을 가져오려면 Time을 날짜만 가져오려면 Date라는 함수를 사용하면 된다. 년도, 월, 그리고 요일을 가져오는 방법도 간단하다. 요일의 경우 weekday() 함수를 이용하게 되면 현재의 요일을 가져오는데, 우리가 기대하는 "수요일" 등으로 얻어오는 것이 아니고, 숫자로 되돌려진다. 즉, 일, 월, 화를 1, 2, 3 순서대로 되돌려 진다. 이렇게 얻어온 요일과 관련된 숫자는 쉽게 글로 표현할 수 있는 방법이 있는데, 이후의 예제에서 보여 질 것이다. 그 이외에 유용한 시간/날짜 관련 함수는 다음과 같은 것이 있다.

**실행 결과**

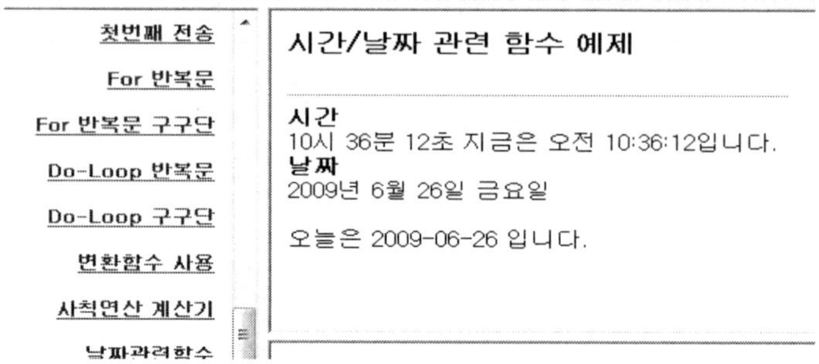


〈그림 4-12〉 시간/날짜 관련 함수

〈표 4-2〉 Date 관련 함수의 종류

| 함수 | 설명 |
|---|---|
| DateAdd | 지정된 시간 간격을 추가한 날짜를 되돌려 줌 |
| DateDiff | 두 날짜 사이의 일, 주 및 년도의 숫자를 되돌려 줌 |
| DatePart | 주어진 날짜의 일, 월, 년도를 되돌려 줌 |
| DateSerial | 지정된 년, 월, 일에 대한 date 형식의 값을 되돌려 줌 |
| DateValue | Date 형식의 값을 되돌려 줌 |

위에 나타나 있는 Date 관련 함수의 사용은 그다지 수월하지는 않으므로, 자세한 내용은 VBScript 온라인 자습서를 참조하면 도움이 될 것이다.

### 4.5.3 수학 관련 함수

이 함수들은 숫자 값을 포함하고 있는 변수에 대한 연산을 하는데 사용되는데, 역시 다음 ASP 파일을 작성하여 저장하고 실행하면서 공부해 보자.

## 예제 04_09) : 수학관련 함수 사용 문제 (asp_0409.asp)

```
<% a=7 %>
<html>
<head>
<title>수학관련 함수 예제</title></head>
<body>
<h3>수학관련 함수 예제</h3>
<hr>
a=<%=a%>의 제곱근 : <%=round(sqr(a),2)%><br>
a=<%=a%>의 sine 값 : <%=round(sin(a),2)%><br>
a=<%=a%>의 log 값    : <%=log(a)%>
</body>
</html>
```

◉ 설명

<% =round(sqr(a),2) %> 및 <%=round(sin(a),2)%>는 a의 제곱근 값과 sine 값을 round 함수를 이용하여 소수점 둘째 자리에서 반올림하여 되돌려 주고 있다. 또한, <%=log(a)%>는 log 함수를 이용하여 a의 log값을 되돌려 준다. 이들 수학연산에 자주 사용되는 함수로는 다음과 같은 것들이 있다.

**실행 결과**

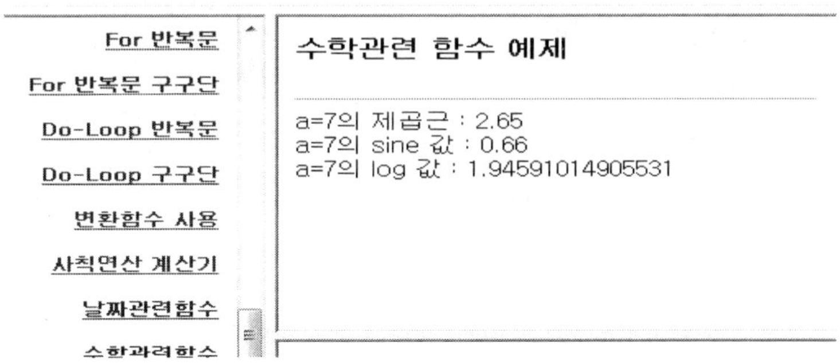


〈그림 4-13〉 수학관련 함수 사용

〈표 4-3〉 수학관련 함수의 종류

| 함수 | 설명 |
|---|---|
| Atn | 숫자의 아크 탄젠트 값을 되돌려줌 |
| Tan | 각도의 탄젠트 값을 되돌려 줌 |
| Cos | 각도의 코사인 값을 되돌려 줌 |
| Sin | 각도의 사인 값을 되돌려 줌 |
| Sqr | 숫자의 제곱근 값을 되돌려 줌 |
| Exp | 자연로그 (e)의 인자만큼의 제곱 값을 되돌려 줌 |
| Log | 숫자의 자연로그 값을 되돌려 줌. |

① 수학관련 함수를 사용한 예제의 입력내용 전송

**예제 04_09) : 입력내용 전송하기 (asp_0409_01.htm)**

```
<html>
<head>
</head>
<script language="javascript">
<!--
function towrite()
{
        //AA값
         if (document.ebform.AA.value == "")  {
                alert("AA를 입력하세요!");
                return false;
         }
                 document.ebform.submit();
}
//-->
</script>
<body>
```

```
<table bgcolor="yellow" border="1">
<form name="ebform" method="post" action="asp_0409_01.asp">
<tr>
<td> 숫자 </td>
<td><input type="text" name="AA" size="10"></td>
</tr>
<tr>
<td>선택</td>
<td>
<select name="CC" size="1">
  <option value="csqrt">제곱근</option>
  <option value="ctan">tan</option>
  <option value="csin">sin</option>
  <option value="ccos">cos</option>
  <option value="clog">log</option>
</select>
</td>
</tr>
<tr>
<td>
<input type="button" value="숫자전송" name="write"
 OnClick="towrite()"> 
</td>
<td><input type="reset" value="재입력"></td>
</tr>
</form>
</table>
</body>
</html>
```

② 전송된 내용에 따라 수학 함수값 출력하기

**예제 04_09) : 전송된 내용 처리하기 문제 (asp_0409_01.asp)**

```
<%
aa=request("AA")
cc=request("CC")
bb = sqr(aa)
%>
<html>
<body>
<h3>수학관련 함수 예제</h3>
<hr>
<font face="궁서체" size="6" color="navy">
<%if cc="csqrt" then%>
  <%=aa%>의 제곱근 : <%=round(bb,6)%>
<% end if %>
<%if cc="csin" then%>
<%=aa%>의 sin값 : <%=round(sin(aa),7)%>
<% end if %>
<%if cc="ccos" then%>
<%=aa%>의 cos값 : <%=round(cos(aa),4)%>
<% end if %>
<%if cc="ctan" then%>
<%=aa%>의 tan값 : <%=round(tan(aa),4)%>
<% end if %>
<%if cc="clog" then%>
<%=aa%>의 로그값 : <%=round(log(aa),2)%>
<% end if %>
</font>
</body>
```

```
</html>
```

**실행 결과**

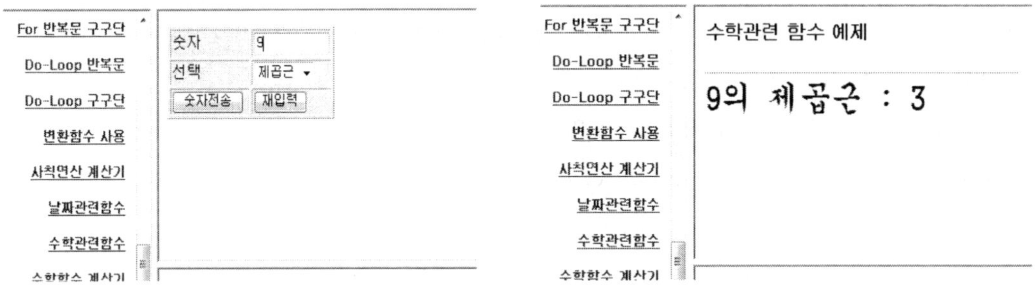


〈그림 4-14〉 수학함수관련 계산기 입력창과 결과 창

## 4.5.4 문자열 관련 함수

VBscript 함수로 제공되는 여러 함수들 중에 가장 많이 이용되는 함수들로, 이 함수들은 변수 내의 문자열 변수들을 조작하는데 사용된다. 우선 포맷 관련 함수인 FormatCurrency, FormatDateTime, FormatPercent와 문자열을 찾아주는 Instr, 대/소문자 문자열을 만들어 주는 Ucase, Lcase 함수에 대하여 알아보도록 하자. 이러한 함수가 실제로 어떻게 웹 프로그래밍에서 유용하게 이용되는가에 대하여 의아하게 생각하는 독자도 있을 것이나, 지금은 이러한 함수의 입/출력 과정을 확인하고 공부해 두면 나중에 충분히 보상을 받을 것이다.

**예제 04_10) : 문자열 함수 사용 문제 1 (asp_0410_01.asp)**

```
<%
aa="Everybody call the KINST as great college"
%>
<html>
<body>
<h3>문자열 함수 예제</h3>
<hr>
<font face="이탤릭체" size="5" color="navy">
FormatCurrency(7000000)의 결과 : <%=FormatCurrency(7000000)%><p>
```

```
FormatDatetime(Date,1)의 결과 : <%=FormatDatetime(Date,1)%><br>
FormatDatetime(Date,2)의 결과 : <%=FormatDatetime(Date,2)%><br>
FormatDatetime(Date,3)의 결과 : <%=FormatDatetime(Date,3)%><br>
FormatDatetime(Date,4)의 결과 : <%=FormatDatetime(Date,4)%><br>
FormatPercent(20/100)의 결과 : <%=FormatPercent(20/100)%><p>
문자열이 aa="<%=aa%>"일때 <br>
Instr(aa,"KINST")의 결과 : <%=Instr(aa,"KINST")%><br>
InstrRev(aa,"KINST")의 결과 : <%=InstrRev(aa,"great")%><br>
문자열 잘라내기 예제 <br>
left("great collge",15)의 결과 : <%=left("great college",15)%><br>
right("great collge",8)의 결과 : <%=right("great college",8)%><br>
Lcase("KINST as")의 결과 : <%=Lcase("KINST as")%><br>
ucase("KINST as")의 결과 : <%=ucase("KINST as")%><br>
</font>
</body>
</html>
```

◉ 설명

처음에 나타나는 FormatCurrency() 함수는 기본적으로 컴퓨터 시스템의 제어판에 설정된 "국가별 설정"에 지정된 통화로 표시되도록 해주는 함수이다. 또한 FormatDateTime() 함수는 현재의 날짜/시간의 포맷을 예로 보여주는 함수이며, 두 번째 인자로 1, 2, 3, 4를 줄 수 있는데, 각각 출력되는 포맷은 위의 예제에서 확인할 수 있다. FormatPercent() 함수는 퍼센트 포맷으로 숫자를 나타내 준다.

다음에 나타나는 UCase(), LCase()는 지정한 문자열을 대문자, 소문자로 바꾸어 되돌려 주는 함수이다.

Instr()함수는 상당히 유용한 함수로, 어떤 문자열에서 우리가 찾고자하는 문자(열)이 들어있는지의 여부를 알 수 있게 해주는 함소로, 만일 우리가 찾고자하는 문자가 그 문자열 내에 있다면 이 함수는 그 문자가 존재하는 위치의 값을 되돌려 준다. 위의 예제에서 보면, aa 변수에 저장된 "Everybody call the KINST as Great College"라는 문자열에서 KINST라는 문자가 들어있는지를 확인하고, 결과로 그 문자가 시작되는 위치, 즉 20을 리턴해 주고 있음을 알 수 있다. 이 함수는 차후, 자료실 등을 구축하는데 아주 유용하게 쓰일 것이므로 잘 기억해 두자.

**실행 결과**

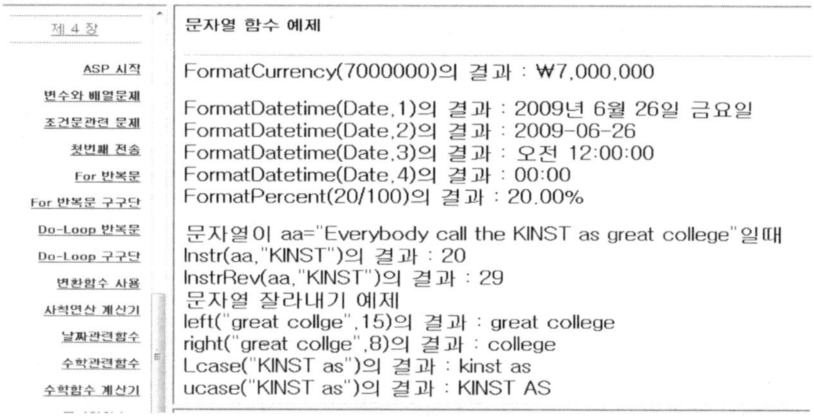


〈그림 4-15〉 문자열 함수(1) 사용 문제

### 예제 04_10) : 문자열 함수 사용 문제 2 (asp_0410_02.asp)

- - - - - - - - - - - - - - - - - - - - - - - - - - - - - - - - - - - - - - - - - - - - -

```
<%
aa = "dskim's college"
bb = "          dskim"
%>
<HTML>
<HEAD><title>문자열 함수 예제2</title></HEAD>
<BODY>
<center><h2>문자열 함수 예제2</h2></center>
<font face="돋움" size="2">
문자열 길이 알기 예제<br>
Len("Great Scientist dskim")의 결과 : <%=Len("Great Scientist dskim")%><p>
문자열 뽑아내기 예제<br>
aa="dskim's college" 이면
Mid(aa,9,3)의 결과 : <%=Mid(aa,9,3)%><br><br>
문자열에서 공백문자 제거 <br>
```

```
bb="            dskim" 이면,
Trim(bb)의 결과 : "<%=Trim(bb)%>" <br>
RTrim(bb)의 결과 : "<%=RTrim(bb)%>" <br>
LTrim(bb)의 결과 : "<%=LTrim(bb)%>" <p>
</font>
</BODY>
</HTML>
```

- - - - - - - - - - - - - - - - - - - - - - - - - - - - - - - - - - - - - - - -

◉ 설명

위에서 우리는 문자열의 길이를 되돌려 주는 Len() 함수를 볼 수 있으며, 어떤 문자열의 특정 위치에서 원하는 만큼의 문자를 가져오고 싶은 경우 Mid() 함수를 통하여 가져올 수 있는 것을 볼 수 있다. Trim() 이라는 함수는 문자열에서 공백 문자들을 제거 해 주는 함수로, 예를 들어 "dskim" 이라는 앞/뒤로 공백이 있는 함수열이 있다고 가정했을 때, 그 공백을 없애기 위하여 유용한 함수이다. RTrim()은 오른쪽에 공백이 있는 경우, LTrim()은 왼쪽에 공백이 있는 경우 공백을 없애는데 사용할 수가 있다. Trim()은 좌우 모든 공백을 없애는데 사용된다.

**실행 결과**

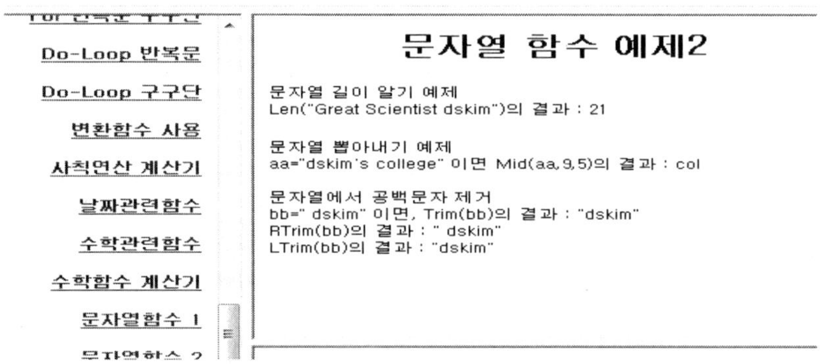


〈그림 4-16〉 문자열 함수(2) 사용

다음에 주어진 Replace() 함수는 상당히 중요한데, 앞으로 실제 웹 프로그래밍에서 출현하는 게시판 만들기나 쇼핑몰 구축 등에서 아주 유용하게 쓰이는 함수들이다. 예를 들어, 어떤 게시판에 글을 올리고 나서, 올린 글에 잘못된 내용이 있어서 수정이 필요한 경우 우리는 이 함수를 이용하여, 수정할 수 있는 것이다. 이들 함수는 너무 자주 유용하게 쓰이는 함수인 만큼 반드시 손으로 직접 작성하여 테스트 해보고, 기억해 두자.

**예제 04_10) : 문자열 함수 사용 문제 3 (asp_0410_03.asp)**

- - - - - - - - - - - - - - - - - - - - - - - - - - - - - - - - - - - - - - - - - - - - - - - - -

```
<%
aa ="경기도 시흥시 정왕동 2121-3 경기과학기술대학교 e-비즈니스과"
bb ="dskim-KINST-남-기혼"
%>
<HTML>
<HEAD><title>문자열 함수 예제 3</title></HEAD>
<BODY>
<center><h2>문자열 함수 예제3</h2></center>
<font face="돋움" size="2">
특정문자열 바꾸기 <p>
"경기도 시흥시 정왕동 2121-3 경기과학기술대학교 e-비즈니스과" <br>
위의 문자열에서 replace 함수를 이용하여 "e-비즈니스"를 "e-business"로 바꾸면 <br>
"<%=replace(aa,"e-비즈니스", "e-business")%>"</p>
<br>
Split() 함수 사용하기 <p>
<% mysh=Split(bb,"-")%>
"dskim-KINST-남-기혼" 문자열에서 "-"를 구분하여 출력하면 </br>
이름 : <%=mysh(0)%> <br>
소속 : <%=mysh(1)%><br>
성별 : <%=mysh(2)%><br>
결혼 : <%=mysh(3)%></p>
<br>
순서가 꺼꾸로된 문자열 <p>
StrReverse("KINST") : <%=StrReverse("KINST") %>
</font>
</BODY>
```

</HTML>

---------------------------------------------

◉ 설명

위에서 알 수 있듯이, Replace() 함수는 어떤 문자열에서 특정한 문자를 우리가 원하는 문자로 바꾸어주는 역할을 한다. 즉, 어떤 문자열이 변수 str에 저장된 내용 "park"이라는 문자를 ,“choi"라는 내용으로 바꾸고자 한다면, Replace(str,"park", "choi") 라고 하여, 문자열 내의 특정문자를 바꾸어 줄 수가 있게 된다.

다음에 출현하는 Split() 함수는 위의 예제에서 보여지는 그대로, 어떤 임의의 구분자를 포함하여 지정된 문자열에서 그 구분자를 기점으로 문자열들을 뽑아내 주는 함수이다. 그러나 주의할 것은 존재하지 않는 내용을 호출하려고 이 함수를 사용하면 에러가 발생하게 됨으로 주의해서 사용해야 한다. 또한, strReverse() 함수는 뒤 바뀌어진 문자열을 만들어 주는 함수로 기억해 두면 유용하다.

**실행 결과**

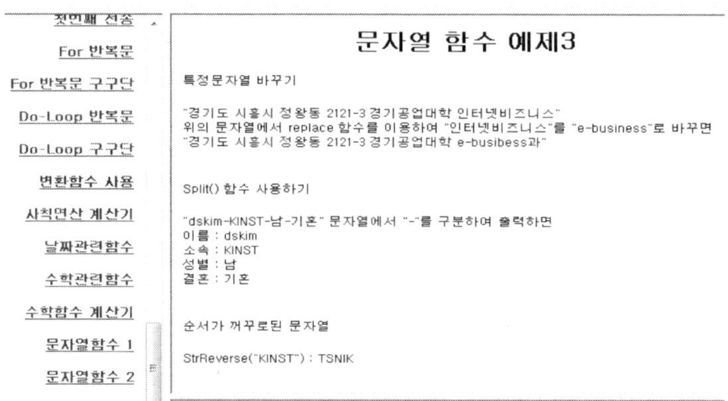


〈그림 4-17〉 문자열 함수(3) 사용

▶ 위에서 우리는 여러 예제를 통하여 ASPScript 함수에 대하여 조금 알아보았다. 물론 이들 예는 수 많이 지원 되는 함수의 일부에 불과함으로 더 자세한 정보와 함수들에 대한 자세한 내용을 공부하기 원하는 독자는 MS사에서 제공하는 MSDN 사이트나 VBScript 온라인 자습서를 통하여 공부하기 바란다.

# 제 5 장 ASP 내장객체

ASP는 설치가 되면서 몇 가지의 기본적인 개체 (Request, Response, Application, Session, Server, ContextObject)를 제공하는데, 이것들은 자주 사용되는 기능들을 탑재한 개체들을 미리 만들어 제공한다. 이것들은 많은 속성과 메소드를 가지고 있으며 이 많은 내용들을 숙지하기에는 쉽지 않다. 따라서 필요할 때 매뉴얼을 찾아 참조할 수 있지만 메소드나 속성을 기억해 두는 것이 효율적이다.

## 5.1 Request 객체

표 5-1 Request 객체 컬렉션의 종류

| 콜렉션 | 설명 |
|---|---|
| Form | 전송되어 온 폼의 요소값 (post 방식) |
| QueryString | 전송되어 온 폼의 요소값 (get방식) 과 |
| Cookies | 하이퍼링크 부분으로 전송된 값 |
| Server Variables | HTTP헤더와 함께 전송된 쿠키의 값 |
| ClientCertificate | 서버의 환경변수들의 값 |
| TotalBytes | 현재 요청시 클라이언트가 보내는 바이트의 수 |
| BinaryRead | post 요청의 일부분으로 서버에 보내는 데이터를 불러내는 데 사용 |

위의 표는 Request 객체(Object)가 가진 기능들을 나타내고 있다. 현재로는 종류만 기억하고 있으면 이것들이 실제 어떻게 쓰이는 가를 나중에 이해하게 될 것이다..

### 5.1.1 QueryString 콜렉션

#### 1) Get 방식

Request 개체에서 가장 많이, 빈번하게 쓰이는 컬렉션이 바로 QueryString, Form 컬렉션이다. 이 두개의 컬렉션으로 전송이 된 값을 얻어올 수가 있다. 먼저 QueryString에 대해서 알아보자.

**콜렉션?**

ASP에서의 콜렉션(Collection)이란 배열과 비슷한 구조를 가지고 있으며, 각 요소와 키(key)값을 이용해 값을 저장할 수 있는 데이터 구조를 의미한다. 배열보다는 다방면으로 사용되는 강력한 기능을 가지고 있으며, 키 값을 알면 콜렉션에 데이터를 넣거나 가져올 수가 있다.

4장의 폼 연습과 같이 다음의 예제는 2개의 파일이 필요하다. 첫 번째 파일은 사용자로부터 정보를 입력받은 폼을 가진 이고, 두 번째 파일은 이 입력 받은 정보를 받아서 처리를 해주는 파일이다. 앞 장에서와 마찬가지로 홈 디렉터리에 chap05라는 서브 폴더를 생성하고 이 폴더 내에 이 두개의 문서를 작성하여 저장하고, 홈 디렉터리에 있는 left.asp 페이지를 열어서 링크 시키고 웹브라우저를 실행하여 연습해 보자.

**예제 05_01) : Request 객체 Get 방식의 사용 문제 입력 폼 (asp_0501.htm)**

```
<HTML>
<HEAD><TITLE>Request 객체 Get 방식의 사용 방법</TITLE></HEAD>
<BODY>
<h4>Request 객체의 사용 예</h4>
<p align=left>
<form Method="Get" action="asp_0501.asp">
이름 : <input type="text" name="username" size="20"><p>
나이 : <input type="text" name="age" size="20"><p>
성별:<input type="RADIO" name="SEX" value="남"> 남
     <input type="RADIO" name="SEX" value="여"> 여<p>
전화번호 : <input type="text" name="tel"  size="20"><p>
해보고 싶은 직업 : <input type="text" name="business"  size="20"><p>
취미: <input type="text" name="hobby"  size="20"><p>
<input type="submit" value="전 송">
<input type="Reset" value="다 시">
</form>
</p>
```

```
</BODY>
</HTML>
```

---

예제 05_01) : Request 객체 Get 방식 전송의 처리 페이지 (asp_0501.asp)

---

```
<HTML>
<BODY>
<h4>Request로 전달 받은 문장들</h4>
<p align = "left">
이름은 **<%=Request.QueryString("username")%>**이고.<p>
나이는 **만<%=Request.QueryString("age")%>세 입니다.<p>
성별은 **<%=Request.QueryString("SEX")%>**.<BR>
전화번호는 <%=Request.QueryString("tel")%>@@@.<BR>
해 보고 싶은 일은 -> <%=Request.QueryString("business")%> 이고.<BR>
취미는 -> <%=Request.QueryString("hobby")%> 입니다.<BR>
/////////////이쁘게 봐 주세요//////////
</p>
</BODY>
</HTML>
```

---

[실행결과]

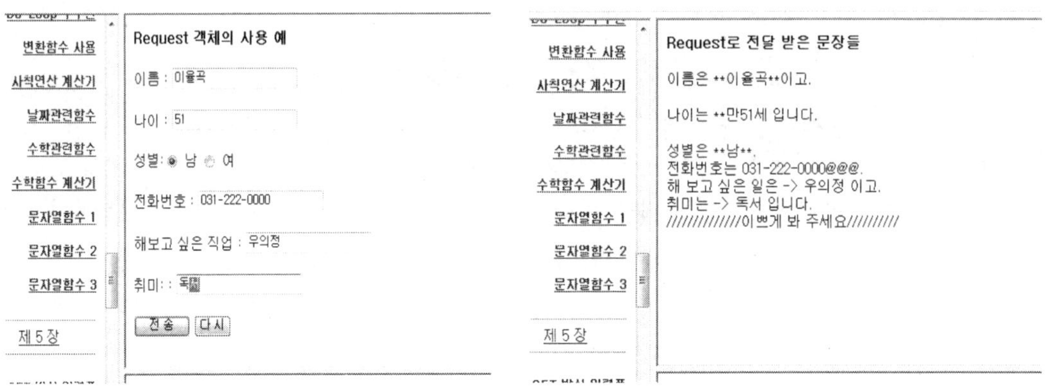


<그림 5-1> Get 방식 입력 및 실행 화면

◉ 설 명

① 폼 태그안에 쓰이는 속성

▶ Method (Get방식) : 입력받은 정보를 전송하는 방식

▶ action : 폼에서 입력받은 정보를 어떤 페이지로 전송할 것인지를 기입

▶ type="submit" (버튼의 일종으로 이 버튼이 눌리는 순간 자동으로 폼의 모든 내용을 action에 기입된 페이지로 전송), type가 RADIO 버튼의 경우에는 Value에 설정된 내용이 실제로 전송되는 값이다.

▶ type="reset" (폼안의 모든 컨트롤들의 값을 초기화)

② 전송하게 되면 자동으로 페이지는 asp0501.asp로 이동한다.

▶ Request.QueryString("...") : 폼에서 Get 방식으로 전송되어진 정보들을 가져오기 위하여 사용하는 개체

▶ 이 부분은 ASP 코딩이므로 당연히 <% 로 시작해서 %>로 끝난다.

▶ "=" : response.Write의 다른 표현

③ 위의 예제를 적용하여 실행하면 다음과 같이 URL 창에 들어가 있는 것을 볼 수 있을 것이다.

http://asp0501.asp?username=%B1%E8%B4%EB%BC%BA&age=22&tel=02-389--1508

이렇게 URL 뒤에 붙여서 정보들을 전송하는 방식이 Get 방식이다.

④ Get 방식의 문제점

1) URL의 꼬리에 달려 전송되어지는 데이터의 양이 256~4096 Byte로 한계가 있다.

2) 모든 정보가 공개되어 진다.

## 2) Post 방식

위의 예제에서 우리는 QueryString은 폼의 Method가 Get 방식일 때 사용되는 것을 보았다. 그러나 이 방법은 전송되어진 정보들이 URL에 꼬리로 나타나게 되어, 정보가 누설 될 수 있으므로, 다른 3자에 의해 변질될 가능성이 상당하다는 문제점이 있다. 그러므로 이 Get 방식은 별로 좋은 방법이 아니므로, 이 문제를 해결하기 위해서는 바로 Post 방식을 이용하면 된다. Post 방식은 전송할 정보를 HTTP 헤더 안에 포함시켜 전송하는 방법으로, 이 방법이 전적으로 안전을 보장해 주는 것은 아니지만, 최소한 Get 방식보다는 나은 것이다. 다음과 같이 위의 소스를 약간 수정 (굵은 표시)하여 테스트 해보자.

### 예제 05_02) : Request 객체 Post 방식의 사용 문제 입력 폼 (asp_0502.htm)

```
<HTML>
<HEAD><TITLE>Request 객체 Post 방식의 사용 방법</TITLE></HEAD>
<BODY>
<h4>Request 객체의 사용 예</h4>
<p align=left>
<form method="post" action="asp_0502.asp">
이름 : <input type="text" name="username" size="20"><p>
나이 : <input type="text" name="age" size="20"><p>
성별:<input type="RADIO" name="SEX" value="남"> 남
     <input type="RADIO" name="SEX" value="여"> 여<p>
전화번호 : <input type="text" name="tel"  size="20"><p>
해보고 싶은 직업 : <input type="text" name="business"  size="20"><p>
취미: : <input type="text" name="hobby"  size="20"><p>
<input type="submit" value="전 송">
<input type="Reset" value="다 시">
</form>
</p>
</BODY>
</HTML>
```

### 예제 05_02) : Request 객체 Post 방식 전송의 처리 페이지 (asp_0502.asp)

```
<html>
<body>
<h4>Request로 전달 받은 문장들(Post)</h4>
<p align="left">
이름은 **<%=Request.FORM("username")%>**이고.<p>
나이는 **만<%=Request.FORM("age")%>세 입니다.<p>
성별은 **<%=Request.FORM("SEX")%>**.<BR>
```

```
전화번호는 <%=Request.FORM("tel")%>@@@.<BR>
해 보고 싶은 일은 -> <%=Request.FORM("business")%> 이고.<BR>
취미는 -> <%=Request.FORM("hobby")%> 입니다.<BR>
</p>
</body>
</html>
```

---

[실행결과]

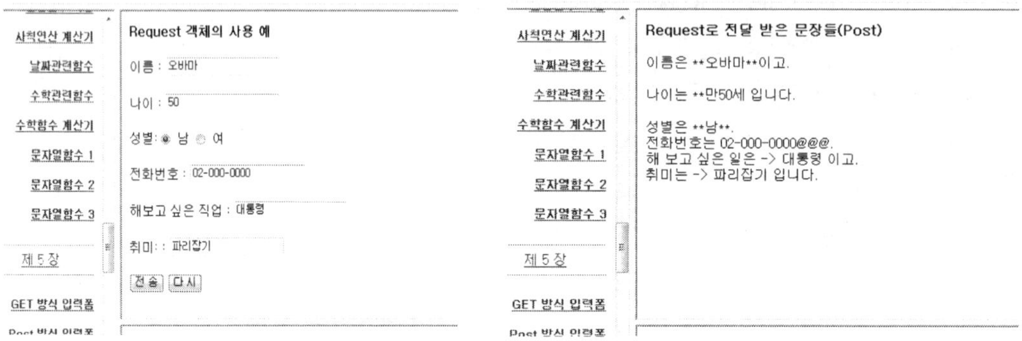


〈그림 5-2〉 Post 방식 입력 및 실행 화면

◉ 설 명

결과는 QueryString 일때와 같지만, 이 Post 방식은 전송하고자 하는 정보를 HTTP 헤더에 포함시켜 전송하기 때문에 위 그림과 같이 URL에 어떤 정보도 붙어있지 않은 것을 발견할 것이다. 그러나, Get 방식 및 QueryString 등이 사용할 일이 전혀 없다는 뜻은 아니다. 많은 경우 대부분 폼을 이용하여 입력받고 전송하는 경우에는 Get 방식보다는 Post 방식이 주로 이용되기는 하지만, 하이퍼링크로 정보를 보내는 경우는 form 콜렉션으로는 그 값들을 받아오지 못하기 때문에 QueryString이 쓰인다. 즉, 일반적으로 폼의 내용을 전송하는 경우는 Post 방식으로 form 콜렉션을 사용하지만, 하이퍼링크에는 선택의 여지없이 언제나 QueryString 방식을 사용하게 된다.

**Request 방식**

Request 객체를 이용하는 경우에는 사실 Request.QueryString, Request.Form과 같이 길게 코딩하지 않고 그냥 Request 만 사용해도 문제가 발행하지 않는다. 예를 들어, 어떤 폼에서 table이라는 컨트롤에 들어있는 값을 가져오기를 원하는 경우, 그냥 Request("table")라고 코딩을 하면, 자동으로 우선은 QueryString으로 값을 찾아보고, 이 방식으로 찾는 table 키가 없으면, 다음으로 Form으로 찾아서 그 값을 가져오게 된다. 그러나, 즉 QueryString으로도 Form으로도 찾아지는 키가 존재하는 경우에는 우리가 원하지 않는 엉뚱한 결과를 가져올 수도 있음으로 이것만 주의한다면 그냥 Request("...") 방법을 사용해도 전혀 문제되지 않는다. 이렇게 짧게 코딩하면 스크립트 해석 처리시간이 단축되어 여러 가지로 장점이 있다.

### 5.1.2 ServerVariable 콜렉션

현재 서버 및 클라이언트 정보를 저장하고 있는 콜렉션으로, 대부분 사용자의 브라우저에서 보내온 HTTP 헤더를 이 콜렉션을 통하여 알아낼 수 있다. 만일 현재 접속한 사람의 브라우저와 OS를 알고 싶다면 HTTP_USER_AGENT라는 키를 이용하면 되고, IP 주소를 알고 싶다면 REMOTE_HOST라는 키를 통해 얻어낼 수가 있다. 다음을 테스트 해보자.

**예제 05_03) : 현재 서버 및 클라이언트 정보문제 (asp_0503.asp)**

```
<HTML>
<BODY>
<h2>OS 및 IP</h2>
<p align="left>
<font face="돋움" size="2">
현재 사용하시는 브라우저와 OS는
<b><%=Request.ServerVariables("HTTP_USER_AGENT")%></b> 이며, <br>
IP는 <b><%=Request.ServerVariables("REMOTE_HOST")%></b> 입니다.
</p>
</BODY>
</HTML>
```

[실행결과]

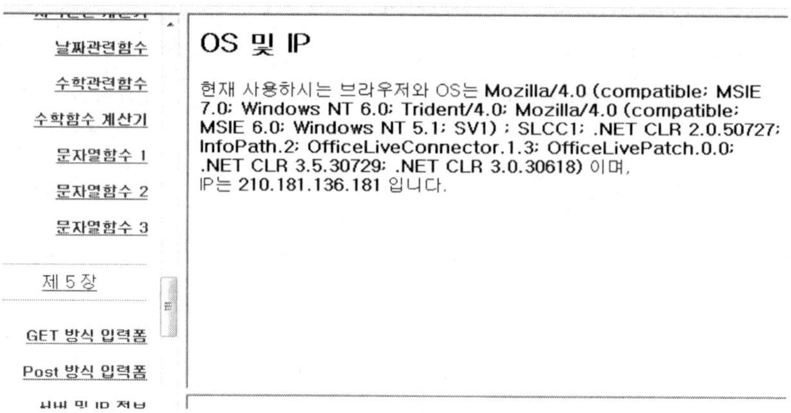


〈그림 5-3〉 현재 서버 및 IP 정보 불러오기

◉ 설 명

위의 소스에 대해서는 이미 지정된 키이므로 설명이 필요하지 않다. 그냥 우리는 필요한 키를 적어주면 그 값을 가져올 수가 있는 것이다. 이들 키 이외의 다른 키는 어떠한 것이 있는가? 다음의 소스는 이들 키 및 관련 값을 출력해주고 있음으로 코딩하여 확인해 보면 좋을 것이다.

### 예제 05_04) : 현재 클라이언트 정보문제 (asp_0504.asp)

```
<html>
<body>
<center><h2>ServerVariable </h2></center>
<table border="1">
<tr>
  <td><center>Key</center></td><td><center>Value</center></td>
</tr>
<% For Each key in Request.ServerVariables %>
 <tr>
  <td><center><font face="돋움" size="2"><% = key %></font></center></td>
  <td><font face="돋움" size="2">
   <%
```

```
        if Request.ServerVariables(key) = "" Then
            Response.Write " "
        else
            Response.Write Request.ServerVariables(key)
        end if
      %>
    </font></td>
  </tr>
<% Next %>
</table>
</body>
</html>
```

---

[실행결과]

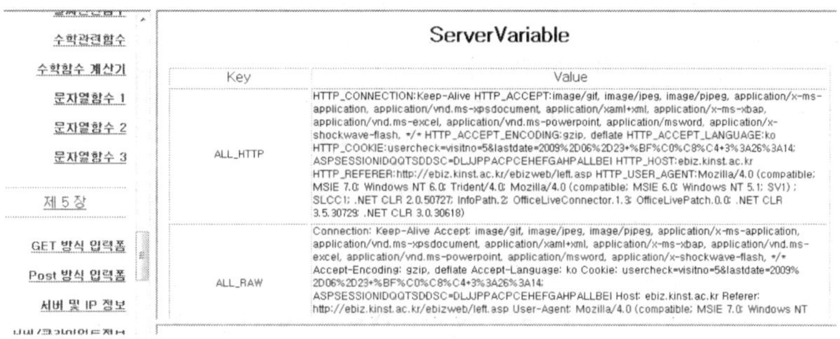


〈그림 5-4〉 현재 서버 및 클라이언트 자세한 정보 불러오기

# 5.2 Response 객체

Request가 사용자 정보를 서버로 가져오는 작업을 한다면 Response는 서버에서 사용자에게로 돌려주는 역할을 한다. 그러므로 Request 및 Response 객체는 상호 단짝이라고 할 수 있다. 이 Response 개체는 정보를 가공하여 웹브라우저에 전송, 다른 URL로 웹 브라우저의 위치를 변경, 클라이언트의 쿠키값 설정 등을 수행한다.

아래의 표는 Response 객체가 하는 역할과 그에 대한 설명을 요약해 놓은 것이다. 이 표만 보아서는 그 역할이 쉽게 이해가 되지 않을 것이다. 그러나 천천히 예제를 따라서 수행하다보면 이해가 될 것이다.

표 5-2 Response 객체의 역할

| 컬렉션 | 설명 |
|---|---|
| Cookies | 사용자의 브라우저에서 보낸 쿠키값 설정 |
| **속성** | **설명** |
| Buffer | 페이지의 버퍼완료 여부 (true/false) |
| Expires | 브라우저에서 캐쉬가 소멸되기 전의 시간 |
| ContentType | HTTP의 컨텐트 타입 (ex: Text/HTML) |
| ExpiresAbsolute | 캐쉬된 페이지의 소멸될 날짜 시간 |
| Status | 서버에서 리턴한 HTTP의 상태바의 값 |
| cachecontrol | Proxy Server의 ASP에 의해서 만들어진 결과 캐쉬 여부 |
| charset | 컨텐트 헤더에 문자세트 덧붙임 |
| isclientconnected | 사용자가 서버에 연결 중인지 여부 |
| **메소드** | **설 명** |
| AddHeader | HTML 헤더에 추가. 수정 |
| AppendToLog | 서버의 Log에 텍스트를 추가하게 함 |
| Claer | 버퍼링된 HTML의 내용 삭제 |
| End | 페이지 처리를 중단하고 현재의 결과를 리턴 |
| Flush | 버퍼링 결과를 바로 리턴 |
| Write | 화면에 변수나 문자열 출력 |
| BinaryWrite | 텍스트를 브라우저에 캐릭터 셋없이 출력 |
| Redirest | URL의 이동 |

### 5.2.1 페이지의 출력 관련(Write, binaryWrite)

이것은 Response 객체 중 가장 많이 이용되는 메소드로, 서버에서 클라이언트에 되돌려 줄 HTML 부분의 출력부분을 담당한다. 여기에서 출력이라는 표현은 혼동하기 쉬운데, 사용자가 실질적으로 브라우저로 확인하는 출력부분은 아니고, HTML 문서 내의 출력부분을 의미한다. Response.Write의 활용도는 매우 높기 때문에 간단하게 사용할 수 있도록 일종의 단축 표현이 있는데, 그것은 "="으로 ASP 코드내에서 Response.Write는 "="와 같은 의미이다. 일단 이 메소드를 테스트해보자.

### 예제 05_05) : Response.Write 와 "=" 사용 문제 (asp_0505.asp)

```
<%
  eb = "안녕하세요? 비즈프레스입니다."
%>
<HTML>
<BODY>
<p align="left">
<h3>Response.Write 방법</h3>
**********************************<br>
<font face="돋움" size="2">

<%
  Response.Write eb
  Response.Write "<br>"
  Response.Write "어서오세요"
%>
<h3>"=" 방법</h3>
**********************************<br>
<%=eb%><br>
<%="어서오세요(= 사용예)"%>
</font>
</p>
</BODY>
</HTML>
```

[실행결과]

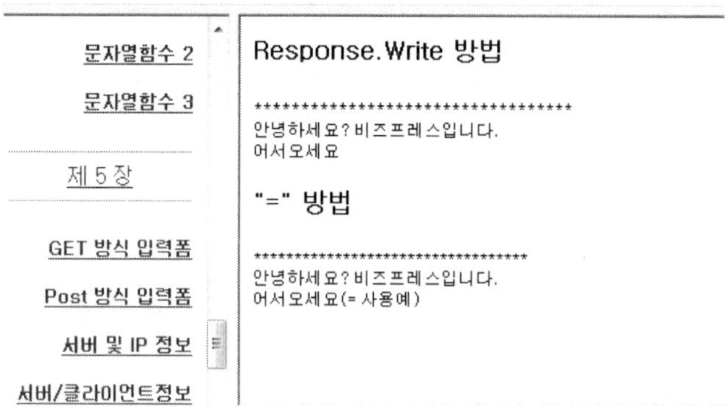


〈그림 5-5〉 Response.Write와 "=" 사용예

◉ 설 명

위의 예제에서 우리는 HTML 문서상에 출력하는 방법으로 Response.Write 와 "=" 이 이용되는 것을 알 수 있었다. 그러나 명심해야 할 것은 Write가 출력되는 곳은 HTML 문서, 즉 사용자가 보고 있는 화면이 아니고, HTML 문서 내부라는 것이다. 그렇게 하여 Response.Write에서는 태그들도 문자처럼 찍어주어 태그의 효과를 갖게되는 것이다.

BinaryWrite 메소드는 텍스트를 보낼 때, 문자 셋의 변환없이 사용하고자 하는 경우 사용되며, 주로 문자열이 아닌 이진 데이터를 기록하는데 사용되며 그 활용도가 높은 편은 아니다.

### 5.2.2 ContentType

이 속성은 클라이언트가 웹서버에 요청하여 전달받은 웹 문서의 내용 형식을 알고자하는 경우에 이용된다. 즉, 클라이언트 브라우저에게 웹문서 파일의 정보타입이 무엇인지, 어떤 종류의 정보가 전송될 것인지를 알려주는 역할을 하며, 이 ContentType의 값들은 텍스트, 오디오, 이미지, 비디오, 애플리케이션, 메시지, 그리고 확장자 표시를 포함한다. 또한, 이 ContentType 속성을 이용하면 ASP 문서를 압축파일인 것처럼 시스템을 속일수도 있는데 예를 들어 다음과 같은 ASP 문서를 작성하여 실행해 보자. 주의할 것은 페이지의 맨 위쪽에, 즉 HTML 태그 이전에 코딩해야 한다.

**예제 05_06) : ContentType 사용 문제 (asp_0506.asp)**

- - - - - - - - - - - - - - - - - - - - - - - - - - - - - - - - - - - - - - - -

```
<%
```

```
Response.ContentType="application/x-gzip"
%>
<HTML>
<BODY>
<center><h2>Response 콘텐츠 타입</h2>
<font face="돋움" size="2">
<%
  Response.Write "비즈프레스, Bizpress입니다"
  Response.Write "<br>"
  Response.Write "어서오세요"
%><p>
</center></font>
</BODY>
</HTML>
```

---

[실행결과]

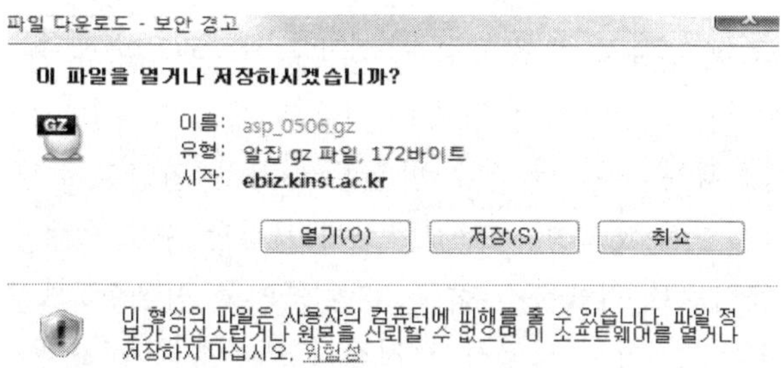


〈그림 5-6〉 파일 다운로드 창

◉ 설 명

위에서 보듯이 Response.ContentType을 이용하면 페이지의 내용을 ASP가 아닌 Winzip MIME (마임) 타입으로 설정해 주어, 이 페이지를 Winzip 파일처럼 인식시키고 있다. 여기에서 "application/x-gzip"은 Winzip 파일의 MIME 형식이다. 이렇게 컨텐츠 타입을 바꾸어 버린 파일을 브라우저로 접근하여 다운로드를 하면 압축파일처럼 저장이 되지만, 실제 이런 식으로 사용하는 일은 거의 없다.

**MIME**

MIME (Multi-purpose Internet Mail Extension)은 인터넷 메시지 몸체를 정의하는 구조로, 전자메일을 통하여 텍스트 파일뿐만 아니라 다른 형식의 파일을 전송하기 위하여 디자인된 데이터 전송사양이다. 웹상에서 MIME 타입은 파일의 데이터 타입을 정의 하는데, 서버와 클라이언트 양쪽에 설정 가능한 MIME 표시가 있다. 이 MIME 타입을 알아보기 위해서는 탐색기에서 [보기]메뉴를 선택하고 서브메뉴에서 [폴더옵션]을 선택한다. 그러면 파일형식을 선택하여 등록된 파일을 선택하다 보면 내용형식(MIME)이라고 형식이 나오는 것을 볼 수 있다. Winzip의 경우 내용형식은 application/x-gzip 으로 표시된다.

### 5.2.3 Cookies 콜렉션

클라이언트가 웹사이트에 접속한 경우, 웹서버가 필요에 의해 클라이언트에 대한 정보를 쿠키로부터 받아오려면 Cookies 콜렉션을 사용해야 한다. 쿠키에 저장되는 정보들은 서버에 저장되는 것이 아니라 클라이언트의 시스템에 파일로 저장된다. 쿠키는 웹서버가 클라이언트 시스템에 사용자에 대한 정보를 저장하였다가, 클라이언트가 해당 서버에 다시 접속하는 경우 필요한 클라이언트의 정보를 Cookies로부터 읽어 간단한 인증을 수행하는데 사용되기도 한다. 쿠키는 클라이언트에게 파일로 저장되며, 서버에서 그 쿠키를 활용할 수 있다. 예을 들어, 사용자가 서버 웹사이트를 방문하여 쿠키를 이용해 어떤 정보를 저장해 놓으면 그 방문자가 다시 웹사이트를 방문하는 경우, 이전에 방문한 내용을 친절하게 이야기 해 줄수도 있다. 물론, 쿠키에 정보를 저장하지 않고 데이터베이스에 저장할 수도 있을 것이다. 그러나 간단한 정보들은 굳이 데이터베이스를 이용하지 않고 이런 쿠키를 이용함으로써 서버의 속도를 향상시킬 수가 있는 것이다. 다음 예를 코딩하여 저장하고 실행하여 보자.

**예제 05_07) : 쿠키 콜렉션 문제 (asp_0507.htm)**

```
<html>
<HEAD><TITLE>쿠키 콜렉션</TITLE></HEAD>
<body>
<form method="post" action="asp_0507.asp">
아이디     : <input type="text" name="userid"> <br>
비밀번호 : <input type="password" name="pwd"><br>
<input type="submit" value="전송">
```

```
</form>
</body>
</html>
```

위에서 전송한 데이터 ID와 패스워드를 받아서 클라이언트 시스템의 쿠키에 저장하고 읽어오는 문서 asp_0507.asp를 다음과 같이 작성해보자.

### 예제 05_07) : 쿠키 콜렉션 문제 1 (asp_0507.asp)

```
<%
Response.Cookies("userid")=Request.form("userid")
Response.Cookies("pwd")=Request.form("pwd")
%>
<HTML>
<HEAD><TITLE>쿠키 예제</TITLE></HEAD>
<BODY>
<p align="left">
<B>Cookies Collection의 예제</B><BR>
ID:<%=Request.Cookies("userid")%><BR><BR>
비밀번호:<%=Request.Cookies("pwd")%>
</p>
<HR>
</BODY>
</HTML>
```

[실행결과]

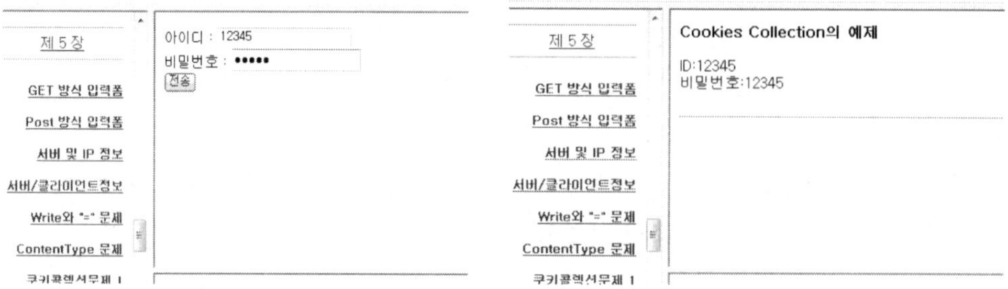


〈그림 5-7〉 Cookies 콜렉션 실행결과

◉ 설 명

위에 입력폼은 USERID와 비밀번호(PWD)를 입력받아 "입력버튼을 누르면 서버에 POST 방식으로 그 내용을 전송하게 되면, asp_0507.asp 페이지는 전송된 데이터 USERID와 PWD를 넘겨받아서 Response.Cookies("USERID")와 Response.Cookies("PWD")에 의하여 클라이언트 시스템 쿠키 파일에 USERID와 PWD를 저장하게 된다. 그리고 나서 <%=Request.Cookies("USERID")%>는 쿠키 파일로부터 저장되어 있는 USERID의 내용을 읽어 와서 출력하게 된다. 즉, 클라이언트 시스템에 있는 쿠키로부터 읽어온 정보가 이 코드에 의해 웹브라우저에 나타나는 것이다.

Cookies 콜렉션에 대한 좀 더 나은 이해를 위하여 다음 주어진 예제를 코딩하여 테스트 해 보자.

### 예제 05_08) : 쿠키 콜렉션 예제 2 (asp_0508.asp)

- - - - - - - - - - - - - - - - - - - - - - - - - - - - - - - - - - - - - - - -

```
<%
lastdate = Request.Cookies("usercheck")("lastdate")
Response.Cookies("usercheck")("lastdate") = now
Response.Cookies("usercheck")("visitno") =Request.Cookies("usercheck")("visitno") + 1
%>
<HTML>
<BODY>
<h3>비즈프레스입니다.</h3>
<p align="left"><font face="돋움" size="2">
지난번 접속시간은 <%=lastdate%>입니다. <br>
```

```
지금까지 <%=Request.Cookies("usercheck")("visitno")%> 번 방문하셨습니다.
</font></p>
</BODY>
</HTML>
```

---

[실행결과]

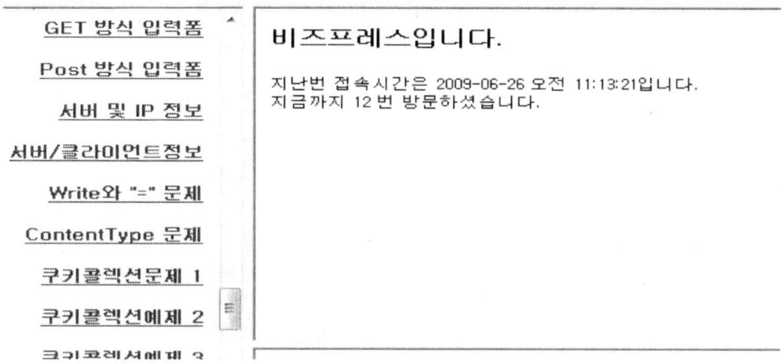


〈그림 5-8〉 Cookies 콜렉션 예제 2 실행결과

◉ 설 명

lastdate = Request.Cookies("usercheck")("lastdate")

이전에 저장된 쿠키를 읽어와 lastdate라는 변수에 저장을 한다.

Response.Cookies("usercheck")("lastdate") = now

이전에 쿠키에 존재하던 시간을 현재 시간으로 바꾸어 저장한다.

Response.Cookies("usercheck")("visitno")=Request.Cookies("usercheck")("visitno")+1

쿠키에 저장되어 있던 방문 횟수에 1을 더한다.

위의 페이지를 실행하면 처음에는 공백으로 나오는데, "새로고침" 버튼을 누르면 시간과 카운트가 증가하는 것을 볼수 있다. 그러나 위의 소스는 두가지 문제를 안고 있는데, 하나는 처음에 방문한 경우 "마지막 접속 시간"이 공백으로 나타나는 것이고, 두 번째 문제는 브라우저를 닫았다가 새로이 브라우저 창을 열면 쿠키값이 저장되어 있지 않고 처음부터 다시 시작되고 있는 것을 알 수 있다. 이 문제는 다음과 같이 하여 수정할 수 있고 실행하면, 수정된 것을 확인할 수 있을 것이다.

**예제 05_09) : 쿠키 콜렉션 예제 3 (asp_0509.asp)**

```
<%
Response.Cookies("usercheck").expires = #12/30/2010 00:00:00#
if not isnull(Response.Cookies("usercheck")) then
'if Response.Cookies("usercheck").haskeys then
  lastdate = Request.Cookies("usercheck")("lastdate")
  Response.Cookies("usercheck")("lastdate") = now
  Response.Cookies("usercheck")("visitno") =Request.Cookies("usercheck")("visitno") + 1
else
  lastdate = "처음 방문하셨군요"
  Response.Cookies("usercheck")("lastdate") = now
  Response.Cookies("usercheck")("visitno") = 1
end if
%>
<HTML>
<BODY><br><center><font face="돋움" size="2">
<h4>비즈프레스입니다.</h4>
<P> </P>
지난번 접속시간은 <%=lastdate%> 입니다.<p>
지금까지<%=Request.Cookies("usercheck")("visitno")%> 번 방문하셨습니다.
</font></center>
<%=aa%>
</BODY>
</HTML>
```

[실행결과]

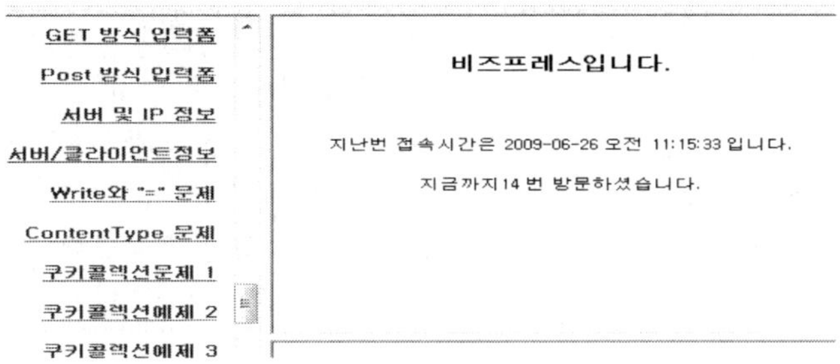


〈그림 5-9〉 Cookies 콜렉션 예제 3 실행결과

◉ 설 명

Response.Cookies("usercheck").expires = #12/30/2005 00:00:00#

쿠키의 저장기간을 설정하는 방법으로, 위에서는 특정 날짜 2010년 12월 30일 0시까지 클라이언트에 저장을 시킬 수가 있다.

그 다음은 if문을 통하여 이전에 저장된 쿠키값이 있는지를 체크하고, 만일 없다면 "처음 방문하셨군요"라는 문장을 출력해 주고 있다. 여기에서 haskeys라는 것을 볼 수 있는데, 이것은 쿠키가 사전 형식인가를 판별해주는 속성으로, 쿠키가 사전 형식이면 "참"으로 되돌려 주고, 아니면 "거짓"으로 되돌려 준다.

## 5.3 Server 객체

Response와 Request 객체는 ASP에서 미리 제공된 객체로 속성, 메소드 등을 이용하여 즉시 사용할 수 있으나, Server 객체는 ASP에서 제공하지 않는 객체를 생성하여 활용할 수 있도록 고안된 객체이다. 객체를 생성하기 위해서는 CreateObject 메소드를 이용하게 되는데, Server 객체는 아래의 표와 같이 1개의 속성과 4가지의 메소드를 제공하고 있다.

표 5-3 Server 객체

| 종류 | 명칭 | 설명 |
|---|---|---|
| 속성 | ScriptTimeout | 스크립트의 실행시간을 설정 |
| 메소드 | CreateObject<br>HTML Encode<br>URL Encode<br>MapPath | 객체, 서버 컴포넌트의 인스턴스 생성<br>지정된 문자열 HTML 인코딩<br>Escape 문자를 포함한 문자열에 URL 인코딩<br>가상경로를 물리적 경로로 변환 |

## 5.3.1 ScriptTimeout 속성

이 속성은 스크립트의 실행시간이 너무 길어질 경우를 위한 것으로 즉, 어떤 ASP의 페이지에서 프로그래밍 실수로 어떤 루프가 무한대로 도는 것을 방지하기 위한 것이다. 즉, 어떤 페이지가 일정시간이 지나면 스크립트가 강제로 실행을 멈출 수 있도록 세팅하는 것으로, 기본적으로는 90초로 되어 있으며, 그 이상 실행되어야 할 명백한 이유가 있다면, 연장할 수 있다. 물론 그 이하도 가능하다. 다음은 스크립트 종료시간을 150초로 설정한 예이다.

```
<% Server.ScriptTimeout=150 %>
```

## 5.3.2 HTMLEncode 메소드

이 메소드는 문자에서 말해주는 것과 같이 HTML 코드 자체를 HTML 페이지에서 사용하는 경우 사용된다. 사용자의 브라우저에 <HTML>과 같은 문자를 보여주기 위해서는 HTML 문서에 <HTML> 라고 코딩하는 것과 마찬가지로 태그용 문자나 혹은 특수문자는 그에 대응되는 코드를 사용한 경험이 있을 것이다. ASP에서도 이러한 원칙이 그대로 적용되지만, 그렇다고 해서 일일이 이것들을 검토해 주는 것은 복잡한 일이므로 HTMLEncode라는 메소드를 통하여 자동으로 변환할 수가 있는 것이다. 아래의 예를 보면 금방 이해가 될 것이다.

**예제 05_10) : HTMLEncode 예제 1 (asp_0510.asp)**

- - - - - - - - - - - - - - - - - - - - - - - - - - - - - - - - - - - - - - - -

```
<html>
<body>
<center>
```

```
<h2>HTMLEncode</h2>
<font face="돋움" size="2">
1 : 
&lt;h2&gt;&lt;font color=navy&gt;비즈프레스&lt;/font&gt;&lt;/h2&gt;<p>
2 : 
<%=Server.HTMLEncode("<h2><font color=navy>비즈프레스</font></h2>")%><p>
</center></font>
</body>
</html>
```

[실행결과]

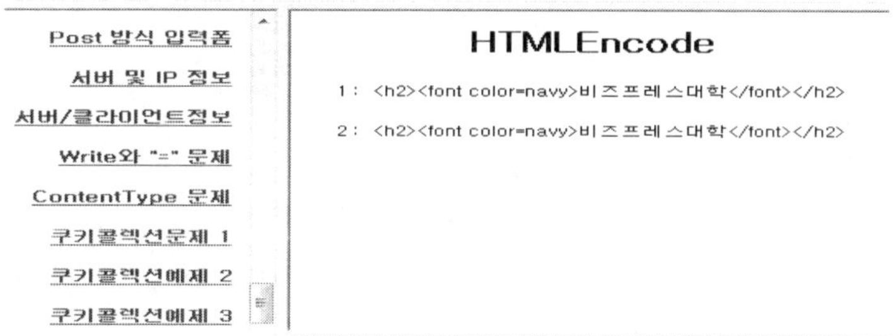


〈그림 5-10〉 HTMLEncode 예제 1

◉ 설 명

즉, 위와 같은 역할을 수행하는 것이 HTMLEncode 인 것이다. ASP 코드를 출력하고자 한다면, 단순히 HTMLEncode만 사용해서는 안되며, 다음과 같이 코딩하는 방법이 필요하다. 위의 소스에 다음을 추가하여 테스트 해보자.

```
<% =Server.HTMLEncode("<%=Server.ScriptTimeout %\>")%>
```

여기에서는 문장의 후반에 2개의 %>가 있는데 첫 번째 %>를 ASP 코드의 끝으로 인식하게 됨으로, %와 > 사이에 \를 넣어서 속여주면 문제가 발생하지 않게 되는 것이다.

**예제 05_11) : HTMLEncode 예제 2 (asp_0511.asp)**

```
<html>
<body>
<center>
<h2>HTMLEncode</h2>
<font face="돋움" size="2">
1 : 
&lt;h2&gt;&lt;font color=navy&gt;비즈프레스&lt;/font&gt;&lt;/h2&gt;<p>
2 : 
<%=Server.HTMLEncode("<h2><font color=navy>비즈프레스</font></h2>")%><p>
<% =Server.HTMLEncode("<%=Server.ScriptTimeout %\>")%>
</center></font>
</body>
</html>
```

[실행결과]

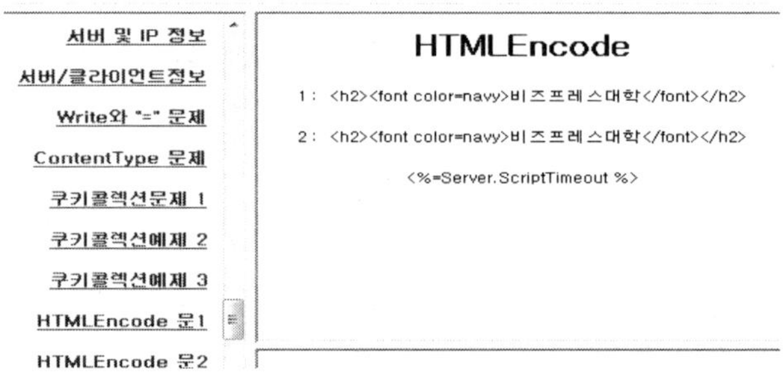


〈그림 5-11〉 HTMLEncode 예제 2

## 5.3.3 URLEncode 메소드

Request 객체에서 Get 방식을 이용하여, 폼에 입력한 내용을 전송하면, URL에 데이터가 꼬리에 붙어서 전송되는 것을 상기해보자. 이때 꼬리에 붙어서 전송되는 정보가 "%"와 "+" 기호 등으로 구성된 URL 인코딩된 데이터인 것이다. URLEncode는 영문자와 숫자, 그리고 특수문자를 제외한, 그리고 한글 문자는 %00에서 %FF 사이의 값으로, 또한 공백은 "+"로 변환하는 메소드이다. 다음을 코딩하여 테스트해보자.

예제 05_12) : URLEncode 예제 (asp_0512.asp)

```
<html>
<body>
<h2>URLEncode</h2>
<font face="돋움" size="2">
<%="비즈프레스 URLEncode = " & Server.URLEncode("비즈프레스") %> <p>
</center></font>
</body>
</html>
```

[실행결과]

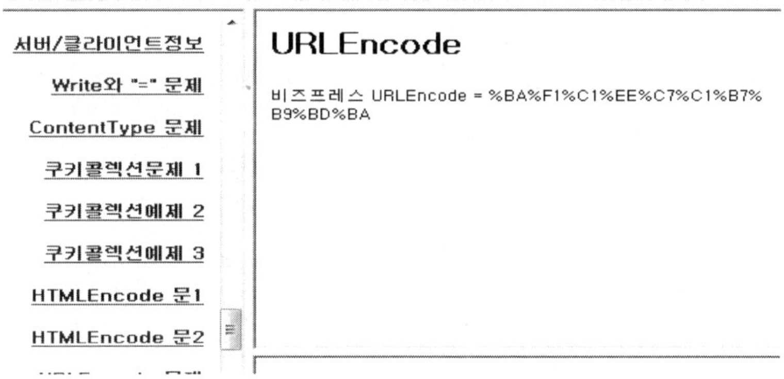


〈그림 5-12〉 URLEncode 예제

## 5.3.4 MapPath 메소드

MapPath 메소드는 어떤 파일에 대한 물리적인 경로를 알고자 할 경우 사용한다. 즉, 서버의 가상 경로 또는 가상 디렉토리를 실제 위치로 변환시켜주는데 이용되며, 방법은 다음과 같다.

표 5-4 MapPath 메소드 이용방법

| 이용방법 | 내용 |
|---|---|
| MapPath(".") | 현재의 ASP 페이지가 있는 디렉토리를 되돌려 줌 |
| MapPath("\") | 홈 디렉토리의 물리적 경로를 되돌려 줌 |
| MapPath("\asp") | 홈 디렉토리의 하위 ASP 디렉토리를 되돌려 줌 |

위의 메소드의 용도는 가령 홈페이지에 카운터를 제작할 때 유용하게 사용된다. 우선은 다음과 같은 ASP 파일을 코딩하여 실행하여 보자.

### 예제 05_13) : MapPath 예제 (asp_0513.asp)

```
<html>
<body>
<h3>MapPath 예제</h3>
<font face="굴림" size="3">
MapPath("."):<%=Server.MapPath(".")%><p>
MapPath("\"):<%=Server.MapPath("\")%><p>
MapPath("\asp"):<%=Server.MapPath("\asp")%><p>
</font>
</body>
</html>
```

[실행결과]

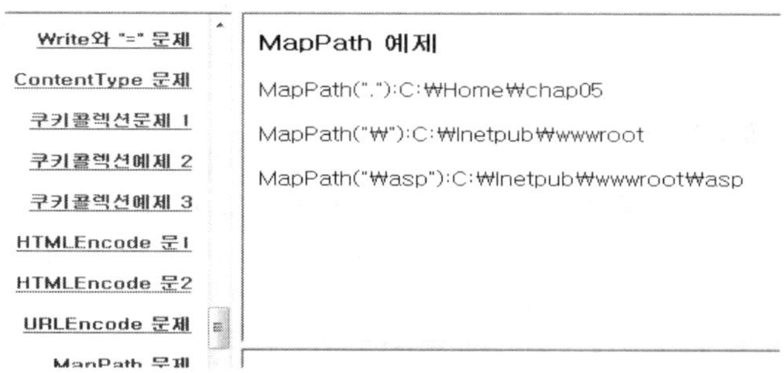


〈그림 5-13〉 MapPath 예제

### 5.3.5 CreateObject 메소드

서버객체의 메소드 중에서 가장 많이 사용되는 메소드이다. ASP에서는 유용하게 사용될 수 있는 컴포넌트를 사용하기 위하여 필요한 것이 바로 이 CreateObject이다. 이 메소드는 서버에서 동작하기 때문에 클라이언트가 별도로 ActiveX 컨트롤과 같이 다운로드 할 필요가 없다. 대부분 VB로 제작되어지는 이 서버 컴포넌트를 ASP 페이지에서 사용하고자 할 때 이용되어지는 메소드가 바로 이 CreateObject인 것이다. 아래의 코드는 ASP에서 제공하는 DAC(ADO) 컴포넌트의 인스턴스를 생성하고 사용하는 예이다.

```
Set DB=Server.CreateObject("ADODB.Connection")
DB.open("DSN=www,uid=sa;pwd=;")
Set RS=Server.CreateObject("ADODB.RecordSet")
...
```

위의 내용은 사실 현재로선 무슨 내용인지 알기가 쉽지 않다. 실제 웹을 이용한 게시판 등을 사용한 데이터베이스를 연동을 공부하게 되면 이 코딩을 수없이 많이 사용 되므로 지금 당장 이해가 되지 않아도 좋다.

**객체와 인스턴스**

객체는 정해진 형태의 데이터와 그 데이터에 대한 연산으로 만들어 지며, 외부에서 이 객체를 사용하려면 항상 그 객체에 데이터를 보내어 객체가 그것을 처리하도록 해야한다. 클래스로부터 생성된 각 객체를 클래스의 인스턴스라고 한다. 모든 객체는 어떤 클래스로부터 생성된 인스턴스로 인스턴스란 어떤 클래스로부터 생성되었다는 의미를 강조한 말이라고 할 수 있다.

## 5.4 Application 객체

윈도우즈 환경에서 애플리케이션은 하나의 응용프로그램, 또는 웹에서의 애플리케이션은 웹서버에 지정된 가상 디렉토리를 이용해서 참조할 수 있는 모든 웹페이지를 의미한다. 윈도우즈 애플리케이션은 아이콘을 더블 클릭하여 실행되며, 웹에서는 애플리케이션이 있는 페이지를 처음 접속하는 순간 자동으로 실행된다.

기존의 ASP 객체는 속성과 메소드만이 존재했으나 이 애플리케이션 객체는 이벤트(Event)라는 것이 존재한다. 즉, 우리가 호출하여 사용할 수 있는 메소드가 아니고, 자동으로 발생하는 이벤트이며, OnStart와 OnEnd가 바로 그것이다.

### 5.4.1 OnStart와 OnEnd 이벤트

Application_OnStart 이벤트는 웹서버가 처음 실행된 후, 처음으로 접속하는 사용자에게 발생하는 이벤트이다. 또한 Application_OnEnd는 서버 종료시 발생하는 이벤트로 두 이벤트 모두 global.asa 파일에 포함시켜 사용하게 된다.

그러므로, 이 애플리케이션 객체를 설명하기 위해서는 중요한 파일이 하나 있는데 그 파일의 이름이 Global.asa이다.

### 5.4.2 Global.asa 파일

이 파일은 웹 사이트 (애플리케이션)을 전체적으로 지배하게 되는 파일이다. 그러나 반드시 존재해야 하는 파일은 아니다. 다만, 웹사이트가 동작하는 시점과 끝나는 시점에 발생되기를 원하는 일들이 있다면, 그러한 일들은 이 global.asa의 파일 내에서 애플리케이션 이벤트를 사용하여 가능하게 되는 것이다. 기본적으로 아무런 처리를 하지않은 global.asa는 동작하지 않는다. 그러면, 이 global.asa는 무엇이며, 왜 필요한가?

이 global.asa는 애플리케이션이 끝나는 시점과 세션이 시작되고 끝나는 시점을 체크해 주는 까다로운 일들을 알아서 해결해 주는 파일이다. Global.asa에는 기본적으로 4가지 주요 이벤트를 감지하는 기능을 수행하게 되는데, 그 4개의 이벤트는 Application_OnStart, Application_OnEnd, Session_OnStart, 그리고 Session_OnEnd 이다. 이들 4개의 이벤트 감지 기능을 수행할 수 있도록 처리된 global.asa를 Root 디렉토리에 저장해 두면, 웹 사이트에 들어오는 모든 방문자는 반드시 제일 먼저 통과해야하는 관문이 바로 global.asa로 반드시 이것을 통과해야만 원하는 페이지로 보내주게 되는 것이다. 어느 누구도 피해갈 수 없는 것이다. gloabl.asa의 기본 소스는 다음과 같다.

```
<SCRIPT LANGUAGE="VBScript" RUNAT="Server">
Sub Application_OnStart
 '애플리케이션이 시작할 때의 해야할 코딩
End Sub

Sub Application_OnEnd
 '애플리케이션이 끝날 때 해야 할 일 코딩
End sub

Sub Session_OnStart
 '사용자마다 각각의 세션이 시작할 때의 해야 할 일 코딩
End Sub

Sub Session_OnEnd
 '사용자마다 각각의 세션이 끝날 때의 해얄 할 일 코딩
End Sub

</SCRIPT>
```

◉ 설 명

위에서 언급했듯이 global.asp 소스를 Root 디렉토리에 코딩하여 넣어 두었다고 해서 문제가 발생하지는 않는다. 왜냐하면 위의 소스는 어떤 애플리케이션 처리를 한 상태가 아니기 때문이다. 그러나 방문자는 웹페이지에 접근하기 전 반드시 이 global.asp를 통과하게 된다.

global.asa는

<SCRIPT LANGUAGE="VBScript" RUNAT="Server">

로 시작되어 </SCRIPT>로 끝나고 있다. 이 곳에 4개의 이벤트를 코딩하여 사용하면 되는 것이다.

우선 Application_OnStart는 사용자가 홈 디렉토리에 있는 웹 페이지를 요청한 경우, 꼭 한번 발생하며 들어오는 순간 한번 실행되고 다시는 실행되지 않는다. 이후에는 Session_OnStart가 실행된다. 매번 사용자가 접근할 때마다 이 Session_OnStart를 거치게 되는데, 이는 사용자가 예외 없이 거치게 되는 이벤트이다. 기본적으로 이 세션은 20분간 지속되며, 사용자가 웹 페이지 서핑을 하고 5분이 지나서 빠져나갔다고 해도, 20분이 지나야 Session_OnEnd가 실행되게 된다

는 의미이다. 그리고 가상 디렉터리에서 모든 사용자의 세션이 끝나게 되면 그때야 비로소 Application_OnEnd가 실행되게 되는 것이다.

사이트가 막 오픈 되고, 얼마 되지 않아서 첫 번째 방문자가 들어왔다고 가정하자. 그러면 그 순간 global.asa의 Application_OnStart는 작동을 시작하게 되고, 또한 Session_OnStart도 시작하게 된다. 첫 번째 사용자가 들어온 후 1분이 지나서 다음 방문자가 들어오면 Session_OnStart는 각각의 사용자에게 개별적으로 적용되는 이벤트로 이때 이 사용자에게도 Session_OnStart가 똑같이 동작하게 된다. 그러면 현재 웹 사이트 내에서는 2명의 사용자가 활동하게 되는데, 중간에 첫 번째 사용자가 3분정도 경과한 후 빠져 나갔다고 하여 즉시 Session_OnEnd가 발생하는 것은 아니다. 그렇다면, 어떤 사람이 사이트를 빠져 나갔는지 체크할 방법은 무엇인가? 그래서 한 방법이 기본적으로 20분간 사용자가 사이트에서 어떤 반응도 없으면 그제 서야 사이트를 빠져나갔다고 가정하고 세션이 종료되도록 하는 것이다. 즉, 첫 번째 사용자의 Session_OnEnd가 동작하게 되고, 또한 두 번째 방문자도 떠나면, 시간이 흘러 20분 후 또한 그 사람의 Session_OnEnd가 동작하게 된다. 그리하여 마지막 남아있던 세션이 모두 끝나면 그때 드디어 Application_OnEnd가 작동하게 되는 것이다.

이러한 시점을 체크해 주는 것이 바로 global.asp로 필요한 시점을 이벤트 함수에 코딩해 주면 된다. 이러한 시점을 체크해 주는 것이 반드시 필요한 것은 아닐 수도 있다. 그러나 이러한 이벤트를 체크하는 것은 홈페이지의 카운터를 다는데 있어서 아주 중요한 역할을 수행하게 되는 것이다.

애플리케이션 객체가 가지고 있는 또 하나의 중요한 역할은 웹 사이트에서 공유할 수 있는 전역변수로서의 역할이다. 웹 사이트에서 전반적으로 사용이 가능한 전역변수를 이 애플리케이션 개체를 통하여 만들 수가 있는데, 다음과 같이 코딩하여 테스트해보자.

**예제 05_14) : Application 예제 (asp_0514.asp)**

```
<%
  application("number") = 1
%>
<html>
<body>
<center>
```

```
<h3>애플리케이션1</h3>
<font face="돋움" size="3">
applicaton("number")의 값 : <%=application("number")%>
</font>
</center>
</body>
</html>
```

---

[실행결과]

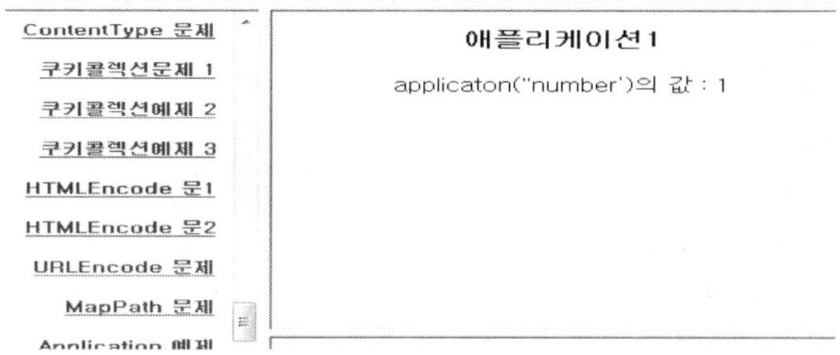


〈그림 5-14〉 Application 예제

◉ 설 명

위에서 보듯이 전역변수인 Application("number")를 만들고 그 값을 1로 정해주고 <%=%>를 이용하여 그 값을 출력하고 있다. 다음은 Application("number") 변수를 증가시키는 ASP 페이지를 만들어 보자.

### 예제 05_15) : Application 증가 (asp_0515.asp)

---

```
<%
  Application.Lock
  application("number") =  application("number") + 1
  Application.UnLock
%>
<html>
```

```
<body>
<center><h3>애플리케이션 증가</h3><font face="돋움" size="3">
applicaton("number")의 값 : <%=application("number")%>
</font></center>
</body>
</html>
```

[실행결과]

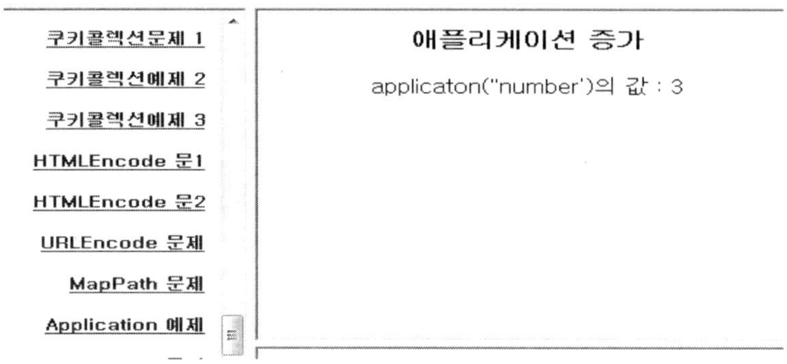


〈그림 5-15〉 Application 증가

◉ 설 명

이 페이지는 페이지가 로딩될 때마다 애플리케이션 변수를 1씩 증가시켜주고 있는 것을 볼 수 있는데, 한번 만들어진 애플리케이션 변수는 그 사이트 내에서라면 어떤 페이지에서도 적용이 되고, 애플리케이션이 종료되면 이 애플리케이션 변수도 없어지는 전역변수와 같은 것이다. 주의해야 할 것은, 아무 페이지에나 이 애플리케이션 변수를 만들게 되면 다소 문제가 생길 여지가 있음으로, 이 애플리케이션 변수는 global.asa에서 만들어 주고 그곳에서 값을 지정해 주는 것이 일반적인 방법이다. 위에서 보면 Lock과 Unlock 메소드를 이용하고 있는 것을 볼 수 있는데, 왜 이 메소드를 사용하는 이유를 살펴보자. 예를 들어, 사용자가 웹 페이지에 접근하면 application("number")를 증가시킬텐데, 이 때 또 다른 사용자가 동시에 같은 페이지에 접근하면, 또는 여러 사람이 동시에 한 변수값을 변화시키려 한다면 심각한 문제가 발생할 수 있다. 이런 경우 문제가 발생하지 않도록 Lock와 Unlock 메소드를 이용하게 되는데, Lock 메소드는 이 메소드가 호출되는 순간 애플리케이션 자체를 잠시 잠그고, 잠긴 동안은 그 어느 누구도 사용하지 못하게 해주는 것이다. 그리고 작업이 끝나면 Unlock으로 잠긴 상태를 풀어주어 다음 접근자가 변수를 수정할 수 있도록 해주고 있다. 물론 잠그고, 풀어주는 시간은 아주 짧은 시간에 불과하지만 필요한 작업인 것이다.

## 5.5 Session 객체

위에서 애플리케이션 객체를 설명하면서 어느 정도 세션에 대하여 언급한 적이 있었다. 애플리케이션 객체가 전체의 사이트를 지배하고, 애플리케이션 변수는 누구나 증가시킬 수 있는 공개 전역변수라면, 세션은 각 개인 사용자 각각에게 할당되는 개인 전역변수라 할 수 있다. 즉, 어떤 사용자든지 웹사이트에 접근하면 반드시 global.asa의 Session_OnStart를 거치게 되는데, 이때 사용자는 고유한 SessionID라는 값을 할당받게 되며, 이 사용자가 사이트를 떠난 20분 후 Session_OnEnd 이벤트가 작동하여 그 세션을 날려버리게 되는 것이다. 이 세션은 사용자마다 각각 고유하게 존재하기 때문에 쿠키와 같이 이들을 각각 체크하기에 상당히 유용하다. 그러므로 세션은 쿠키의 일종이라고 생각해도 무방한 것이다.

세션 변수도 애플리케이션 변수와 형식은 비슷하지만, 세션 변수는 누구도 그 값을 바꿀 수 없는 할당된 고유한 값이다. 다음 예제를 통하여 애플리케이션과 세션을 비교해 보도록 하자.

### 예제 05_16) : Application과 Session 비교 (asp_0516.asp)

---

```
<%
  Application.Lock
  Application("number") = Application("number") + 1
  Application.UnLock

  Session("number") = Session("number") +1
%>
<html>
<body>
<center>
<h3>애플리케이션과 세션 비교</h3>
<font face="돋움" size="3">
현재 Application("number“)의 값 : <%=Application("number")%><br>
현재 Session("number")의 값 : <%=Session("number")%><br>
```

```
고유 SessionID의 값 : <%=session.SessionID%>
</font></center>
</body>
</html>
```

---

[실행결과]

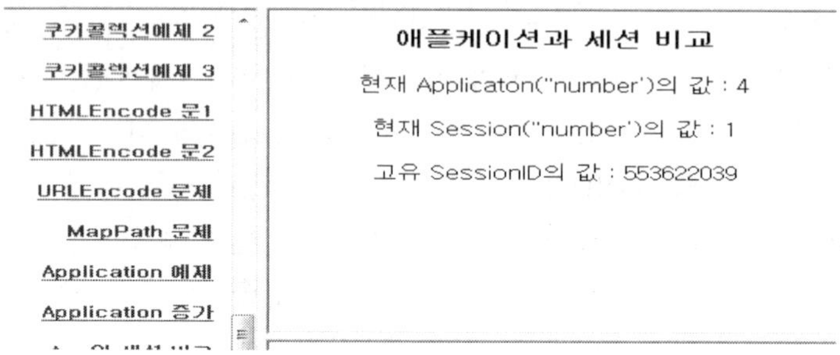


〈그림 5-15〉 Application 과 Session 비교

◉ 설 명

이 예제를 테스트하면서, 서로 다른 사용자가 이 페이지에 접근하면서 애플리케이션 및 세션값을 비교해보면 그 차이를 금방알 수 있을 것이다. 마지막의 "965824900" 값이 바로 방문자가 서버로부터 발급받은 고유한 SessionID인 것이다. 애플리케이션 변수는 모든 사용자가 그 값을 변화 시킬 수 있지만, 세션 변수는 자신만의 값을 각각 가지게 되는 것을 확인해 보길 바란다. 세션은 방문자의 정보를 가지고 있게 되는데, 기본적으로 20분간 유지되며 방문자가 20분동안 아무런 반응이 없으면 세션은 자동으로 소멸된다. 다시 말해서 어떤 사람이 사이트를 빠져나갔다가 20분이 지나서 다시 들어와 웹 페이지를 로딩하면 세션 변수값은 1이되지만, 20분이 지나기 전에 그 페이지를 접근하면 마지막 세션값에 1을 더한 값이 출력될 것이다. 세션은 현명하게 각각의 사용자들을 구분하고 그들에 대한 정보를 각각 처리해 주는 것이다. 즉, 세션은 쿠키의 일종인 것이다. 그러나 쿠키와는 확연히 다른 점이 있는데, 쿠키는 클라이언트에 저장되는 반면 세션값은 서버에 저장된다는 사실이다. 그러므로 많은 세션변수를 사용하면 서버에 무리가 되는 결과를 초래할 수 있다.

세션의 유지 기간은 기본적으로 20분이지만, 다음과 같이 수정하여 사용할 수 있다.

```
<% Session.timeout = 10 %>
```

그러면 세션의 유지시간은 10분으로 조정되며, 다른 원하는 시간으로 조절할 수 있는 것이다. 또한 강제로 세션을 끝내고 싶다면 다음과 같이 세팅하면 된다.

```
<% Session.Abandon %>
```

주의할 것은 이 Abandon 메소드는 방문자의 모든 세션변수의 값을 모두 상실케 한다는 것이다. 자세히 설명하면 모든 방문자의 세션을 모두 상실하는 것은 아니고, 한 사용자가 여러개의 세션 변수를 가지고 있는 경우 그 값들을 모두 상실한다는 의미이다. 세션은 지정된 시간이 지나면 종료되지만, 다음과 같은 경우에도 종료된다.

① 사용자가 현재의 웹브라우저를 종료하고 다른 브라우저를 실행한 경우
(그렇다고 해서, 즉 웹브라우저를 닫았다고 세션이 끊어진 것은 아니다)

② Global.asa를 편집하고 저장한 경우
(세션 및 현재 애플리케이션을 종료하게 된다)

③ 웹서버가 종료된 경우

## 5.6 ObjectContext 객체

ObjectContext는 ASP 2.0에서 새로 추가되었으며, 트랜잭션 처리를 도와주는 객체이다. 트랜잭션이란 연결성이 있는 어떤 일련의 작업들을 처리할 때 오류가 생기면 모두 없던 것으로 처리하여 처음 원점으로 되돌리는 것을 말한다. @Transaction이라는 지시자를 포함하고 있는 ASP 페이지는 자동으로 트랜잭션 내에서 수행되며, 이 페이지는 수행중 에 그 어떤 오류도 없어야 정상적으로 처리되는 페이지가 된다. 만약 오류가 발생하면 ASP 페이지의 모든 수행 작업은 없었던 것으로 처리하며, 이것은 데이터베이스로 데이터를 이동하거나, 파일에 내용을 읽고, 쓰기 작업시 사용되며, 다음과 같은 메소드나 이벤트를 제공한다.

| 종류 | 명칭 | 설명 |
|---|---|---|
| 메소드 | SetComplete<br>SetAbout | 트랜잭션의 성공적인 수행을 선언<br>트랜잭션을 중단하고 없던 일로 처리 |
| 이벤트 | OnTransactionCommit<br>OnTransactionAbout | 정상적으로 수행되면 발생<br>오류가 생겨 트랜잭션이 중단되면 발생 |

다음은 ObjectContext 객체를 사용하여 트랜잭션 처리가 되는 웹 문서로 코딩한 후 실행하여 보자.

### 예제 05_17) : ObjectContext 객체 (asp_0517.asp)

```
<html>
<head><title> ObjectContext 객체 </title></head>
<body>
<font face="굴림" size="2">
<%@Transaction =Required %>
<% Set VarEbiz = CreateObject("Scripting.FileSystemObject")%>
<%
If IsObject(VarEbiz) then
 Set Vards = VarEbiz.CreateTextFile("C:\Inetpub\test.txt")
      VarDS.WriteLine("위 파일에 문자열 기록.")
      VarDS.Close
      ObjectContext.SetComplete
      Response.Write "트랜잭션 성공"
else
      ObjectContext.SetAbort
      Response.Write "트랜잭션 실패"
End if
%>
</body>
</html>
```

[실행결과]

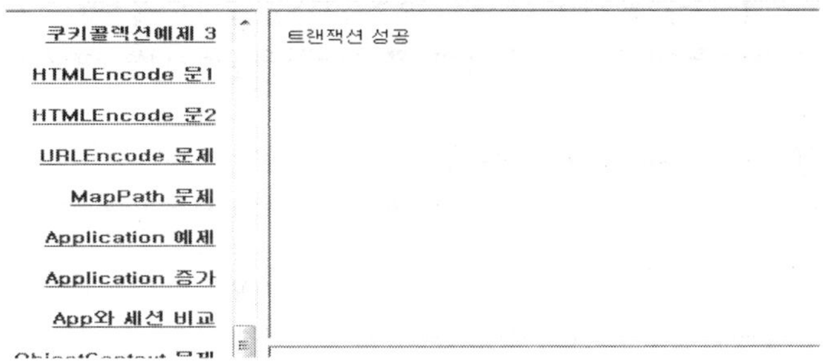


〈그림 5-16〉 ObjectContext 객체 사용

◉ 설 명

처음 <%@Transaction =Required %>은 트랜젝션이 시작되는 것을 알려주는 문장으로 맨 처음 문장에 기술해야한다. 그리고 VarEbiz 인스턴스를 생성하고, If문을 두어 참이면 인스턴스를 이용한 파일을 ("C:\Home\test.txt")에 생성하고 문자열을 저장한 후 VarDS.Close에 의해 생성된 파일을 닫고 트랜잭션 성공을 ObjectContext.SetComplete에 의해 서버에 알리게 된다. 만일 조건문이 거짓이면 ObjectContext.SetAbort에 의해 트랜잭션 실패를 서버에 알리게 되는 것이다. 추후 여러분은 모형 쇼핑몰 구축시 이 객체의 실제 응용을 다루게 될 기회를 갖게 될 것이다

# 제 6 장 서버 컴포넌트와 스크립트 객체

## 6.1 서버 컴포넌트 웹문서 작성

ASP 내장 서버컴포넌트는 비주얼 베이직에서 사용하는 ActiveX 컨트롤과 동일한 개념으로 문자 그대로 서버에서 사용하는 ActiveX 컨트롤을 의미한다. 스크립트 객체는 서버 컴포넌트와 마찬가지로 DLL로 구현되며 VBScript 시스템인 동시에 ASP 시스템이다. 다른 점이 있다면, 서버 컴포넌트는 스크립트 객체가 가진 DLL과 분리되어 자신만의 DLL을 소유하고 있다는 것이다. 내장 서버컴포넌트는 IIS4에서 상당히 많은 부분이 추가된 상태이며, 계속 업데이트되고 있다. 이 컴포넌트는 이미 내장되어 있기 때문에 따로 설치할 필요는 없으며, 여기에서는 유용한 몇 가지를 소개하고자 한다. 이들은 Ad Rotator, Browser Capabilitiy, Content Linking, MyInfo, ADO, FileSystemObject 등을 포함한다.

**COM, DCOM,OLE, ActiveX**

① COM (Component Object Model) : MS가 개발한 객체 모델이며 컴포넌트화된 하나의 프로그램으로 소프트웨어의 재사용성을 높이는데 목적이 있다. DLL과 같은 라이브러리 역학을 하며, 속성, 메소드, 이벤트를 이용하여 사용하게 된다.

② DCOM (Distributed COM) : COM을 네트워크 내에서도 사용이 가능하도록 확장한 것이다.

③ OLE (Object Linking and Embedding) : COM을 기반으로 만든 것으로 어떤 객체를 다른 프로그램 에 제공하기도 하고, 다른 프로그램 객체를 이용하기도 하는 객체 공유 기술이다.

④ ActiveX : OLE를 인터넷으로 확장한 기술로, 즉, 네트워크 상에서 객체를 공유하는 기술이다. ActiveX 에는 ActiveX 컨트롤, ActiveX 문서, ActiveX 스크립트 등이 있다.

### 6.1.1 Ad Rotator 컴포넌트 (광고배너 용)

Ad Rotator 컴포넌트는 광고배너를 자동으로 바꾸어 주는, 즉 로테이션 시켜주는 역할을 한다. 이 컴포넌트를 사용한 광고배너는 방문자가 접속할 때마다, 항상 같은 것을 보여주는 것이 아니라 여러 가지 광고를 번갈아 가면서 보여주고, 이미지를 클릭하면 해당 사이트로 이동하도록 되어 있다. 이러한 ASP의 Ad Rotator 컴포넌트를 이용하면 클라이언트에게 서서 다른 각각의 광고 이미지를 전달할 수 있다. ASP 파일을 직접 편집하는 것이 아니라, Rotator 스케줄 파일 (텍스트 파일임)을 구성하여 그 텍스트 파일에 우리가 제공하고자 하는 정보를 형식에 맞추어 기입하면 이런 구성을 만들 수 있게되는 것이다. 이런 구성이 처음 접하는 사람에게는 약간 복잡하게 느껴질 수 있으나 사실 구현해보면 아주 간단하다. 모든 기능은 이미 Ad Rotator에 내장되어 있기 때문에 우리는 그 사용법을 알고 사용하면 그만인 것이다. 이 컴포넌트를 구현하려면 다음 3가지 파일이 필요하다.

① 광고용 컴포넌트를 사용할 ASP 페이지
② 광고 스케줄용 텍스트 파일
③ URL 이동을 담당할 ASP 페이지

그러면, 이제 이 컴포넌트를 이용하여 광고배너를 바꾸어 주는 ASP 페이지를 제작해보자.

### 예제 06_01) : 광고용 컴포넌트를 사용할 ASP 페이지 (asp_0601.asp) (Ad Rotator 컴포넌트 객체 생성)

```
<% set arcobj = Server.CreateObject("MSWC.Adrotator")  %>
<html>
<body>
<center>
<h2>AD Rotator 예제</h2><p>
<font face="돋움" size="2">
<%= arcobj.GetAdvertisement("asp0601.txt")  %>
</font>
</center>
</body>
</html>
```

◉ 설 명

위의 페이지는 메인 페이지로 소스를 보면 GetAdvertisement("asp0601.txt")라는 부분이 있는데, 이것은 현재 디렉터리에 광고 스케줄 용 텍스트 파일로 asp0601.txt라는 파일을 만들어 사용하려고 한다는 것을 나타낸다. 여기서 반드시 기억해야 할 것은 객체의 인스턴스를 생성하고자

하는 경우에는 반드시 다음과 같이 Set이라는 명령어를 사용해야 한다는 것이다.

```
set arcobj = Server.CreateObject("MSWC.Adrotator")
```

일반 변수들은 Set 연산자가 필요없지만 객체의 인스턴스를 생성하고자 하는 경우에는 반드시 Set 명령어를 통하여 만들어 주어야 하며, 만일 Set 명령어를 사용하지 않는다면 에러가 발생하게 된다. 일단 객체의 인스턴스가 생성되면 우리는 생성된 이름으로 이 컴포넌트의 모든 기능을 사용하게 되는 것이다. 다음으로 이 asp0601.txt 파일과 URL 이동을 담당하는 파일을 하나씩 작성해보자. 이 asp0601.txt 파일은 아무렇게나 마구 작성해서는 안되고 다음과 같은 형식에 맞추어 구성해야 한다.

### 예제 06_01) : 광고용 스케줄 용 텍스트 파일 (asp0601.txt)

```
redirect asp_0601.asp
width 120
height 170
border 0
*
images/kinst01.gif
http://lib.kinst.ac.kr
비즈프레스 정보문헌센터
30

images/kinst02.gif
http://www.kinst.ac.kr
비즈프레스 자유게시판
50

images/kinst03.jpg
http://ebiz.kinst.ac.kr
비즈프레스 웹프로그래밍
20
```

◉ 설 명

우선 첫 번째 줄은 이 텍스트 파일에서 지정한 것들을 어떤 ASP 파일을 통해서 URL 이동을 할 것인가를 세팅해주고 있는데, 여기에서는 asp_0601.asp라는 파일을 통하여 URL로 이동하라고 지정하고 있다. 두 번째 그리고 세 번째 인자는 이미지의 넓이, 높이, 그리고 테두리선의 두께를 결정해 주고 있으며, 만일 지정하지 않으면 디폴트 값으로 정하는데, 그 값은 넓이 440, 높이 60, 그리고 굵기는 1로 세팅된다.

두 번째로 이미지와 URL의 구성내용도 위의 형식에 맞추어 세팅해야한다. 즉, 첫 번째 줄에는 이미지의 가상경로와 이미지 이름, 두 번째 줄은 사이트 주소, 세 번째 줄에는 툴팁을 적는다. 또한 이 광고용 컴포넌트에는 사용할 이미지가 필요한데, 제작하여 사용해도 되고, 또한 다른 곳에서 구해서 사용해도 된다. 여기에서는 images라는 디렉터리에 3개의 그림파일 kinst01.gif, kinst02.gif, 그리고 kinst03.jpg를 이용하고, 위와 같이 배너를 누르면 이동할 URL을 기입하고 있다. 그 다음에 주어진 30, 50 그리고 20이라는 숫자는 만일 브라우저에서 새로고침을 100번하면 첫 번째 배너가 30번, 두 번째 배너가 50번, 그리고 마지막 배너가 20번 출현한다는 것을 의미한다.

### 예제 06_01) : URL 이동을 담당한 ASP 페이지 (redirect.asp)

```
<%
Response.Redirect  Request.QueryString("url")
%>
```

◉ 설 명

이렇게 해주면 나머지는 모두 알아서 처리해 주며, 내부적으로 어떻게 작동하는가는 중요한 문제가 아니며, 우리는 이 컴포넌트를 적절히 사용하면 그만인 것이다.

[실행결과]

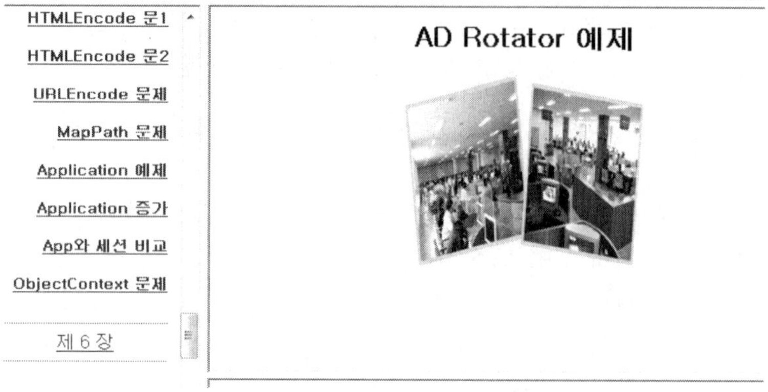


〈그림 6-1〉 Ad Rotator 컴포넌트

### 6.1.2 Browser Capabilities 컴포넌트

웹 개발자는 여러 가지의 다양한 종류의 툴, 즉 HTML, ASP, 스크립트, 애플릿, ActiveX 컨트롤 등을 이용할 수 있다. 그러나 모든 웹 브라우저가 이러한 기술을 모두 지원하고 있는 것은 아니다. 예를 들어, 현재 ActiveX 컴포넌트 및 VBScript는 넷스케이프에서는 지원되지 않는다. 그러므로 웹 사이트를 구축하면서 직면하는 문제는 바로 클라이언트의 사용하고 있는 브라우저이다. 이러한 문제를 극복하는 방법에는 두가지가 있을 수 있는데, 우선은 모든 브라우저에 공통적으로 호환되는 표준 HTML만 사용하여 홈페이지를 구축할 수 있는데, 이 것은 최신 기술을 포기한 것으로 사용자의 요구를 모두 충족할 수 있지 못함으로 곤란하다. 따라서 바람직한 방법은 클라이언트가 사용하는 브라우저의 종류와 버전을 알아내어 거기에 적합한 웹 페이지로 사용자들을 이동시키는 것이다. Browser Capabilities 컴포넌트는 웹서버에 접속한 클라이언트의 브라우저 정보를 제공하는 능력이 있다.

Browser Capabilities 컴포넌트는 Browscap.ini 파일을 가지고 있는데, 각각의 브라우저에 대한 정보를 포함하고 각각의 버전에 따라서 내용이 정리되어 있는 파일이다.

이제 어떤 방문자가 웹 사이트를 방문했다고 가정하고, 클라이언트 브라우저를 통하여 어떤 ASP 페이지를 로딩하게 되면 서버로 HTTP 헤더의 브라우저 정보를 전송하게 되는데, 우리는 그 정보를 이용하여 사용자의 환경을 검토하고 적합한 페이지를 제공할 수가 있게 된다. 다음 예제를 구현해보자.

## 예제 06_02) : Browser Capabilities의 문제 (asp_0602.asp)

```
<% Set whoBrowser=Server.CreateObject("MSWC.BrowserType") %>
<html>
<head><title>Browser Capability의 예제</title></head>
<body>
<FONT FACE="굴림" SIZE="3">
<center>
<h2>Browser Capabilities의 예제</h2><p>
<font facve="돋움" size="2">
브라우저의 종류 : <%=whoBrowser.Browser%><p>
버          전 :<%=whoBrowser.version%><p>
쿠  키   지  원 :<% If whoBrowser.Cookies then%>
                    true<P>
                 <% else %>
                    false<P>
                 <% end if %>
ActiveX 컨트롤 지원 :<% If whoBrowser.ActiveXControls then %>
                    true <P>
                 <% else %>
                    false <P>
                 <% end if %>
</font>
</center>
</body>
</html>
```

◉ 설 명

위 소스파일에 대한 내용은 별로 특별한 내용을 담고 있지는 않다. 다만 위의 예제에서는 각각 if문에 대하여 “true" 혹은 ”false"라고 출력하고 있으나, 실제 웹 페이지에서는 Response.redirect를 사용하여 각각의 경우에 맞는 넷스케이프 용과 익스플로어 용 페이지를 각각 따로 만들어서 그 페이지로 유도할 수 있으며 어떻게 사용할 것인가는 사용자의 생각에 달려 있다.

[실행결과]

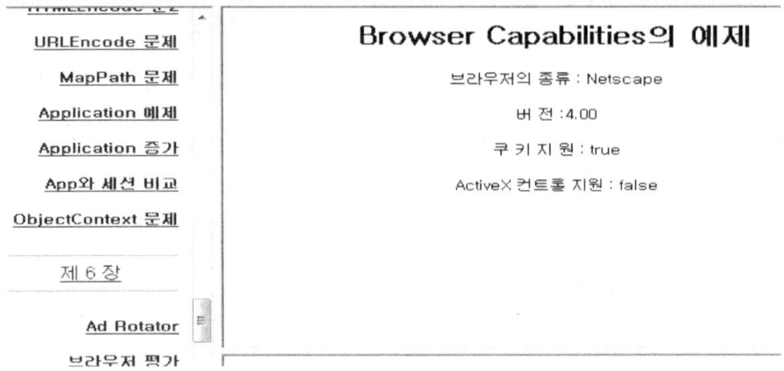


<그림 6-2> Browser Capabilities의 예제

## 6.2 스크립트 객체 및 파일 접근

위에서 설명한 바와 같이 스크립트 객체는 서버 컴포넌트와 마찬가지로 DLL로 되어 있는데, 다시 말해서 VBScript 시스템의 일부인 동시에 ASP 시스템의 일부이기도 하다. 이 객체는 VBScript DLL과 JScript DLL로 나뉘어지며 여기서 관심있게 다루는 내용은 VB 스크립트 객체이며, 이들은 Dictionary 객체, Err 객체, File Access 객체 등이 있다.

### 6.2.1 Dictionally 객체

VB 스크립트는 콜렉션과 유사한 저장구조를 갖는 객체를 제공하고 있는데 그것이 바로 Dictionary 객체이다. Dictionary 객체는 2차원 배열과 같은 구조를 갖고 있으며, 키와 항목으로 된 쌍을 저장하는 객체이다. 키는 개별 항목을 검색하는데 이용되며 대개 배열이 아닌 모든 정수 또는 문자열로 되어있다. 이와 같이 데이터를 키-항목의 쌍으로 저장하여 필요에 따라 해당 정보를 얻어오는 방법은 콜렉션에서 사용하는 방법과 같다. 이 Dictionary 객체는 키 값과 그에 해당하는 항목으로 구성되어 있으며 콜렉션 역할을 하는 하나의 객체를 생성할 수 있다. 이 객체가 제공하는 속성과 메소드는 다음과 같다.

표 6-2 Dictionary 객체의 속성 및 메소드

| 종류 | 명칭 | 설명 |
|---|---|---|
| 속성 | CompareMode | 문자열로 된 키를 비교하는 모드를 설정 또는 되돌려 줌 |
| | Count | 콜렉션 또는 Dictionary 객체의 항목 수를 되돌려 줌 |
| | Item | 지정한 키의 아이템을 설정 또는 되돌려 줌 |
| | Key | Dictionary 객체에 키를 설정 |
| 메소드 | Add | 키-항목 쌍을 Dictionary 객체에 추가 |
| | Exists | 지정된 키가 존재하면 참, 아니면 거짓을 되돌려 줌 |
| | Items | Dictionary 객체에 존재하는 모든 항목을 배열로 되돌려 줌 |
| | Keys | Dictionary 객체에 있는 모든 키를 포함하는 배열을 되돌려 줌 |
| | Remove | Dictionary 객체에서 지정된 키에 대한 키-항목 쌍을 제거함 |
| | Removeall | Dictionary 객체에 존재하는 모든 키-항목 쌍을 제거함 |

위의 내용은 그대로 이해하기에는 조금 어려운 면이 있음으로, 다음 예제를 코딩하여 실행하여 보자.

**예제 06_03) : Dictionary 객체 문제 (asp_0603.asp)**

```
<% Set ebDict = Server.CreateObject("Scripting.Dictionary") %>
<html>
<body>
<h3>키-항목 데이터쌍 추가 </h3>
<font face="돋움" size="2">
<%
   ebDict.Add "eb01", "홍길동"
   ebDict.Add "eb02", "임꺽정"
   ebDict.Add "eb03", "장보고"
   ebDict.Add "eb04", "왕건"
   ebDict.Add "eb05", "대원군"
%>
<h5>1. 저장된 내용 중 Key가 eb03인 항목 가져오기 </h5>
<% Response.write "<br> ('eb03', ' " & ebDict.Item("eb03") & " ' ) " &"<br>" %>
```

```
<h5>2. Dictionary 객체에 저장된 모든 키-항목의 쌍 데이터 가져오기 </h5>
<% For each list in ebDict
   Response.Write  "(' " & Cstr(list) &  "', ' " & ebDict.Item(list) & " ' ) " & "<BR>"
   Next
%>
<h5>3. Dictionary 개체에 있는 내용을 배열로 가져오기 </h5>
<% arrKeys = ebDict.Keys
   arrItems = ebDict.Items
   For i = 0 to ebDict.count-1
     Response.Write arrKeys(i) & "=" & arrItems(i) & ","
   Next
 %>
</body>
</html>
```

---

◉ 설 명

Set shDict = Server.CreateObject("Scripting.Dictionary") 는 Dictionary 객체를 생성하여 ebDict에 저장하고 있다. 다음으로

```
ebDict.Add "eb01", "홍길동"
ebDict.Add "eb02", "임꺽정"
ebDict.Add "eb03", "장보고"
ebDict.Add "eb04", "왕건"
ebDict.Add "eb05", "대원군"
```

는 Dictionary 객체 인스턴스에 키-항목의 데이터 쌍을 추가한다. 각 항목에서 첫 번째 인수(sh01)는 키 값이며, 두 번째 항목 (홍길동)은 그 키 값에 해당하는 데이터 값이다. 다음으로 Response.write "<br> ('eb03', ' " & ebDict.Item("sh03") & " ' ) " &"<br>"는 ebDict에 저장된 내용 중 Key가 eb03인 항목을 가져와서 출력하게 해준다. 주의 할 것은 Key 값을 기술하는 경우에는 반드시 좌우에 이중 따옴표 (“ ... ”)를 붙여 주어야 한다. 그 다음으로 나타나는

```
For each list in shDict
Response.Write "(' " & Cstr(list) & "', ' " & ebDict.Item(list) & " ' ) " & "<BR>"
Next
```

문장은 Dictionary 객체에 저장된 모든 키-항목으로 된 쌍 데이터를 전부 가져오기 위해 For 문을 이용하고 있다.

[실행결과]

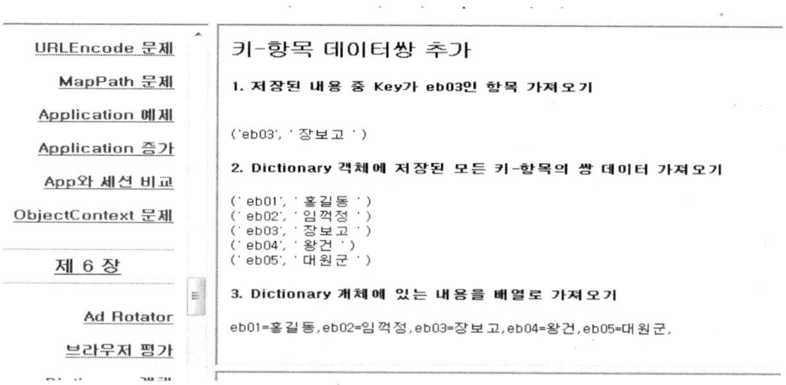


〈그림 6-3〉 Dictionary 객체 예제실행

## 6.2.2 Err 객체

Err은 프로그램 내에 오류를 감지하여 오류 메시지를 알려주는 객체로, 코드가 실행 중에 잘못된 연산을 하는 경우 Err 객체의 속성은 오류를 유일하게 식별하는 정보와 오류를 처리하는데 사용하는 정보로 채워지게 된다. 사용자 코드에 런타임 오류를 만들고자 한다면 Raise 메소드를 사용하게 되는데, 이 Err 객체에 이용되는 속성 및 메소드는 다음과 같다.

표 6-3 Err 객체의 속성 및 메소드

| 종류 | 명칭 | 설명 |
|---|---|---|
| 속성 | Description | 오류에 관해 설명하는 문자열을 설정 또는 되돌려 줌 |
| | Number | 오류를 나타내는 숫자 값을 설정 또는 되돌려 줌 |
| | Source | 오류가 발생하는 객체 또는 프로그램 이름을 설정 또는 되돌려 줌 |
| | HelpContext | 도움말 파일에 있는 항목 콘텍스트ID를 설정 또는 되돌려 줌 |
| 메소드 | Raise | 런타임 오류를 발생시킴 |
| | Clear | Err 객체의 모든 속성 정보를 삭제 |

이번에도 마찬가지로 다음과 같이 웹 문서를 작성하여 오류 메시지를 가져오는 연습을 하여 보자.

## 예제 06_04) : Err 객체 문제 (asp_0604.asp)

```
<html>
<body>
<font face="돋움" size="2">
<H5> Err 개체 속성 </h5>
<%
' On Error Resume Next  오류 문장 발생
   Response.Write "10 / 0 = " & 10/0
   Response.Write "<BR> Err.Description = " & Err.Description
   Response.Write "<BR> Err.Source      = " & Err.Source
   Response.Write "<BR> Err.Number      = " & Err.Number
   Response.Write "<BR> Err.HelpContext = " & Err.HelpContext
%>
</body>
</html>
```

[실행결과1]

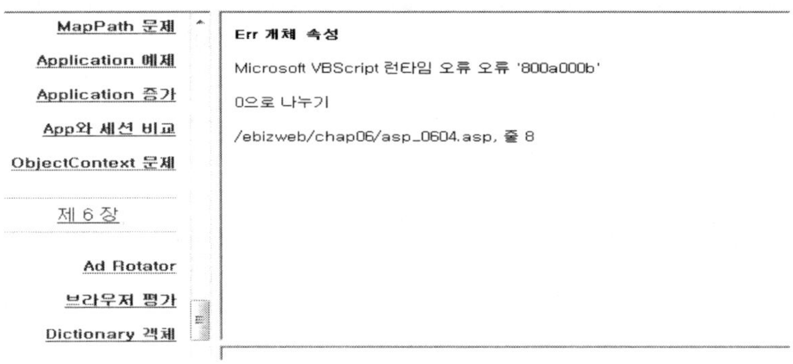


〈그림 6-4〉 Err 객체 예제실행

◉ 설 명

위에서 보면 Response.Write "10 / 0 = " & 10/0 은 정수 10을 0으로 나누지 못함으로 오류를 고의로 발생시킨 문장으로, 문장을 계속할 수 없다는 메시지를 출력하고 있다. 오류가 발생해도 문장을 계속하기 위해서는 다음과 같이 한 줄을 Response.Write "10 / 0 = " & 10/0 위에 추

가하고 실행해 보자.

즉, On Error Resume Next가 있으면 오류가 발생해도 다음 문장을 계속 실행하는 것을 알 수 있다. 출력된 내용은 <표 6-3>에 주어진 설명을 참고하면 된다.

```
<%
 On Error Resume Next 오류 문장 발생
 On Error Resume Next
 Response.Write "10 / 0 = " & 10/0

%>
```

[실행결과2]

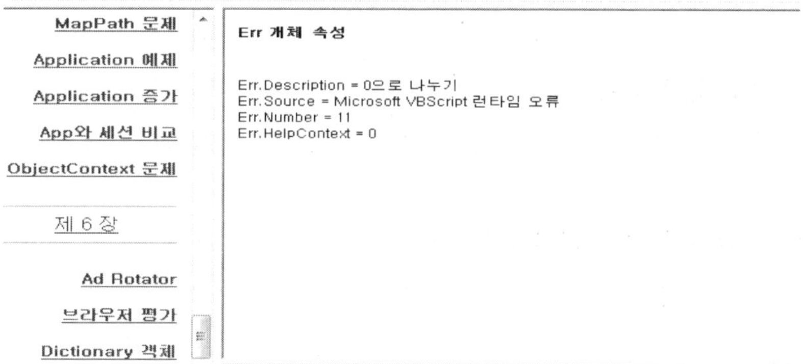


〈그림 6-5〉 On Error Resume Next 예제 실행

### 6.2.3 FSO (FileSystemObject)

이 객체는 상당히 유용한 스크립트 객체로, 웹 상에서 파일과 관련된 처리는 이 FSO가 거의 처리해 줄 수 있다. 이 객체를 이용하면 웹 상에서 동적인 디렉토리 (폴더) 및 파일의 생성, 삭제, 편집 등이 가능하다. 주의할 것은 이 객체는 서버에서 동작하는 것이란 것을 인식하는 것이다. 즉 언제나 기억해야할 것은 ASP는 서버 스크립트라는 사실이다. 즉, ASP는 서버를 다루고 서버에서 동작하는 것이지 클라이언트를 제어하는 것이 아니다. 이 FSO 객체는 다음과 같은 콜렉션을 포함하고 있다.

표 6-4 FSO 객체 및 콜렉션

| 종류 | 명칭 | 설명 |
|---|---|---|
| 객체 | Drive<br>File<br>Folder<br>TextStream | 시스템에 연결된 드라이브 정보를 알 수 있는 속성 및 메소드 포함<br>파일 생성/삭제/이동에 필요한 속성 및 메소드 포함<br>폴더 생성/삭제/이동에 필요한 속성 및 메소드 포함<br>텍스트 파일을 읽고 쓸 수 있는 기능 |
| 콜렉션 | Drives<br>Files<br>Folders | 실제 또는 논리적으로 연결된 드라이브 목록 제공<br>폴더에 포함된 모든 파일 목록 제공<br>폴더에 있는 모든 폴더 목록 제공 |

FSO 객체의 인스턴스는 Server 객체의 CreateObject 메소드로 생성되는데, 이렇게 생성된 FSO 인스턴스를 바탕으로 다른 객체, Drive 객체, 파일 객체의 콜렉션 및 메소드와 결합하여 파일 관련, 폴더 및 드라이브와 관련된 작업을 할 수 있다. FSO 객체 인스턴스는 Drive 객체, Folder 객체, File 객체와 연결된 메소드들을 그대로 사용할 수 있다.

### 1) 드라이브 정보 얻어오기

첫 번째 예로 다음과 같은 간단한 파일을 작성하여 실행하여 보자

#### 예제 06_05) : 드라이브 정보 얻기 (asp_0605.asp)

```
<%
    Set eb = Server.CreateObject("Scripting.FileSystemObject")
    Set Cdrive = eb.GetDrive("c:")
%>
<html>
<body>
<center><font face="돋움" size="3">
<h2>FSO 드라이브 정보 예제</h2><br>
C드라이브의 잔여용량 : <%=Cdrive.freespace%> bytes
</font></center>
</body>
</html>
```

[실행결과]

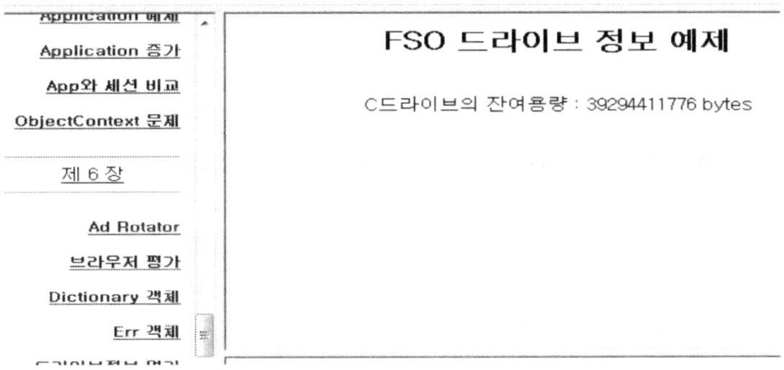


〈그림 6-6〉 드라이브 정보 얻어오기 예제

◉ 설 명

위에서는 CreateObject 메소드를 이용하여 객체의 인스턴스를 만들고, 객체가 생성되면 이제는 eb라는 이름으로 사용하게 된 것이다. 그리고 시스템의 C 드라이브의 핸들을 얻어오기 위해 GetDrive 메소드를 사용하고 있는 것이다. 이 드라이브 정보와 관련된 속성 및 콜렉션은 <표 6-5>에서 참고할 수 있다.

표 6-5 Drive 객체 속성

| 속성 | 설명 |
|---|---|
| Freespace | 드라이브 잔여용량을 되돌려 줌 |
| TotalSize | 드라이브 전체용량을 되돌려 줌 |
| VolumeName | 드라이브 볼륨명 세팅, 되돌려 줌 |
| ShareName | 드라이브 네트워크 공유 이름을 되돌려 줌 |
| SerialNumber | 디스크 볼륨 10진 일련번호를 되돌려 줌 |
| RootFolder | 드라이브 루트 폴더를 되돌려 줌 |
| Path | 드라이브 경로명을 되돌려 줌 |
| FileSystem | 드라이브 파일 시스템을 되돌려 줌 |
| IsReady | 드라이브 준비여부를 되돌려 줌 |

**핸들 (Handle)**

핸들 (Handle)이란 그래픽 사용자 인터페이스 (GUI)를 제공하고 있는 컴퓨터 환경에서 파일, 윈도우, 대화상자 등과 같은 자원을 접근하기 위해서 사용되는 숫자로, 이 숫자는 자원의 이름 혹은 ID를 의미하며 핸들을 얻어와 그 자원을 제어할 수 있다.

### 2) 파일을 생성하기

이번에는 또한 텍스트 파일을 만드는 예제를 만들어 보자. 물론 HTML 파일도 만들 수 있다. 다음 페이지를 코딩하고 실행하여 보자.

**예제 06_06) : FSO 텍스트파일 만들기 (asp_0606.asp)**

```
<%
    Set eb = Server.CreateObject("Scripting.FileSystemObject")
    Set ebFile =  eb.CreateTextFile("c:\Home\chap06\test.txt",true,false)
%>
<html>
<body>
<center><font face="돋움" size="3">
<h2>FSO 텍스트 파일 만들기</h2>
<%
if eb.FileExists("c:\Home\chap06\test.txt") then
Response.write "결과 : test.txt 파일 작성"
else
Response.write "결과 : test.txt 파일 미 작성."
end if
%>
</font></center>
</body>
</html>
```

[실행결과]

〈그림 6-7〉 FSO 텍스트 파일 만들기 예제

**FSO의 CreateTextFile 메소드**

이 FSO의 CreateTextFile 메소드를 이용하여 서버의 폴더에 텍스트 파일을 만들거나 삭제하는 경우에는 우선 준비해야 하는 작업이 있는데, 윈도우즈 NT 계열의 IIS 웹 서버의 경우에는 편집할 디렉토리 권한 부분에 접근하는 사람의 계정에 "쓰기" 권한을 주어야 한다. 이 부분은 윈도우즈 NT에 관한 것임으로 NT에 대한 공부 역시 필요하다는 것을 의미한다.

◉ 설 명

위의 예제를 실행하고 탐색기로 살펴보면 c:\Home\chap06 디렉터리에 test.txt라는 파일이 만들어진 것을 확인할 수 있을 것이다. 물론 여러분들이 설정한 경로가 위에 주어진 경로와 다르다면 그 디렉터리를 참조하면 된다. 디렉터리 경로가 위의 파일 만들기에서 가장 중요한 것은 CreateTextFile 메소드이며, 우리는 다음과 같이 이 메소드를 통하여 파일을 생성할 수 있는 것이다.

```
Set ebFile = eb.CreateTextFile("c:\Inetpub\asptest\test.txt",true,false)
```

이제는 파일이 만들어 지면 ebFile 이라는 이름으로 글을 읽고 쓰기를 할 수 있는 것이다. 이 CreateTextFile은 3개의 인자를 갖고 있는데, 첫 번째 인자는 어느 경로에 어떤 이름을 텍스트에 만들 것인지 그 전체 경로를 기입하는 곳이며, 두 번째 인자는 같은 이름이 이미 존재할 경우 그 파일을 덮어쓸 것인지 아닌지를 지정하게 되는데, "True"이면 덮어 쓰고, 아니면 "False"로 지정한다. 만일 "False"로 지정했는데, 같은 파일 이름이 존재하면 에러를 발생시킨다. 세 번째 인자는 파일이 유니코드 형인지 ASCII 형인지를 결정하게 되는데, "True"이면 유니코드로, "False"이면 ASCII로 생성되며, 인자를 생략하면 디폴트로 ASCII 파일로 생성된다.

### 3) 파일에 쓰기

이번에는 만들어진 test.txt 파일에 글을 쓰는 예제를 실행하여 보자. 위에서 파일을 만들었다고는 하지만 열어보면 빈 문서이다. 그러므로 이번에는 이 파일에 내용을 입력해 보자.

#### 예제 06_07) : 생성된 텍스트 파일에 내용쓰기 (asp_0607.asp)

```
<%
    Set eb = Server.CreateObject("Scripting.FileSystemObject")
    Set ebFile = eb.OpenTextFile("c:\Home\chap06\test.txt",8)
%>
<html>
<body>
<center><font face="돋움" size="3">
<h2>FSO 텍스트화일에 쓰기</h2>
<%
ebFile.writeLine("비즈프레스")
ebFile.writeLine("웹프로그래밍")
ebFile.writeLine("대한민국, 대한민국, 대한민국")
ebFile.close
%>
글쓰기 완료!!
</font></center>
</body>
</html>
```

[실행결과]

<그림 6-8> FSO 텍스트 파일에 내용쓰기 예제

◉ 설 명

CreateTextFile 메소드는 파일을 만들고 그 파일에 접근하는 기능을 가진 반면, OpenTextFile 메소드는 파일을 열고, 그 파일에 접근할 기능을 가지는데, 따라서 그 파일을 편집하거나 수정하기를 원하는 경우에는 이 메소드로 접근을 시도한다.

위의 소스에서 두 번째 줄을 보자.

```
Set ebFile = eb.OpenTextFile("c:\Home\chap06\test.txt",8)
```

즉, OpenTextFile 메소드를 통하여 이미 만들어진 파일 test.txt를 열게 되는데, 이 열린 파일은 변수 ebFile이라는 이름으로 저장되고, 이제 그 파일을 제어할 준비가 된 것이다. 이 OpenTextFile 메소드는 4개의 인자를 갖게 되는데 첫 번째 인자는 필수, 나머지는 선택이다. 첫 번째 인자는 파일경로 이며, 반드시 파일의 전체경로를 기입해야 한다. 두 번째 인자는 이 지정된 파일을 열 때 읽기 전용으로 열 것인지, 읽고 쓰기가 가능한 모드로 열것인지를 결정해 주는데, 정해 주지 않으면 디폴트로 읽기전용이 된다. 이 값은 "1"이면 읽기 전용, "8"이면 읽기/쓰기 가능 모드이다. 세 번째 인자는 파일을 여는 경우 지정된 파일이 없으면 새롭게 파일을 생성할 것인지 아닌지를 구분하는 인자로, 만일 파일이 없으면 새 파일을 만들면서 열기를 원하는 경우에는 "True", 그렇지 않고 반드시 파일이 있어야 한다면 "False"를 주면 된다. 디폴트 값은 "True"이다. 그리고 마지막 4번째 인자는 "-1"이면 유니코드 포맷으로, "0"이면 ASCII 포맷으로, "-2"이면 시스템 디폴트 포맷으로 열리게 된다. 마지막으로 작업이 끝나면 Close 메소드를 통하여 닫아주어야 한다.

### 4) 파일에서 텍스트 읽어오기

다음으로 이제는 입력한 텍스트를 불러와서 화면에 출력하는 예제를 다음과 같이 작성하여 실행하여 보자.

#### 예제 06_08) : 텍스트 파일에 기록된 내용 읽기 (asp_0608.asp)

```
<%
   Set eb = Server.CreateObject("Scripting.FileSystemObject")
   Set ebFile = eb.OpenTextFile("c:\Home\chap06\test.txt",1)
%>
<html>
<body>
<center><font face="돋움" size="3">
<h2>FSO 텍스트파일 읽기</h2>
<%
Do While ebFile.AtEndOfStream <> True
Response.write ebFile.readLine & "<br>"
loop
%>
</font></center>
</body>
</html>
```

[실행결과]

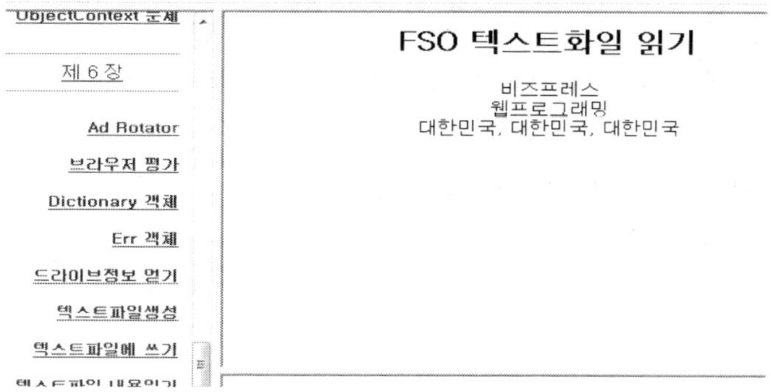


〈그림 6-9〉 FSO 텍스트 파일 읽기 예제

◉ 설 명

위의 내용에서 주의해야 할 것은 두 번째 라인 OpenTextFile 부분의 두 번째 인자가 이번에는 읽기 전용으로 “1”로 지정되어 있다는 것이다. 다음 부분의 소스를 보자.

```
Do While ebFile.AtEndOfStream <> True
Response.write ebFile.readLine & “<br>“
loop
```

여기에 사용된 AtEndOfStream은 TextStream의 속성중 하나로, 현재 파일의 위치가 끝이면 “True", 아니면 ”False"를 되 돌려주게 되는데, 즉, 위 Do while 문은 개방된 파일의 끝에 다다를 때까지 Readline을 통하여 파일에서 데이터를 라인 단위로 가져와서 Response.Write를 통하여 화면에 출력하라는 의미이다. 여기에 쓰인 “<br>"은 한 라인을 읽고, 다음 줄에 다음 라인을 출력하라는 의미이다.

위의 몇몇 예제로 우리는 FileSystem 객체에 대하여 그 윤곽을 알아보았다. 즉, 우리는 어떤 드라이브의 정보를 얻고, 어떤 원하는 디렉터리에 임의의 텍스트 파일을 만들 수 있으며, 이렇게 만들어진 텍스트 파일에 어떤 내용을 기록 할 수 있으며, 또한 텍스트 파일에 기록된 내용을 불러와서 읽을 수 있다. 이 FSO는 실제 웹 개발에서 아주 유용하게 쓰일 수 있다. 가령 이 FSO 특성을 이용하면 쉽게 방명록 등의 제작이 가능하다.

## 6.2.4 FSO 방명록

### 1) 방명록 글 리스트

다음과 같이 FSO 방명록 리스트 파일을 작성한 후 실행하여 보자

#### 예제 06_09) : FSO 방명록 글 리스트 (guest_list.asp)

```
<%
Option Explicit

Dim fso, oFile, pathname, content
pathname = "C:\Home\chap06\guestbook.txt"
Set fso = Server.CreateObject("Scripting.FileSystemObject")

if fso.fileExists(pathname) then
    set oFile = fso.OpenTextFile(pathname,1)
else
    Response.Redirect "guest_input.htm"
    Response.End
end if
%>
<html>
<head><title>방명록</title>
<style>
.verdana
    {
        font-family:verdana;
        font-size:11px
;    }

TD
    {
```

```
        font-family:verdana;
        font-size:11px;
    }
</style>
</head>
<body>
<div align="left">
<table cellpadding="4" cellspacing="1" bgcolor="#F4E2E2" width="580">
    <tr height="30" bgcolor="white">
        <td width="239" align=center bgcolor="#EDE9E9"></td>
        <td width="239" align=center bgcolor="#EDE9E9"></td>
        <td width="83" style="padding:0" bgcolor="#EDE9E9">
        <font color="#666666"><button style="width:100%; height:100%; border:1 solid buttonface"
            onClick="javascript:location.href='guest_input.htm';"
class="verdana">글올리기</button></font>
        </td>
    </tr>
</table>
</div>
<font color="#666666">
<% Do Until oFile.atEndOfStream %>
</font>
<div align="left">
<table cellpadding=5 cellspacing="1" bgcolor="#99a9bc" width="580" style="margin-top:5">
    <tr>
        <td width=80 align=center style="color:white" bgcolor="#EEEDED"><font
color="#666666">이름</font></td>
        <td width= 210bgcolor=white bgcolor="#EEEDED"><font
color="#666666"><%=oFile.readline%></font></td>
        <td width=80 align=center style="color:white" bgcolor="#EEEDED"><font
color="#666666">메일</font></td>
        <td width= 210bgcolor=white bgcolor="#EEEDED"><font
color="#666666"><%=oFile.readline%></font></td>
```

```
    </tr>
    <tr>
        <td width=80 align=center style="color:white" bgcolor="#EEEDED"><font
color="#666666">기 입 일</font></td>
        <td bgcolor="#EEEDED" width="187"><font
color="#666666"><%=oFile.readline%></font></td>
        <td bgcolor="#EEEDED" width="80">
                    <p align="center"><font color="#666666">제 목</font></td>
        <td bgcolor="#EEEDED" width="188"><font
color="#666666"><%=oFile.readline%></font></td>
    </tr>
    <tr bgcolor=white>
        <td colspan=4>
            <font color="#666666"><%
                content = oFile.readline
                content = replace(content,chr(9), "<br>")
                Response.Write content
            %></font>
        </td>
    </tr>
</table>
</div>
<font color="#666666"><%
Loop

oFile.close
set oFile = nothing
set fso = nothing
%>
</font>
<p> </p>
<p> </p>
```

```
</body>
</html>
```

◉ 설 명

위 파일을 chap06 폴더에 저장한 후 실행하면, 페이지를 찾을 수 없다는 표시와 함께 에러가 발생할 것이다. 왜냐하면 위의 소스에서 처음에

```
pathname = "C:\Home\chap06\guestbook.txt"
```

이 주어져 있는데, 그 다음에

```
if fso.fileExists(pathname) then
    set oFile = fso.OpenTextFile(pathname,1)
else
    Response.Redirect "guest_input.htm"
    Response.End
end if
```

에서 이 guestbook.txt 파일이 존재하지 않으면, 즉

```
else
    Response.Redirect "guest_input.htm"
```

으로 guest_input.htm 파일로 이동하라고 지시하고 있다. 처음에 우리는 guestbook.txt 파일이 없기 때문에, 다음과 같이 처음 글을 남기기 위한 파일 guest_input.htm 파일을 만들어서 글을 입력시켜 보자.

### 2) FSO 방명록 글 올리기

다음과 같이 FSO 글 올리기 페이지를 코딩하고 실행하여 보자.

**예제 06_09) : FSO 방명록 글 올리기 (guest_input.htm)**

```
<HTML>
```

```
<HEAD>
<style>
.verdana
    {
        font-family:verdana;
        font-size:11px;
    }

TD
    {
        font-family:verdana;
        font-size:11px;
    }
</style>
<TITLE>방명록</TITLE>
</HEAD>
<BODY>
<form name="guestInput" method="post" action="guest_input.asp">
    <div align="left">
<table cellpadding="4" cellspacing="2" bgcolor="#99a9bc" width="580" style="line-height:100%;
margin-top:0; margin-bottom:0;">
    <tr height="30" bgcolor="#eeeeee">
        <td align=center bgcolor="#F0EEEE">
        <p style="line-height:100%; margin-top:0; margin-bottom:0;">방명록 글 남기기
        </td>
    </tr>
</table>
    </div>
    <p align="left"><br>
    <div align="left">
<table cellspacing="1" bgcolor="#99a9bc" width="580">
    <tr>
```

```
        <td width=80 align=center style="color:white" bgcolor="#F3F1F1">
                    <p align="left"><font color="blue">이름</font></td>
        <td width=210 bgcolor="#F3F1F1" style="padding:0">

                    <p align="left"><input name="name" style="width:100%" style="border:1 solid
white">
        </td>
        <td width=80 align=center style="color:white" bgcolor="#F3F1F1">
                    <p align="left"><font color="blue">메일</font></td>
        <td width=210 bgcolor="#F3F1F1" style="padding:0">

                    <p align="left"><input name="email" style="width:100%" style="border:1 solid
white">
        </td>
    </tr>
    <tr>
        <td width=80 align=center style="color:white" bgcolor="#F3F1F1">
                    <p align="left"><font color="blue">제목</font></td>
        <td colspan=3 bgcolor="#F3F1F1" style="padding:0">

                    <p align="left"><input name="subject" style="width:350" style="border:1 solid
white">
        </td>
    </tr>
</table>
<table cellpadding="1" cellspacing="0" bgcolor="white" width="580">
    <tr>
        <td style="padding:1">

                        <p align="left"><textarea name="content" wrap=hard
style="font-family:돋움; width:100%;
                height:211; border:1 solid silver"></textarea>
        </td>
```

```
        </tr>
    </table>
    <table cellpadding="1" cellspacing="0" bgcolor="white" width="580">
        <tr>
            <td width=480></td>
            <td width=100 style="padding:0">
                <input type=submit style="color:blue; background-color:rgb(204,204,204); border-width:1;
border-color:silver; border-style:solid; width:100%; height:25;"
                    class=verdana value="글남기기" id=submit1 name=submit1>
            </td>
        </tr>
    </table>
        </div>
    </form>
    </BODY>
    </HTML>
```

[실행결과]

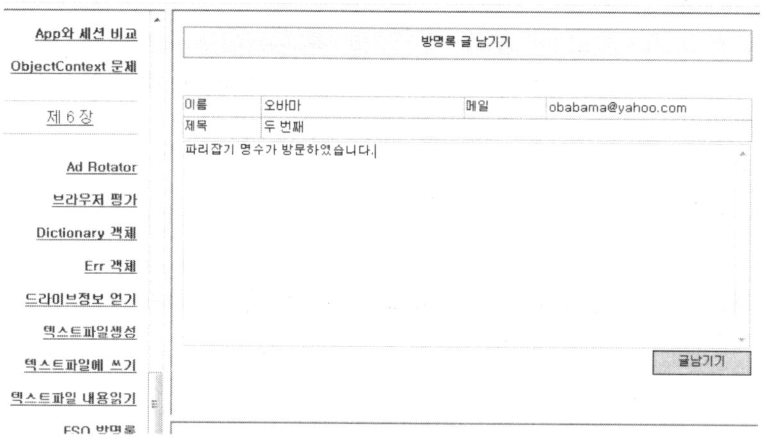


〈그림 6-10〉 FSO 방명록 리스트 첫 번째 화면

## 3) 전송된 글 처리하기

### 예제 06_09) : FSO 방명록 전송된 글 처리하기 (guest_input.asp)

```
<%
pathname = "C:\Home\chap06\guestbook.txt"

set fso = server.CreateObject("scripting.filesystemobject")
if fso.fileExists(pathname) then
    '이미 화일이 존재한다면 화일을 추가쓰기(Append)로 연다.
    set ofile = fso.OpenTextFile(pathname,8,true)
else
    '아직 화일이 존재하지 않는다면 새로만든다.
    set ofile = fso.CreateTextFile(pathname,True)
end if

ofile.Writeline request("name") '이름 입력
ofile.Writeline request("email") '메일 입력
ofile.Writeline now '날짜 입력
ofile.Writeline request("subject") '제목 입력

content = replace(request("content"),chr(13)&chr(10),chr(9))
ofile.Writeline content '글 입력(한줄로 만든 글)

ofile.close
set ofile = nothing
set fso = nothing

Response.Redirect "guest_list.asp" '글을 보는 화일로의 이동
%>
```

[실행결과]

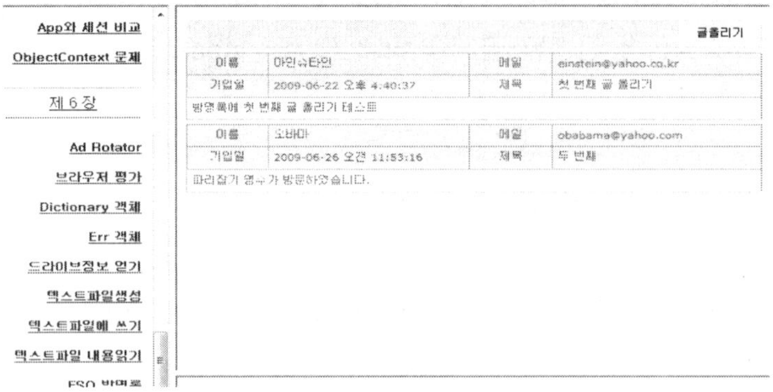

〈그림 6-11〉 FSO 방명록 최종 리스트 화면

자 이제 더 많은 응용력을 갖추기 위해서는 MSDN 한글 사이트의 FSO 온라인 자습서를 참조하기 바란다.

## 6.3 카운터 만들기

카운터는 현재까지 웹 사이트에 얼마나 많은 사람들이 방문했는지 알아보기 위하여 사용된다. 이 카운터는 종류도 다양하고 또한 수많은 사이트에서 무료로 카운터를 제공해 주고 있기도 하다. 이러한 웹 사이트에서 제공하는 카운터는 대부분이 CGI 카운터이며, ASP 카운터가 아니다. 이 CGI 카운터라는 것은 모두 그러한 것은 아니지만 엄정한 의미로는 공정하지 못한데, 그 이유는 이러한 카운터를 달고 있는 웹 사이트에서 "새로고침" 버튼을 누르면 누를 때 마다 카운터가 증가하게 되는데, ASP 카운터는 한번 웹 사이트에 접속하여 한번 카운터를 증가시키면 이후 20분간은 아무리 "새로고침"을 눌러도 더 이상 카운터가 증가되지 않는다. 어찌 되었든지 웹 프로그래밍을 하는 입장에서 보면 남이 만들어 놓은 카운터를 그냥 달아서 사용한다는 것은 적당한 방법이 아니다.

### 6.3.1 카운터와 Global.asa

5장에서 Application 및 Session 객체를 설명하면서 어느 정도 Global.asa에 대하여 설명한 적이 있다. 일단 우리는 카운터로 사용할 애플리케이션 변수가 필요하다. 왜냐하면, 모든 방문자가

+1을 증가시킬 수 있어야하기 때문이다. 여기에서 우리는 이 애플리케이션 변수를 Application("count")라는 이름으로 일단 지정하여 놓자. 그리고 이 애플리케이션 변수는 어디에 저장되어야 할 것인데, 저장이 되지 않으면, 사이트가 멈추거나 서버가 다운되면 동시에 사라져 버릴 것이기 때문이다. 그러므로 우리는 방문 카운트를 증가될 때마다 증가된 숫자를 기록할 텍스트 파일을 하나 만들어 visit.txt라는 이름으로 서버 구역에 저장해 두자.

이제 Global.asa를 차례로 코딩해보자. 코딩을 해야하는 이벤트는 Application_OnStart, Application_OnEnd, Session_OnStart, 그리고 Session_OnEnd 4가지이다.

우선 코딩해야 할 부분은 Application_OnStart 이벤트이다. 이곳에서 해야 할 작업은 웹사이트에 접속하는 방문자가 있으면, 이전까지 visit.txt라는 파일에 저장된 카운트 숫자를 가져와서 전역변수인 Application("count")에 넣어주는 일이다. 우선은 소스를 보자.

```
Sub Application_OnStart
    Set FileCount = Server.CreateObject("Scripting.FileSystemObject")
    CountName = "C:\Home\visit.txt"
    Set VisitNo = FileCount.OpenTextFile(CountName,1,FALSE,FALSE)
    Application("count")=VisitNo.ReadLine
    Application("CountName")=CountName
    Application("now_visit") = 0
End Sub
```

위의 FSO 예제를 전부 이해 하였다면 이 소스에 대한 이해는 아주 수월할 것이다. 파일에서 숫자를 읽고 Application("count")에 넣고 있는 것이다.

```
Set FileCount = Server.CreateObject("Scripting.FileSystemObject")
```

FileCount라는 이름으로 FSO 객체의 인스턴스 생성.

```
Set VisitNo = FileCount.OpenTextFile(CountName,1,FALSE,FALSE)
```

CountName, 즉 visit.txt를 읽기전용으로 열어줌.

```
Application("count")=VisitNo.ReadLine
```

파일에서 값을 읽어옴.

```
Application("CountName")=CountName
```

다른 이벤트에서 편하게 쓸 수 있도록 파일의 경로를 전역변수에 저장함.

다시 계속하여 Session_OnStart 이벤트를 살펴보자.

```
Sub Session_OnStart
    Application.lock
    Application("count")= Application("count")+1
    Application("now_visit") = Application("now_visit") + 1  '현재접속인원 체크
    Application.unlock
    Session.Timeout = 20
    If Application("count") MOD 5 = 0 Then
      Set FileCount = Server.CreateObject("Scripting.FileSystemObject")
      Set VisitNo = FileCount.CreateTextFile(Application("CountName"),true)
      Application.lock
      VisitNo.WriteLine(Application("count"))
      VisitNo.Close
      Application.unlock
    End If
End Sub
```

이 부분은 카운터를 증가 시키는 부분이다. Lock 및 Unlock 에 대한 설명은 앞 장에서 언급한 바와 같이 Application 변수로의 동시 접근을 막기위해 잠그고 풀어주는 역할을 한다.

아래의 if 문은 만일 현재의 접속자 카운트가 5로 나누어 떨어지면 즉, 배번 5번째의 방문자라면 그때마다 파일에 저장하는 것이다. 이렇게 하는 이유는 만일 어떠한 불상사가 생기더라도 5이상의 카운터를 상실하지 않기 위한 것이다. 예를 들어, 사이트를 개설하고 500명 정도 방문하여 카운트가 500이 되었다고 가정하자. 그러면 Application("count")는 500이라는 숫자를 가지고 있을 것이다. 그런데 갑자기 서버가 다운되어 버렸다면 그동안의 카운트는 저장이 되지 않을 것이다. 왜냐하면 20분이 지나야 저장되도록 세팅을 할 작정이니까 말이다. 이렇게 하는 이유는 물론 모든 사용자가 접속할 때마다 텍스트 파일을 열고 쓰는 부담으로 인한 서버의 부담을 덜어주기 위한 것으로 여기에서는 매번 5명 단위로 파일에 쓰도록 할 것이다. Application.lock 및 Application.unlock은 파일에 동시에 저장하는 막기위해 Application을 잠그고 풀어주는 것이다.

그 다음 발생하는 이벤트는 Session_OnEnd 이벤트이지만, 사용자가 웹 사이트를 빠져 나가는 것과는 아무런 연관이 없기 때문에 그냥 공백으로 남겨둔다.

마지막 이벤트는 바로 Application_OnEnd 이벤트이며, 이 이벤트는 지금까지 카운트된 수를 visit.txt에 저장하는 일을 수행한다. 소스를 보자.

```
Sub Application_OnEnd

    Set FileCount = Server.CreateObject("Scripting.FileSystemObject")
    Set VisitNo = FileCount.CreateTextFile(Application("CountName"),TRUE)

    Application.Lock
    VisitNo.WriteLine(Application("count"))
    Application.UnLock

End sub
```

이렇게 하면 카운트를 구동할 준비는 다 완성된 것이다.

이 카운터 변수는 전역변수인 Application("count") 임으로, 우리의 웹사이트 어느 페이지든지 <%=Application("count")%> 라고 코딩하면 구현되는데, 주의할 것은 그 페이지는 반드시 ASP 페이지이어야 한다.

이제 global.asa 전체 소스를 확인해 보자.

### 예제 06_10) : 카운터의 동작원리 파일 (global.asa)

```
<SCRIPT LANGUAGE="VBScript" RUNAT="Server">
Sub Application_OnStart
    Set FileCount = Server.CreateObject("Scripting.FileSystemObject")
    CountName = "C:\Home\visit.txt"
    Set VisitNo = FileCount.OpenTextFile(CountName,1,FALSE,FALSE)
    Application("count")=VisitNo.ReadLine
    Application("CountName")=CountName
    Application("now_visit") = 0
End Sub

Sub Application_OnEnd
    Set FileCount = Server.CreateObject("Scripting.FileSystemObject")
    Set VisitNo = FileCount.CreateTextFile(Application("CountName"),TRUE)
```

```
        Application.Lock
        VisitNo.WriteLine(Application("count"))
        Application.UnLock
    End sub

    Sub Session_OnStart
        Application.lock
        Application("count")= Application("count")+1
        Application("now_visit") = Application("now_visit") + 1  '현재접속인원 체크
        Application.unlock
        Session.Timeout = 20
        If Application("count") MOD 5 = 0 Then
          Set FileCount = Server.CreateObject("Scripting.FileSystemObject")
          Set VisitNo = FileCount.CreateTextFile(Application("CountName"),true)
          Application.lock
          VisitNo.WriteLine(Application("count"))
          VisitNo.Close
          Application.unlock
        End If
    End Sub

    Sub Session_OnEnd
    End Sub

    </SCRIPT>
```

---

이제 본 페이지에서 카운터를 설치해보자. 위에서 언급한 바와 같이 카운터가 설치될 페이지는 ASP 페이지이어야 한다. 이제 다음과 같은 항을 left.asp 맨 위에 넣고 실행하여 보자.

**예제 06_11) : 현재까지 접속 카운터 (left.asp 페이지에 추가)**

---

```
    <html>
```

```
<body>
<center><h5> 카운트 : <%=Application("count")%><h5></center>
```

[실행결과]

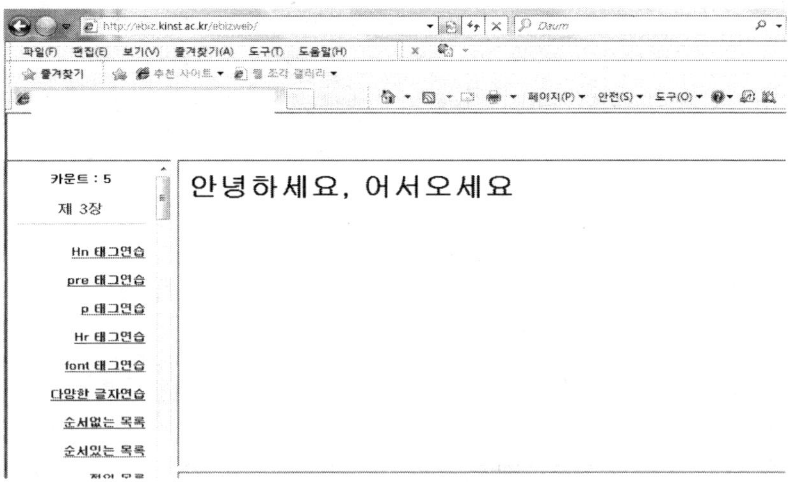


〈그림 6-12〉 카운터 예제1

## 6.3.2 이미지 카운터

텍스트 기반의 카운트 숫자를 이미지로 대체하여 보자. 숫자와 대응되는 이미지 10개를 제작 혹은 구하여 root 디렉토리에 images라는 상위 디렉토리를 만들고 여기에 10개의 이미지를 1.jpg, 2.jpg, ... , 0.jpg 로 저장해 두자. 그리고 다음 페이지를 코딩하여 실행해 보자.

### 예제 06_12) : 이미지 카운터 (asp_0612.asp)

```
<%
Count = application("count")
for i = 1 to len(Count)
select case Mid(Count,i,1)
case "1" ImgCount = ImgCount & "<img src = 'images/1.jpg' align='middle' >"
case "2" ImgCount = ImgCount & "<img src = 'images/2.jpg' align='middle' >"
case "3" ImgCount = ImgCount & "<img src = 'images/3.jpg' align='middle' >"
```

```
case "4" ImgCount = ImgCount & "<img src = 'images/4.jpg' align='middle' >"
case "5" ImgCount = ImgCount & "<img src = 'images/5.jpg' align='middle' >"
case "6" ImgCount = ImgCount & "<img src = 'images/6.jpg' align='middle' >"
case "7" ImgCount = ImgCount & "<img src = 'images/7.jpg' align='middle' >"
case "8" ImgCount = ImgCount & "<img src = 'images/8.jpg' align='middle' >"
case "9" ImgCount = ImgCount & "<img src = 'images/9.jpg' align='middle' >"
case "0" ImgCount = ImgCount & "<img src = 'images/0.jpg' align='middle' >"
End select
Next
%>
<html>
<body>
<center><font face="돋움" size="3">
<p>  </p>
현재까지의 카운트 : <%=imgcount%> <p>
</font></center>
</body>
</html>
```

[실행결과]

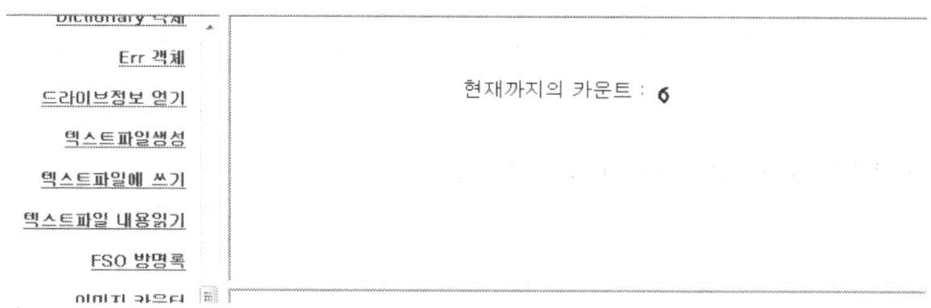


〈그림 6-13〉 이미지 카운터 예제

◉ 설 명

위의 소스에서 Len 함수는 문자열의 길이를 알아내는 함수로, 어떤 문자열 예를 들어 "Gyeonggi College of Science and Technology"라는 문자열의 길이가 알고 싶다면 “Len("Gyeonggi College of Science and Technology")라면 그 결과를 알려주는 VB 스크립트 함

수이다. 카운트가 몇자리 숫자인지 현재로는 알 수 없기 때문에 우리는 카운터의 문자열을 Len() 함수를 통하여 얻을 수 있고, 그 값으로 for~loop 문을 돌리면 그 결과를 얻을 수 있는 것이다. 중요한 것은 Mid 함수인데, 이 함수는 문자열에서 원하는 인덱스부터의 문자를 뽑아내는 역할을 수행하게 된다. 예를 들어, "Gyeonggi College of Science and Technology"라는 문자열이 있다고 가정하고, 이 문자열에서 Gyonggi라는 단어만 뽑아오고 싶다면, 이 Mid 함수를 이용하여 ”Mid("Gyeonggi College of Science and Technology",1,6)"라고 작성하면 되는데, 여기에서 첫 번째 인자는 문자열, 두 번째 인자는 가져오고자 하는 문자의 시작위치, 마지막 인자는 뽑아올 문자 개수를 나타낸다. 이 방법을 이용하면, 우리는 for 문을 이용하여 Mid 함수로 하나씩의 문자를 뽑아와서 각각의 숫자 대신에 위 소스에서와 같이 이미지로 출력시킬 수 있는 것이다.

### 6.3.3 현재 접속인원을 나타내는 카운터

위의 현재까지 접속인원을 나타내는 카운터에 더하여, 우리는 지금 상태로 몇 명이나 사이트에 접속한 상태에 있는지 알아낼 수 가 있는데, 우리는 그 이름을 위의 global.asa에 벌써 Application("now_visit")이라고 정해두고 있다.

```
Sub Session_OnEnd

    Application.lock
    Application("now_visit") = Application("now_visit") - 1  '현재접속인원 체크용
    Application.unlock

End Sub
```

이 변수는 시작할 때 “0”으로 지정되어 있다. 그리고 Session_OnStart에서 이 변수를 +1씩 증가시켜주고 있는 것을 확인할 수 있다. 이제 마지막으로 처리할 것은 접속한 사용자의 세션이 끝나는 시점에, 즉 Session_OnEnd에 이 변수를 다시 -1로 해주어야 한다. 그러면 이 값은 사용자가 접속하면 카운트를 늘리고, 그 사람이 빠져나가서 세션이 끊기면 현재 접속인원의 숫자를 가지게 된다.

### 예제 06_13) : 현재 접속인원 확인 (asp_0613.asp)

```
<html>
<body>
<center><h1> 카운트 : <%=Application("Now_visit")%><h1></center>
</body>
</html>
```

[실행결과]

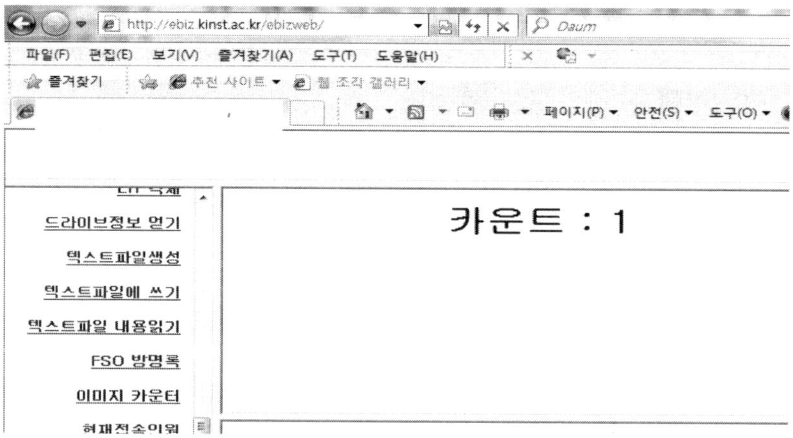


〈그림 6-14〉 현재 접속인원 카운트 예제

◉ 설 명

이와 같이 간단하게 우리는 ASP 페이지에서 카운터를 달아보는 연습을 하였다. 후에 여러분은 "오늘 방문자 수"를 표현하는 카운터를 만나보게 될 것이다. 카운터라는 것이 100% 완벽한 것은 아니지만, 현재까지 웹 사이트 접속 및 비율 등을 통계적으로 분석하여 미래의 더 좋은 사이트로 발전시켜 나가는 디딤돌이 될 것이므로 필요한 것이라 아니할 수 없다.

# 제 7 장 웹과 데이터베이스

웹서버가 클라이언트의 다양한 요구에 대응하는 적절한 서비스를 제공하려면 데이터를 전문적으로 가공하고, 처리하는 데이터베이스와 연동되어야 한다. 본 장에서는 이렇게 동적인 웹사이트를 구축하는데 필요한 내용 및 ODBC 설정 방법에 대하여 알아보도록 하자.

## 7.1 데이터베이스와 웹

### 7.1.1 데이터베이스와 DBMS

데이터베이스와 DBMS (Database Management System)에 대한 개념은 다른데, 우리가 일반적으로 사용하는 데이터베이스는 DBMS를 간략히 부르는 단어이다. 그러나 엄밀한 의미에서 데이터베이스는 우선 어떤 조직, 또는 개인이 사용하는 사용가능하며 조작이 가능한 데이터의 모임 또는 영속적인 데이터의 집합이라고 할 수 있다. 이에 반하여 DBMS는 데이터베이스에 저장된 데이터를 정의, 가공, 처리하여 원하는 자료를 제공해 주는 프로그램으로 하나의 소프트웨어 엔진이라 할 수 있다. DBMS는 데이터베이스에 접근하여, 여기에 저장된 데이터를 이용하려는 프로그래머에게 여러 가지 공통된 기능을 제공한다. 즉 데이터베이스 내의 데이터 생성, 수정, 삭제, 추가, 검색 및 데이터 들간에 관계를 표현하는 기능을 제공할 뿐만 아니라, 기존 테이블의 구조를 변경할 수 있는 기능도 제공한다. 또한 DBMS는 데이터베이스를 효율적으로 관리하기 때문에 많은 방대한 양의 데이터를 다루는데 최적의 성능을 발휘할 수 있도록 해주며, 데이터베이스 시스템 (Database System) 수행 중 발생하는 문제를 정상적으로 복구하여, 정상적으로 수행하도록 하는 기능을 제공한다. 데이터베이스는 데이터를 통합 관리하여 공유하는 것을 원칙으로 하기 때문에 여러 유형의 사용자가 접근하게 되는데, 이 경우 DBMS는 데이터베이스에 접근하는 권한을 사용자별로 부여하여 데이터베이스를 안전하게 보존하는 기능을 제공한다.

**데이터베이스 관련 용어**

① 데이터 모델 (Data Model)
실제 데이터를 표현하기 위한 개념적인 도구이며, E-R 데이터 모델, 객체지향 데이터 모델, 관계형 데이터 모델 등이 있다. 데이터베이스 설계시 실제 데이터의 의미와 관계 등에 도움이 되는 모델을 선택하여 사용하게 된다.

② 관계형 데이터베이스
데이터를 테이블의 형태로 구조화한 관계형 데이터 모델을 기반으로 한 데이터베이스이며, 이 들로는 MS-Access, SQL-Server, Informix, Oracle 등이 있으며, 질의 언어로는 공통적 으로 SQL을 사용한다.

③ DBA (DataBase Administrator)
데이터베이스의 생성, 관리, 그리고 데이터베이스 접근 및 권한 등에 대한 포괄적인 역할을 수행하는 데이터베이스 시스템을 통제하는 권한을 가진 사람을 말한다.

④ 무결성 (Integrity)
어떤 테이블에서 Null 값이 허용치 않도록 설계된 데이터가 있는데, 이 해당 항목에 Null 값 이 입력되면 DBMS가 행당 항목을 검토하여 저장되지 않도록 제어함으로서 데이터의 무결성 이 유지된다.

⑤ 스키마 (Schema)
데이터를 조직화 하는 틀로, 각 모델에 따라 논리적 성격이 다르다. 관계형 모델에서는 데이터를 구조화하기 위하여 테이블 구조로 스키마를 작성한다.

### 7.1.2 데이터베이스와 웹

웹 상에서 클라이언트의 요구에 부응하는 데이터를 제공하기 위해서는 필연적으로 웹에서 데이터베이스를 연동하는 것이 절대 필요하다. 예를 들어, 데이터베이스와 연동되지 않은 전자상거래 사이트가 있다고 가정하고, 클라이언트가 이러한 웹사이트에 접속하여 제품에 대한 상품 정보와 재고량을 요구한다면 어떻게 정보를 제공할 것인가? 상품정보는 HTML 문서를 이용하여 제공할 수 있다고 하더라도, 품목이 많다거나, 제품별 재고량, 주문 수량 등에 대하여 실시간으로 제공하는데는 무리가 따른다. 이러한 정보를 데이터베이스와 연동하여 상품정보 및 주문/판매 내역 등을 데이터베이스에 저장 관리하면 훨씬 수월하고 효율적으로 서비스할 수 있는 것이다. 예를 들어 어떤 사람이 인터넷 서적 사이트에 접속하여 '김한국'의 저서를 검색하고 있다면, 웹과 데이터베이스가 연동된 사이트라면 다음과 같은 일을 수행할 수 있는 것이다.

① 클라이언트는 저자별로 검색할 수 있는 페이지로 이동하여 입력양식에 '김경기'를 입력한다.

② 웹 브라우저는 이 데이터를 입력받아, 웹서버로 데이터를 보낸다.

③ 웹서버는 이 데이터를 ASP 프로그램에 넘긴다. (이 책은 ASP에 관련된 책이므로 CGI 프로그램으로 항상 ASP를 참고한다.)

④ 이 해당 ASP 페이지는 해당 데이터베이스에 접근하여 저서 목록을 검색한다.

⑤ ASP 프로그램은 검색결과 '김한국'라고 저장된 저자 목록 (가격, 출판년도, 판매부수, 재고 권수 등)을 받아 적당한 포맷으로 다시 웹서버에 넘긴다.

⑥ 웹 서버는 다시 이 목록을 클라이언트의 웹브라우저로 넘겨 결과를 보여준다.

위에서 수행되는 결과는 HTML 문서만으로 작성된 웹페이지로는 절대로 구현될 수 없는 내용인 것이다.

## 7.2 ASP와 DB 연동

웹 응용프로그램과 데이터베이스가 연동되면, 클라이언트에게 정보를 동적으로 제공할 수 있을 뿐만 아니라, 데이터를 저장하고 관리하는 기능이 뛰어난 웹 사이트를 구현할 수 있다. 즉, 웹 상에서 데이터의 조회, 수정, 삭제, 추가할 수 있는 기능을 가질 수 있게 되는 것이다. 이러한 기능은 운영체제 시스템에서 제공하는 ODBC(Open Database Connectivity)를 통하여 특정 데이터베이스와 연결하여 데이터 입출력 작업을 수행하여 가능하게 된다. 이러한 작업을 수행할 수 있도록 ASP 웹 페이지는 데이터베이스를 연결할 수 있도록 ADO (ActiveX Data Object) 객체 모델을 이용한다. ODBC는 MS-Access와 SQL 서버와 같은 관계형 데이터베이스에 대한 연결을 제공하는 API (Application Programiing Interface) 함수이다.

데이터베이스에 연동된 ASP 웹 페이지를 제작하기 위해서는 다음 세 단계의 작업이 필요한데, 첫 번째는 데이터베이스 테이블을 만드는 작업이며 (본 저서에서는 가장 수월한 MS-Access를 이용함), 두 번째는 ASP 웹 문서가 데이터베이스에 연결되는데 필요한 정보를 등록하는 ODBC 작업과, 세 번째로는 ASP 웹 페이지가 이러한 목적을 달성할 수 있도록 데이터베이스를 입출력하는 적절한 프로그래밍을 수행하여야 한다.

### 7.2.1 데이터베이스 ODBC 등록

ASP 웹 페이지 스크립트에 기술된 ADO 객체는 ODBC에 등록된 데이터베이스 원본 이름을 이용하여 해당 데이터베이스에 연결하여 입출력 작업을 수행하게 된다.

## 1) MS Access를 사용하는 경우

① 우선은 Access를 열어서 ODBC 등록을 하고자 하는 데이터베이스를 만들기로 하자. 이 데이터베이스는 간단한 게시판에 이용할 데이터베이스 이며 글을 작성할 사람의 이 름, 전자우편, 전화번호, 글의 제목, 글의 비밀번호, 글을 작성한 날짜/시간, 글의 내용 등 을 저장할 데이터베이스라고 가정하자. 이름은 임의로 정할 수 있는데, 여기에서는 우선 데이터베이스 명을 "bizpressDB"라고 정하고, 다음과 같이 테이블을 작성하여 그 이름을 “ebTable"이라고 정하고 c:\Home\database라는 폴더에 저장하자.

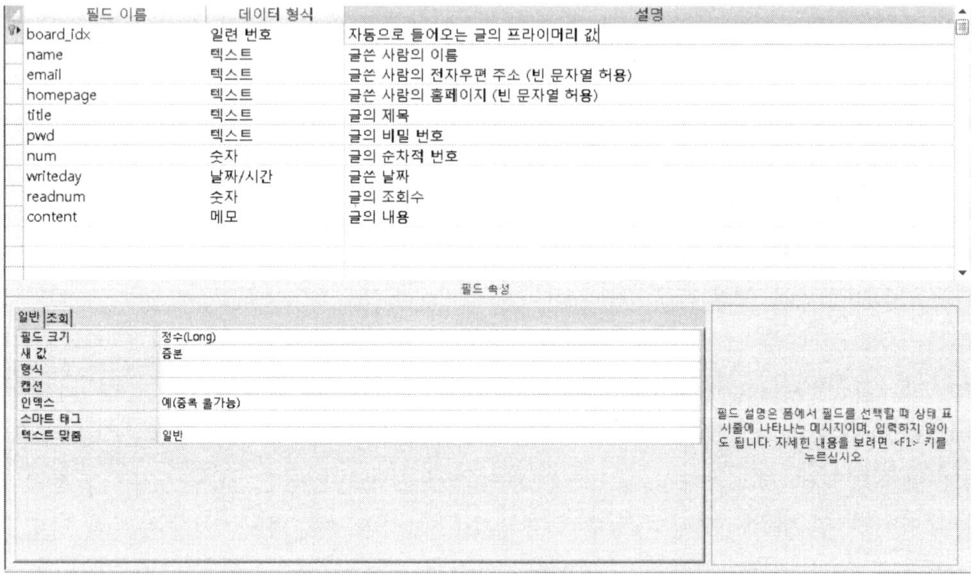


〈그림 7-1〉 액세스 테이블 예제

주의 : 컬럼 이름을 정할 때는 주의해야 할 것이 있다. 그것은 이미 데이터베이스 내에서 쓰이는 키워드 변수들을 컬럼이름으로 사용해서는 안된다는 것이다. 즉, no, number, group. level 등등과 같은 것들은 이미, 데이터베이스 내에서 이미 사용되는 변수들이어서 이런 키워드를 이름으로 주게되면 에러가 발생하는 경우가 있다.
ODBC (Open Database Cinnectivity)란 무엇인가?
일반적으로 Oracle, 사이베이스 등과 같이 서로 상이한 데이터베이스를 통하여 구축된 데이터를 마이크로소프트 윈도우 환경에서 상호간에 공유할 수 있도록 MS에 의해 제안된 데이터베이스의 데이터 공유를 위한 규격을 말한다.

> **ODBC (Open Database Cinnectivity)란 무엇인가?**
>
> 일반적으로 Oracle, 사이베이스 등과 같이 서로 상이한 데이터베이스를 통하여 구축된 데이터를 마이크로소프트 윈도우 환경에서 상호간에 공유할 수 있도록 MS에 의해 제안된 데이터베이스의 데이터 공유를 위한 규격을 말한다.

② 이제 이 데이터베이스를 ODBC로 잡아주자. 바탕화면의 내 컴퓨터에서 제어판을 실행하고 관리도구의 데이터원보 ODBC 아이콘을 더블 클릭하면 다음과 같은 창을 볼 수 있는데, 여기에서는 두 번째 탭인 System DSN을 선택한다. File DSN도 쓰이기는 하지만 System DSN의 사용이 거의 일반적이다. System DSN을 선택했으면 우측의 [추가] 버튼을 누른다.

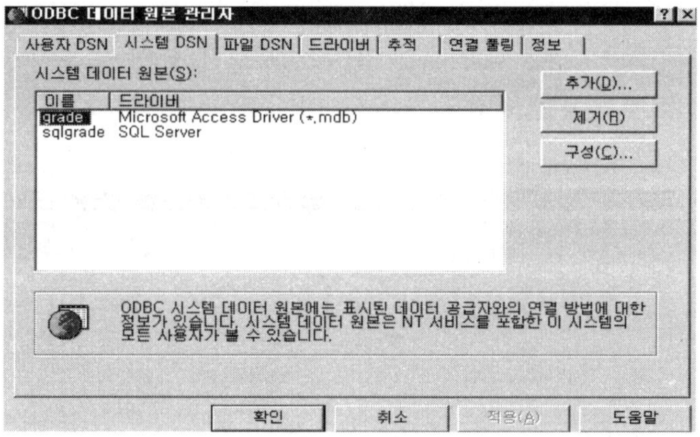


〈그림 7-2〉 시스템 DSN 선택

③ 그러면 ORACLE 및 SQL Server 용 ODBC를 비롯한 여러 종류의 드라이버가 나타나는데 여기에서는 Microsoft Access Driver를 선택한다.

〈그림 7-3〉 드라이버 선택

④ 그리고 나서 마침을 누르면 다음과 같은 ODBC Microsoft Access 설정 윈도우가 나타나는데 여기에서 DSN(Data Source Name)을 bizpressDB라고 설정한 후, 데이터베이스 선택 버튼을 눌러서 방금 전에 만들어 저장한 "bizpressDB.mdb"를 선택하고 확인 버튼을 누른다.

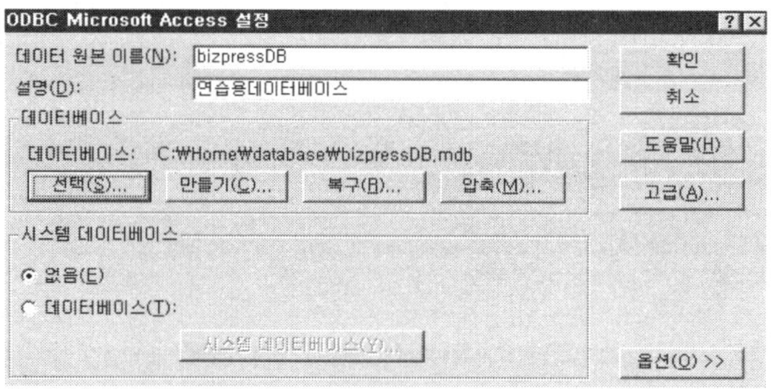


〈그림 7-4〉 데이터베이스 선택

⑤ 그리고 다시 확인 버튼을 누르고 모든 것이 완료되면, 방금 전에 우리가 설정한 Access ODBC가 bizpressDB라는 이름으로 들어와 있는 것을 볼 수 있다.

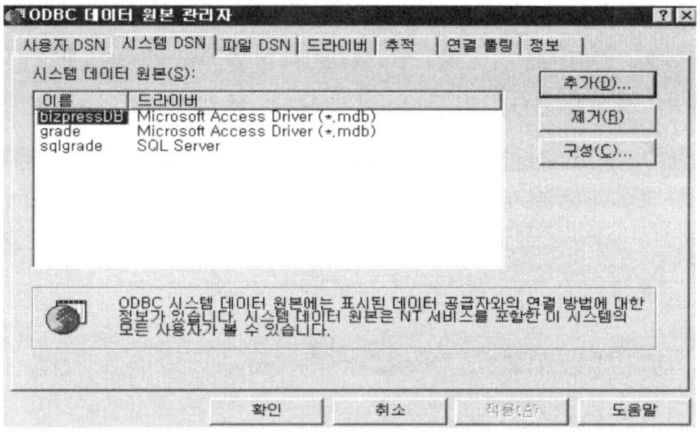

〈그림 7-5〉 ODBC 설정 후 화면

구성한 내용을 수정할 내용이 있으면, 구성버튼을 클릭하여 수정하면 된다. 이제 이 데이터베이스에 대한 ODBC 설정을 끝났으며, 우리는 이 데이터베이스를 ASP 페이지에서 bizpressDB라는 이름으로 사용하게 될 것이다.

## 2) MS SQL 서버를 사용하는 경우

Ms SQL 서버를 사용하는 사람들은 먼저 데이터베이스를 다음 그림과 같이 추가로 하나를 만들어 보자. Microsoft SQL Server 2005의 경우는 [프로그램]-[Microsoft SQL Server 2005]-[SQL Server Management Studio]를 클릭하면 다음과 같이 서버인증 요구를 하게 되는데,

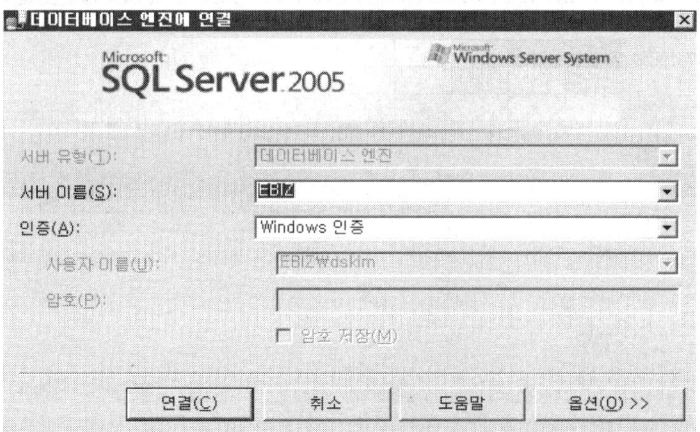

〈그림 7-6〉 서버 인증

인증의 방법은 Windows 인증과 SQL 서버 인증 두 종류가 있는데 대부분 SQL 인증을 많이들 사용한다. 이것은 SQL 서버를 접근할 수 있는 계정을 Windows 계정과는 따로 사용하겠다는 의미인 것이다. 위의 경우는 SQL 인증을 선택했고, 해당 아이디와 비밀번호는 SQL 서버의 기본적인 관리자 계정인 Sa를 사용하고 있다. 기본적으로 Sa 계정은 암호가 없지만, 반드시 SQL 서버 설치 후에는 Sa 계정에 반드시 암호를 부여하는 것이 좋다. 간혹, 다음과 같은 에러 메시지를 만날 수 있다.

이 에러 메시지는 계정 아이디와 암호가 일치하지 않아서 발생하는 에러이며, 이런 에러가 발생하면 SQL 서버로 가서 계정의 아이디와 암호를 다시 확인하고 맞추어 준다. 그러면 다음으로는 우리가 사용할 데이터베이스를 선택하는 윈도우 창이 다음과 같이 뜨게 된다.

데이터베이스에 연결한 후 데이터베이스에 마우스 포인터를 위치시킨 후 오른쪽 마우스 버튼을 클릭하여 새데이터베이스를 선택한 후 데이터베이스 이름을 BizDB라고 입력한후 [확인] 버튼을 누르면 BizDB라는 데이터베이스가 생성된다.

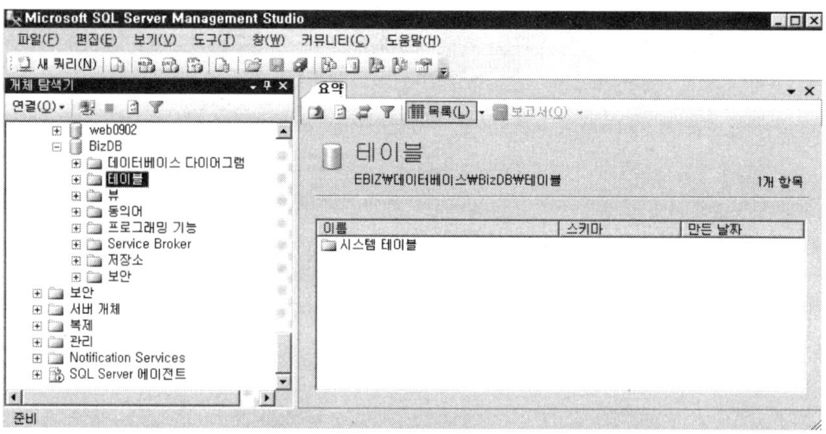


〈그림 7-7〉 데이터베이스 추가

그리고 해당 데이터베이스에 테이블을 만들어야 되며, 앞에서 Access 때와 같은 모습으로 만들면 된다. 하지만, 여러분이 Ms SQL 서버를 사용하고 싶다면 절대로 만만하게 생각하고 시작하는 것은 금물이다. ASP 공부를 하기에 앞서 먼저 SQL 서버를 공부해 두는 것이 좋다. 이와 관련된 교재는 보통 두꺼운 책 한권 분량이며, 사실 SQL 서버자체는 ASP 보다 내용이 더욱 깊다고 할 수 있겠다.

웹 프로그래머 입장에서 SQL 서버를 깊게 관리 자격으로 깊게 공부하는 것은 무리이겠지만 적어도 기본적인 SQL 서버 책은 한권 정도는 이해하는 것이 필요하다. 그렇지 않으면 테이블을 하나 만드는 것도 매우 어렵다. SQL 서버도 서버 제품이며, SQL 서버만 공부하는 데에도 상당한 시간과 노력이 필요하다. 사실 SQL 서버만 잘해도 먹고 사는 데에 지장이 전혀 없다고 할 수 있다. 그리고 SQL 서버의 경우는 위처럼 비주얼하게 테이블을 만드는 것 보다는, 아무래도 쿼리 스크립트를 직접 사용하는 것이 더욱 바람직 할 것이다. 다음과 같은 스크립트를 메모장을 사용하여 작성한 후, ebTable.sql 이라고 적당한 곳에 저장한 후, 이것을 클릭하여 테이블을 만들어 보도록 하자.

```
CREATE TABLE [dbo].[ebTable] (
        [board_idx] [int] IDENTITY (1, 1) NOT NULL primary key clustered,
        [name] [varchar] (50) NOT NULL ,
        [email] [varchar] (100)  NULL ,
        [homepage] [varchar] (100)  NULL ,
        [title] [varchar] (50)  NOT NULL ,
        [pwd] [varchar] (10)  NOT NULL ,
        [num] [int] NOT NULL ,
        [writeday] [smalldatetime] NOT NULL default getdate(),
        [readnum] [smallint] NOT NULL default 0,
        [content] [text]  NOT NULL
    )
```

이제 저장해 놓은 ebtable.sql을 클릭하면, 역시 마찬가지로 서버 인증창에서 서버인증을 하고 연결하면 다음과 같은 창이 뜨게 될 것이다.

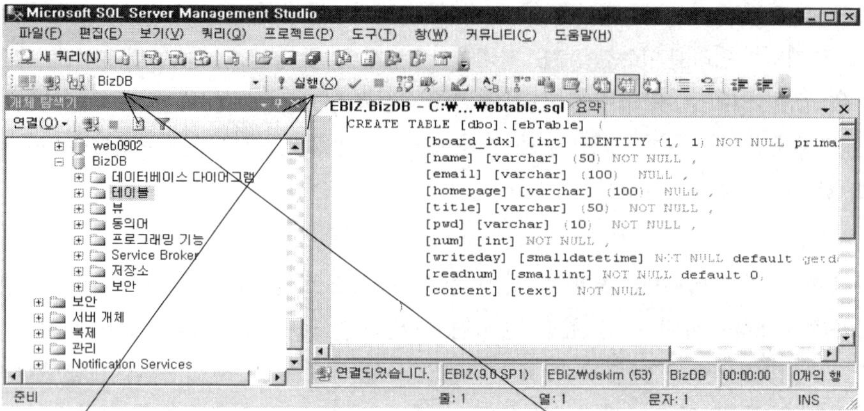

〈그림 7-8〉 SQL 문 실행을 위한 창

여기에서 주의해야 할 것은 반드시 자신의 데이터베이스(여기에서는 BizDB)를 반드시 확인하고 [실행] 버튼을 클릭한다. 그러면 "명령이 완료되었습니다"라는 메시지와 함께 MyDB라는 데이터베이스에 ebTable이라는 테이블이 생성된 것을 확인할 수 있을 것이다. 이외에도 테이블을 만드는 방법은 여러 가지가 있으나, 다른 방법에 대해서는 차차 설명하기로 하자. 이제 여러분들은 BizDB 라는 데이터베이스를 만들었으며, 그 데이터베이스 안에 ebTable 이라는 테이블을 만들었다. 그 데이터베이스에는 원한다면 다른 테이블들도 얼마든지 만들 수가 있다.

그러면, 이번에도 앞에서와 마찬가지로 ODBC 세팅을 해보자. 다시한번 ODBC 는 무엇일까? ASP를 비롯한 애플리케이션에서 데이터베이스를 연동할 수 있도록 해주는 방법이며, 이 데이터베이스는 Ms Access, Ms SQL, Oracle, 사이베이스, Informix 등 많은 종류의 것들이 있다. 그 외에도 상당히 많은 데이터베이스 제품들이 존재하지만, 이들은 모두 나름대로의 규칙들과 문법들을 가지고 있다. 그렇다고 우리가 모든 데이터베이스 제품들에 대해서 공부를 모두 할 필요는 없다. 현재 우리는 ASP를 통해서 데이터베이스와 연동을 해야 한다는 점이다. 바로 ASP와 같은 애플리케이션들과 데이터베이스 사이에서 연결통로를 만들어 주는 것이 ODBC 이다. 우리는 데이터베이스 제품이 무엇이든지 상관없이 단지 ODBC 만 세팅해 주게 되면 ADO라는 마이크로 소프트 데이터 액세스 컴포넌트를 사용하여 데이터베이스 서버에 접근, 데이터의 저장, 조회 등을 할 수가 있게 되는 것이다.

2000년이 지나면서 사실 OLEDB라는 것이 무척이나 주목을 받고 있으며, 이는 ODBC를 대체할 기술로 각광을 받기 시작하고 있다. 우선은 Access 의 경우 ODBC를 세팅하는 방법을 먼저 알아보자.

SQL 서버의 특정 데이터베이스를 ODBC 잡는 것은 Access의 경우보다는 조금 어렵다. SQL 서버는 말 그대로 서버이기에 계정이라는 것이 있고, 각각의 계정은 비밀번호를 가지고 있게 마련이다. 그리고 보안적인 부분이 강하게 움직이는 것이 서버인 것이다. 그러한 이유로 조금 더 복잡하긴 하지만, 세팅에 어려움은 없다. 우선 기억해야 할 것은

어떤 데이터베이스 제품의 어떤 데이터베이스를 어떤 이름의 DSN으로 잡느냐는 것이다.

위의 Access 의 경우에도 위의 조건을 따랐다. 우선 데이터베이스 제품을 선택했고, DSN이름을 지정한 다음, 해당 데이터베이스 파일을 지정해 주었던 것을 기억할 것이다. 이는 SQL 서버에서도 오라클에서도 달라지지 않는다. 다만 서버 제품에서는 사용자 계정 아이디와 비밀번호가 존재하기에 그것까지 세팅해 주는 부분이 추가되는 것이다. 이 사실을 기억하고 SQL 서버를 ODBC 연결해 보도록 하자.

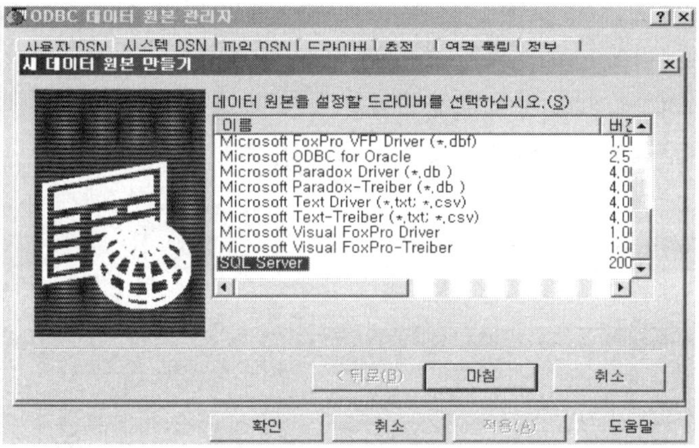


〈그림 7-7〉 SQL Server 선택

<그림 7-5>의 시스템 DSN 탭에서 [추가]를 하게되면 <그림 7-7>와 같은 윈도우가 나오는데 일반적으로 SQL 서버는 가장 밑에 존재하고 있다. 그것을 지정하고 [마침]을 누르면 된다. 그러면 다음과 같은 윈도우가 나오게 되며 DSN과 설명 그리고 데이터베이스 서버가 어떤 것인지 지정하는 부분이 등장한다. DSN 명은 우리가 나중에 ASP 에서 사용할 이름이며, 이 이름을 잘 지정하고 기억해 두어야 한다.

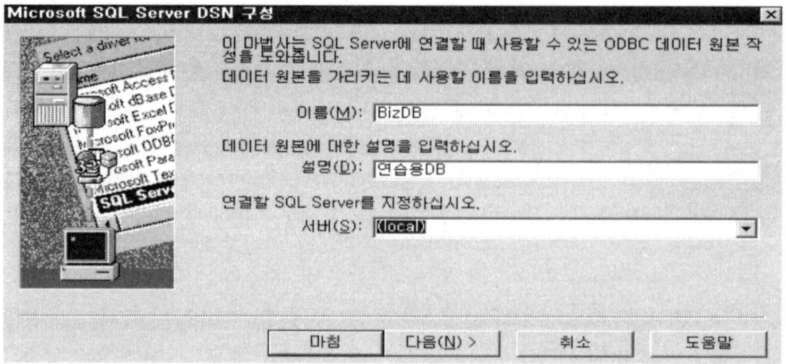


<그림 7-8> DSN명 지정

여기에서는 BizDB 라고 주었다. Access와는 다른 부분이 Server 라는 부분인데 여러분의 네트웍상에는 여러대의 SQL 서버가 있을 수 있기 때문에 그 서버의 이름을 지정하는 부분이 필요하게 된다. 여러 데이터베이스 서버가 존재할 수 있기 때문에 그중에 하나를 선정하는 것이다. 대부분, 자신의 PC 에 SQL 서버를 설치하고 있기 때문에 (local) 이라고 하면 무리가 없을 것이다. 또는 자신의 컴퓨터 이름을 기입해도 된다.

그리고 [다음]을 클릭하면 다음 창이 뜨게 된다.

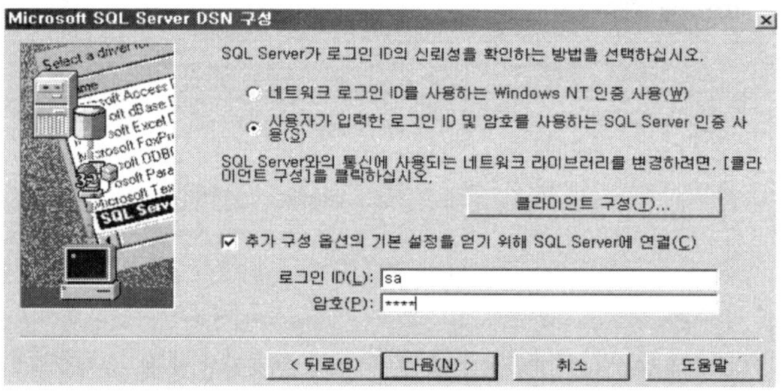


<그림 7-9> 서버 인증 지정 창

이번에는 어떤 아이디와 패스워드로 데이터베이스 서버로 접근할 것인지를 물어보는 창이 뜨게 되며,

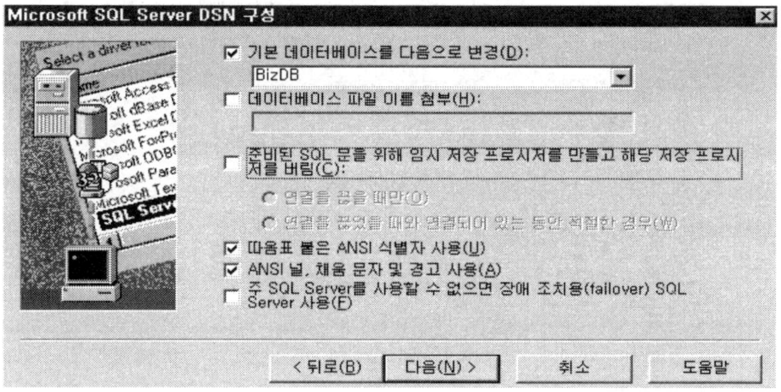


〈그림 7-10〉 데이터베이스 선택 창

기본적으로는 화면이 비활성화 되어 있어, 혼란하겠지만 우선 첫 번째 체크박스에 체크표시를 하고, 사용할 데이터베이스를 지정해 주어야 한다. 여기서는 BizDB를 선택하고 있다. 이 단계를 정확하게 처리하지 않으면 기본적으로 Master 데이터베이스가 잡히게 되기 때문에 ODBC 를 세팅하고도 ASP 페이지에서 데이터베이스로 접근이 안되는 일이 발생할 수 있다. 설정이 되었으면 [다음]을 클릭하자.

〈그림 7-11〉 글자 데이터 해석 수행 선택 창

마지막으로 [마침]을 클릭하면 다음과 같은 마지막 창이 뜨게 된다.

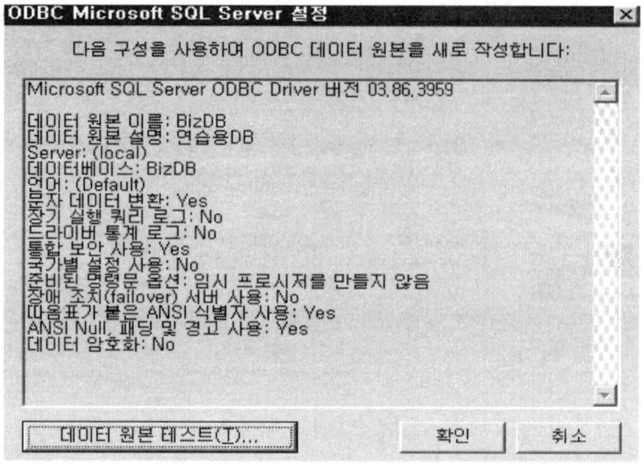


〈그림 7-12〉 MS SQL 세팅 완료 창

위에서 바로 [확인]을 클릭하여 창을 닫지 말고 [데이터 원본 테스트]를 클릭하여 세팅을 테스트하는 것이 좋다.

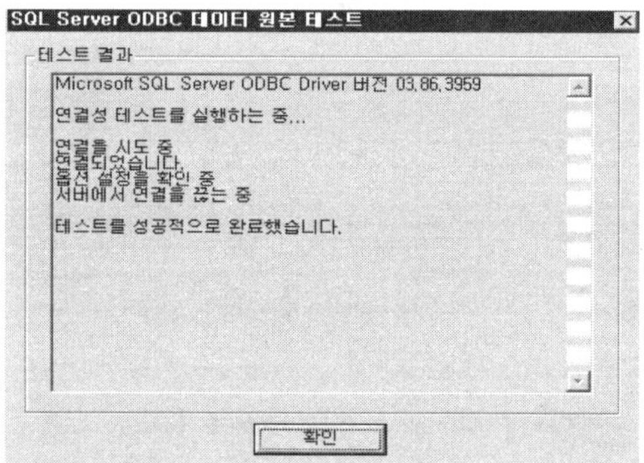


〈그림 7-13〉 데이터 원본 테스트 수행 창

그리고 위와 같이 "테스트를 성공적으로 완료했습니다." 라고 메시지가 나오는 것을 확인 하여야 한다.

### 7.2.2 ADO 객체와 데이터베이스

ASP에서 제고하는 ADO (ActiveX Data Object) 객체에 대해서는 앞장에서 간략하게 언급한바 있다. ADO 객체 모델은 데이터베이스를 사용하는데 모아 놓은 것으로, Connection 객체, Command 객체, Recordset 객체를 지원한다. 말 그대로 Connection 객체는 데이터베이스를 연결하고 데이터를 읽어오는 기능을, Command 객체는 데이터소스로부터 레코드셋을 가져오기 위하여 SQL문을 실행하는 기능을, Recordset 객체는 SQL 문장 도는 저장 프로시저를 실행하여 얻어진 결과를 레코드 단위로 보관하는 기능을 수행한다.

### 1) Connection 객체

① Open 메소드

Connection 객체는 ODBC를 사용하여 데이터베이스와의 연결을 시도하며, 유연하고 안정적인 연결을 보장해 준다. 이 Connection 객체의 사용형식은 다음과 같다.

```
Set DB=Server.Create("ADODB.Connection")
DB.Open("DSN=[DSN_Name], Uid=[User-ID], Pwd=[Password]")
```

SQL 서버 또는 Oracle 등의 데이터베이스를 이용하는 경우에는 반드시 사용자 계정 Uid, 와 Password를 기입해야 로그인할 수 있다. 그러나 MS-Access의 경우에는 무시해도 무방하다.

(예 1)

```
Set DB=Server.CreateObject("ADODB.Connection")
DB.Open "DSN=BizDB, Uid=sa, Pwd=1111"
```

(예 2) (ConnectionString 속성을 이용한 예)

```
Set DB=Server.CreateObject("ADODB.Connection")
DB.ConnetingString "DSN=BizDB, Uid=sa, Pwd=1111"
DB.Open
```

② Close 메소드

열린 데이터베이스는 다음과 같이 Close 메소드를 이용하여 해제된다.

```
DB.Close
Set DB=Nothing
```

③ Execute 메소드 (SQL문 실행)

Command 객체의 Execute 메소드는 연결된 데이터에 대하여 SQL문, 저장 프로시저의 명령을 실행시키는 데 다음의 몇 가지 예이다.

(예 1) 테이블의 모든 데이터 가져오기

```
Set DB=Server.CreateObject("ADODB.Connection")
DB.Open "DSN=BizDB, Uid=sa, Pwd=1111"
  eb1 = "select * from ebTable"
```

위의 예는 데이터베이스 BizDB의 테이블 ebTable에 있는 모든 레코드를 가져올 때 이용되는 문장이다.

(예 2) 테이블의 데이터 삭제하기

```
Set DB=Server.CreateObject("ADODB.Connection")
DB.Open "BizDB ", " sa ", " 1111"
DB.Execute "Delete * from ebTable where name="김영호"
```

위의 예는 데이터베이스 BizDB의 테이블 ebTable에서 이름이 김영호의 조건을 만족하는 레코드셋을 삭제하는데 이용되는 문장이다.

이 Connection 객체가 제공하는 메소드와 속성은 다음과 같다.

표 7-1 Connection 객체가 제공하는 메소드와 속성

| 종류 | 명칭 | 설명 |
|---|---|---|
| 속성 | ConnectionString | 데이터소스에 연결하는데 필요한 정보 설정 |
| | Attributes | 기존 트랜잭션이 끝났을 때 새 트랜잭션 제어 |
| | CommandTimeOut | 명령을 실행한 후 대기시간 설정 |
| | ConnectionTimeOut | 연결을 시도한 후 기다리는 시간 설정 |
| 메소드 | Open | 데이터소스에 연결 |
| | Close | 데이터소스의 연결 종료 |
| | Execute | SQL 문 또는 프로시저 실행 |
| | BeginTrans | 새 트랜젝션 시작 |
| | CommitTrans | 수정내용 저장후 트랜잭션 종료 |
| | RollbackTrans | 수정내용 취소후 트랜잭션 종료 |

## 2) Command 객체

Command 객체는 ActiveConnection 속성에 Connection 객체의 인스턴스 또는 연결 문자열을 설정하여 데이터베이스에 연결한다. 또한, Command 객체는 SQL문을 실행하거나 인수를 넘겨주는 기능을 제공한다. 연결 문자열을 이용하는 경우, 명령처리가 끝나면 연결이 끊어지기 때문에 한번에 모든 명령을 처리하는 것이 효율적이다. 다음은 Command 객체의 사용 예문이다.

(예 1) Connection 객체 이용

```
Set DB=Server.CreateObject("ADODB.Connection")
Set DB1=Server.CreateObject("ADODB.Command")
DB1.ActiveConnection = DB
```

(예 2) DSN 문자열 이용

```
Set DB1=Server.CreateObject("ADODB.Command")
DB1.ActiveConnection = "DB"
```

이 Command 객체가 제공하는 속성 및 메소드는 다음과 같다.

표 7-2 Command 객체가 제공하는 속성 및 메소드

| 종류 | 명칭 | 설명 |
|---|---|---|
| 속성 | ActiveConnection | Command로 DB연결시 사용되는 속성 |
| | CommandText | 실행할 명령어 텍스트, 저장 프로시저를 설정 |
| | CommandType | CommandText에 설정한 명령어의 형태를 설정 |
| | CommandTimeOut | 명령을 실행한 후 대기하는 시간 설정 |
| | Prepared | 실행될 문장을 미리 컴파일 할 것인지를 설정 |
| 메소드 | CreateParameter | Parameter 콜렉션에서 새로운 Parameter 객체 생성 |
| | Execute | SQL 문장 또는 Stored 프로시저를 실행 |

현재 여러분은 이들 객체가 어떠한 작업을 수행하는가에 대한 의문을 가질 것이다. 그러나 이들 객체의 실제 사용 예는 추후 많이 보게 될 것이므로 여기에서는 이러한 객체의 속성 및 메소드가 있다는 것을 살펴보고 넘어가면 될 것이다.

### 3) recordSet 객체

웹에서 데이터베이스와 관련하여 다루어지는 대부분의 작업은 SQL문을 실행하고 그 결과를 레코드셋 형태로 가져와서 웹상에 출력하는 것이다. RecordSet은 문자 그대로 레코드의 모임이라 생각하면 된다. 이 RecordSet 객체는 SQL문을 실행하여 실제 데이터베이스의 데이터를 다루는데 사용되며 자주 이용되는 객체이다.

(예 1) Connection 객체를 이용하여 RecordSet 얻기

```
Set DB=Server.CreateObject("ADODB.Connection")
DB.Open "DSN"
Set Rs = DB.Execute "Select * from ebTable"
```

위에서 보면 Connection 객체의 인스턴스를 생성하여 환경변수 DB에 저장하고, "DSN " 이름을 이용하여 해당 데이터베이스에 연결한 후, "ebTable" 이라는 테이블로부터 SQL문을 실행하여 레코드셋을 얻어 환경변수 "Rs" 에 저장하고 있다.

(예 2) Command 객체를 이용하여 RecordSet 얻기

```
Set DB=Server.CreateObject("ADODB.Command")
DB.ActiveConnection = "DSN"
DB.CommandText = "Select * from ebTable"
DB.CommandType = adshText
Set Rs = DB.Execute
```

우선 Command 객체의 인스턴스를 생성하여 환경변수 DB에 저장하고, DSN은 ODBC에 등록한 데이터베이스의 이름을 ActiveConnection 속성에 설정한 후, 실행할 SQL 명령의 문자열을 설정하고 설정한 내용의 형태를 adshText 설정한 것으로 텍스트형임을 의미한다. 그리고 Set Rs = DB.Execute에 의하여 DB.CommandText에 설정한 문자열이 실행되고, 그 결과는 레코드셋으로 Rs에 저장된다.

(예 3) RecordSet 객체이용

데이터베이스와 연결상태를 계속 유지할 필요가 없는 경우에는 RecordSet 객체를 이용하여 레코드셋을 만들 수 있는데, 우선 RecordSet 객체를 이용하여 레코드셋을 얻고, Close 메소드를 이용하여 닫는 문장 형식은 다음과 같다.

```
Set Rs=Server.CreateObject("ADODB.RecordSet")
Rs.ActiveConnection = "DSN"
Rs.Source = "Select * from ebTable"
Rs.Options = adshText
Rs.Open
Rs.Close
```

우선 Set Rs=Server.CreateObject("ADODB.RecordSet")은 RecordSet 객체 인스턴스를 생성하여 환경변수 Rs에 저장한 후, 생성된 속성 ActiveConnection에 ODBC 등록 데이터베이스의 "DSN"을 설정한다. Rs.Source 는 실행할 SQL 명령문을 설정하고, Rs.Options은 명령문의 형태가 텍스트 문장임을 나타내는 adshText를 설정하고 있다. 그리고 Rs.Open에 의해 SQL문이 실행되고 Rs.Close에 의해 레코드셋을 닫게 된다.

(예 4) Open 메소드 이용하여 레코드셋 얻기

```
Set Rs=Server.CreateObject("ADODB.RecordSet")
Rs.Open
Rs.ActiveConnection = "DSN"
Rs.Source = "Select * from ebTable"
Rs.Options = adshText
```

위의 (예 3)은 속성을 미리 지정하고 Open 메소드를 실행시킨 경우이며, 이 예에서는 동일한 레코드셋을 얻고 있지만, Open 메소드 자체에 필요한 속성을 설정하고 있다.

(예 5) 레코드셋 얻는데 자주 이용되는 방법

일반적으로 레코드셋을 얻는데 자주 이용되는 방법은 Connection과 Recordset 객체를 같이 이용하여 레코드셋을 만드는 방법이다. 이 경우에 RecordSet 객체는 Connection 객체의 인스턴스를 필요로 하기 때문에, RecordSet 객체를 사용하기 위해서는 Connection 객체가 미리 만들어 져야 한다. 즉, Connection 객체를 이용하여 해당 데이터베이스에 연결하고 쿼리문을 작성하여 변수에 넣은 후 Recordset 객체의 Open 메소드를 사용하는 방법으로 다음과 같은 형식을 취한다.

```
Set DB=Server.CreateObject("ADODB.Connection")
DB.Open "DSN"
Set.Rs = Server.CreateObject("ADODB.RecordSet")
Str = "Select * from ebTable"
Rs.Open str, DB
```

그 밖의 RecordSet과 관련된 내용은 추후 실제 게시판 등을 제작하면서 더욱 상세한 설명을 하기로 하고, 다음은 이 RecordSet 객체가 제공하는 속성과 메소드를 정리한 것이다.

표 7-3 RecordSet 객체의 속성 및 메소드

| 종류 | 명칭 | 설명 |
|---|---|---|
| 속성 | AbsolutePage | 현재 레코드가 위치한 절대 페이지 표시 |
| | AbsolutePosition | 현재 레코드의 절대 위치 표시 |
| | ActiveConnection | 레코드 셋이 속한 연결 객체 표시 |
| | BOF | 현재 레코드위치가 첫 번째 레코드 전에 존재하면 참 |
| | EOF | 현재 레코드위치가 마지막 레코드 뒤에 존재하면 참 |
| | CursorType | 레코드셋에 사용하는 커서타입을 나타냄 |
| | LockType | 데이터를 열 때 적용할 Lock 유형 설정 |
| | PageSize | 페이지가 가지고 있는 레코드의 수를 나타냄 |
| | PageCount | 레코드셋에 있는 레코드의 수를 나타냄 |
| | RecordCount | 현재 레코드셋에 있는 레코드의 수를 나타냄 |
| 메소드 | Open | 레코드셋에 커서열기 |
| | Close | 열린 레코드셋과 관련된 객체 닫기 |
| | Support | 레코드셋에서 어떤 함수를 지원하는가를 결정 |
| | AddNew | 수정 가능한 레코드셋에서 새로운 레코드 추가 |
| | Delete | 열린 레코드셋에서 현재 레코드 삭제 |
| | Update | 현재 레코드셋에서 기존 데이터 레코드를 수정 |
| | Move | 레코드 위치를 지정한 레코드로 이동 |
| | MoveFisrt | 열린 레코드셋에서 처음 레코드로 이동 |
| | MoveLast | 열린 레코드셋에서 마지막 레코드로 이동 |
| | MoveNext | 열린 레코드셋에서 다음 레코드로 이동 |
| | MovePrevious | 열린 레코드셋에서 이전 레코드로 이동 |

## 7.3 OLE DB에 관하여

마이크로소프트는 ODBC 보다 뛰어난 성능을 가진 OLE DB 라는 것을 등장시켰다. 그리고 MS는 ASP나 Win32 에서 ODBC나 OLEDB와 같은 연결통로를 통해서 데이터를 넣고, 조회하는 등의 작업을 하기 위해서 데이터를 핸들링 할 수 있는 기술을 또한 발전시켜 왔는데 그것이 바로 ADO 라는 것이다. 이미 게시판을 어느 정도 만들어 본 사람이면 이미 보았겠지만 ADODB.Connection, ADODB.RecordSet, ADODB.Command 등이 그것이다. 즉 OLE DB는 RDBMS 에 접근할 수 있는 통로를 제공하는 역할을 담당하는 기술이며, ADO는 사실상의 데이터를 처리하는 역할을 하는 담당하는 기술인 것이다. OLE DB란 과연 무엇인가? 이것은 마이크로소프트의 UDA 라는 전략을 구현하는 기술 중의 하나이다. UDA는 Universal Data Access를 나타내는 말로, 광범위한 데이터들을 접근할 수 있도록 하는 마이크로소프트의 기술로 UDA 전략이라고도 표현하고 있다. UDA라는 말은 일종의 개념적이며, 기술 전략적인 이름일 뿐이고, 실제로 이를 구현하는 것은 ADO와 OLE DB 이다. 다시 말해서 ADO와 OLE DB를 사용하여 광범위하게 위치한 데이터들을 처리하게 하는 기술을 UDA라고 표현할 수 있을 것이다. 그렇다면 OLE DB는 무엇일까? 여러분들은 OLEDB 라는 단어보다는 아마도 ODBC에 더욱 친숙함을 느끼고 있을 것이다. 그렇다면, 여러분이 프로젝트에서 사용한 ODBC의 역할은 무엇이었을까?

다시금 이야기하자면 이기종의 데이터베이스를 접근할 수 있게 해주는 표준적인 방법으로 였을 것이다. 거의 모든 관계형 데이터베이스를 접근할 수 있게 해 주는 것이 ODBC였다. 그러나 OLE DB의 화려한 등장으로 인해 ODBC의 세상은 조금 흔들리고 있다. OLE DB는 ODBC 보다 한층 이상을 뛰어넘는 모습을 보여주고 있으니 말이다.

OLE DB는 이기종의 관계형 데이터베이스뿐 아니라, 비 관계형 데이터들에게도 접근할 수 있다. 즉, SQL서버나, 오라클과 같은 RDBMS 뿐 아니라 메일폴더, 각각의 메일자체, 디렉터리, 웹 사이트 등, 그러한 비 관계형인 계층 구조적인 데이터들에게도 접근할 수 있게 한다는 것이다. 어찌되었든 우리는 이제 OLE DB를 통해서 데이터베이스외의 자료들에 대한 접근도 가능하게 된다는 것은 기억해 두기 바란다. 물론, 앞으로도 대부분의 경우는 데이터베이스로의 접근을 위해 사용되겠지만, 기회는 열려져 있다는 것이다.

ODBC를 잡은 것을 여러분이 ASP 코드에서 사용하기 위해선, 위에서 설명한 바와 같이 다음과 같은 코드를 통해서 가능하다.

```
Set adoCn = Server.CreateObject("ADODB.Connection")
adoCn.Open "DSN=BizDB" 'Access일 경우
(혹은adoCn.Open"DSN=BizDB;uid=xx;pwd=xx"'SQL 서버일 경우 )
```

소스에서 사용한 DSN은 앞에서와 같이 세팅한 ODBC의 DSN 값을 사용해서 이루어진다. ODBC를 사용할 경우는 위와 같은 방법으로 접근해야 하지만, OLE DB를 사용할 경우는 ODBC와 같은 세팅은 필요치 않다. 코드에서 단지 연결문자열만으로 아주 쉽게 사용할 수가 있게 되는 것이다. 즉, OLE DB 를 사용하게 된다면 위와 같은 코드는 다음과 같은 코드로 바꾸어 사용할 수 있게 된다.

```
Set adoCn = Server.CreateObject("ADODB.Connection")
str = "Provider=SQLOLEDB;Data Source=(local);Initial Catalog=pubs;user
ID=xx;password= xx;"
adoCn.Open strConnect
```

중요한 부분은 소스 중에서 커넥션 객체의 Open 메소드에 사용하는 연결문자열인데, 소스중에

```
Provider=SQLOLEDB;Data Source=(local);Initial Catalog=pubs;user
ID=xx;password=xx;
```

라고 되어져 있는 부분이 그것이다. 즉, OLE DB를 사용하기 위해서는 이 연결문자열만 잘 구성하면 그것으로 OK 라는 이야기가 된다. 그렇다면, 이제 여러분이 외워야 할 것은 이 연결문자열임을 알 수 있다. 그렇다면, 이 연결문자열이 의미하는 것을 알아보자.

### 첫번째 정보는 프로바이더 정보이다.

Provider가 바로 그것이다. 만일, SQL 서버를 사용한다면 SQLOLEDB 라는 문자열을 사용해야지만 SQL 서버용 OLE DB를 이용할 수 있게된다. 만일, ORACLE를 사용하려 한다면 MSDAORA 라는 OLEDB 프로바이더를 지정해야 한다. 이러한 각각의 OLE DB 프로바이더 이름이나, OLE DB 프로바이더는 각각의 데이터베이스 업체에서 제공하고 있다. 이것은 MS에서 제공하는 것이 아닌 것이다. 즉, 여러분의 회사가 Informix 를 사용하고 있는데 OLE DB를 사용하고 싶어졌다면 인포믹스 측에 연락해서 OLE DB 용 프로바이더를 제공해 달라고 부탁하면 된다. 아마도 대부분의 데이터베이스 업체가 OLE DB 공급자를 제공해 주고 있을 것이다. 그리고 그것을 받아서 서버에 설치하시면 해당 데이터베이스 서버용 OLE DB를 사용할 수가 있게 되는 것이다. 기본적으로 Windows 2000 에서 제공하는 것은 MS의 제품관련 OLE DB 들이라는 것을 기억하기 바란다.

여기서는 SQL 서버에 접속하려 하기에 Provider=SQLOLEDB 라는 것을 지정하였던 것이고, 중요한 것은 이 문자열은 다닥다닥 붙여 써야 한다는 것이다.

### 두번째 정보는 Data Source 이다.

물론, 정보를 지정 하는데 특별한 순서가 있는 것은 아니지만 일반적으로 이런 순서로 지정합니다. 순서는 여러분 임의로 해도 상관없다. Data Source=(local) 이것은 사용하고자 하는데이터베이스 서버가 설치된 서버의 이름을 지정하는 것이다. (local)이라고 지정하면 현재의 자신의 서버에 데이터베이스 서버가 설치되어져 있을 경우에 가능하며, 네트웍의 다른 서버에 데이터베이스 서버가 있을 경우는 그 서버의 서버이름을 기입해 주면된다. 예를 들어 네트워크상의 KINST 라는 서버에 데이터베이스 서버가 있다면 이 부분을 Data Source=KINST 라고 주면된다.

### 세번째 정보는 사용할 데이터베이스 정보이다.

데이터베이스 서버 안에 존재하는. 여러 데이터베이스 중에 어떤 데이터베이스를 사용할 것인지 정하는 것이다. 하지만, 인자이름이 조금은 외우기 부담스러운 Initial Catalog 이다. 이것은 어찌되었든 외워야 한다. 해서 소스에서는 Initial Catalog=pubs 라고 하였다. SQL 서버에서 기본적으로 제공되는 Pubs 데이터베이스를 사용하겠다고 지정한 것이다.

### 네번째, 다섯번째의 인자는 User ID와 password 이다.

이것은 SQL 서버의 해당 데이터베이스로 접근할 수 있는 계정 아이디와 비밀번호를 적어주면 된다. 중요한 것은 위의 문자열들은 띄워 쓰기를 꼭 지켜주어야 한다는 것이다. User ID에서 User 라는 단어와 ID라는 단어사이에는 꼭 한칸을 띄워주어야 한다. Initial Catalog 도 마찬가지 이다. 대, 소문자는 구분하지 않아도 에러가 안 나지만 띄워 쓰기는 반드시 지켜주어야 한다.

이제 OLE DB 연결문자열을 만들 수 있는 방법을 알아보자. 꼭 기억해 두어야 할 방법이다.

① 먼저 바탕화면에 새로운 텍스트 파일을 하나 만든다. 그리고 그 파일의 이름을 바꾸는데 그 이름을 DKIM.UDL 이라고 지정하자. 파일 이름은 아무래도 상관없지만 확장자는 반드시 UDL이어야 한다. 그러면 다음 그림과 같이 아이콘이 바뀔 것이다.

② 그 아이콘에 마우스 우측 클릭해서 등록정보로 간다. 그러면 아래 그림처럼 Provider이라는 탭이 나올 텐데, 그 탭으로 가면 현재 여러분의 시스템에서 지원되는 모든 OLE DB 공급자들이 나오게 된다. 우리는 여기서 SQL Server 을 사용할 것이기에 아래의 그림처럼 그것을 선택하고, 다음 탭인 연결 탭으로 이동하자. (혹은 [다음] 버튼을 클릭)

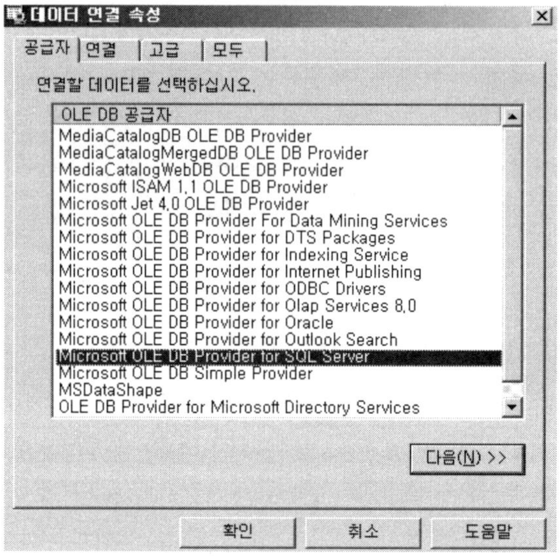


〈그림 7-14〉 OLE DB 공급자 선택 창

③ Connection 탭으로 이동하시면 다음과 같은 화면이 나올 것이다. 먼저 첫 번째 칸에는 접근할 데이터베이스 서버의 이름을 기입해 주자. 로컬 서버에 데이터베이스 서버가 설치되어져 있다면 (local)이라고 해도 무방하다. 두 번째 칸에는 해당 DB 서버로 접근할 수 있는 계정 아이디와 비밀번호를 기입하시면 된다.

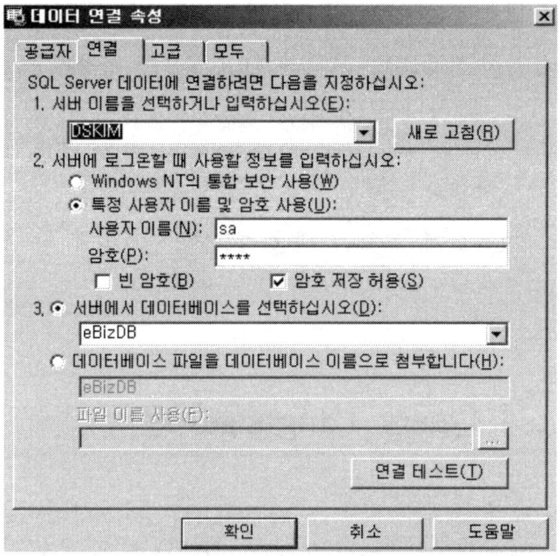


그림 7.63 OLE DB 연결 설정 창

위와 같이 설정하고 나면 3번의 "서버에서 데이터베이스를 선택하십시오" 의 콤보박스를 클릭할 경우 여러분이 기입한 내용을 기반으로 해당 데이터베이스 서버에 지정한 계정 아이디와 비밀번호로 접근을 자동으로 시도한다. 만일, 위의 그림에서 지정한 부분 중 틀린 부분이 있다면 에러가 날 수도 있는데, 이런 경우는 계정을 확인하면 된다.

그리고 [연결 테스트]를 클릭하면

④ 이제 세팅이 끝난 뒤, 바탕화면에 존재하는 DKIM.UDL 을 "메모장"으로 연다.

〈그림 7-15〉 UDL 파일 메모장으로 열기

OLE DB를 통해서 데이터베이스를 접근하는 방법이 좋다는 것을 느꼈을 것이라고 생각한다.

즉, OLE DB를 사용하기 위해서는 연결 문자열만을 외우면 된다는 것이다.

그리고 윈도우 2000 이상에서는 ODBC 보다는 OLE DB를 사용하는 것이 훨씬 낫다는 것을 기억하기 바란다. 여러 장점 중 하나는 ODBC의 경우 ASP에서 여러 개의 데이터베이스를 접근하기 위해선 각각의 데이터베이스를 모두 ODBC잡아야 하는 반면, OLE DB 연결 문자열을 사용하면 그러한 것이 하나도 없이 ASP 내부에서 여러 데이터베이스로 자유자재로 접근이 가능하게 된다. 이 방법에 의한 실제 연결은 다음 8장에서 다루게 될 것이다.

## 7.4 SQL (Structed Query Language) 문

앞에서 잠깐 소개된 시퀄이라 종종 불리우는 이 SQL문은 데이터베이스에서 사용되는 구조적 질의 언어로, 데이터를 검색하고, 저장하고, 수정하는데 이용된다. 현재까지는 데이터베이스에 대하여 아는 것이 없었고, 관심이 없었다고 하더라도 이제는 이 분야를 공부하지 않으면 안될 분야인 것이다. 왜냐하면 ASP에서는 이 SQL문을 이용하여 데이터베이스에 연동하는 작업이 ASP의 거의 전부라고해도 과언이 아닐 것이기 때문이다. 그렇다고 해서 걱정부터 할 필요는 전혀없다. 게시판을 만들면서 데이터베이스를 연동하고, 간단한 쇼핑몰을 구축해보면 어느 정도는 이 SQL문에 자신을 얻게 될 것이다. 그러나 관심을 많이 가진 사람이라면 좀 더 깊게 공부할 필요가 있다.

데이터베이스는 여러 종류가 있으나, 본서에서 다루는 내용은 MS-Access, MS-SQL 서버, Oracle에 모두 기본적으로 적용되는 기본적인 SQL문을 다룰 것이다.

### 7.4.1 Select 문

Select문은 가장 빈번히 사용되며 테이블에서 이미 저장되어 있는 데이터를 검색하여 가져올 때 사용한다. 이 Select 문에 대해서는 알아야할 내용이 많이 있지만, 여기에서는 기본적인 형식만을 언급하고자 한다.

```
Select (컬럼이름1, 컬럼이름2, .....) from Table 이름
[Where 조건문 [Order by 정렬조건]]
```

Select 문을 통해 데이터를 불러오는 예를 보기 위해서는 먼저 한가지 가정을 하기로 하자. 가령 현재 우리는 Stu_Member라는 테이블이 있고, 그 테이블은 학생 명단을 저장하는 테이블이라고 가정하자. 이 테이블은 다음과 같이 5개의 컬럼, 즉 이름 (name), 나이(age), 전화번호(tel),

전자우편(email), 아이디(userid)로 구성되어 있다.

표 7-4 예제 테이블

| name | age | tel | email | userid |
|---|---|---|---|---|
| 홍 당무 | 30 | 341-1745 | hong@A.com | hong |
| 김 왕건 | 27 | 761-9210 | kim01@B.com | kim01 |
| 한 궁예 | 28 | 389-3838 | kung@hanmail.net | kung |
| 김 한올 | 20 | 389-1508 | han@hanmail.net | hanoil |
| 김 하늘 | 31 | 234-1276 | Kim02@C.com | kim02 |
| 이 정보 | 29 | 378-9013 | Lee@A.com | lee |

먼저 가장 쉬운 Select문은 다음과 같다.

```
Select * from Stu_Member
```

이 SQL문의 결과는 위의 표와 동일하다. 왜냐하면 여기에서 "*"의 의미는 모든 것을 포함함을 의미한다. 따라서 테이블에 있는 모든 컬럼을 선택됐기 때문이다. "*"의 이용은 MS-Access에서는 아무런 문제가 없지만 MS-SQL 서버의 경우에는 종종 데이터를 가져오지 못하는 경우가 있기 때문에 "*"의 사용은 자주 이용하지 않는 것이 좋은 방법이다.

실제 이러한 문제는 프로그램 자체에서 사용되는 라이브러리 언어 즉, email, userid 등은 컬럼이름으로 사용하고자 할 때는 혼동할 수 있기 때문에 실제는 Stu_email, Stu_userid 등을 이용하는 것이 좋은 방법이다. 다른 방법은 "*" 대신 좀 귀찮아도 모든 컬럼이름을 직접 기입주면 필요한 경우 필요한 컬럼만 부르면 되기 때문에 속도도 빨라서 효율적인 방법이 된다.

```
Select (name, age, tel, email, userid) from Stu_Member
```

조건에 맞는 데이터만을 가져오려면 어떻게 하면 되는가? 해당하는 조건을 where 다음에 기입하면 된다. 예를 들어 성명이 김일재인 사람의 데이터를 가져오고 싶다면 다음과 같이 쿼리문을 작성하면 된다.

```
Select (name, age, tel, email, userid) from Stu_Member
Where name='김일재 '
```

위 쿼리문의 결과는 다음과 같은 형태가 된다.

| name | age | tel | email | userid |
|---|---|---|---|---|
| 김오성 | 20 | 389-1508 | han@hanmail.net | hanoil |

예를 들어 나이가 28인 사람의 데이터를 가져오고 싶다면 다음과 같이 작성하고 그 결과는 각 다음과 같다.

```
Select (name, age, tel, email, userid) from Stu_Member
Where age=28
```

| name | age | tel | email | userid |
|---|---|---|---|---|
| 한궁예 | 28 | 389-3838 | kung@hanmail.net | kung |

위에서는 나이가 28인 사람이 1명이지만, 나이가 28인 사람이 20명이면 20명 모두를, 수천명이면 수천명 모두의 데이터를 가져오게 되는 것이다.

그러면 나이는 30세 이상이고, 아이디는 kim02를 사용하는 사람을 제외한 모든 사람의 데이터를 가져오고 싶다면 어떻게 해야 하는가? 이 또한 간단하게 다음과 같이 작성하면 되는 것이다.

```
Select (name, age, tel, email, userid) from Stu_Member
Where age>30 and userid <> 'kim02'
```

그러면 원하는 결과를 얻게 될 것이다. 주의할 것은 컬럼의 데이터 종류가 문자열이면 그 앞뒤에 홑 따옴표 (' ... ')로 감싸 해주어야 되며 숫자등의 형태는 절대 사용할 수 없다. 위에서 보면 이제 >, <> 등과 같은 연산자가 나오기 시작하는데 이들 실용적인 연산자의 종류 다음표와 같다..

표 7-5 연산자의 종류

| 연산자의 종류 | 의 미 |
|---|---|
| = | 같다 |
| !=, <> | 같지않다 |
| > | 보다 크다 |
| >= | 크거나 같다 |
| < | 보다 작다 |
| <= | 작거나 같다 |
| [not] between A and B | A와 B 사이의 값 |
| [not] in (A, B, C) | ( )의 것들 |
| [not] like A | A가 들어있는 모두 |
| IS [not] Null | Null이거나 아닌것 |

위의 연산자는 앞으로 데이터베이스 연동시 자주 쓰이게 될 연산자이며, like같은 것은 검색기를 제작하는 경우 필수적임으로 반드시 기억함이 좋다.

예를 들어 위 테이블에서 성이 김씨로 시작하는 사람을 검색하는 Select문은 각각 다음과 같이 작성하고 결과가 나타난다.

```
Select (name, age, tel, email, userid) from Stu_Member
Where name like '김% '
```

결과는 다음과 같다.

| name | age | tel | email | userid |
|---|---|---|---|---|
| 김 왕 건 | 27 | 761-9210 | kim01@B.com | kim01 |
| 김 일 재 | 20 | 389-1508 | han@hanmail.net | hanoil |
| 김 하 늘 | 31 | 234-1276 | Kim02@C.com | kim02 |

여기에서 알아둘 것은 %인데, 쿼리문에서 와일드 카드는 "%"이다. 이번에는 Order by라는 것을 사용하여 데이터를 정렬하게 하는 방법을 알아보자. Order by는 우리가 정렬방식을 지정하기 위하여 사용되고 다음과 같은 Select 문과 결과가 나타난다..

```
Select (name, age, tel, email, userid) from Stu_Member
Where name like '김% ' Order by age Desc
```

| name | age | tel | email | userid |
|---|---|---|---|---|
| 김 하 늘 | 31 | 234-1276 | Kim02@C.com | kim02 |
| 김 왕 건 | 27 | 761-9210 | kim01@B.com | kim01 |
| 김 오 성 | 20 | 389-1508 | han@hanmail.net | hanoil |

여기에서 사용된 Desc는 역순정렬을 하라는 뜻이며, 순차정렬을 원하는 경우에는 Asc를 사용하면 된다.

그런데 만일 필요로 하는 데이터가 별도의 두 테이블 table1 와 table2 에 걸쳐 있는 경우, 즉 다시 말해서 table1 에는 userid 와 email 정보를 담고 있고, table2 에는 userid와 tel 정보를 담고 있는데, 우리는 userid, email, 그리고 tel 정보를 불러오고 싶다면 어떻게 하겠는가? 이 두 테이블에서 원하는 데이터를 가져와야 한다면 다음과 같이 작성하면 된다.

```
Select name, userid, email, tel from table1 A, table2 B
Where A.userid=B.userid
```

테이블의 이름 뒤에 가명을 기입하여 테이블 이름 대신 그 가명으로 사용해도 무방하다. 테이블의 이름이 긴 경우는 유용하다.

### 7.4.2 Insert 문

작성된 테이블에 저장된 데이터를 불러오는 경우에는 Select문을 통을 이용하였는데, 역으로 테이블에 새로운 데이터를 저장/삽입하는 경우에는 Insert문을 이용하며, 형식은 다음과 같다.

```
Insert into Table (컬럼이름1, 컬럼이름2, ...) Values (Data1, Data2, ...)
```

다음 예는 실제 Insert 문을 이용하여 데이터를 입력하는 한 예이다.

```
Insert into Stu_Member (name, age, tel, email, userid) Values
( '김추가' , 21,  '111-1111' , kiminsert@hanmail.net', 'kimid')
```

Select 문에서와 마찬가지로 여기에서도 문자열인 경우에는 홑 따옴표 (' ... ')로 앞뒤를 감싸주고 숫자인 경우는 따옴표를 사용하지 않는다. 또한 반드시 주의해야 할 사항은 Insert문 컬럼 순서에 기입해준 순서대로 Value값 데이터를 넣어주어야 한다는 것이다. 즉, 위의 예에서 컬럼 이름의 순서가 바뀌면 다음과 같이 데이터의 순서도 바꾸어 주어야 한다.

```
Insert into Stu_Member (userid, email, name, age, tel) Values
( 'kimid', 'kiminsert@hanmail.net', '김추가' , 21, '111-1111' )
```

### 7.4.3 Update문

테이블에 저장되어 있는 데이터의 내용을 수정 또는 변경하고자 하는 경우에 사용하며, 형식은 다음과 같다.

```
Update Table 이름 Set
컬럼이름1=Data1, 컬럼이름2=Data2, ...
Where 조건문
```

예를 들어 <표 7- >에 주어진 테이블에서 다음과 같은 Update 문을 사용해보자.

```
Update Stu_Member Set tel = '123-4567' where userid='hong'
```

테이블은 다음과 같이 바뀔 것이다.

| name | age | tel | email | userid |
|---|---|---|---|---|
| 홍 당무 | 30 | 123-4567 | hong@A.com | hong |
| 김 왕건 | 27 | 761-9210 | kim01@B.com | kim01 |
| 한 궁예 | 28 | 389-3838 | kung@hanmail.net | kung |
| 김 오성 | 20 | 389-1508 | han@hanmail.net | hanoil |
| 김 하늘 | 31 | 234-1276 | Kim02@C.com | kim02 |
| 이 정보 | 29 | 378-9013 | Lee@A.com | lee |

물론 Where 조건문이 없으면 테이블의 모든 전화번호는 123-4567로 바뀔 것이다. 위의 예에서 나이가 20대인 사람만 모두 한 살씩 증가시키기를 원한다면 다음과 같이 해주면 된다.

```
Update Stu_Member Set age = age+1 where age between 20 and 29
```

결과는 다음과 같을 것이다.

| name | age | tel | email | userid |
|---|---|---|---|---|
| 홍 당무 | 30 | 123-4567 | hong@A.com | hong |
| 김 왕건 | 28 | 761-9210 | kim01@B.com | kim01 |
| 한 궁예 | 29 | 389-3838 | kung@hanmail.net | kung |
| 김 한울 | 21 | 389-1508 | han@hanmail.net | hanoil |
| 김 하늘 | 31 | 234-1276 | Kim02@C.com | kim02 |
| 이 정보 | 30 | 378-9013 | Lee@A.com | lee |

이 결과는 자주 사용되는 문장이므로 기억해 두는 것이 좋다.

### 7.4.4 Delete문

이 문장은 테이블에 저장된 데이터를 모두 또는 일부를 삭제하기 위하여 사용하며, 레코드 단위로 삭제한다. 기본 형식은 다음과 같다.

```
Delete From Table이름 [Where 조건문]
```

다음은 Stu_Member이라는 테이블에서 이정보라는 데이터를 삭제하는 한 예이다.

```
Delete From Stu_Member where userid='lee'
```

# 제 8 장 게시판 만들기

ASP로 제작하는 작업 중에서 가장 기본이 되는 간단한 게시판을 제작해 보자. 이 게시판 제작은 대단히 중요하고 쇼핑물의 제작에 유용하게 응용될 수 있기 때문이다. 이 "게시판 만들기"를 마치고 나면 이 내용을 응용하여 여러 가지 작업을 할 수 있을 것이다. 우선 여러분의 홈 디렉터리에 board라는 폴더를 만들어서 게시판과 관련된 페이지를 저장할 준비를 하여 두자.

## 8.1 게시판에 사용할 DB 및 테이블

처음으로 시작할 작업은 게시판에 사용할 데이터데이스를 제작하는 일이다. 본 장에서는 7 장에서 만들어 ODBC 세팅을 한 데이터베이스 “BizDB”의 테이블 “ebTable”을 이용하기로 하자. 다시 게시판에 사용할 데이터베이스와 테이블 내용을 복습해 보자. 우선 여러분이 만들어 놓은 board라는 폴더에 다음과 같은 스크립트를 메모장으로 작성하여 이번에는 board.UDL 이라는 이름으로 저장해 놓기로 하자.

```
CREATE TABLE [dbo].[board] (
        [board_idx] [int] IDENTITY (1, 1) NOT NULL primary key clustered,
        [name] [varchar] (50) NOT NULL ,
        [email] [varchar] (100)  NULL ,
        [homepage] [varchar] (100)  NULL ,
        [title] [varchar] (50)  NOT NULL ,
        [pwd] [varchar] (10)  NOT NULL ,
        [num] [int] NOT NULL ,
        [writeday] [varchar] NOT NULL,
        [readnum] [smallint] NOT NULL default 0,
        [content] [text]  NOT NULL
    )
```

그리고 이 board.UDL 파일을 클릭하여 Microsoft SQL Server Management Studio 창을 열고 여러분이 만들어 놓은 데이터베이스 (여기에서는 BizDB)를 선택하고, [실행] 버튼을 클릭하여

board라는 테이블을 생성한다.

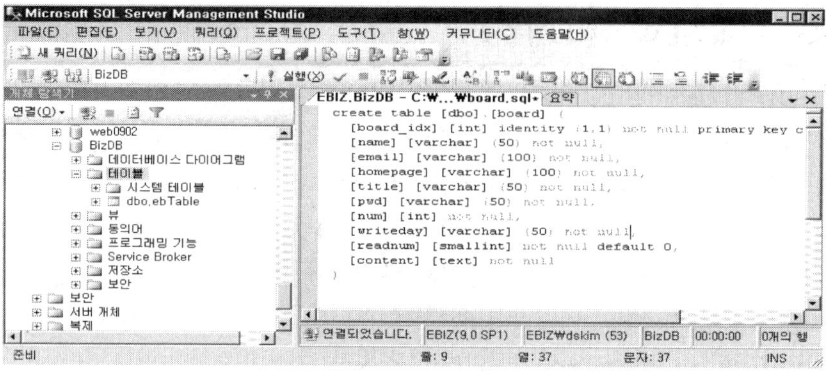

〈그림 8-1〉 BizDB에 board 테이블 생성을 위한 쿼리문 실행

그 다음 위의 쿼리문 창을 닫고, F5 키를 누르면 아래 그림과 같이 BizDB에 board 라는 테이블이 생성된 것을 확인할 수 있다.

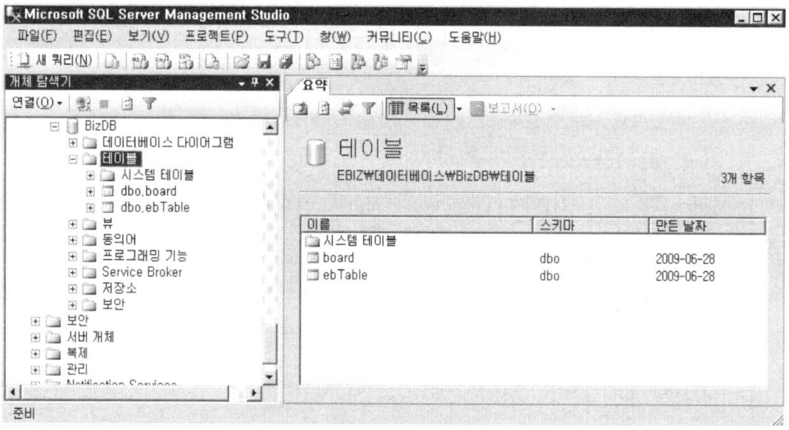

〈그림 8-2〉 BizDB에 board 테이블 생성 확인

다음으로 board 테이블에 마우스 포인터를 위치시키고 오른쪽 버튼을 눌러서

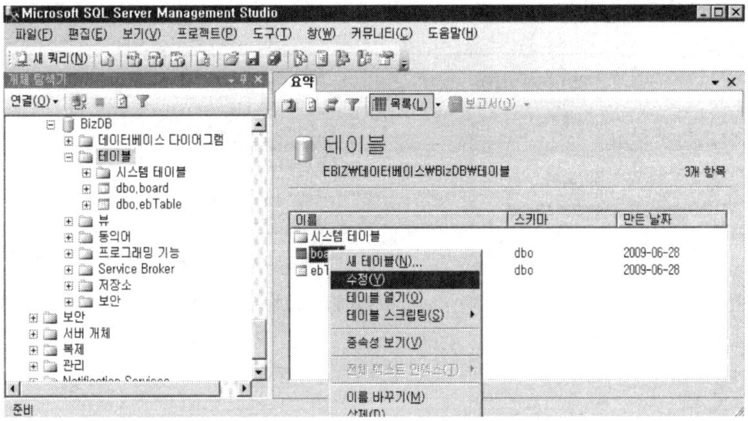


| | 열 이름 | 데이터 형식 | Null 허용 |
|---|---|---|---|
| 🔑 | board_idx | int | ☐ |
| | name | varchar(50) | ☐ |
| | email | varchar(100) | ☑ |
| ▶ | homepage | varchar(100) | ☑ |
| | title | varchar(50) | ☐ |
| | pwd | varchar(50) | ☐ |
| | num | int | ☐ |
| | writeday | varchar(50) | ☐ |
| | readnum | smallint | ☐ |
| | [content] | text | ☐ |
| | | | ☐ |

〈그림 8-3〉 Null 값 허용

필요한 열의 Null 값을 허용해 준다. 왜냐하면 게시판 사용자 중 어떤 사람은 e-mail 이나 또는 homepage가 없을 수 있기 때문에 빈칸으로 놓아 둘 가능성이 있기 때문이다. 게시판에 사용할 열의 이름 또는 내용은 여러분의 의도로 작성할 수 있지만, 여기에서는 연습용 게시판 제작이기 때문에 위에서처럼 단순하게 제작하였다. 이렇게 데이터베이스와 게시판에 사용할 테이블을 만들었다면 웹과 연동할 준비를 해보자. 여기에서는 역시 OLEDB를 이용하고자 한다. 7장에서 연습한 바와 같이 우선 빈 메모장을 열어서 board라는 폴더에 board.UDL 이라는 이름으로 저장해 두자. 그리고 이 UDL 파일을 열어 [공급자] 탭에서 "Microsoft OLE DB Provider for SQL Server"를 선택한 후 [연결] 탭으로 이동하여 서버 이름을 선택하고 "특정 사용자 이름 및 암호 사용"을 선택하여 DB 서버 관리자가 알려 준 (또는 문의하여) 사용자 이름과 암호를 입력하고 "암호저장허용"을 선택한다. 다음으로 여러분의 데이터베이스 (여기에서는 BizDB)을 선택하고 [연결테스트]를 클릭하여 "연결테스트를 성공했습니다" 라는 창을 확인한다.

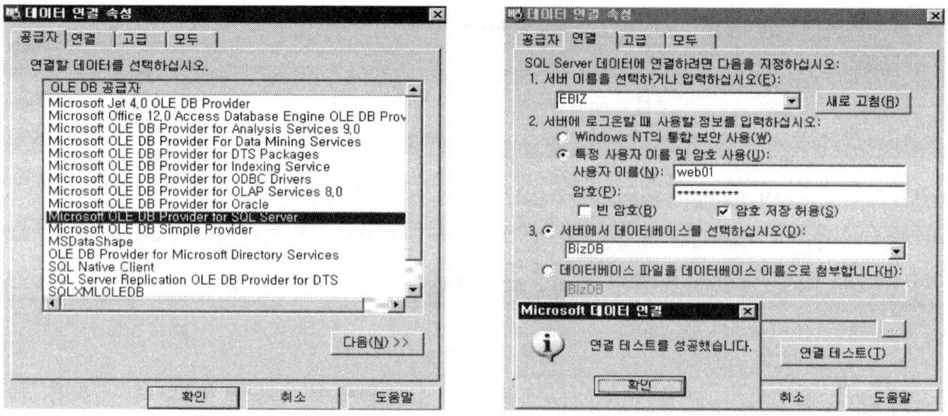


〈그림 8-4〉 OLEDB 설정

이제 우리는 게시판에 사용할 데이터베이스와 웹을 연동할 준비가 되었다. 이제 게시판의 글 올리기 폼을 제작해 보자.

## 8.2 글올리기 폼 제작

다음으로 게시판을 제작할 때 할 일은 사용자들이 게시판에 글을 올리기를 원하는 경우, 이들로부터 입력 받을 수 있는 입력 폼을 만드는 일이다. 이 폼을 만드는 작업은 다소 복잡하지만, 앞에서 연습한 HTML 문서 또는 스크립트 등을 이용하여 폼 제작 구성이나 배치가 사용자가 보기에 호감을 가질 수 있게 만드는 일이 중요하다.

여기에서는 우선 다음에 주어진 문서를 작성하여 board라는 폴더에 write.htm 으로 저장한 후 left.asp 페이지에서 이 write.htm 문서를 링크하고 시작하기로 하자.

**예제 08_01) : 게시판 글 올리기 폼의 제작 (write.htm)**

```
<html>
<head><title>게시판</title></head>
<script language="javascript">
<!--
```

```
function sendto()
{
        //이름
        if (document.bizpress.name.value == "")  {
                alert("이름을 입력하세요.");
                return false;
        }
        //제목
        if (document.bizpress.title.value == "") {
                alert("제목을 입력하세요.");
                return false;
        }
                document.bizpress.submit();
}
//-->
</script>
<body bgcolor="#ffffff">
<table>
<form name="bizpress" method="POST" action="write_ok.asp">
<table border="0" cellspacing="0" width="540" cellpadding="0">
<tr>
    <td width="80" height="50" align="right" bgcolor="#ffffFF">

<img src="images\write.gif" width="52" height="32" border="0"></td>
    <td width="460" height="50" align="left" bgcolor="#FFFFFF">
      <font face="돋움" size="3" color="#004080"><strong>글 올리기</strong></font>
    </td>
</tr>
<tr>
    <td width="80" height="30" align="center" bgcolor="#DDEEFF">
      <font face="돋움" size="2" color="#004080"><strong>글쓴이</strong></font>
```

```
        </td>
        <td width="460" height="30" align="left"bgcolor="#FFFFFF">
          <input type="text" name="name" size="20" style="border: 1 solid">
        </td>
    </tr>
    <tr>
        <td width="80" height="30" align="center" bgcolor="#DDEEFF">
         <font face="돋움" size="2" color="#004080"><strong>E-mail</strong></font>
        </td>
        <td width="460" height="30" align="left"bgcolor="#FFFFFF">
         <input type="text" name="email" size="30" style="border: 1 solid">
        </td>
    </tr>
    <tr>
        <td width="80" height="30" align="center" bgcolor="#DDEEFF">
          <font face="돋움" size="2" color="#004080"><strong>Homepage</strong></font>
        </td>
        <td width="460" height="30" align="left" bgcolor="#FFFFFF">
          <input type="text" name="homepage" size="30" style="border: 1 solid" value="http://">
        </td>
    </tr>
    <tr>
      <td width="80" height="30" align="center" bgcolor="#DDEEFF">
        <font face="돋움" size="2" color="#004080"><strong>글제목</strong></font>
      </td>
      <td width="460" height="30" align="left" bgcolor="#FFFFFF">
        <input type="text" name="title" size="30">
      </td>
    </tr>
    <tr>
      <td width="80" align="center" bgcolor="#DDEEFF">
```

```
      <font face="돋움" size="2" color="#004080"><strong>글</strong></font>
    </td>
    <td width="460" align="left" bgcolor="#FFFFFF">
       <textarea wrap="hard" rows="11" name="content" cols="63" style="border: 1
solid"></textarea>
    </td>
</tr>
<tr>
    <td width="80" height="30" align="center" bgcolor="#DDEEFF">
      <font face="돋움" size="2" color="#004080"><strong>비밀번호</strong></font></td>
    <td width="460" height="30" align="left" bgcolor="#FFFFFF">
      <input type="password" name="pwd" size="8" style="border: 1 solid">
         <font face="돋움" size="2">(수정과 삭제시 필요!! )</font>
    </td>
</tr>
</table>
 <p>
  <input type="button" value="글올리기" name="write" OnClick="sendto()"
style="background-color:rgb(153,204,255);"> 
  <input type="reset" value="글 다시쓰기" name="reset"
style="background-color:rgb(153,204,255);"> 
 </p>
</form>
</table>
</body>
</html>
```

---

[실행결과]

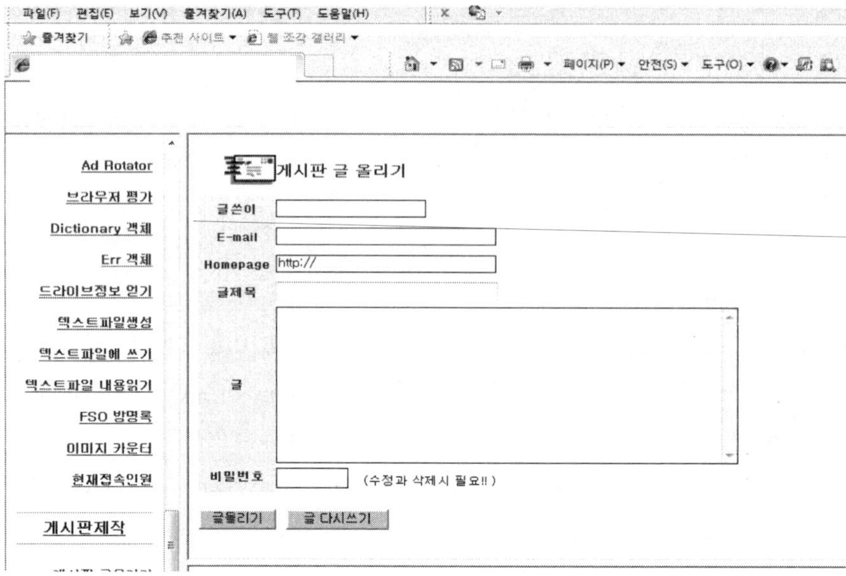


<그림 8-5> 글 올리기 화면

이제 위의 소스에 대한 설명을 해보자. 우선 위의 소스에 스크립트가 존재하는데 이 스크립트는 자바 스크립트이며, 이 스크립트가 하는 역할은 사용자가 글을 입력하면 폼의 내용을 전송하기 전에 사용자가 실수로 기입하지 않고 잊고 지나간 것이 있으면 그 부분을 체크하여 그 사실을 사용자에게 알려주는 것이다. 이 자바 스크립트에 대한 설명은 앞에서 자세하게 설명한 바 있다.

다시 말해서 전체 스크립트에서 submit은 말 그대로 "제출하라"는 의미이다. 이미 이 내용을 ASP의 request, response 개체를 다루면서 submit 버튼을 이용해 폼의 내용을 전송해 본 적이 있다. 아주 간단하게 <input type="submit" value="전송">이라는 버튼을 눌러 폼의 내용을 Submit 했었던 것을 기억할 것이다. 이 submit 버튼을 누르면 무조건 폼을 전송한다. 그러나 폼의 내용을 전송하는 방법이 단순히 그 방법만 있는 것은 아니다. 스크립트를 이용해서도 처리가 가능하고, submit 버튼을 이용한 기본 방법과 스크립트를 이용하는 방법이자주 사용되어진다.

① Submit 버튼을 이용한 예

```
<html>
<body>
<form name="bizpress" method="post" action="write_ok.asp">
<input type="text" name="name" size="20">
<input type="text" name="email" size="20">
<input type="text" name="title" size="20">
 ...
<input type="submit" value="전송 ">
</form>
</body>
</html>
```

② Script(스크립트)를 이용한 예

```
<html>
<script language="javascript">
function towrite()
{
 document.bizpress.submit();
}
</script>
<body>
<form name="bizpress" method="post" action="write_ok.asp">
<input type="text" name="name" size="20">
<input type="text" name="email" size="20">
<input type="text" name="title" size="20">
 ...
 ...
<input type="button" value="전송 " onClick="towrite();">
</form>
</body>
</html>
```

위에서 ①의 경우는 버튼이 type="submit"로 설정되어 있고 ②의 경우는 type="button"으로 설정되어 있다. 버튼을 submit으로 두었다면 그 버튼이 눌렸을 때 폼은 즉시 submit이 된다. 하지만 버튼을 type="button"으로 두게 되면 버튼이 눌려도 아무 일도 발생하지 않는다. 이 type="button" 타입은 바로 그 버튼이 눌렸을 경우 작업을 정의 해 주는 정의형 버튼인 것이다. 위에서 OnClick="towrite();"이라고 input 코드 내부에 코딩이 되어, 이 버튼이 눌리면 (Click) "towrite()" 이라는 스크립트 함수를 동작시키라고 지시하고 있는 것이다. 따라서 버튼이 눌리면 스크립트 코드를 통하여 폼을 전송 할 수가 있는 것이다. 결과적으로 두 방법의 작동은 같다. 폼에 기입된 내용을 전송하기 전에 어떤 내용을 검토하기를 원하면 ②의 경우가 효율적이고 검토할 여유도 없이 자동으로 전송해 할 경우는 ①의 경우를 사용된다.

write.htm에서 스크립트 function의 앞뒤를 <!-- 와 //-->로 주석처리 하였는데, 이렇게 주석 처리를 해주지 않으면 이 스크립트를 이해하지 못하는 브라우저는 스크립트 에러를 발생시키기 때문에 스크립트의 앞 뒤로는 주석처리를 해주는 것이 좋다. write.htm에서 사용된 function의 이름은 sendto()이다. html문에서 이 스크립트를 호출하려면 이 이름으로 호출하면 된다. 그리고 if문을 보면 if (document.ebform.name.value == "")를 볼 수 있다. 이것은 "document“(즉, html 문서) 안에 bizpress 라는 폼에 들어 있는 name이라는 컨트롤의 값이 아무것도 없다면" 이라는 뜻이 된다. 그 다음으로 alert("이름을 입력해 주세요!")의 의미는 자바 스크립트에서 지원하는 메시지 박스로, 인자로 문자열 변수나 문자열이 들어올 수 있으며, 다음과 같이 동작한다. 그리고 return false;를 통해 더 이상 코드를 진행시키지 않고 function을 빠져 나간다. 그러므로 전체 스크립트 소스는 sendto() function이 호출 되었을 때 이름 쓰는 곳에 아무것도 쓰지 않으면 위의 메시지를 보여주고 function을 빠져 나가게 되고, 이름이 기입되어 있다면 그 다음 컨트롤인 메일을 체크하고, 그 다음에는 제목을 체크하고, 모든 체크가 끝나면, 그때 폼의 내용을 전송하게 하는 것이다. 웹 브라우저로 이 페이지를 로딩하여 아무것도 넣지 않은 상태에서 [마침] 버튼을 눌러보면, 위의 이름을 넣어 달라는 메시지 박스가 나타나게 되고, 이름을 넣고 나서 다시 버튼을 누르면, 메일주소를 기입해 달라는 메시지가 나타나게 될 것이다. 그러나 모든 것을 기입한 후 버튼을 누르면 HTML 문서를 찾지 못한다는 에러 메시지가 나타날 것이다. 모든 것이 제대로 입력되어 폼이 write_ok.asp 로 전송을 시도할 것이다. 현재 write_ok.asp 라는 페이지를 가지고 있지 않았으므로 에러를 만들어 내게 된다. 다음 단계로 입력받은 정보들을 write.htm에서 받아서 데이터베이스에 저장하는 write_ok.asp를 만들어 보자.

## 8.3 올라온 글 DB 저장

다음으로 필요한 것은 위의 입력 폼을 통하여 입력된 내용을 데이터베이스에 저장하는 ASP 페이지 write_ok.asp 를 작성하는 것이다. 우선 다음과 같이 코딩하여 폼에서 입력된 값들이 제대로 넘어왔는지 request 객체를 통하여 그 값을 받아와서 화면에 출력해보자. 임시로 위의 write.htm의 action="write_ok.asp"에서 write_ok.asp를 write_show.asp로 고치고 다음을 테스트해 보자.

## 예제 08_02) : 넘어온 글 받아서 출력하기 (write_show.asp)

```
<%
'request객체를 통해 넘어온 값들을 변수에 저장한다.
 w1 = request("name")
 w2= request("email")
 w3 = request("homepage")
 w4= request("title")
 w6 = request("pwd")
 w7 = request("content")

response.write "이름은 : " & w1 & "<br>“
response.write "이메일은 : " & w2 & "<br>“
response.write "홈페이지는 : " & w3 & "<br>“
response.write "글의 제목은 : " & w4 & "<br>“
response.write "글의 비밀번호는 : " & w5 & "<br>“
response.write "글의 내용은 : " & w6 & "<br>“
%>
```

[실행결과]

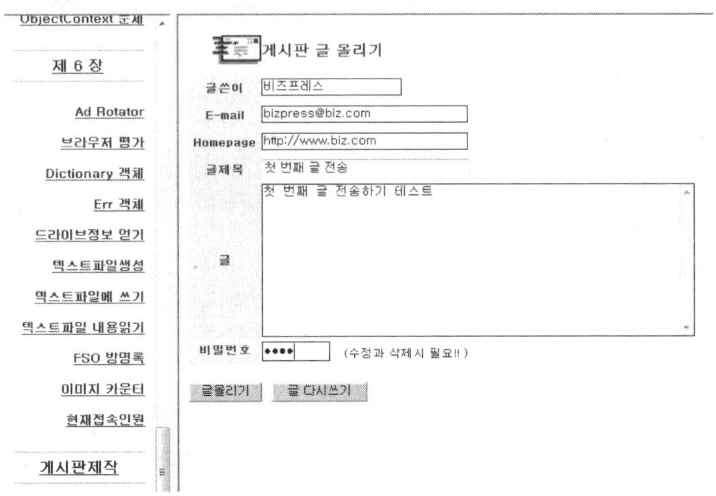

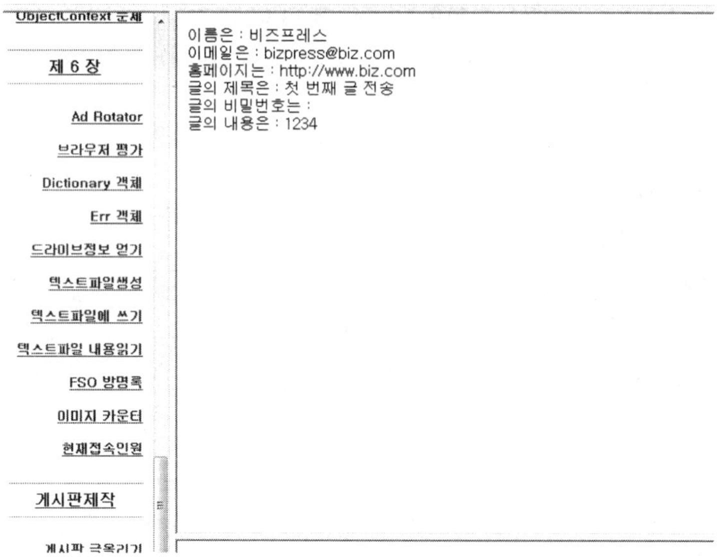


〈그림 8-6〉 글 전송 실행화면

일단 제대로 넘어온 것이 확인되면, 다시 write.htm의 action 부분의 write_show.asp를 원래대로 write_ok.asp로 고쳐주자. 이제는 이렇게 넘어온 값들을 write_ok.asp 페이지를 이용하여 데이터베이스에 저장하는 작업을 해보자. 그러면 우선 write_ok.asp 전체 소스를 본 후에 설명을 하도록 해보자.

### 예제 08_02) : 넘어온 글 받아서 데이터베이스에 저장하기 (write_ok.asp)

```
<%
 w1 = request("name")
 w2 = request("email")
 w3 = request("homepage")
 w4 = request("title")
 w5 = request("pwd")
 w6 = request("content")

 '쿼리에 '가 들어가면 에러가 나기에 그것을 replace 처리해준다.
 w4 = replace(w4,"'","''")
```

```
w6 = replace(w6,"'","''")
w6 = replace(w6,"|","chr(124)_pipe")

Set db = Server.CreateObject("ADODB.Connection")
db.Open "Provider=SQLOLEDB.1;Password=0000;Persist Security Info=True;User ID=sa;Initial
Catalog=BizDB;Data Source=DB서버"

SQL = "Select Max(num) from board"

Set rs = Server.CreateObject("ADODB.Recordset")
rs.Open SQL, db

If IsNULL(rs(0)) Then
  number = 1
else
  number = rs(0) + 1
End If

SQL = "INSERT INTO board (name,email,homepage,title,content,num,"
SQL = SQL & " readnum,writeday,pwd) VALUES "
SQL = SQL & "('" & w1 & "'"
SQL = SQL & ",'" & w2 & "'"
SQL = SQL & ",'" & w3 & "'"
SQL = SQL & ",'" & w4 & "'"
SQL = SQL & ",'" & w6 & "'"
SQL = SQL & "," & number
SQL = SQL & ", 0 ,'" & now() & "'"
SQL = SQL & ",'" & w5 & "')"

db.Execute SQL

rs.Close
```

```
   db.close
   Set rs = Nothing
   Set db = Nothing

Response.redirect "list.asp"
%>
<html>
<body>
<%=name%><br>
<%=email%><br>
<%=homepage%><br>
<%=title%><br>
<%=pwd%><br>
<%=content%><br>
</body>
</html>
```

---

ASP 페이지는 7장에서 다룬 OLE DB를 통하여 데이터베이스와의 연결을 시도한다. 우리는 앞에서 이미 사용할 BizDB를 세팅하여 board.udl을 board 폴더에 만들어 두었었다. 이 board.udl을 메모장으로 열어서

```
db.Open “Provider=SQLOLEDB.1;Password=0000;Persist Security Info=True;User
ID=sa;Initial Catalog=BizDB;Data Source=DB서버“
```

부분을 복사하여, 여러분의 write_ok.asp 페이지의 데이터베이스 연결 부분에

```
Set db = Server.CreateObject("ADODB.Connection")
db.Open “Provider=SQLOLEDB.1;Password=0000;Persist Security Info=True;User
ID=sa;Initial Catalog=BizDB;Data Source=DB서버“
```

와 같이 붙여 넣는다. 이제 어떻게 폼에서 넘겨받은 값들을 이 데이터베이스에 저장하는가 보자.

<코드 설명>

write_ok.asp라는 페이지는 데이터베이스 BizDB를 열고 거기에 있는 테이블 board에 폼으로부터 입력받은 데이터를 저장하는 작업을 수행할 것이다. 이미 앞장에서 ADO를 통해 데이터베이스 관련 컴포넌트에 대하여 간단하게 설명한 내용을 참조 바란다.

우선 소스 코드에서 사용되는 객체는 바로 데이터베이스와의 연결을 담당하는 Connection 객체이다.

```
Set db = Server.CreateObject("ADODB.Connection")
db.Open  "Provider=SQLOLEDB.1;Password=0000;Persist Security Info=True;User
ID=sa;Initial Catalog=BizDB;Data Source=DB서버 "
```

위의 소스는 Server 객체의 CreateObject 메소드를 이용하여 인스턴스를 생성시키고 있다. 이 인스턴스를 DB라는 변수에 세팅하고 나면 이제는 DB라는 이름으로 Connection 객체의 여러 메소드를 사용할 수 있게 되는 것이다. 다음으로 나타나는 Open 메소드는 데이터베이스에 연결을 해주는 역할을 하게 되며, OLE DB로 연결을 시도한다. 다음으로 데이터베이스에 연결한 다음 RecordSet 객체를 다음과 같이 생성시키고 있다.

```
SQL = "Select Max(num) from board"

Set Rs = Server.CreateObject("ADODB.Recordset")
Rs.Open SQL, DB
```

이 RecordSet 객체는 데이터베이스에서 필요한 데이터를 쿼리를 통해 가져와서 임시저장소에 담아놓는 역할을 한다. 위의 문장은 다음과 같이 코딩해도 무방하다.

```
Set Rs = Server.CreateObject("ADODB.Recordset")
Rs.Open "Select Max(num) from board", DB
```

그러나 첫 번째 것을 이용하는 방법이 바람직하다. 쿼리의 문장이 현재처럼 짧은 경우에야 상관이 없지만 쿼리가 길어지면 쿼리값을 변수에 저장하여 사용하는 첫 번째 방법이 여러모로 분석하기에도 편리하기 때문이다.

다음 코드를 보자.

```
If IsNULL(Rs(0)) Then
number = 1
else
number = Rs(0) + 1
End If
```

쿼리가 수행되고 나면, 다음 코드는 가져온 데이터를 체크하는 역할을 하고 있다. 만일 가져온 데이터가 없다면 처음으로 들어오는 글이니까 number라는 변수에 1이라고 저장하고, 만일 불러온 데이터가 있다면 그 값에 1을 더해 number에 저장하라는 의미이다.

불러온 컬럼이 하나밖에 없으면 그 컬럼의 순서번호인 Rs(0)이라는 것이 바로 쿼리의 결과로 나오는 Max(num)과 같은 것이며, 이제 number라는 변수에는 1이라는 값이 저장된 것이다. 이제 데이터베이스에 저장할 정보가 모두 결정되면 Insert문을 통하여 폼으로 입력 받은 값과 우리가 정하여 넣어주어야 할 값에 대한 쿼리를 작성해야한다. SQL이라는 변수에 쿼리문을 모두 저장하고, 이 변수를 통하여 쿼리를 시키는 방법은 다음과 같다.

```
SQL = "INSERT INTO board (name,email,homepage,title,content,num,"
SQL = SQL & " readnum,writeday,pwd) VALUES "
SQL = SQL & "('" & w1 & "'"
SQL = SQL & ",'" & w2 & "'"
SQL = SQL & ",'" & w3 & "'"
SQL = SQL & ",'" & w4 & "'"
SQL = SQL & ",'" & w6 & "'"
SQL = SQL & "," & number
SQL = SQL & ", 0 ,'" & now() & "'"
SQL = SQL & ",'" & w5 & "')"
```

여기에서 주의해야 할 부분은 데이터 입력시 문자열 데이터는 앞뒤로 작은 따옴표 (' ...')를, 숫자열 데이터는 따옴표 없이 그냥 넣는다는 것이다. 그렇지 않으면 반드시 에러가 발생하게 되니 명심해야할 부분이다. 이제 실제 데이터베이스에 저장하는 문장은 다음 명령으로 수행된다.

```
DB.Execute SQL
```

다음으로 우리는 사용한 데이터베이스 연결 객체인 DB와 레코드셋 객체인 Rs를 닫아주고 객체를 깨끗이 청소해주는 정리가 필요하다.

```
Rs.Close
 DB.close
 Set Rs = Nothing
 Set DB = Nothing

Response.redirect "list.asp"
```

사실, ASP에서는 자동으로 페이지가 로딩이 끝나면 스스로 알아서 사용한 객체를 되돌려 주기 때문에 이렇게 자세하게 코딩할 필요는 없으나, 이렇게 명시해 주는 버릇이 좋은 프로그래밍 습관인 것이다.

그러나 위의 페이지를 저장하고, 실행하면 파일을 찾지 못한다는 메시지가 뜨게 된다. 아직 list.asp 페이지를 작성하지 않았기 때문이다. 그러나 다행히 BizDB 데이터베이스 테이블 board을 확인하면 데이터가 제대로 입력된 것을 확인할 수 있을 것이다.

<그림 8-7> DB 테이블 입력 확인

위의 write_ok.asp 페이지에서 우리는 데이터베이스에 입력하는 쿼리문으로 insert 문을 사용하고 있다. 여기에서 이 insert 문에 대하여 조금 더 연습하고 가기로 하자. 다음 문장을 작성하여 실행하고 데이터베이스를 열어서 확인해 보면 insert 문이 어떻게 작동하는가를 쉽게 이해하게 될 것이다. 우선 데이터베이스의 board에 오른쪽 버튼을 위치시키고 [수정]을 선택하여 다음과 같이 테이블을 수정하도록 하자.

테이블 - dbo.board* | 요약

| 열 이름 | 데이터 형식 | Null 허용 |
|---|---|---|
| board_idx | int | ☐ |
| name | varchar(50) | ☑ |
| email | varchar(100) | ☑ |
| homepage | varchar(100) | ☑ |
| title | varchar(50) | ☑ |
| pwd | varchar(50) | ☑ |
| num | int | ☑ |
| writeday | varchar(50) | ☑ |
| readnum | smallint | ☑ |
| [content] | text | ☑ |
| | | ☐ |

<그림 8-8> DB 테이블 열의 값 Null 허용

테이블 열의 Null을 허용하는 이유는 쿼리문 연습을 하는 동안 일부 열값에 입력되는 내용이 없어도, 에러를 발생시키지 말라는 내용이다. 그럼 다음 문장으로 insert 문을 연습해 보도록 하자.

### 예제 08_02) : 쿼리 Insert 문을 이용한 연습 1 (insert_01.asp)

```
<%
Set db = Server.CreateObject("ADODB.Connection")
db.Open "Provider=SQLOLEDB.1;Password=0000;Persist Security Info=True;User
ID=sa;Initial Catalog=BizDB;Data Source=DB서버"

SQL = "Select Max(num) from board"


Set rs = Server.CreateObject("ADODB.Recordset")
rs.Open SQL, db


 SQL ="INSERT INTO Board (homepage,email,num) VALUES ('sss','11111@hanmail.net',3)"
 db.Execute SQL


rs.Close
db.close
```

```
  Set rs = Nothing
  Set db = Nothing

  Response.Write "입력완료"
%>
```

[실행결과]

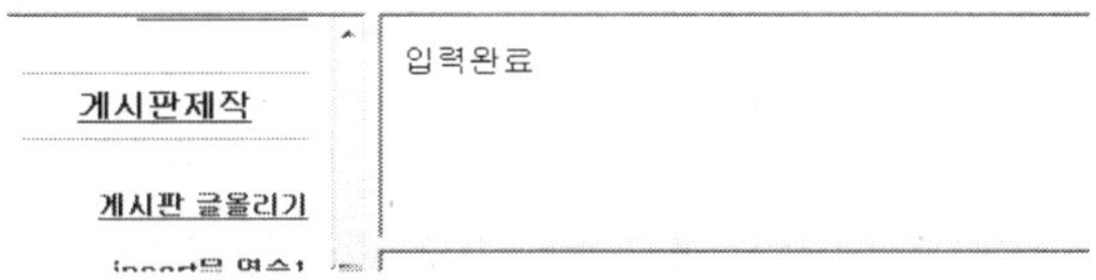


테이블 - dbo.board 요약

| | board_idx | name | email | homepage | title | pwd | num |
|---|---|---|---|---|---|---|---|
| ▸ | 1 | 비즈프레스 | bizpress@biz.com | http://www.biz.... | 첫 번째 글 전송 | 1234 | 1 |
| | 2 | NULL | 11111@hanmail.... | sss | NULL | NULL | 3 |
| * | NULL | NULL | NULL | NULL | NULL | NULL | NULL |

〈그림 8-9〉 Insert 문 실행 및 테이블 입력 확인

다음에는 쿼리문을 다음과 같이 줄 바꾸기로 수정하여 실행하여 보자

## 예제 08_02) : 쿼리 Insert 문을 이용한 연습 2 (insert_02.asp)

```
  <%
  Set db = Server.CreateObject("ADODB.Connection")
  db.Open "Provider=SQLOLEDB.1;Password=0000;Persist Security Info=True;User
  ID=sa;Initial Catalog=BizDB;Data Source=DB서버"

  SQL = "Select Max(num) from board"

  Set rs = Server.CreateObject("ADODB.Recordset")
  rs.Open SQL, db
```

```
    SQL = "INSERT INTO board (name,"
    SQL = SQL & " email,num) VALUES "
    SQL = SQL & " ('오바마'"
    SQL = SQL & ",'obama@yahoo.com'"
    SQL = SQL & ", 3 )"

    db.Execute SQL

  rs.Close
  db.close

  Set rs = Nothing
  Set db = Nothing

  Response.Write "입력완료"
```

---

[실행결과]

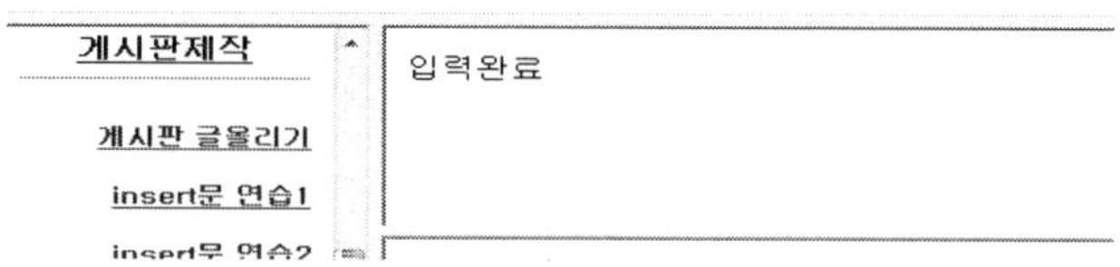


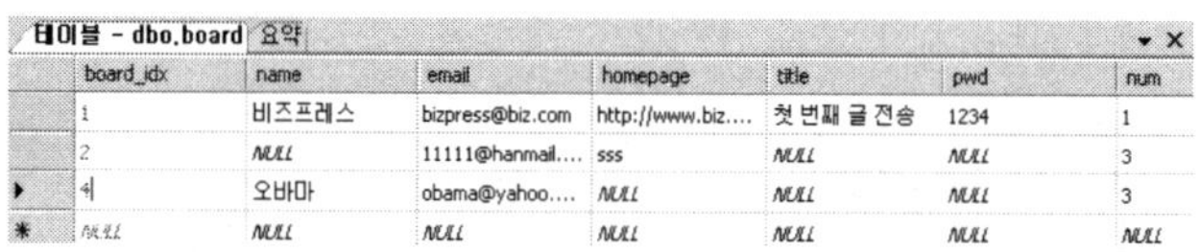

테이블 - dbo.board 요약

| | board_idx | name | email | homepage | title | pwd | num |
|---|---|---|---|---|---|---|---|
| | 1 | 비즈프레스 | bizpress@biz.com | http://www.biz.... | 첫 번째 글 전송 | 1234 | 1 |
| | 2 | NULL | 11111@hanmail.... | sss | NULL | NULL | 3 |
| ▶ | 4 | 오바마 | obama@yahoo.... | NULL | NULL | NULL | 3 |
| * | NULL | NULL | NULL | NULL | NULL | NULL | NULL |

〈그림 8-10〉 SQL 문 줄 바꾸기 확인

데이터가 제대로 입력되었다면 이제는 이 저장된 데이터를 가져와서 화면에 출력해주는 list.asp 페이지를 작성할 순서가 되었다.

# 8.4 글 리스트 보여주기

이제 만들어 주어야 하는 것이 바로 글의 리스트를 보여주기 위한 list.asp이다. 이것은 매우 중요하며, 앞으로 다른 유용한 것들 (가령 쇼핑몰)을 제작할 때 매우 중요하다. 이것을 얼마나 충실히 공부하느냐에 따라서 여러분은 좋은 웹 마스터가 될 수 있는 것이다.

이제 Write.htm라는 웹문서를 통하여 어떤 정보를 write_ok.asp로 보내게 되면, 이 write_ok.asp는 넘겨받은 정보를 데이터베이스에 저장하고, 이들 저장된 내용을 다시 list.asp라는 문서를 통하여 웹에 게시하게 된다. 이 list.asp는 데이터베이스에 저장된 정보를 불러와야 하며, 따라서 ADO를 사용하여야 한다. 그러나 그 전에 우리는 어떤 구성으로 그 정보를 보여줄 것인지 그 화면 구성을 html 에디터를 통하여 미리 만들어 두는 것도 한 좋은 방법이다. 그 다음으로 필요한 ASP 코딩을 그 문서 내에 해 주는 것이다. 다음과 같이 디자인을 구성해 보자.

위에서 보면 데이블의 <tr> 부분이 한 줄밖에 없다고 걱정할 필요는 없다. 우리는 데이터베이스로부터 데이터를 불러와서 그 가져온 레코드 수는 ASP코드에서 while문 또는 Do Until문으로 필요한 만큼 만들어 줄 것이기 때문이다. 이해가 잘 안되면 직접 눈으로 확인하는 방법이 가장 좋으며, 예를 들어 다음과 같이 코딩하고 확인해 보자.

**예제 08_03) : Do Loop를 이용한 테이블 돌리기 (list_01.asp)**

```
<% i=0 %>
<html>
<body>
<table border ="1" width="500">
<% Do Until i=10 %>
<tr><td><% =i %>번째 글입니다.</td></tr>
<%
i=i+1
loop
%>
</table>
</body>
</html>
```

[실행결과]

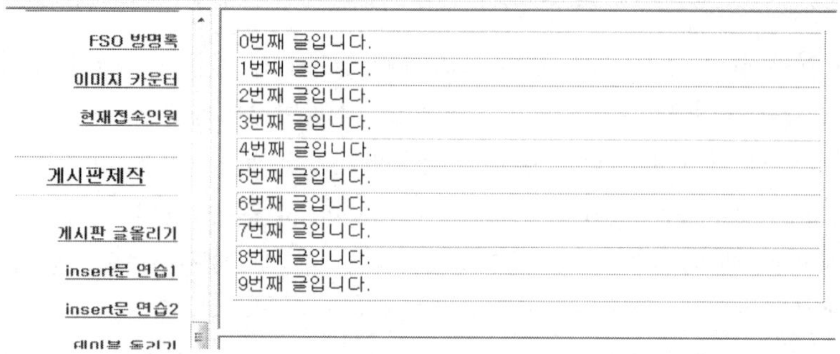


〈그림 8-11〉 Do Loop를 이용한 테이블 돌리기

이런 방법으로 우리는 <tr>을 레코드 수에 맞게 Do Until 문을 통하여 적절하게 배열할 수 있다.

이제 우리는 DB에서 데이터를 불러와서 그 가져온 데이터의 레코드 수만큼 While 문 또는 Do Until문 등을 이용하여 열을 만들어 줄 수 있는데, 한 예로 다음과 같은 ASP 문서를 한번 더 테스트 해보자.

### 예제 08_03) : Do Loop를 이용한 테이블 돌리기 (list_02.asp)

```
<% i=1 %>
<html>
<body>
<table border="1" cellspacing="2" width="600">
<tr>
    <td width="10%" bgcolor="#000080" align="center" height="25"><strong><font face="돋움" size="2" color="#FFFFFF">번호</font></strong></td>
    <td width="20%" bgcolor="#000080" align="center" height="25"><strong><font face="돋움" size="2" color="#FFFFFF">글쓴이</font></strong></td>
    <td width="20%" bgcolor="#000080" align="center" height="25"><strong><font face="돋움" size="2" color="#FFFFFF">날짜</font></strong></td>
</tr>
<% Do Until i =6 %>
```

```
  <tr>
    <td width="10%" align="center" height="25"><font face="돋움" size="2"
color="#000000"><%=i %>번째 글</font></td>
    <td width="20%" align="center" height="25"><font face="돋움" size="2"
color="#000000"><%=i %>번째 글쓴이</font></td>
    <td width="20%" align="center" height="25"><font face="돋움" size="2"
color="#000000"><%=i %>번째 글 날짜</font></td>
</tr>
<%
i = i+1
loop
%>
 </table></center></div>
</body>
</html>
```

[실행결과]

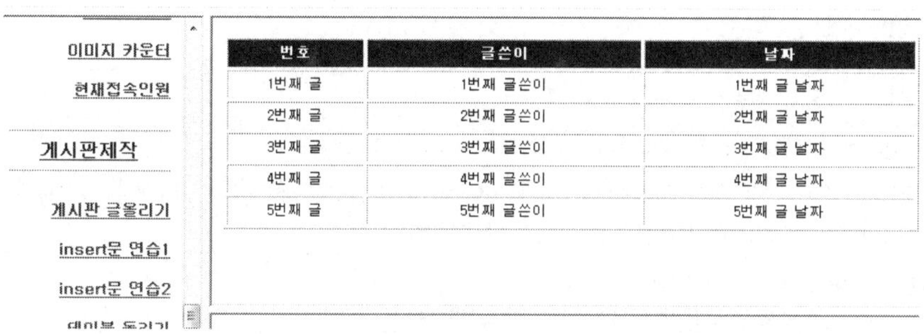


〈그림 8-12〉 글 리스트를 위한 테이블 돌리기 테스트

이제는 이해가 될 것으로 생각한다. 이제 실제 DB를 연결하여 데이터를 출력할 ASP 코드를 추가해보자.

```
<%

Set db = Server.CreateObject("ADODB.Connection")
db.Open  "Provider=SQLOLEDB.1;Password=0000;Persist Security Info=True;User
ID=sa;Initial Catalog=BizDB;Data Source=DB서버 "
 SQL = "Select * from board ORDER BY num DESC"
 Set Rs = Server.CreateObject("ADODB.Recordset")
 Rs.Open SQL,DB,1
%>
```

이미 이러한 내용의 소스에 익숙해 졌을 것이다. 데이터베이스를 OLE DB로 열어서, 모든 데이터를 불러오는 쿼리를 이용, 레코드셋 객체에 그 데이터를 저장하고 있는 것이다.

지금은 데이터를 알맞게 구성하여 화면에 출력해 주는 일이다. 지금처럼 데이터베이스에 저장된 양이 많지 않을 경우는 전체를 화면에 출력해도 문제가 없지만, 만일 100개 또는 1000개가 넘으면, 한 화면에 모든 내용을 출력하는 것은 좋은 방법이 아니다. 따라서 우리는 나중에 '페이징 (한 화면에 출력하는 내용을 미리 셋팅)' 방법을 이용하여, 그 출력하는 줄의 수를 제한할 수 있다. 이미 write.htm의 폼에 입력한 내용을 write_ok.asp를 통하여 데이터를 저장한 내용이 있음으로 그 데이터가 Rs에 저장되어 있을 것이지만, 만일 데이터가 존재하지 않는다면 Rs에 저장된 데이터가 아무것도 없을 것이다. 이 경우 '페이징'을 이용하는 경우 에러를 발생시키므로 ASP 파일을 다음과 같이 구성하는 것이 좋다.

```
<%
  Set db = Server.CreateObject("ADODB.Connection")
db.Open  "Provider=SQLOLEDB.1;Password=0000;Persist Security Info=True;User
ID=sa;Initial Catalog=BizDB;Data Source=DB서버 "
  SQL = "Select * from board ORDER BY num DESC"
  Set Rs = Server.CreateObject("ADODB.Recordset")
  Rs.Open SQL,DB,1
%>
<html>
<body>
<% if '불러온 레코드가 전혀 없다면 %>
현재 저장된 데이터가 없음
<% else '불러온 데이터가 존재한다면 %>
<table>
Do Until Loop
```

```
</table>
<% end if %>
</body>
<html>
```

위의 내용이 잘 이해가 되었다면, 다음과 같이 list.asp 전체 소스를 작성하자.

### 예제 08_03) : 게시판 글 리스트 페이지 (list.asp)

```
<%
   if request("page")="" then
      page=1
   else
      page=request("page")
   end if

   Set db = Server.CreateObject("ADODB.Connection")
   db.Open "Provider=SQLOLEDB.1;Password=00000;Persist Security Info=True;User ID=sa;Initial
Catalog=BizDB;Data Source=DB 서버"

    SQL = "SELECT * FROM board ORDER BY num DESC"

    Set rs = Server.CreateObject("ADODB.Recordset")
    '페이지의 사이즈를 정해주며, 반드시 레코드셋 오픈전에 지정해 주어야 한다.
    rs.PageSize = 10
    rs.Open SQL,db,1

%>
<html>
<head>
<title>게시판</title>
<style type="text/css">
```

```
 A                {text-decoration: none; color:black}
 A:hover          {text-decoration: underline; color:blue}
</style>
</head>
<body bgcolor="#FFFFFF">
<%  if rs.BOF or rs.EOF then %>
<p> </p>
<center> 아무 데이타가 없습다</center>
<p></p>
<%
else

'페이지
'총 페이지 수를 totalpage라는 변수에 넣는다.
totalpage = rs.pagecount

'지정된 페이지로 레코드의 현재 위치를 이동시킨다.
rs.absolutepage = page

%>
<div align="center"><center><p>
<font color="#004080"><strong><big><big><big>게    시
   판</big></big></big></strong></font>     

</p>
  </center></div><div align="center"><center><table border="0" cellspacing="2" width="600">
    <tr>
      <td width="10%" bgcolor="#99CCFF" align="center" height="25">
      <strong><font size="2" face="돋움"color="blue">번호</font></strong>
      </td>
      <td width="20%" bgcolor="#99CCFF" align="center" height="25">
      <strong><font size="2" face="돋움" color="blue">글쓴이</font></strong>
```

```
        </td>
        <td width="20%" bgcolor="#99CCFF" align="center" height="25">
        <strong><font size="2" face="돋움" color="blue">날짜</font></strong>
         </td>
        <td width="40%" bgcolor="#99CCFF" align="center" height="25">
         <strong><font size="2" face="돋움" color="blue">제목</font></strong>
        </td>
        <td width="10%" bgcolor="#99CCFF" align="center" height="25">
         <strong><font size="2" face="돋움" color="blue">조회수</font></strong>
        </td>
      </tr>
<%
i = 1
Do until rs.EOF Or i>rs.PageSize
%>
 <tr>
   <td width="10%" align="center" height="25">
   <font face="돋움" size="2" color="#000000"><%=rs("num")%></font>
   </td>
   <td width="20%" align="center" height="25">
   <font face="돋움" size="2" color="#000000">
   <a href="mailto:<%=rs("email")%>"><%=rs("name")%></a>
   </font>
   </td>
   <td width="20%" align="center" height="25">
   <font face="돋움" size="2" color="#000000">
   <% =left(rs("writeday"),10)%>
   </font>
   </td>
   <td width="40%" align="center" height="25">
    <font face="돋움" size="2" color="#000000">
    <a href="content.asp?idx=<%=rs("board_idx")%>"><%=rs("title")%></a>
```

```
    </font>
  </td>
  <td width="10%" align="center" height="25">
   <font face="돋움" size="2" color="#000000">
   <% =rs("readnum")%></font>
   </td>
  </tr>
  <%
  rs.MoveNext
  i=i+1
  loop
  %>
  </table>
  </center></div>
  <center><hr width="600"></center>
  <center><font face="돋움" size="2" color="#000000">
  </font><font face="돋움" size="2" color="#000000">
  <% if page <> 1 then%>
  &lt; <a href="list.asp?page=<%=page-1%>">이전페이지</a> &gt;
       <%end if%>
  <% if Cint(page) <> Cint(totalpage) then%>
  &lt; <a href="list.asp?page=<%=page+1%>">다음페이지</a> &gt;
       <% end if%>
           
       <%=page%> page / <%=totalpage%> pages
           
  <a href="write.htm"> [글올리기]</a></font>
  </center>
  <% end if%>
  </body>
  </html>
  <%
```

```
        rs.Close
        db.Close
        Set rs = Nothing
        Set db = Nothing
    %>
```

[실행결과]

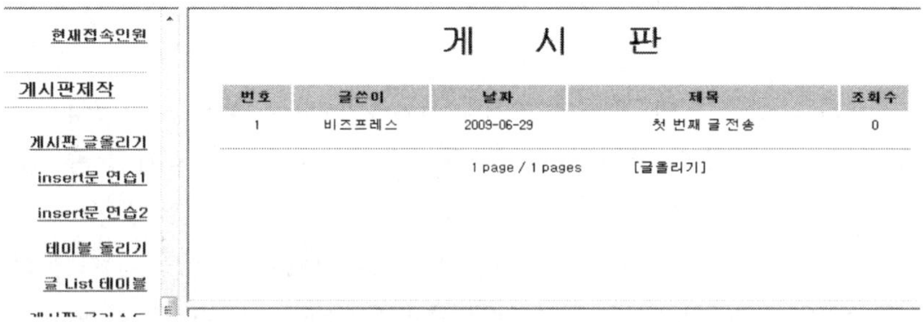


〈그림 8-13〉 게시판 글 리스트

<코드 분석>

위의 소스에서 설명된 부분을 제외한 다음 ASP 코드를 보자

```
<% if Rs.BOF or Rs.EOF then %>
```

Rs는 우리가 쿼리한 결과를 가지고 있는 레코드셋으로, 이 레코드셋 객체의 메소드 중에는 EOF (End of File)와 BOF (Begin of File)가 있는데, 말 그대로 레코드의 처음과 끝이라는 의미이다. 즉, 위의 문장은 "레코드셋의 처음 혹은 마지막이라면"의 뜻으로, 해석하면 "어떤 레코드도 없다면" 이라는 뜻과 동일한 것이다.

계속하여 그 다음의 <% else %>는 "레코드가 있다면"이라는 의미이며, 이 경우에는 Do Unil ... Loop 문을 이용하여 Rs.EOF 일때까지 계속하여 <% = Rs("name") %> < = Rs("num") %> 등을 출력하라는 것이다. 위에서는 또한 글쓴이를 마우스로 클릭하면 전자우편을 보낼 수 있도록 작성하고 있는데, 이 방법은 일반적인 HTML 작성법을 그대로 적용하면 되는 것이다.

```
HTML 예 <a href="mailto:obama@yahoo.com">오바마</a>
```

```
HTML 예 <a href="mailto:<%=Rs("email")%>"<%=Rs("name")%></a>
```

또한 위의 <% = left(rs("writeday"),12) %> 문장에서 left 함수는 지정된 문자열에서 왼쪽부터 지정된 숫자만큼의 문자만을 뽑아서 출력하라는 의미로, 여기에서 12은 전체문자에서 10개의 문자인 "2004-07-06"을 출력하고 있는 것이다.

그 다음은 글의 제목을 누르면, 글의 자세한 내용을 보여주는 창이 열리도록 해주는 일인데, 여기에서는 그 페이지의 이름을 content.asp이라고 정하고 있다. 바로, 제목에 하이퍼링크를 걸어주고 제목을 클릭하면 관련 데이터베이스에서 데이터를 가져다가 content.asp 화면에 출력해야 할 것이다. 이 경우에는 어떤 고유한 번호를 정하여 그 번호에 해당하는 제목과 관련된 내용을 가져와야 하므로 우리는 이 고유한 번호를 Board_idx라고 정해두고 있다. 그래서 위에서와 같이 그 고유번호의 내용과 관련된 하이퍼링크로 content.asp에 넘겨줄 수 있게 되어있는 것이다.

이제 계속하여, 이 list.asp를 꾸며나가 보자. 기존의 하이퍼링크는 구성에 제한적이다. 즉, 정해줄 수 있는 것이 텍스트의 색상정도이다. 그러나 DHTML (Dynamic HTML)을 이용하면 단순한 동적인 구성이 가능한데, 이것을 이용하여 위에서는 다음과 같은 내용으로 효과를 주고 있다.

```
<head>
<style type="text/css">
A  {text-decoration:non;color:blue}
A:hover
{text-decoration:underline;color:pink}
</style>
</head>
```

이 내용은 원래 텍스트는 밑줄이 없는 파란색이고, 마우스를 가져가면 밑줄과 함께 색깔이 핑크색으로 바뀌는 것을 볼 수 있을 것이다.

다음으로 데이터베이스에서 데이터를 가져와서 화면에 그 내용을 출력하는 경우, 그 내용이 전체화면에 나타나면 상관이 없겠지만, 그 데이터가 많으면 한 화면에 나타낼 수 없으므로 스크롤바를 이용해서 글을 보아야 할 것이다. 그러므로 이러한 문제를 해결하여 정리된 모습으로 사용자에게 불편함을 느끼지 않도록 배려하기 위해서는 페이지를 분할함이 좋은 방법일 것이다. 물론 이렇게 페이지를 나누는 것이 강제적인 것은 아니지만 ASP로 구성된 게시판 등에서는 빠지지 않는 기능으로, 레코드셋 객체가 지원해주는 Pagesize와 Absolutepage라는 프로퍼티를 사용하여 구현하는 것이 일반적인 방법이다. 이러한 방법을 사용하기 위해서는 레코드셋 객체가 필요한데, 이것을 ODBC 드라이버가 제대로 지원해 주어야 한다. 가령 Oracle 같은 데이터베이스의 경우에는 이러한 기능을 사용할 수 없다. 따라서 MS의 제품이 아닌 다른 데이터베이스 제품을 사용하는 개발자는 반드시 관련 ODBC 드라이버를 구하여 설치하는 것이 필요하다.

ASP 레코드셋 객체가 자주 사용하는 속성으로는 PageSize, PageCount, 그리고 AbsolutePage 등이 있으며, 용도는 다음과 같다.

① PageSize

ASP 페이지에 출력할 레코드셋을 세팅하며, 레코드가 5개 단위로 나타나게 하려면 5로, 10개 단위로 나타내고 싶으면 10으로 세팅하면 되며, 정해주지 않으면 디폴트로 10이 세팅된다.

② PageCount

나누어진 총 페이지의 수를 리턴해 주는 속성으로, 데이터베이스에서 데이터를 읽어 정해진 pageSize에 맞도록 페이지를 맞춘다.

③ AbsolutePage

접근하고자 하는 페이지의 첫 번째 레코드의 위치로 이동시켜주며, 페이지가 나누어지면 페이지마다 그 번호가 생기고, 이 페이지 번호에 세팅하면, 그 페이지의 첫 번째 레코드부터 데이터를 가져올 수 있다. 이 페이징 속성이 적용된 내용은 앞의 list.asp에서 진한 글자로 나타낸 부분이다.

위에서 진하게 처리된 부분이 페이징을 위하여 추가된 부분이다. 우선 처음 만나는 부분이 페이지의 번호를 지정하는 내용으로 다음과 같다.

```
if request(“page“)=““ then
    page=1
else
    page=request(“page“)
end if
```

page라는 변수로 넘어오는 request("page")에 값이 있으면 우선 첫 페이지에 나타날 수 있도록 1로 세팅하고, 이 값이 아닌 다른 어떤 페이지 값이 넘어오면 그 페이지 번호를 page 변수에 저장하고 있다. 실제 적인 페이지는 다음과 같이 레코드 셋을 열기 전에 지정해 주고 있다.

```
Set Rs = Server.CreateObject("ADODB.Recordset")
Rs.PageSize = 10
Rs.Open SQL,DB,1
```

위에서 레코드셋을 열 때 DB 다음의 1은 커서타입을 지정해 주는 숫자로 1이면 adOpenKeySet, 3이면 adOpenStatic으로 세팅된다.

이렇게 세팅해 두지 않으면 AbsolutePage 속성을 사용할 수 없고, 에러가 발생한다.

이제는 다음과 같이 세팅하여 각각의 페이지 첫 번째 레코드로 이동하게 하고 있다.

```
totalpage = rs.pagecount
rs.absolutepage = page
```

그리고 그 위치에서 원하는 레코드를 다음을 통하여 출력하고 있다.

```
i =1
Do Until Rs.EOF or i>Rs.PageSize

  출 력
Rs.MoveNext
i=i+1
loop
```

다음으로 처리하는 것이, 다음/이전 페이지로 이동할 수 있도록 처리하는 것이다.

```
<% if page <> 1 then%>
&lt; <a href="list.asp?page=<%=page-1%>"> ◀◀◀이전페이지</a> &gt;
<%end if%>
<% if Cint(page) <> Cint(totalpage) then%>
&lt; <a href="list.asp?page=<%=page+1%>">다음페이지▶▶▶</a> &gt;
<% end if%>
         
<%=page%> page / <%=totalpage%> pages
```

위에서는 페이지라는 변수로 페이지번호를 하이퍼링크로 넘겨주고 있다. 그러면 넘어온 페이지 번호가 다시 자신의 페이지인 list.asp를 로딩하면서 Page 변수에 저장되고 레코드셋의 AbsolutePage에 들어가게 될 것이다. "이전 페이지"는 현재 페이지인 page에서 1을 뺀 값을,

“다음 페이지”는 page에 1을 더한 값을 넘겨주고 있다. 다음으로 우리는 데이터가 페이지로 몇 페이지이며 총 페이지는 얼마인가를 출력하고 있다.

## 8.5 글의 내용 보기

이제 제목을 누르면 링크되어 자세한 내용을 보여주는 content.asp 페이지를 제작해 보자. 화면 구성이야 제작하는 사람의 자유이고, 여기에서는 우선 다음과 같이 만들어 보자.

### 예제 08_04) : 게시판 글 자세내용 보기 (content.asp)

```
<%

   Set db = Server.CreateObject("ADODB.Connection")
   db.Open "Provider=SQLOLEDB.1;Password=00000;Persist Security Info=True;User ID=sa;Initial Catalog=BizDB;Data Source=DB 서버"



    SQL = "Update Board Set readnum = readnum+1 "
    SQL = SQL & " where board_idx =" & request("idx")

    db.Execute SQL

   SQL = "SELECT * FROM Board where board_idx=" & request("idx")

    Set rs = Server.CreateObject("ADODB.Recordset")
    rs.Open SQL,db

    content = replace(rs("content"),chr(13) & chr(10),"<br>")
    content = replace(content,"chr(124)_pipe","|")
%>
<html>
```

```
<head>
<title>본문내용</title>
<style type="text/css">
 A              {text-decoration: none; color:blueblack}
 A:hover        {text-decoration: underline; color:red}
</style>

</head>
<body bgcolor="#ffffff" link="#000080" vlink="#000080" alink="#000080">
<p align="center"><font color="#004080" face="돋움"><big><big><strong>내
    용     보
    기</strong></big></big></font></p>
<div align="center"><div align="center"><center>
<table border="0" cellspacing="0" width="480" style="BORDER-BOTTOM: medium none;
BORDER-LEFT: medium none; BORDER-RIGHT: medium none; BORDER-TOP: medium none"
cellpadding="0" bordercolor="#C0C0C0" bordercolorlight="#C0C0C0"
bordercolordark="#C0C0C0">
  <tr>
    <td align="middle" width="100" height="25" bgcolor="#99CCFF"
style="PADDING-BOTTOM: 3px; PADDING-TOP: 3px"><strong><font size="2" face="돋움"
color="blue">글쓴이</font></strong></td>
    <td align="middle" width="100" height="25" style="border-top: 1 dashed rgb(192,192,192);
padding-top: 3px; padding-bottom: 3px" bgcolor="#FFFFFF"><font face="돋움"
size="2"><%=Rs("name")%></font></td>
    <td align="middle" width="100" height="25" bgcolor="#99CCFF"
style="PADDING-BOTTOM: 3px; PADDING-TOP: 3px"><strong><font size="2" face="돋움"
color="blue">날짜</font></strong></td>
    <td align="middle" width="180" height="25" style="border-right: 1 dashed rgb(192,192,192);
border-top: 1 dashed rgb(192,192,192); padding-top: 3px; padding-bottom: 3px"
bgcolor="#FFFFFF"><font face="돋움" size="2"><%=left(rs("writeday"),13)%>
</font></td>
  </tr>
  <tr>
    <td align="middle" width="100" height="25" bgcolor="#99CCFF"
```

```
style="PADDING-BOTTOM: 3px; PADDING-TOP: 3px"><strong><font size="2" face="돋움" color="blue">Email</font></strong></td>
    <td align="middle" width="100" height="25" style="border-top: 1 dashed rgb(192,192,192); border-bottom: 1 dashed rgb(192,192,192); padding-top: 3px; padding-bottom: 3px" bgcolor="#FFFFFF"><font face="돋움" size="2"><a href="mailto:<%=Rs("email")%>"><strong>E-mail</strong></a></font></td>
    <td align="middle" width="100" height="25" bgcolor="#99CCFF" style="PADDING-BOTTOM: 3px; PADDING-TOP: 3px"><strong><font size="2" face="돋움" color="blue">Homepage</font></strong></td>
    <td align="middle" width="180" height="25" style="border-right: 1 dashed rgb(192,192,192); border-top: 1 dashed rgb(192,192,192); border-bottom: 1 dashed rgb(192,192,192); padding-top: 3px; padding-bottom: 3px" bgcolor="#FFFFFF"><font face="돋움" size="2"><a href="<%=Rs("homepage")%>"><strong><%=Rs("name")%>의
    Homepage</strong></a></font></td>
  </tr>
  <tr>
    <td colspan="4" style="PADDING-BOTTOM: 5px; PADDING-TOP: 5px" height="40"><p align="right"><strong><font face="돋움" size="2" color="#004080">조회수 : <%=Rs("readnum")%>   </font></strong></td>
  </tr>
  <tr>
    <td colspan="4" style="PADDING-BOTTOM: 10px; PADDING-TOP: 10px" bgcolor="#99CCFF"><p align="center"><strong><font size="2" face="돋움" color="blue">제 목 : </font></strong><font face="돋움" size="2" color="#ffffff"><strong><font color="#ffffff"><%=Rs("title")%></strong></font></td>

  </tr>
  <tr>
    <td colspan="4" style="border-left: 1 dashed rgb(192,192,192); border-right: 1 dashed rgb(192,192,192); border-bottom: 1 dashed rgb(192,192,192); padding-left: 30px; padding-right: 30px; padding-top: 10px" bgcolor="#FFFFFF"><font face="돋움" size="2"><%=content%></font><p>
    </td>
  </tr>
```

```
</table>
</center></div>
<p><font face="돋움" size="2">&lt;<a href="list.asp">리스트로
돌아가기</a>&gt; &lt;<a href="edit.asp?idx=<%=request("idx")%>">수정</a>&gt; &lt;<a
href="del.asp?idx=<%=request("idx")%>">삭제</a>&gt;   
</font></p>
</div>
</body>
</html>
```

[실행결과]

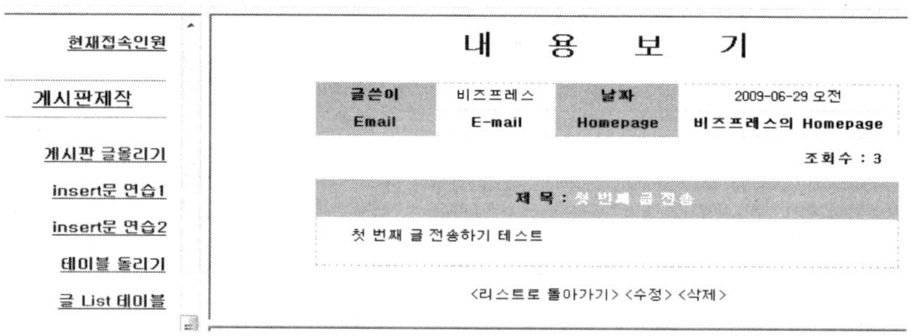


〈그림 8-14〉 게시물 자세내용보기

<코드 분석>

list.asp에서 글의 제목을 눌렀을 때, 우리가 원하는 레코드는 단 하나의 레코드로 우선 데이터베이스를 열고 필요한 쿼리를 보내서 그것을 가져와야 할 것이다. 그러므로 그 데이터를 가져오기 위해서 역시 데이터베이스에 다음과 같이 연결하고 있다.

```
Set db = Server.CreateObject("ADODB.Connection")
db.Open "Provider=SQLOLEDB.1;Password=00000;Persist Security Info=True;User
ID=sa;Initial Catalog=BizDB;Data Source=DB 서버"
```

다음으로는 데이터베이스를 열고, 데이터를 가져와서 저장할 레코드셋 객체가 필요하고, 데이터를 가져오는데 필요한 쿼리문 등이 작성되어 있다. 위의 소스는 앞에서 설명된 부분의 반복임으로 특별히 설명할 것이 많지 않지만, 몇 가지 추가적인 것만 다루어 보자.

소스 중 Rs.Open SQL, db 다음 줄에 글의 내용 Rs("content")를 대치해 주는 코드가 다음과 같이 있는 것을 볼 수 있다.

```
content = replace(rs("content"),chr(13) & chr(10),"<br>")
```

그러면 글의 내용을 출력해 주는 부분도 <%=Rs("content")%>가 아니고 <% = content %>로 바뀌어져 있는 것을 볼 수 있다.

글을 입력할 때 글을 작성하는 영역에 입력하게 될 텐데, 글을 작성하다가 Enter키를 누르면 그때 Chr(13) & Chr (10)이 입력되지만 글 작성 영역에 글을 쓰다가 저절로 다음 줄로 넘어가는 경우에는 그 줄이 우리가 보기에만 다음 줄이지 Chr(13) & Chr(10)에는 들어가지 않는다. 따라서 content.asp를 이용하여 출력시 그런 부분은 다음 줄로 처리되지 않고 다닥 다닥 붙어서 나오게 된다. 우리가 엔터 키를 누른 것만 다음 줄로 처리가 되는 것이다. 이 문제를 해결하기 위하여 위에서처럼 Replace 처리를 해주는 것이다.

또한 이 content.asp에서는 이 글을 보기 원하는 사람만 들어온 것임으로 조회수를 증가시켜야 한다. 그럼으로 여기에서는 다음과 같이 조회수를 증가시키는 쿼리문이 추가되어 있다.

```
UpSQL = "Update board Set readnum = readnum+1 "
UpSQL = UpSQL & " where Board_idx =" & request("idx")
db.Execute UpSQL
```

여기에서 맨 마지막에 보면, 다시 게시판 목록으로 되돌아가게 해주는 하이퍼링크와, 현재 글을 수정 또는 삭제할 수 있는 기능을 다음과 같이 추가하고 있다.

```
<a href="edit.asp?idx=<%=request("idx")%>">수정</a>
<a href="del.asp?idx=<%=request("idx")%>">삭제</a>
```

이제 현재 글을 수정하거나 또는 삭제하는 내용을 설명해보자.

## 8.6 글 수정하기

글을 수정하는 폼은, write.htm에서와 같은 입력 폼과 다를 것이 없다. 그러나 새로운 글을 받아 들이는 write.htm에서는 입력 항이 공백이지만, 수정하는 경우는 기존에 입력한 내용이 입력 항에 채워져 있어야한다. 따라서 우리는 따로 수정 폼을 만들 필요 없이, write.htm 입력 폼을 그대로 사용하면서 데이터베이스에서 관련 데이터를 가져다가 각각의 입력 컨트롤의 값을 지정해주고, 적절히 코딩하면 될 것이다. 다만 이 수정폼은 ASP 처리가 필요하므로 ASP 페이지로 저장해야 한다.

우선 content.asp에서 [수정] 버튼을 누르면 edit.asp 페이지로 그 글의 고유값이 넘어오도록 제작하고, 그 변수를 가지고 데이터베이스에 연결하여 쿼리를 보내서 데이터를 가져오는 것이 필요한 작업이다. 그리고 각각의 데이터들을 콘트롤의 값에 넣어주면 된다. 그리고 이 폼은 edit_ok.asp로 전송되어지고, 이 edit_ok.asp는 마치 새로운 글을 입력 받았을 때와 마찬가지로 데이터베이스에 입력하여 데이터를 업데이트하면 되는 것이다. 우선 다음 edit.asp 전체 소스를 보자.

### 예제 08_05) : 글 수정하기 페이지 (edit.asp)

---

```
<%

    Set db = Server.CreateObject("ADODB.Connection")
    db.Open "Provider=SQLOLEDB.1;Password=00000;Persist Security Info=True;User ID=sa;Initial
Catalog=BizDB;Data Source=DB 서버"


    SQL = "SELECT * FROM board where board_idx=" & request("idx")

     Set rs = Server.CreateObject("ADODB.Recordset")
     rs.Open SQL,db

     content = replace(rs("content"),"chr(124)_pipe","|")
%>
<html>
<head><title>게시판</title></head>
<script language="javascript">
<!--
function sendto()
{
        //이름
```

```
        if (document.bizpress.name.value == "")  {
                alert("이름을 입력하세요.");
                return false;
        }
        //제목
        if (document.bizpress.title.value == "") {
                alert("제목을 입력하세요.");
                return false;
        }
                document.bizpress.submit();
}
//-->
</script>
<body bgcolor="#ffffff">
<table>
<form name="bizpress" method="POST" action="edit_ok.asp">
<table border="0" cellspacing="0" width="540" cellpadding="0">
<tr>
    <td width="80" height="50" align="right" bgcolor="#ffffFF">

<img src="images\write.gif" width="52" height="32" border="0"">    </td>
    <td width="460" height="50" align="left" bgcolor="#FFFFFF">
      <font face="돋움" size="3" color="#004080"><strong>게시판 글 수정하기</strong></font>
    </td>
</tr>
<tr>
    <td width="80" height="030" align="center" bgcolor="#DDEEFF">
      <font face="돋움" size="2" color="#004080"><strong>글쓴이</strong></font>
    </td>
    <td width="460" height="030" align="left"bgcolor="#FFFFFF">
      <input type="hidden" name="idx" value="<%=rs("Board_idx")%>">
      <input type="text" name="name" size="20" style="border: 1 solid"
```

```
value="<%=rs("name")%>">
    </td>
</tr>
<tr>
    <td width="80" height="030" align="center" bgcolor="#DDEEFF">
     <font face="돋움" size="2" color="#004080"><strong>E-mail</strong></font>
    </td>
    <td width="460" height="030" align="left"bgcolor="#FFFFFF">
     <input type="text" name="email" size="30" style="border: 1 solid"
value="<%=rs("email")%>">
    </td>
</tr>
<tr>
    <td width="80" height="030" align="center" bgcolor="#DDEEFF">
      <font face="돋움" size="2" color="#004080"><strong>Homepage</strong></font>
    </td>
    <td width="460" height="030" align="left" bgcolor="#FFFFFF">
   <input type="text" name="homepage" size="30" style="border: 1 solid"
value="<%=rs("homepage")%>">
    </td>
</tr>
<tr>
   <td width="80" height="030" align="center" bgcolor="#DDEEFF">
     <font face="돋움" size="2" color="#004080"><strong>글제목</strong></font>
   </td>
   <td width="460" height="030" align="left" bgcolor="#FFFFFF">
     <input type="text" name="title" size="30" value="<%=rs("title")%>">
   </td>
</tr>
<tr>
   <td width="80" align="center" bgcolor="#DDEEFF">
     <font face="돋움" size="2" color="#004080"><strong>글</strong></font>
```

```
    </td>
    <td width="460" align="left" bgcolor="#FFFFFF">
        <textarea wrap="hard" rows="11" name="content" cols="63" style="border: 1 solid">
        <%=content%>
        </textarea>
    </td>
</tr>
<tr>
    <td width="80" height="030" align="center" bgcolor="#DDEEFF">
      <font face="돋움" size="2" color="#004080"><strong>비밀번호</strong></font></td>
    <td width="460" height="030" align="left" bgcolor="#FFFFFF">
      <input type="password" name="pwd" size="8" style="border: 1 solid">
         <font face="돋움" size="2"></font>
    </td>
</tr>
</table>
 <p>
   <input type="button" value="수정완료" name="write" OnClick="sendto()"
style="background-color:rgb(153,204,255);"> 
   <input type="button" value="다시수정" name="reset"
style="background-color:rgb(153,204,255);"> 
 </p>
</form>
</table>
</body>
</html>
```

[실행결과]

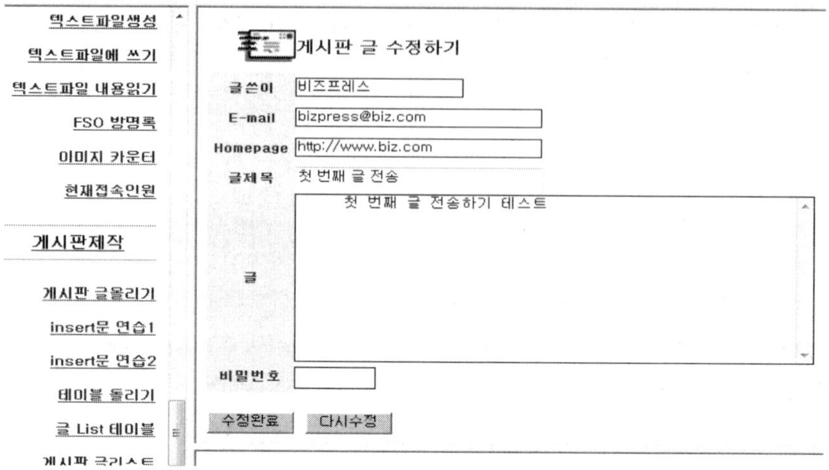


〈그림 8-15〉 수정하기 페이지 화면

<소스 분석>

위의 소스는 모든 입력항에 value="<%=Rs("컬럼이름")%> 이외에는 write.htm과 다른 것은 없다. 다만 <textarea>는 value가 아닌 <textarea> </textarea> 사이에 값을 넣어주는데 이것은 일반적인 방법이다. 중요한 것이 있다면

```
<input type="hidden" name="idx" value="<%=Rs("Board_idx")%>">
```

부분인데, 여기에서 type="hidden"은 눈에는 보이지 않는 컨트롤로, 모든 기능은 type="text"와 거의 유사하지만 이것은 눈에 보이지 않기 때문에 사용자가 이 컨트롤에 어떠한 값도 입력할 수 없다. 이런 경우처럼 사용자가 입력이 필요없는 고정적인 데이터의 경우에 사용할 수 있는 종류이다. 우리는 이 수정폼을 통하여 edit_ok.asp로 전송하면 edit_ok.asp는 이 수정된 데이터를 데이터베이스에 업데이트 시켜주어야 하는데, 위의 내용은 바로, 모든 데이터가 아닌 하나의 정해진 데이터만 업데이트 한다는 의미로, 우리가 원하는 데이터의 고유값을 통하여 이 type="hidden"으로 넘기고 있는 것이다.

이제 글을 수정한 내용을 실제 데이터베이스 처리하는 edit_ok.asp 소스를 보자. 이것은 앞의 write_ok.asp에서 사용한 Insert 대신에 Update를 제외하면 write_ok.asp와 유사할 것이다. 이 edit_ok.asp는 데이터베이스 처리를 하기 전에 해야 할 일이 있다. 우선 이 글을 작성한 사람이

이전에 입력했던 비밀번호와 현재의 비밀번호를 비교하는 일이다. 아무나 모두 작성된 글을 수정하거나 삭제하도록 허락하면 곤란하기 때문이다. 비교해서 비밀번호가 일치하면 데이터베이스 업데이트를 허락하고, 아니면 경고 메시지를 보내고 이전 폼으로 되돌려야 할 것이다. 그러면 전체 소스를 보자.

### 예제 08_05) : 글 수정하기 처리 페이지 (edit_ok.asp)

```
<%

a1=request("name")
a2 = request("email")
homepage = request("homepage")
title = request("title")
pwd = request("pwd")
content = request("content")



Set db = Server.CreateObject("ADODB.Connection")
db.Open "Provider=SQLOLEDB.1;Password=ebiz014630;Persist Security Info=True;User
ID=web01;Initial Catalog=BizDB;Data Source=EBIZ"


'현재 글의 비밀번호를 가져오는 쿼리문을 작성한다.
SQL = "Select pwd from board where board_idx = " & request("idx")

set result = db.execute(SQL)

'입력받은 비밀번호와 실제 비밀번호를 비교하여 일치한다면

if request("pwd") = result("pwd") then
    SQL = "Update Board set name = '" & a1 & "'"
```

```
        SQL = SQL & ", title = '" & title & "'"
        SQL = SQL & ", email = '" & a2 & "'"
        SQL = SQL & ", content = '" & content & "'"
        SQL = SQL & ", homepage = '" & homepage & "'"
        SQL = SQL & " where board_idx = " & request("idx")

        db.execute SQL

        Response.Redirect "list.asp"
    '데이터베이스에 현재의 레코드를 업데이트하고 리스트로 돌아가게 해준다.
    else


     '이전 폼으로 되돌려 보낸다. 예를 들면,
    response.redirect"Edit.asp?idx=" & request("idx")
  end if

  %>
  <script language="javascript">
     alert("비밀번호가 일치하지 않습니다");
     history.back();
  </script>
```

<소스 분석>

위의 소스 내용은 어려운 내용이 없다. 다만 db.execute SQL 부분에서 에러가 발생하면 Update 쿼리문을 자세히 살펴보고, 그래도 문제가 있다면 다음과 같이 출력해가면서 코딩해보면 문제를 쉽게 해결할 수 있을 것이다.

```
Response.write SQL
db.execute SQL
```

그러면 현재까지의 쿼리 문자열을 출력해 줄 것이다. 만일 비밀번호가 틀리면 여기에서는 자바 스크립트를 이용하여 이전 폼으로 되 돌리고 있다. 물론 다른 방법을 이용하여 되 돌리는 방법을 선택할 수도 있겠으나, 이렇게 자바 스크립트를 이용하는 방법은 상당히 효율적이다. 우리는 write.htm을 작성하면서 이 자바 스크립트를 이용한 경험이 있다. 그 때는 스크립트가 function으로 구성되어 문장 어디에서인가 그 함수를 호출하여 사용하였으나, 여기에서는 다음과 같이 그냥 입력되어 있다.

```
<script language="javascript">
 alert("비밀번호가 일치하지 않습니다");
 history.back();
</script>
```

이러한 스크립트는 브라우저가 이 코드를 읽어들이면 작동함으로, 위에서는 if문을 이용하여 비밀번호가 일치하지 않는 경우에만 이 스크립트를 통과하게 되어있어서, 비밀번호가 일치하면 절대 호출되지 않게 되어 있는 것이다. 또한 history.back(); 메소드는 [뒤로 돌아가기]버튼과 같은 일을 하게 되는 역할을 하여, 이전 페이지로 되돌리는 것이다.

다음으로 이번에는 content.asp 페이지에서 [삭제]를 클릭하여 저장된 어떤 글을 삭제하는 내용을 살펴보자.

## 8.7 글 삭제하기

글을 삭제할 수 있는 사람은 수정하기와 마찬가지로 이 글을 작성한 당사자 또는 사이트 관리자만이 할 수 있는 권한일 것이다. 그러므로 우선 글의 비밀번호를 입력받아서 일치하면 삭제하고, 틀리면 다시 이전 페이지로 돌리도록 해야 할 것이다. 그럼 우선 비밀번호를 입력 받는 폼을 다음과 같이 작성해 보자.

### 예제 08_06) : 글 삭제하기 (del.asp)

```
<html>
<head><title>삭제</title></head>
<body bgcolor="#ffffff">
<p><br></p>
<form method="POST" action="del_ok.asp">
   <div align="center"><table border="1" cellspacing="0" width="226" height="72">
```

```
      <tr>
         <td bgcolor="#99CCFF" height="20" width="224"><div align="center"><center><p>
         <font color="#FFFF00" face="Comic Sans MS"> </font><strong><font size="5"
face="Comic Sans MS">삭               제</font></strong>
</td>
      </tr>
      <tr align="center">
         <td bgcolor="#E1E1E1" width="224" height="36"><div align="center"><center><p>
<input type="hidden" name="idx" value="<%=request("idx")%>">
         <font face="돋움" size="2">비밀번호 : 
            <input type="password" name="pwd" size="8"></font><br>
               </td>
      </tr>
   </table>
   </div><div align="center"><p><input type="button" value=" 삭 제 "
style="background-color:rgb(153,204,255);">
      <font face="돋움" size="2">[<a href="list.asp">list로 돌아가기</a>]</font></p>
   </div>
</form>
</body>
</html>
```

[실행결과]

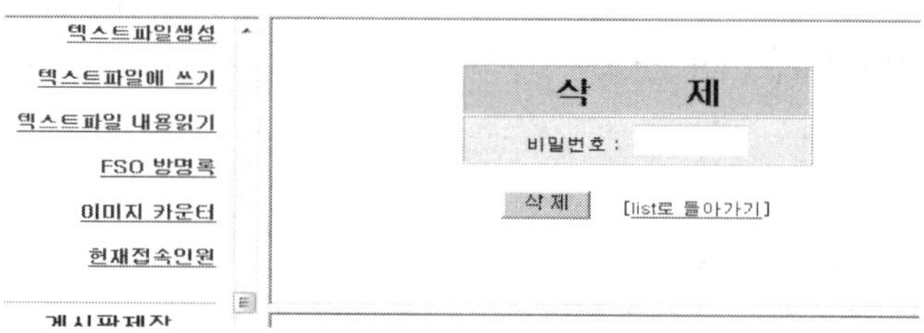


〈그림 8-16〉 삭제하기 화면

<소스 분석>

edit.asp 에서와 마찬가지로 여기에서도 글의 고유값이 넘어와 있기는 하지만 실질적인 처리를 하는 곳은 del_ok.asp으로 글의 고유값을 또 넘겨주어 그곳에서 데이터베이스를 검색하여 현재 글의 비밀번호를 알아낼 것이므로, 위에서와 같이 폼을 통하여 type="hidden"을 이용하고 있다. 그러면 이제 del_ok.asp 페이지를 다음과 같이 코딩해보자.

**예제 08_07) : 글 삭제하기 처리 (del_ok.asp)**

```
<%
    Set db = Server.CreateObject("ADODB.Connection")
    db.Open "Provider=SQLOLEDB.1;Password=00000;Persist Security Info=True;User ID=sa;Initial
Catalog=BizDB;Data Source=DB 서버"

    SQL = "select pwd from Board where board_idx = " & request("idx")

    set result = db.execute(SQL)

    if request("pwd") = result("pwd") then
        SQL = "Delete from Board "
        SQL = SQL & " where board_idx = " & request("idx")

        db.execute SQL

        Response.Redirect "list.asp"

    else

%>

<script language="javascript">
    alert("비밀번호가 일치하지 않습니다");
    history.back();
```

```
</script>
<% end if%>
```

<소스 분석>

이 소스 또한 설명할 필요가 없을 것이다. 이제 우리는 기본적인 여러 가지를 구성하여 보았다. 간단한 데이터베이스를 MS-SQL을 이용하여 구성하고, 입력폼 write.htm을 만들어 write_ok.asp로 전송하여 입력된 내용을 데이터베이스에 저장하고, 다시 입력된 데이터를 list.asp 페이지를 이용하여 데이터베이스에서 불러내어 화면에 출력하고, 글의 자세한 내용을 보고 조회수를 증가시키기 위하여 content.asp를 제작하였으며, 글을 수정/삭제하는 기본적인 작업을 수행하는 게시판을 제작하여 보았다.

아직도 처리해 주어야할 많은 것들이 있다. 다음에 나오는 부분 또한 반드시 해결하고 넘어가야 한다.

## 8.8 작은 따옴표와 HTML 태그효과 제한방법

지금까지 제작한 게시판은 반드시 해결해 주어야하는 문제를 가지고 있다. 앞에서 사용된 다음과 같은 쿼리문를 살펴보자.

```
Insert into board (name, age) values ('비즈프레스 ', 22)
```

여기에서, "비즈프레스" 대신에 "비즈프레스 ' "이라고 입력하면 반드시 에러가 나는데, 그 사이에 또 작은 따옴표 " ' "가 들어가 있기 때문에 이 쿼리를 이해 못하는 것이다. 마찬가지로, 우리는 write.htm 입력창의 제목 또는 내용을 입력하면서 작은 따옴표를 사용하면 문제가 발생하는데, 게시판에 절대로 작은 따옴표를 사용하지 말라고 주문 할 수는 없다. 이 문제를 해결하기 위해서는 위에서 우리는 다음과 같이 write_ok.asp를 해결해 주고 있다.

### 수정된 write_ok.asp

```
title = request("title")
pwd = request("pwd")
```

```
content = request("content")

'쿼리에 '가 들어가면 에러가 발생하기 때문에 replace 처리해 줌.
title = replace(title,"'","''")
content = replace(content,"'","''")
이하는 동일
  ..................
```

---

다음 HTML 태그 문제는 필수적인 문제는 아니고 선택사항인데, 예를 들어 어떤 방문자가 위에서 작성한 게시판에 들어와 글을 작성하는 입력창에서 내용 항목에 다음과 같은 문장을 써서 질문을 하였다고 가정하자.

> 질문이 있는데요?, HTHL 문서에 버튼을 올리는 문장은
> <input type="button" name="biz " value="비즈프레스">
> 이라고 작성하면 됩니까?

그러면 작성한 사람이 원하는 결과를 내용보기에 출력하지 않고 버튼이 뒤섞인 이상한 내용이 나오게 되는데 이것에 대한 Replace가 필요하다. HTML에서 사용되는 <, >, 그리고 & 등에 대하여 ASP에서 사용하면 그대로 태그가 됨으로, 이것에 대한 Replace가 필요한 것이다. 즉, 입력한 코드가 HTML로 동작하지 않고 그냥 코드로 출력되도록 해주면 되는데, <, >, 그리고 &을 각각에 맞는 특수문자로 바꾸어 주면 되는 것이다. 이렇게 해주기 위해서 우리는 다음과 같이 write_ok.asp 및 edit_ok.asp에 다음 내용을 또 추가하고 있다.

## HTML 태그(tag) 효과를 제한방법

```
'쿼리에 '가 들어가면 에러가 발생하기 때문에 replace 처리해 줌.
 title = replace(title,"'","''")
 content = replace(content,"'","''")

 'HTML 태그(tag) 효과를 제한하는 경우
 title = replace(title,"&","&amp;")
 title = replace(title,"<","&lt;")
 title = replace(title,">","&gt;")
```

```
content = replace(content,"&","&amp;")
content = replace(content,"<","&lt;")
content = replace(content,">","&gt;")

이하 동일
......................
```

---

## 8.9 글 검색하기

이제 데이터베이스에 저장된 글에서 원하는 특정 내용을 검색할 수 있는 검색기를 달아보자. 이 검색기는 저장된 데이터의 양이 많아지면 또한 요구되는 기능이다.

여기에서는 사용자로부터 글을 작성한 사람, 글의 제목, 글의 내용 중 검색 폼을 list.asp에 부착하여 검색할 내용을 선택 입력받아서 검색할 수 있는 검색기를 제작해 보자. 검색할 내용을 기입하고 [검색] 버튼을 누르면 이 값은 search.asp라는 페이지에서 받아 처리하여 결과를 출력하도록 제작해보자.

list.asp 페이지의 아래 부분에 다음과 같은 검색기 폼을 추가하자.

### 예제 08_08) : 글 리스트에 검색기 추가 (list.asp)

```
........... 위의 내용 동일

<%=page%> page /<%=totalpage%> pages
         
<a href="write.htm"> [글올리기]</a></font>
</center>

<form method="POST" action="search.asp">
<table border="0" cellspacing="0" width="500">
```

```
        <tr>
          <td><div align="center"><center><p>
          <select name="search" size="1" style="font-family: 돋움체">
            <option value="title">글제목</option>
            <option value="name">글쓴이</option>
            <option value="content">글내용</option>
          </select>   
          <input type="text" name="SearchString" size="20" style="border: 1px solid">
          <input type="submit" value=" 검 색 " name="btn" style="background-color:
rgb(238,238,238); color: rgb(0,47,94); font-weight: bolder">
          </td>
        </tr>
      </table></form>

<% end if%>
................ 이하 동일
```

[실행결과]

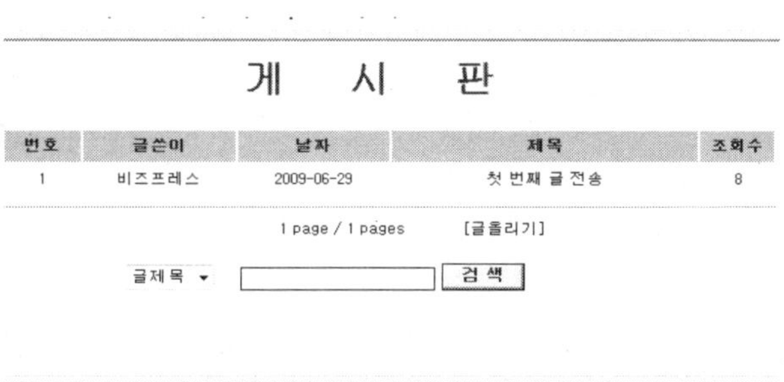


〈그림 8-17〉 검색기가 부착된 게시판 리스트

### 예제 08_09) : 글 검색 결과 처리 페이지 (search.asp)

```
<%
   search = request("search")
```

```
    SearchString =request("SearchString")

    Set db = Server.CreateObject("ADODB.Connection")
    db.Open "Provider=SQLOLEDB.1;Password=ebiz014630;Persist Security Info=True;User
ID=web01;Initial Catalog=BizDB;Data Source=EBIZ"

    SQL = "SELECT * FROM board where " & search & " like '%" & SearchString & "%'
"
    SQL = SQL & " ORDER BY num DESC"

    Set rs = Server.CreateObject("ADODB.Recordset")
    rs.Open SQL,db,1
%>
<html>
<head><title>검색결과</title>
<style type="text/css">
 A                {text-decoration: none; color:black}
 A:hover          {text-decoration: underline; color:orange}
</style>
</head>
<body bgcolor="#FFFFFF">
<%  if rs.BOF or rs.EOF then %>
<!-- 검색결과가 없을 경우 -->
<p align="center">  </p>
<p align="center">  </p>
<p align="center"><font face="돋움" size="5" color="#FF8000">검색결과없음!!</font></p>
<p align="center">  </p>
<p align="center">  </p>
<p align="center"><font face="돋움" size="2">[<a href="list.asp">list로
돌아가기</a>]</font></p>
<!-- 검색결과가 없을 경우-->
```

```
<%
else
recordcnt = rs.RecordCount   '총 레코드의 갯수를 recordcnt라는 변수에 저장한다.
%>
<p align="center"><font face="돋움" color="#008080"><big><big><strong>검색 결과
</strong></big> </big></font></p>
<div align="center">
<p align="center"><font face="돋움" size="2"><strong><%=Search%></strong> 에서
<strong><%=SearchString%></strong> (으)로 검색한 결과 <%=recordcnt%>
</font></p>
<div align="center"><center>
<table border="0" cellspacing="2" width="600">
  <tr>
    <td width="10%" bgcolor="#99CCFF" align="center" height="25"><font size="2"
face="돋움">번호</font></td>
    <td width="20%" bgcolor="#99CCFF" align="center" height="25"><font size="2"
face="돋움">글쓴이</font></td>
    <td width="20%" bgcolor="#99CCFF" align="center" height="25"><font size="2"
face="돋움">날짜</font></td>
    <td width="40%" bgcolor="#99CCFF" align="center" height="25"><font size="2"
face="돋움">제목</font></td>
    <td width="10%" bgcolor="#99CCFF" align="center" height="25"><font size="2"
face="돋움">조회수</font></td>
  </tr>
<% Do until rs.EOF %>
  <tr>
    <td width="10%" align="center" height="25"><font face="돋움" size="2"
color="#000000"><%=rs("num")%></font></td>
    <td width="20%" align="center" height="25"><font face="돋움" size="2"
color="#000000"><a href="mailto:<%=rs("email")%>"><%=rs("name")%></a></font></td>
    <td width="20%" align="center" height="25"><font face="돋움" size="2"
color="#000000"><%=left(rs("writeday"),10)%></font></td>
```

```
        <td width="40%" align="center" height="25"><font face="돋움" size="2"
color="#000000"><a
href="content.asp?idx=<%=rs("board_idx")%>"><%=rs("title")%></a></font></td>
        <td width="10%" align="center" height="25"><font face="돋움" size="2"
color="#000000"><%=rs("readnum")%></font></td>
    </tr>
<%
rs.MoveNext
loop
%>
</table>
</center></div></div>
<hr width="600" align="center">
<p align="center"><font face="돋움" size="2">&lt; <a href="list.asp">글 리스트</a>
&gt;</font></p>
<% end if%>
</body>
</html>
```

다음은 “제목”으로 검색한 결과 화면이다.

[실행결과]

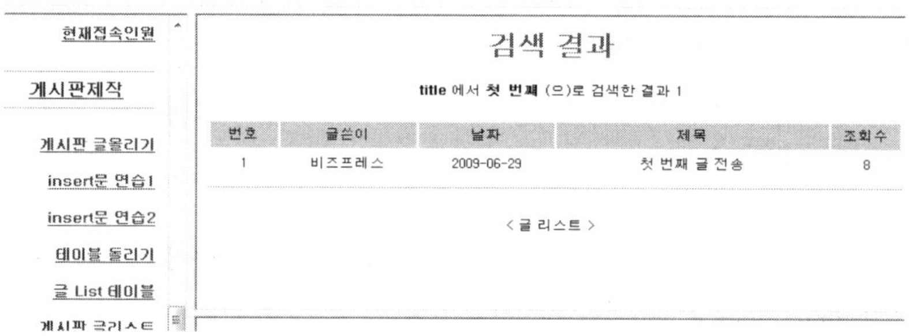


〈그림 8-18〉 검색결과 화면

<소스 분석>

위의 소스 또한 list.asp와 거의 같은 모습이며, 이 내용을 어렵지 않게 이해할 수 있을 것이다. 다만 몇 몇 새로운 것 중에서 새롭게 추가된 부분은

```
Recordcnt = rs.RecordCount '총 레코드의 갯수를 recordcnt라는 변수에 저장한다.
```

인데, 이것은 가져온 총 레코드가 몇 개인지를 알아내기 위하여 레코드섹 객체의 RecordCount 라는 속성을 이용하고 있는데, 주의할 것은 레코드셋을 열 때 반드시 커서타입을 adOpenKeySet (1) 또는 adOpenStatic (3)으로 세팅해주어야 하며, 그렇지 않으면 에러를 내게 된다.

검색결과 페이지에는 아직 페이징 기능이 없으나, 원하면 앞에서 배운 것을 응용하여 얼마든지 추가할 수 있다.

다시 또 하나 더 추가해야할 것이 있는데 그것은 바로 운영자 사용을 만드는 것이다. 왜냐하면, 예를 들어 아주 불필요하거나 건전하지 못한 내용을 게시판에 어떤 사용자가 올렸다면 이러한 내용은 삭제해 줄 필요가 있을 것이다. 그러므로 글을 작성한 사람 이외에도 이 게시판 내용을 관리할 수 있는 운영자 사용 이 필요한 것이다.

## 8.10 관리자 구역

운영자 사용 구역은 말 그대로 게시판에 올라온 글을 관리하는 정도의 기능만 수행하면 된다. 이러한 기능을 수행하기 위해서는 글을 읽을 때, 관리자는 비밀번호를 읽을 수 있도록 하여 수정/삭제를 할 수 있도록 하면 된다. 우선 관리자 로그인 페이지의 이름이 admin.htm 라고하고, list.asp 페이지에서 [글올리기] 옆에 다음과 같이 추가하도록 하자.

```
..............
 <a href="write.htm"> [글올리기]</a>
       
 <a href="admin.htm">[관리자구역]</a>
 .........................
```

연결되는 admin.htm 화면은 작성자의 취향에 맞도록 구성할 수 있는데, 예를 들어 아래와 같이 만들 수 있다.

### 예제 08_10) : 관리자 로그인 페이지 (admin.htm)

---

```
<html>
<head>
<title></title>
<script language="javascript">
<!--
function sendit() {


        if (document.login.id.value == "" ) {
                alert("관리자의 ID를 기입해 주십시요");
                return false;
        }

        if (document.login.pwd.value == "" ) {
                alert("비밀번호를 기입해 주십시요");
                return false;
        }

            document.login.submit();

    }
//-->
</script>


</head>
```

```
<body bgcolor="#ffffff">

<form name="login" method="post" action="admin_ok.asp">
    <ul>
        <p><strong><font face="Arial Rounded MT Bold" color="#666666"
size="3">Admin</font><font color="#666666" size="3"> ID
        :  </font></strong><font face="돋움" size="2"><input type="text" name="id"
size="8"></font><strong><font face="Arial Rounded MT Bold" color="#666666" size="5">
</font><font face="Arial Rounded MT Bold" color="#666666" size="3">Passwd :</font><font
face="Arial Rounded MT Bold" color="#666666" size="5"> </font></strong><font
face="돋움" size="2"><input type="password" name="pwd" size="8"></font><strong><font
face="Arial Rounded MT Bold" color="#666666" size="5">
                                    </font></strong><input type="button" value=" Login  "
name="B1" OnClick="sendit()" style="color:rgb(102,102,102);
background-color:rgb(253,238,238);"></p>
</form>
<p align="left"><font face="돋움" size="2">&lt;
 <a href="list.asp" target="right">게시판 리스트로 </a>&gt;</font></p>
</body>
</html>
```

---

[실행결과]

<그림 8-19> 관리자 로그인 화면

물론 이 관리자 모드는 직접 list.asp 파일에 코딩하여 넣어도 상관없다. 이 admin.htm 파일은 단순히 입력하는 폼으로 아이디(ID)와 비밀번호(PWD)만을 입력받아 admin_ok.asp로 전송하면, 이 admin_ok.asp에서 처리할 것이므로 여러분이 직접 작성해 보기를 권장한다. 이 admin.htm 파일이 만들어지면, 입력받은 데이터를 처리하는 admin_ok.asp를 만들어야 한다. 이 파일은 전송받은 아이디와 비밀번호가 맞는다면 데이터에 저장된 비밀번호를 보여주는 기능을 수행하

고, 틀리면 경고메시지와 함께 이전 페이지로 되돌리도록 작성하자. 소스를 보도록 하자.

**예제 08_11) : 관리자 로그인 처리 페이지 (admin_ok.asp)**

```
<%

  id = request("id")
  pwd = request("pwd")

  if id="admin" and pwd="1111" then
    session("id") = "admin"
  else
%>
<script language="javascript">
   alert("로긴 실패. 확인 후 다시 로긴해 주십시요");
   history.back();
</script>
<% end if %>
<html>
<head><title>관리자 로긴</title></head>
<body bgcolor="white">
<p> <br>
<p align="center"><font face="돋움" size="2" color="#004080">로그인 성공</font></p>
<p align="center"><font face="돋움" size="2">&lt; <a href="list.asp"><font

color="#008080">게시판으로</font></a> &gt;</font></p>
</body>
</html>
```

<소스 분석>

소스를 보면 관리자의 아이디는 데이터베이스에서 불러오지 않고 페이지에서 그냥 간단히 고

정시켜 놓고, 즉 ID는 "admin"으로 PWD는 "1111"로 정하고 비교하여 일치하면, Session("id")라는 변수에 "admin"이라는 값을 주고, 아니면 되돌리고 있다. 그러므로 Session("id")값으로 "admin"을 할당받기 위해서는 반드시 관리자 모드로 로긴을 해야하는 것이다.

그러면, Session("id")가 "admin"인 사람은 어떻게 하면 글의 비밀번호를 볼 수 있겠는가? 방법은 우리가 만든 게시판 list.asp에서 [내용]을 클릭하면 content.asp로 연결되는데, 여기에 맨 아래 수정/ 삭제 다음에 글의 비밀번호를 다음과 같은 방법으로 출력하도록 하는 것이다. 즉, content.asp 페이지에서 다음에 진한 부분을 첨부해 보자.

## 비밀번호 출력 폼 소스 코드

```
..........................................
<p align="center"><font face="돋움" size="2"> <a href="list.asp"> ☞
오성게시판으로 돌아가기/</a>  <a href="edit.asp?idx=<%=request("idx")%>"> ☞
수정</a> / <a href="del.asp?idx=<%=request("idx")%>"> ☞삭제/
</a>   

<% if session("id")="admin" then '비밀번호 확인%>
 현재 글 비밀번호 : <%=rs("pwd")%>
<% end if%>

</font></p>
..........................................
```

그러면, Session("id")가 "admin"인 사람에게만 현재글의 비밀번호를 출력하게 되는 것이다.

[실행결과]

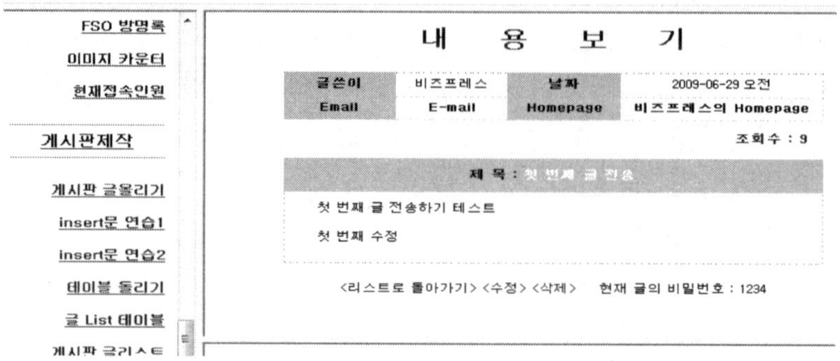


〈그림 8-19〉 관리자 구역에서의 내용보기 화면

이제 우리는 어떤 올라온 글의 비밀번호를 알게 되었기 때문에 그 글을 직접 올리지 않았더라도 그 글을 수정 또는 삭제할 수 있게 되었다는 것을 알 수 있다. 위에서는 Session을 이용하여 사용자를 제한하고 있다. Session 변수는 admin_ok.asp에서 생성됨으로 이 페이지를 통과해야 Session("id") 값으로 “admin" 값을 할당 받을 수 있는 것이다.

이제 어느 정도 완성된 게시판의 기능이 갖추어진 느낌이다. 이 모든 과정을 이해한다면, 아마도 이미 여러분은 ASP를 다루는데 있어서 상당히 자신감이 생겨있을 것으로 확신한다.

# 제 9 장 답변형 게시판 제작

앞에서 제작한 게시판은 평범한 내용으로 구성되어 있으나, 이 장에서는 게시글에 대하여 답변할 수 있는 "답변형 게시판 "을 제작하는 방법을 설명하고자 한다. 이 답변형 게시판을 제작하는 것은 단순한 작업이 아니다. 답변이라는 것은 어떤 글에 대한 답변으로 바로 그 아래에 위치하도록 레코드를 삽입하여 넣어 주어야 하기 때문이다. 그러나 데이터를 데이터베이스에 넣으면, 그 데이터는 넣어주는 순서대로 저장될 뿐, 원하는 위치에 넣어 저장한다는 것은 아주 어려운 일이며, 또한 저장을 하였다고 해서 원하는 대로 출력하여 화면에 보여줄 수 있을지는 어려운 작업이 된다. 따라서 데이터가 입력될 때 그 입력되는 데이터를 한 그룹으로 묶어 주는 것이 필수적이다. 다시 말해서 글을 올리고, 그 글에 대한 답변이 올라오고, 그 답변에 대한 답변들을 하나의 그룹으로 묶어, 그룹 그룹을 계층으로 엮을 수만 있다면, 데이터가 각각 따로따로 저장되어 있다고 하드래도 Order by를 이용하여 각 그룹을 기준으로 가져오게 되면 글에 대한 답변으로 화면에 출력해 줄 수 있는 것이다. 현재는 이러한 설명에 대하여 이해가 힘들겠지만 제작 작업을 따라하다 보면 차츰 이해가 될 수 있을 것이라고 생각한다. 일반형 게시판과 마찬가지로 우선은 답변형 게시판용 테이블을 제작하여야 한다.

## 9.1 답변형 게시판용 DB 테이블

우선 이 답변형 게시판에 사용할 qaboard 테이블은 앞에서 제작한 일반형 board 테이블에 3개의 컬럼을 추가하는 것이 필요하다. 이들은 각각 올라온 하나의 글과 연관된 모든 글들을 하나의 그룹으로 묶어주는 qa_ref이라는 컬럼이며, 답변이 몇 번째 단계의 답변인지를 분간해 줄 qa_level, 글의 정렬 순서를 지정해 줄 qa_no라는 컬럼이다. 우리는 여기에서 MS SQL 서버를 사용하고 있으므로 다음과 같은 쿼리문을 작성하고, MS SQL 엔터프라이즈 관리자를 열고 데이터베이스 BizDB를 선택하여 테이블에서 [도구]의 SQL 분석기를 열어서 작성한 쿼리문을 실행하면 쉽게 테이블이 만들어 진다.

```
CREATE TABLE [dbo].[qaboard] (
        [board_idx] [int] IDENTITY (1, 1) NOT NULL primary key clustered,
        [name] [varchar] (50) NOT NULL ,
```

```
        [email] [varchar] (100)  NULL ,
        [tel] [varchar] (100)  NULL ,
        [title] [varchar] (50)  NOT NULL ,
        [pwd] [varchar] (10)  NOT NULL ,
        [num] [int] NOT NULL ,
        [writeday] [varchar] (50) NOT NULL,
        [readnum] [smallint] NOT NULL default 0,
        [qa_ref] [smallint] NOT NULL,
        [qa_no] [smallint] NOT NULL,
        [qa_level] [smallint] NOT NULL,
        [content] [text]  NOT NULL
    )
```

기존 테이블은 우리가 테이블에 어떻게 저장이 되든지 관계없었으나, 답변형 게시판에서는 각각에 관련된 글들이 원래 글들의 아래에 바로 나타나도록 구성해야 하기 때문에 구성이 수월하지 않다. 테이블에 저장되는 정보는 들어오는 순서대로 저장되기 때문에, 여기에서 중요한 것은 이렇게 섞여 들어오는 데이터 중에서 연관이 된 데이터를 함께 묶어주는 것이 필요해진다. 앞에서 언급한 바와 같이 위의 qaboard를 일반 게시판에서 사용한 board와 비교해보면 몇 가지 추가된 컬럼을 볼 수 있는데, 위에서 qa_ref는 한 개의 글에 연관된 모든 글 (답변)을 한 그룹으로 묶어주기 위한 컬럼이며, qa_no는 몇 번째 단계의 답변인지를 나타내고, 그리고 qa_level은 글의 정렬 순서를 지정할 컬럼이다.

테이블에 저장되어 있는 글은 그 고유값이 있는데, 어떤 질문이 만들어지면 qa_ref이라는 컬럼의 값을 바로 자신의 고유값으로 정하게 하면 된다. 만일 어떤 글 (예를 들어 "비즈프레스")이라는 글의 고유값이 100이라고 하면 이 그룹의 값, 즉 qa_ref는 100이 된다. 그리고 이 100이라는 그룹의 첫 번째 글이므로 글의 qa_no는 0, 그리고 글의 정렬순서 qa_level 또한 0이 된다. 다음으로 이 글 "비즈프레스"에 대한 답변A가 들어왔다고 가정하자. 그러면 이 답변A는 "비즈프레스" 그룹에 속한 글이므로 "비즈프레스" 고유값을 소유하게 됨으로 qa_ref 또한 100이 된다. 이 답변은 첫 번째 답변임으로 qa_no는 1이 되고 또한 qa_level의 값도 1이 된다. 그리고 다시 또 원래 "비즈프레스"에 대한 답변B가 들어왔다면, 같은 질문에 답변이 두 개 붙게 된다. 그러므로 답변B의 qa_no는 또한 1이지만, qa_level은 2가 되어야 한다. 다음 테이블을 보면 이해가 쉬울 것이다.

| 글 | qa_ref | qa_no | qa_level |
|---|---|---|---|
| “비즈프레스 “(원래글) | 100 | 0 | 0 |
| 답변A | 100 | 1 | 1 |
| 답변B | 100 | 1 | 2 |

실제 문제는 다음에 등장하는데, 예를 들어 위에서 원래 “비즈프레스”에 대한 답변이 아닌 답변A에 대한 답변으로 답변A1이 들어왔다면 어떻게 할 것인가? 답변에 대한 답변임으로 쉽게 처리될 문제가 아니다. 우선 qa_ref는 100이니까 상관이 없지만, qa_no는 2, 그리고 qa_level 값도 2가 되면 될 텐데 문제는 qa_level 값이 2인 값이 이미 존재하고 있다. 화면에 출력할 때 이 qa_level의 순서대로 나타내야 할 텐데, 같은 값이 두 개가 있음으로 에러를 발생하든지 아니면 순서가 뒤 바뀔 수 있기 때문에 이 문제를 어떻게 든 처리하여야 한다. 잘 생각해보자. 해결할 방법은 새로 들어오는 “답변A에 대한 답변A1”은 이유 불문하고 “답변A"의 qa_level"의 값에 1을 더한 ”답변A1“의 qa_level의 값이 2가 되어야 한다. 그리고 원래 qa_level의 값이 2였던 답변B의 qa_level의 값은 본래 저장되었던 2를 버리고 3이 되어야 할 것이다.

또 다시 이번에는 “답변 B에 대한 답변 B1”이 들어왔다고 가정하자. 그러면 이번에는 어떻게 처리하는가? 물론 같은 그룹임으로 qa_ref의 값은 100이니까 문제없고 qa_no는 또한 2가 될 것이지만 qa_level의 값은 4가 될 것이다.

이제 또 다시 이번에는 “답변 A1에 대한 답변으로 답변A2”가 들어오면 어떻게 하는가? 그러면 qa_ref의 값은 100, 첫 번째 답변A의 qa_no의 값은 1이고, 답변A1의 qa_no의 값은 2였으니 답변A2의 qa_no의 값은 3이 될 것이다. 그러면 qa_level의 값은 어떻게 하면 되는가? 바로 위에 있는 답변A1의 qa_level의 값이 2임으로, 답변A1에 대한 답변A2의 qa_level의 값은 3이 되어야 하는데, 원래 3 과 4로 저장되어 있던 답변B 및 답변B1의 qa_level의 값은 원래의 값에 각각 1을 더해주면 되는 것이다.

다음 테이블을 보자.

| 글 | qa_ref | qa_no | qa_level |
|---|---|---|---|
| “한국대학 “(원래글) | 100 | 0 | 0 |
| 답변A | 100 | 1 | 1 |
| 답변A1 | 100 | 2 | 2 |
| 답변A2 | 100 | 3 | →3 |
| 답변B | 100 | 1 | 3→4 |
| 답변B1 | | 2 | 4→5 |

다시 정리해보자. 답변으로 들어오는 글은 같은 그룹의 입장에서 qa_ref, qa_no, 그리고 qa_level의 값을 참조하여 qa_ref는 같은 값으로, qa_no는 +1을 한 값으로, 그리고 qa_level의 값은 바로 상위의 qa_level의 값에 +1을 한 값으로 하고 그 이후의 qa_level의 값은 원래 값에 모두 +1을 해주는 것이다.

이제 이 답변형 게시판을 제작해 보자. 이 답변형 게시판과 관련된 파일은 답변형 게시판의 파일이 저장된 폴더 c:\Home\qaboard에 write.asp로 저장하도록 하자.

## 9.2 글올리기/답변하기 (write.asp)

처음 새 글이 올라올 때 우리는 단지 새 글이 저장되는 qa_ref를 자신의 고유값으로 저장하고 qa_no와 qa_level은 0으로 세팅하면 된다. 그러나 답변하기 글이 올라오는 경우는, 그 답변하기 글이, 그 질문 글의 qa_ref와 qa_no, 그리고 qa_level의 값을 같이 가지고 write_ok.asp 페이지로 넘겨 보내야 된다. 그렇지 않으면 데이터베이스에 그 글과 관련된 값의 증감을 결정할 수 없다.

우선은 다음과 같이 ASP 페이지를 제작하고 설명을 하기로 하자.

### 예제 09_01) : 질문답변 게시판 글 올리기 (write.asp)

```
<%
if request("id")<>"" then
 Set db = Server.CreateObject("ADODB.Connection")
 db.Open "Provider=SQLOLEDB.1;Password=00000;Persist Security Info=True;User ID=sa;Initial
Catalog=BizDB;Data Source=DB 서버"

 SQL = "Select title,content FROM qaboard"
 SQL = SQL & " where Board_idx = " & request("id")

 Set Rs = Server.CreateObject("ADODB.Recordset")

 Rs.Open SQL,db
```

```
  title = Rs("title")
  content = Rs("content")
  content = "" & content
  content = replace(content,chr(13) & chr(10),chr(13) & chr(10) & ">")

end if
%>

<html>
<head><title>질문/답변 게시판</title></head>
<script language="javascript">
<!--
function sendto()
{
        //이름
        if (document.bizpress.name.value == "")  {
                alert("이름을 입력하세요.");
                return false;
        }
        //제목
        if (document.bizpress.title.value == "") {
                alert("제목을 입력하세요.");
                return false;
        }
                document.bizpress.submit();
}
//-->
</script>
<body bgcolor="#ffffff">
<table>
<form name="bizpress" method="POST" action="write_ok.asp">
  <input type="hidden" name="idx"  value="<%=request("idx")%>">
```

```
<input type="hidden" name="qa_ref" value="<%=request("qa_ref")%>">
<input type="hidden" name="re_no" value="<%=request("re_no")%>">
<input type="hidden" name="re_level" value="<%=request("re_level")%>">
<table border="0" cellspacing="0" width="540" cellpadding="0">
<tr>
    <td width="80" height="50" align="right" bgcolor="#ffffFF">

<img src="images\write.gif" width="52" height="32" border="0"">     </td>
    <td width="460" height="50" align="left" bgcolor="#FFFFFF">
      <font face="돋움" size="3" color="#004080"><strong>질문/답변 게시판 글
올리기</strong></font>
    </td>
</tr>
<tr>
    <td width="80" height="030" align="center" bgcolor="#DDEEFF">
      <font face="돋움" size="2" color="#004080"><strong>글쓴이</strong></font>
    </td>
    <td width="460" height="030" align="left"bgcolor="#FFFFFF">
      <input type="text" name="name" size="20" style="border: 1 solid">
    </td>
</tr>
<tr>
    <td width="80" height="030" align="center" bgcolor="#DDEEFF">
     <font face="돋움" size="2" color="#004080"><strong>E-mail</strong></font>
    </td>
    <td width="460" height="030" align="left"bgcolor="#FFFFFF">
     <input type="text" name="email" size="30" style="border: 1 solid">
    </td>
</tr>
<tr>
    <td width="80" height="030" align="center" bgcolor="#DDEEFF">
      <font face="돋움" size="2" color="#004080"><strong>전화번호</strong></font>
```

```
    </td>
    <td width="460" height="030" align="left" bgcolor="#FFFFFF">
      <input type="text" name="tel" size="30" style="border: 1 solid">
    </td>
</tr>
<tr>
   <td width="80" height="030" align="center" bgcolor="#DDEEFF">
     <font face="돋움" size="2" color="#004080"><strong>글제목</strong></font>
   </td>
   <td width="460" height="030" align="left" bgcolor="#FFFFFF">
     <input type="text" name="title" size="30" style="border: 1 solid">
   </td>
</tr>
<tr>
   <td width="80" align="center" bgcolor="#DDEEFF">
     <font face="돋움" size="2" color="#004080"><strong>글</strong></font>
   </td>
   <td width="460" align="left" bgcolor="#FFFFFF">
      <textarea wrap="hard" rows="11" name="content" cols="63" style="border: 1
solid"></textarea>
   </td>
</tr>
<tr>
   <td width="80" height="030" align="center" bgcolor="#DDEEFF">
     <font face="돋움" size="2" color="#004080"><strong>비밀번호</strong></font></td>
   <td width="460" height="030" align="left" bgcolor="#FFFFFF">
     <input type="password" name="pwd" size="8" style="border: 1 solid">
        <font face="돋움" size="2">(수정과 삭제시 필요!! )</font>
   </td>
</tr>
</table>
 <p>
```

```
    <input type="button" value="글올리기" name="write" OnClick="sendto()"

style="background-color:rgb(153,204,255);"> 
    <input type="button" value="글 다시쓰기" name="reset"

style="background-color:rgb(153,204,255);"> 
  </p>
</form>
</table>
</body>
</html>
```

---

[실행결과]

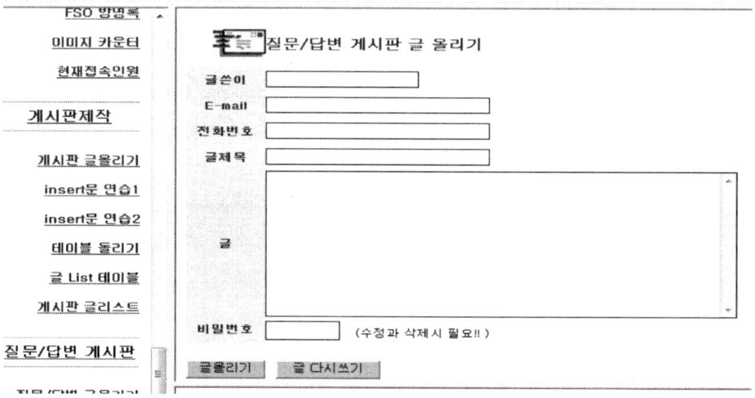


〈그림 9-1〉 질문/답변 게시판 글 올리기

<소스 분석>

위의 소스는 일반게시판에서 사용하던 write.htm을 약간 변형한 것에 불과하다. 우선 새 글이 올라오면 일반게시판에서 처럼 저장하면 됨으로 문제될 것이 없다. 그러나 이 글에 대한 답변의 경우에는 사정이 달라진다. 이 경우에는 이 새 글에서 저장된 고유번호, 즉 qa_ref의 값 및 qa_no와 qa_level 값을 불러서 같이 가지고 넘어가야 한다. 그리고 이 값은 눈에 보이지 않게 hidden으로 write_ok.asp 페이지로 전송되어, 위에서 설명한 규칙을 적용하여 데이터베이스에 저장하면 된다. 다음이 바로 원래 일반게시판의 write.htm에 질문/답변형 게시판을 위하여 특

별히 주의해서 살펴 볼 위의 소스에서 진하게 표시된 추가된 내용이다.

```
<input type="hidden" name="idx"  value="<%=request("idx")%>">
<input type="hidden" name="qa_ref" value="<%=request("qa_ref")%>">
<input type="hidden" name="qa_no" value="<%=request("qa_no")%>">
<input type="hidden" name="qa_level" value="<%=request("qa_level")%>">
```

만일 처음 올리는 글이면 위 input value의 모든 값은 Null 값일 것이며, 전송버튼을 클릭하면 qa_ref, qa_no, 그리고 qa_level 값은 Null 값으로 write_ok.asp 페이지로 넘어가게 될 것이다.

## 9.3 올린 글 저장하기

### 예제 09_02) : 전송되어 온 글 DB에 저장하기 (write_ok.asp)

```
<%
 name = request("name")
 email = request("email")
 tel = request("tel")
 title = request("title")
 pwd = request("pwd")
 content = request("content")

 title = replace(title,"'","''")
 content = replace(content,"'","''")
 content = replace(content,"|","chr(124)_pipe")

 Set DB = Server.CreateObject("ADODB.Connection")
 DB.Open "Provider=SQLOLEDB.1;Password=00000;Persist Security Info=True;User ID=sa;Initial
Catalog=BizDB;Data Source=DB 서버"

 SQL = "Select Max(num) from qaboard"
```

```
  Set Rs = Server.CreateObject("ADODB.Recordset")
  Rs.Open SQL, DB
  If IsNULL(Rs(0)) Then
    number = 1
  else
    number = Rs(0) + 1
  End If

'**************답변형 게시판에서의 추가부분*********************'

if request("idx") <> "" then '즉 답변쓰기라면

qa_ref = Cint(request("qa_ref"))
qa_no = CInt(Request("qa_no"))
qa_level = CInt(Request("qa_level"))

SQLString = "UPDATE qaboard SET qa_level = qa_level + 1 WHERE qa_ref=" & qa_ref & "
AND qa_level > " & qa_level
db.Execute(SQLString)

qa_no = qa_no + 1
qa_level = qa_level + 1

else ' 첨 글쓰기라면...

qa_ref = number
qa_no=0
qa_level=0

end if
'***********************************************'
```

```
    SQL = "Insert into qaboard(name,email,tel,title,content,num,"
    SQL = SQL & " readnum,writeday,qa_ref,qa_no,qa_level,pwd) VALUES "
    SQL = SQL & "('" & name & "'"
    SQL = SQL & ",'" & email & "'"
    SQL = SQL & ",'" & tel & "'"
    SQL = SQL & ",'" & title & "'"
    SQL = SQL & ",'" & content & "'"
    SQL = SQL & "," & number & " "
    SQL = SQL & ",'" & 0 & "'"
    SQL = SQL & ", getdate()"
    SQL = SQL & "," & qa_ref & " "
    SQL = SQL & "," & qa_no & " "
    SQL = SQL & "," & qa_level & " "
    SQL = SQL & ",'" & pwd & "')"

    DB.Execute SQL

    Rs.Close
    DB.close
    Set Rs = Nothing
    Set DB = Nothing

Response.redirect "list.asp"
%>
<html>
<body>
<%=name%><br>
<%=email%><br>
<%=tel%><br>
<%=title%><br>
<%=pwd%><br>
<%=content%><br>
```

```
    </body>
    </html>
```

[실행결과]

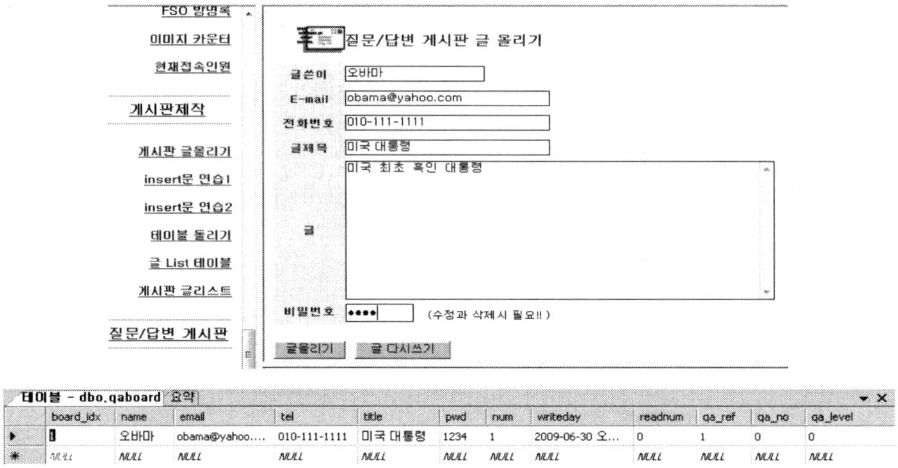

〈그림 9-2〉 전송되어 온 글 DB 저장하기

<소스 분석>

추가된 이외의 소스는 일반게시판 만들기에서 설명을 하였기 때문에, 반복할 필요는 없다고 본다. 여기에서는 답변형과 관련된 내용만 설명하기로 하자. 입력폼에서 정보가 넘어올 때, idx의 값이 없다면 그것은 새로운 글일 것이며, 어떠한 값이라도 있다면 그것은 분명 답변형일 것이다. 그러므로 값이 있다면 답변형 규칙을 적용하여 데이터베이스에 저장하고, 새롭게 들어온 글이면, 즉 idx의 값이 없으면 qa_ref는 글의 번호를 넣어주고, qa_no, 그리고 qa_level의 값으로는 0을 넣어주면 된다. idx의 값이 있다면 qa_ref, qa_no, 그리고 qa_level의 값이 넘어왔을 것임으로 이 값을 가지고 다음과 같은 쿼리를 수행하고 있다.

```
"UPDATE qaboard SET qa_level = qa_level + 1 WHERE qa_ref=" & qa_ref & " AND
qa_level > " & qa_level
```

이 쿼리의 내용은 현재 답변이 들어올 자리의 qa_level보다 qa_level이 큰 관련 답변들의 qa_level에 1을 더해주고 있는 것을 알 수 있는데, 이렇게 해주어야 나중에 저장된 데이터에서 순서에 맞도록 불러서 출력할 수가 있는 것이다.

그러면 이렇게 저장된 데이터를 실제 불러서 순서에 맞게 출력해보자. 우리는 각각의 글을

qa_ref라는 컬럼으로 묶어주었기 때문에, 화면에 출력할 때 Order by를 적절히 사용하여 같은 qa_ref의 값을 가진 데이터를 하나로 묶어서 보이게 할 수 있는 것이다.

## 9.4 답변 글이 포함된 글 리스트

이제 실제로 데이터베이스에 저장된 qa_ref, qa_no, 그리고 qa_level을 유용하게 사용하는 곳이 바로 이 페이지이다. 들어오는 순서대로 저장되어 있는 데이터에서, 순서에 맞도록 화면에 출력할 수 있는 일종의 그룹번호인 것이다.

### 예제 09_03) : 질문/답변 게시판 리스트 (list.asp)

---

```
<%
    if request("page")="" then
        page=1
    else
        page=request("page")
    end if

  Set DB = Server.CreateObject("ADODB.Connection")
  DB.Open "Provider=SQLOLEDB.1;Password=ebiz014630;Persist Security Info=True;User
ID=web01;Initial Catalog=BizDB;Data Source=EBIZ"



   SQL = "Select * from qaboard ORDER BY qa_ref DESC, qa_level asc"
   Set Rs = Server.CreateObject("ADODB.Recordset")
   Rs.PageSize = 5
   Rs.Open SQL,DB,1
%>
<html>
<head>
<title>▣ 질문/답변 게시판 ▣ </title>
```

```
<style type="text/css">
A   {text-decoration:non;color:blue}
A:hover         {text-decoration:underline;color:pink}
</style>
</head>
<body bgcolor="#FFFFFF">
<table border="0" width="747" align="center">
    <tr>
        <td width="741" bgcolor="#F2F7F2">
            <p align="center"><font face="돋움" size="3"> </font><font size="3"
face="휴먼엑스포" color="navy">질문/답변 게시판</font></p>
        </td>
    </tr>
</table>
<% if Rs.BOF or Rs.EOF then %>
<p></p>
<center> 가져온 데이터 없음 </center>
<p></p>
<%
else
totalpage = rs.pagecount
rs.absolutepage = page
 %>

<div align="center"><center><table border="1" cellspacing="0" width="600">
    <tr>
      <td width="25%" bgcolor="#99CCFF" align="center" height="25"><strong><font
face="돋움" size="2" color="#15159C">글쓴이</font></strong></td>
      <td width="25%" bgcolor="#99CCFF" align="center" height="25"><strong><font
face="돋움" size="2" color="#15159C">제목</font></strong></td>
      <td width="25%" bgcolor="#99CCFF" align="center" height="25"><strong><font
face="돋움" size="2" color="#15159C">날짜</font></strong></td>
      <td width="25%" bgcolor="#99CCFF" align="center" height="25"><strong><font
```

```
face="돋움" size="2" color="#15159C">조회수</font></strong></td>
    </tr>
<%
i = 1
Do until rs.EOF Or i>rs.PageSize
%>
<tr>
 <td bgcolor="f2f7f2" width="20%" align="center" height="25">
   <a href="mailto:<%=rs("email")%>"><font face="돋움" size="2"
color="blue"><%=rs("name")%></font></a>
 </td>
 <td bgcolor="f2f7f2" width="30%" align="left" height="25">

<%if DateDiff("h",rs("writeday"),Now()) < 22 then %>
<img src="images/dot.gif" WIDTH="20" HEIGHT="15"><% end if %>



<%
'************** 계층형 추가 ***************
if rs("qa_no") > 0 then
   wid = 5 * rs("qa_no")
%>
<img src="images/level.gif" width="<%=wid%>" height="16">  <img src="images/re.gif"
width="26" height="16">
<% end if %>
<%'*******************************************%>
 <font face="돋움" size="2" color="f2f7f2"><a
href="content.asp?id=<%=rs("Board_idx")%>"><%=rs("title")%></a></font>
 </td>
 <td bgcolor="f2f7f2" width="30%" align="center" height="25"><font face="돋움" size="2"
color="#000000"><%=left(rs("writeday"),20)%></font></td>
 <td bgcolor="f2f7f2" width="10%" align="center" height="25"><font face="돋움" size="2"
color="#000000"><%=rs("readnum")%></font></td>
```

```
 </tr>
<%
rs.MoveNext
i=i+1
loop
%>
<% end if %>
</table>
<table border="0" cellspacing="2" width="600" style="line-height:100%; margin-top:0;
margin-bottom:0;">
[<a href="write.asp"><font face="돋움" size="2">글올리기</font></a>]
[<a href="admin.asp"><font face="돋움" size="2">관리자 구역</font></a>]<center>
<font face="돋움" size="2" color="#000000">
<% if page <> 1 then%>
&lt; <a href="list.asp?page=<%=page-1%>"><font face="돋움" size="2">이전페이지</font></a>
&gt;
<%end if%>
<% if Cint(page) <> Cint(totalpage) then%>
&lt; <a href="list.asp?page=<%=page+1%>"><font face="돋움" size="2">다음페이지</font></a>
&gt;
<% end if%>
         
<%=page%> page / <%=totalpage%> pages
</font>
<hr width="600"></center>
<center><font face="돋움" size="2"></table>
</center><center><hr width="600"></center>
<div align="center">
<form method="POST" action="Re_search.asp">
<table border="0" cellspacing="0" width="500">
<tr><td><div align="center"><center><p><select name="search" size="1" style="font-family:
돋움체">
        <option value="name">글쓴이</option>
```

```
            <option value="title">글제목</option>
            <option value="content">글내용</option>
</select>    <input type="text" name="SearchString" size="20"
style="border: 1px dashed"><input type="submit" value=" 검 색 " name="btn"
style="background-color: rgb(238,238,238); color: rgb(0,47,94); font-weight:
bolder"></center>
                                </div>
 </td>
</tr>
</table>
</form>
                  </div>
<p> </p>
</div>

<p> </p>
</body>
</html>
<%
Rs.Close
DB.Close
Set Rs = Nothing
Set DB = Nothing
%>
```

---

[실행결과]

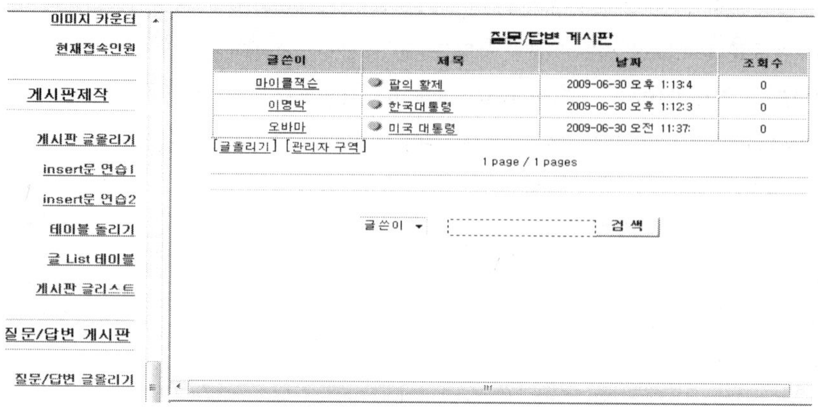


〈그림 9-3〉 질문/답변 게시판 list.asp 화면

<소스 분석>

위의 소스에서는 앞에서 설명한 답변형 게시판의 규칙을 적용하여 화면 출력하고 있는 것을 볼 수 있다. 그리고, qa_no가 그 글에 대한 답변의 순서를 나타내고 있음으로 그 스텝 번호에 맞추어서 들여 쓰기를 해주어 더 좋은 효과를 주고 있는 것을 볼 수 있는데, 이것을 표현하는 소스는 다음과 같다.

```
if rs("qa_no") > 0 then
   wid = 5 * rs("qa_no")
%>
<img src="images/level.gif" width="<%=wid%>" height="16">
<img src="images/re.gif" width="26" height="16">
<% end if %>
```

qa_no의 값이 0보다 크면 (즉, 글의 내용이 답변이면), 이 qa_no의 값에 5를 곱한 수치를 wid로 저장해두고, 이 저장된 값 만큼 level.gif (투명이미지)의 너비를 늘리라는 의미이다. 투명한 이미지 대신 &nbsb;로 공백을 사용해도 무방하지만, 이렇게 투명이미지를 넣는 것이 시각적으로 더 좋은 효과를 주고 있다.

또한 위의 페이지에서는 새로 최근에 올라온 글을 부각시켜주는 기능을 가지고 있는데, 이 내용을 살펴 보자.

```
<%if DateDiff("h",rs("writeday"),Now()) < 24 then %>
<img src="images/newgif" WIDTH="16" HEIGHT="15"><% end if %>
```

바로 이 부분인데, 여기에서는 두 시간을 비교하는 함수 DateDiff()를 사용하고 있는데, 이 함수는 날짜1과 날짜 2을 비교하여, 그 사이의 일수를 되 돌려주는 함수로 사용방법은 다음과 같다.

```
DateDiff("d", 날짜1, 날짜2)
```

글을 입력받은 말짜와 현재의 날짜를 비교하여 24시간 이내에 들어온 글이면 이미지를 보이게 하고 있는 것이다. 즉, DateDiff("h", rs("writeday"), now()) < 24 then 으로 비교하고 있는 것을 볼 수 있는데, 글이 입력된 날짜 rs("writeday")와 현재 시간 now()를 비교하여, 그 사이의 시간 h가 24시간 이내이면 이미지를 나타내고 있는 것이다. 비교 인자는 "d" (일수), "h"(시간) 이외에도 여러 가지가 있으며, VBScript 교재 또는 MSDN을 참고하면 된다.

## 9.5 자세 내용보기 및 답변하기

다음으로 작성해야 할 것은 어떤 질문이 올라오면, 그 글을 읽고 답변을 해야 할 곳이 필요한데, 그 장소로 적합한 곳이 바로 제목과 링크되어 있는 content.asp이며 이 파일을 만들고 이곳에 [답변하기]를 추가하기로 하자.

### 예제 09_04) : 자세 내용보기 및 답변하기 (content.asp)

```
<%
    Set db = Server.CreateObject("ADODB.Connection")
    db.Open("Provider=SQLOLEDB.1;Password=00000;Persist Security Info=True;User
ID=sa;Initial Catalog=BizDB;Data Source=DB서버")

    UpdateSQL = "Update qaboard Set readnum = readnum+1 "
    UpdateSQL = UpdateSQL & " where board_idx =" & request("id")

    db.Execute UpdateSQL
```

```
    SQL = "SELECT * FROM qaboard where board_idx=" & request("id")

    Set rs = Server.CreateObject("ADODB.Recordset")
    rs.Open SQL,db

    id = rs("board_idx")
    idx = rs("num")
    qa_ref = rs("qa_ref")
    qa_no = rs("qa_no")
    qa_level = rs("qa_level")
    content = replace(rs("content"),chr(13) & chr(10),"<br>")
%>
<html>
<head>
<title>본문내용</title>
<style type="text/css">
 A              {text-decoration: none; color:blueblack}
 A:hover        {text-decoration: underline; color:red}
</style>
</head>
<script language="javascript">
<!--
//원래 글의 글넘버,ref등의 정보 폼을 넘겨주는 스크립트
function send_re()
{
    document.re.submit();
}
//-->
</script>

<body bgcolor="#ffffff" link="#000080" vlink="#000080" alink="#000080">
```

```
<p
align="left">            &n
bsp;             &nb
sp;        <font color="#004080"
face="돋움"><big><big><strong>게시물 내용</strong></big></big></font></p>
<div align="center"><div align="center"><center>
        <div align="left">
            <table border="0" cellspacing="0" width="565" style="BORDER-BOTTOM:
medium none; BORDER-LEFT: medium none; BORDER-RIGHT: medium none; BORDER-TOP:
medium none" cellpadding="0" bordercolor="#C0C0C0" bordercolorlight="#C0C0C0"
bordercolordark="#C0C0C0">
                <tr>
                    <td align="middle" width="104" height="25" bgcolor="#99CCFF"
style="PADDING-BOTTOM: 3px; PADDING-TOP: 3px"><strong><font size="2" face="돋움"
color="navy">글쓴이</font></strong></td>
                    <td align="middle" width="174" height="25" style="border-top: 1 solid
rgb(192,192,192); padding-top: 3px; padding-bottom: 3px" bgcolor="#FFFFFF"><font face="돋움"
size="2"><%=Rs("name")%></font></td>
                    <td align="middle" width="101" height="25" bgcolor="#99CCFF"
style="PADDING-BOTTOM: 3px; PADDING-TOP: 3px"><strong><font size="2" face="돋움"
color="navy">날짜</font></strong></td>
                    <td align="middle" width="177" height="25" style="border-right: 1
solid rgb(192,192,192); border-top: 1 solid rgb(192,192,192); padding-top: 3px; padding-bottom:
3px" bgcolor="#FFFFFF"><font face="돋움" size="2"><%=Rs("writeday")%></font></td>
                </tr>
                <tr>
                    <td align="middle" width="104" height="25" bgcolor="#99CCFF"
style="PADDING-BOTTOM: 3px; PADDING-TOP: 3px"><strong><font size="2" face="돋움"
color="navy">Email</font></strong></td>
                    <td align="middle" width="174" height="25" style="border-top: 1 solid
rgb(192,192,192); border-bottom: 1 solid rgb(192,192,192); padding-top: 3px; padding-bottom: 3px"
bgcolor="#FFFFFF"><font face="돋움" size="2"><a
href="mailto:<%=Rs("email")%>"><strong>E-mail</strong></a></font></td>
                    <td align="middle" width="101" height="25" bgcolor="#99CCFF"
style="PADDING-BOTTOM: 3px; PADDING-TOP: 3px"><strong><font size="2" face="돋움"
```

```
color="navy">Homepage</font></strong></td>
                        <td align="middle" width="177" height="25" style="border-right: 1 solid rgb(192,192,192); border-top: 1 solid rgb(192,192,192); border-bottom: 1 solid rgb(192,192,192); padding-top: 3px; padding-bottom: 3px" bgcolor="#FFFFFF"><font face="돋움" size="2"><a href="<%=Rs("tel")%>"><strong><%=Rs("name")%>의
    전화번호</strong></a></font></td>
                    </tr>
                    <tr>
                        <td colspan="4" style="PADDING-BOTTOM: 5px; PADDING-TOP: 5px" height="40" width="557">
                            <p align="right"><strong><font face="돋움" size="2" color="#004080">조회수 :  <%=Rs("readnum")%>   </font></strong></td>
                    </tr>
                    <tr>
                        <td colspan="4" style="PADDING-BOTTOM: 10px; PADDING-TOP: 10px" bgcolor="#99CCFF" width="557">
                            <p align="center"><strong><font color="navy">제 목 :  <font color="#ffffff"><%=Rs("title")%></font></strong><font color="navy"></font></font></td>
                    </tr>
                    <tr>
                        <td colspan="4" style="border-left: 1 solid rgb(192,192,192); border-right: 1 solid rgb(192,192,192); border-bottom: 1 solid rgb(192,192,192); padding-left: 30px; padding-right: 30px; padding-top: 10px" bgcolor="#FFFFFF" width="495"><font face="돋움" size="2"><%=content%></font>
                            <p>
        </td>
                    </tr>
                </table>
            </div>
</center></div>
    <p align="left"><font face="돋움" size="2"> &lt;<a href="javascript:send_re()">답변하기</a>&gt; &lt;<a href="list.asp">리스트로 돌아가기</a>&gt; &lt;<a href="edit.asp?idx=<%=id%>">수정</a>&gt; &lt;<a href="del.asp?idx=<%=id%>">삭제</a>&gt;   
```

```
    <% if session("id")="admin" then '관리자라면 글의 비밀번호를 보이게 한다%>
 현재 글의 비밀번호 : <%=rs("pwd")%>
    <% end if%>
</font></p>
</div>

<!-- 답변을 할 경우 원래글의 글넘버와 ref, re_level,step을 넘겨준다 //-->
<form name="re" method="post" action="write.asp">
  <input type="hidden" name="id" value="<%=id%>">
  <input type="hidden" name="idx" value="<%=idx%>">
  <input type="hidden" name="qa_ref" value="<%=qa_ref%>">
  <input type="hidden" name="qa_no" value="<%=qa_no%>">
  <input type="hidden" name="qa_level" value="<%=qa_level%>">
</form>

<%
    rs.Close

    SQL = "SELECT * FROM qaboard "
    SQL = SQL & " where qa_ref = " & qa_ref & " order by qa_ref desc, qa_no asc"

    Set rs = Server.CreateObject("ADODB.Recordset")
    rs.Open SQL,db



%>
<%  if rs.BOF or rs.EOF then
    else
%>

<div align="center"><center>
```

```
            <div align="left">
                <table border="0" width="572">
                    <tr>
                        <td width="48%" bgcolor="#99CCFF" style="padding-top: 3;
padding-bottom: 3" align="center">
                            <p align="center"><strong><font size="2" face="돋움"
color="navy">제  목</font></strong></td>
                        <td width="20%" bgcolor="#99CCFF" style="padding-top: 3;
padding-bottom: 3" align="center">
                            <p align="center"><strong><font size="2" face="돋움"
color="navy">글쓴이</font></strong></td>
                        <td width="20%" bgcolor="#99CCFF" style="padding-top: 3;
padding-bottom: 3" align="center">
                            <p align="center"><strong><font size="2" face="돋움"
color="navy">날짜</font></strong></td>
                        <td width="9%" bgcolor="#99CCFF" style="padding-top: 3;
padding-bottom: 3" align="center">
                            <p align="center"><strong><font size="2" face="돋움"
color="navy">조회</font></strong></td>
                    </tr>
                    <%
Do until rs.EOF

name = rs("name")
title = rs("title")
wdate = left(rs("writeday"),10)

%>
                    <tr>


                        <td width="47%" style="padding-left: 10; padding-top: 2; padding-bottom:
2"><font face="돋움" size="2"><% if rs("qa_no") > 0 then %>  <% wid = 4 * rs("qa_no") %>
<img src="images/x.gif" width="<%=wid%>" height="16"> <img src="images/re.gif" width="26"
```

```
height="16">  <% end if %>

      <a href="content.asp?id=<%=rs("board_idx")%>"><%=title%></a></font></td>
                          <td width="20%" style="padding-top: 2; padding-bottom: 2">
                                <p align="center"><font face="돋움"
size="2"><%=name%></font></td>
                          <td width="20%" style="padding-top: 2; padding-bottom: 2">
                                <p align="center"><font face="돋움"
size="2"><%=wdate%></font></td>
                          <td width="9%" style="padding-top: 2; padding-bottom: 2">
                                <p align="center"><font face="돋움"
size="2"><%=rs("readnum")%></font></td>
                    </tr>
                    <%
    rs.Movenext
    Loop
%>
                </table>
            </div>
</center></div>
<% end if %>
</body>
</html>
```

---

[실행결과]

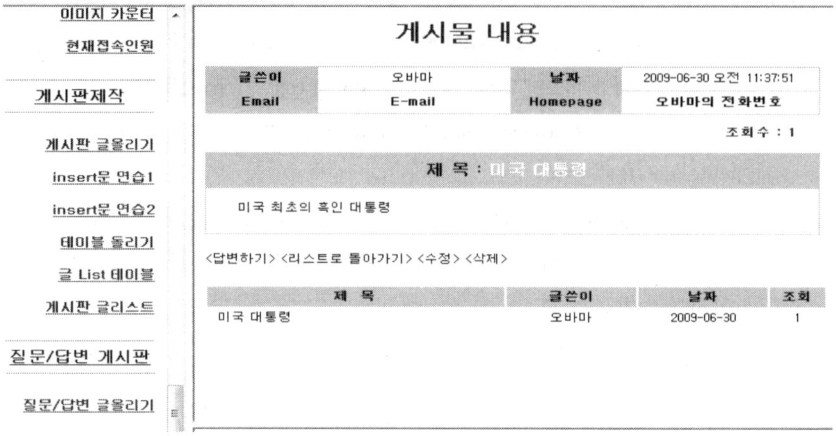


〈그림 9-4〉 질문/답변 게시판 내용보기 화면

<소스 분석>

위에서는 <답변하기>를 클릭하면 write.asp 페이지로 이동하여 답변을 할 수 있는데, 이 때 write.asp 페이지는 현재 글의 qa_ref, qa_no, 그리고 qa_level의 값을 넘겨받아야 할 것이다. 그러면, write.asp 페이지는 다시 답변내용과 함께 이 정보를 write_ok.asp 페이지로 넘겨주어 이 정보를 이용하여 같은 그룹 (qa_ref)에 저장하면서 qa_no 및 qa_level의 값을 수정 보완하여 데이터베이스에 저장하게 될 것이다.

먼저 글의 고유값을 넘겨주기 위하여 우리는 다음과 같이 세팅하고 있다.

```
id = rs("board_idx")
idx = rs("num")
qa_ref = rs("qa_ref")
qa_no = rs("qa_no")
qa_level = rs("qa_level")
```

그리고 다음으로, 우리는 이 값을 Post 방식 (Get 방식 보다는 Post 방식이 좋은 방법이라는 것은 누차 강조한 이야기이다)으로 write.asp 페이지에 전송하기 위하여 다음과 같은 폼을 만들고 있는 것을 볼 수 있다.

```
<form name=“re“ method=“post“ action=“write.asp“>
  <input type=“hidden“ name=“id“ value=“<%=id%>“>
  <input type=“hidden“ name=“idx“ value=“<%=idx%>“>
  <input type=“hidden“ name=“qa_ref“ value=“<%=qa_ref%>“>
  <input type=“hidden“ name=“qa_no“ value=“<%=qa_no%>“>
  <input type=“hidden“ name=“qa_level“ value=“<%=qa_level%>“>
</form>
```

여기에서도 마찬가지로 type="hidden"을 사용하여 사용자 모르게 값을 전송하고 있다. 그런데 이전에 폼의 내용을 전송하기 위해서는 버튼을 사용하였으나, 여기에서는 OnClick 이벤트을 이용하여 폼을 전송하는 자바 스크립트를 호출하고 있다.

```
&lt;<a href=“javascript:send_re()“>답변하기</a>&gt;
```

즉, 답변하기를 누르면 자바 스크립트에 링크되어, 자바 스크립트 폼을 전송하는 함수 send_re()를 호출하고 있으며, 그 함수는 다음을 통하여 폼을 전송하고 있다.

```
function send_re()
{
    document.re.submit();
}
```

여기에서 한 가지 언급하고 넘어갈 것은, 위의 write.asp 페이지는 사실 처음 작성하는 글이면 글의 제목 및 내용에 어떠한 정보도 없으나, 답변을 위하여 답변하기를 누르면 같은 write.asp 임에도 불구하고, 제목 및 내용에는 원래의 내용이 채워져 나타나게 된다. 그 다음 내용, 즉 관리자 구역과 글의 수정 및 삭제 등은 앞에서 자세하게 다루었던 내용임으로, 그 부분을 중심으로 공부하여  다음과 같이 첨부하면 좋은 질문/답변 게시판이 될 수 있을 것이다.

## 9.6 수정 및 삭제하기

### 예제 09_05) : 질문/답변 수정하기 (edit.asp)

---

```
<%
 Set db = Server.CreateObject("ADODB.Connection")
```

```
 db.Open  "Provider=SQLOLEDB.1;Password=00000;Persist Security Info=True;User ID=sa;Initial Catalog=BizDB;Data Source=DB서버"

 SQL = "SELECT * FROM qaboard where board_idx=" & request("idx")

 Set rs = Server.CreateObject("ADODB.Recordset")
 rs.Open SQL,db
%>

<html>
<head><title>질문/답변 게시판</title></head>
<script language="javascript">
<!--
function sendto()
{
        //이름
        if (document.bizpress.name.value == "")  {
                alert("이름을 입력하세요.");
                return false;
        }
        //제목
        if (document.bizpress.title.value == "") {
                alert("제목을 입력하세요.");
                return false;
        }
                document.bizpress.submit();
}
//-->
</script>
<body bgcolor="#ffffff">
```

```
<table>
<form name="bizpress" method="POST" action="edit_ok.asp">
<table border="0" cellspacing="0" width="540" cellpadding="0">
<tr>
    <td width="80" height="50" align="right" bgcolor="#ffffFF">

<img src="images\write.gif" width="52" height="32" border="0""> </td>
    <td width="460" height="50" align="left" bgcolor="#FFFFFF">
      <font face="돋움" size="3" color="#004080"><strong>질문/답변 글 수정하기</strong></font>
    </td>
</tr>
<tr>
    <td width="80" height="030" align="center" bgcolor="#DDEEFF">
      <font face="돋움" size="2" color="#004080"><strong>글쓴이</strong></font>
    </td>
    <td width="460" height="030" align="left"bgcolor="#FFFFFF">
      <input type="hidden" name="idx" value="<%=rs("board_idx")%>">
      <input type="text" name="name" size="20" style="border: 1 solid" value="<%=rs("name")%>">
    </td>
</tr>
<tr>
    <td width="80" height="030" align="center" bgcolor="#DDEEFF">
     <font face="돋움" size="2" color="#004080"><strong>E-mail</strong></font>
    </td>
    <td width="460" height="030" align="left"bgcolor="#FFFFFF">
     <input type="text" name="email" size="30" style="border: 1 solid" value="<%=rs("email")%>">
    </td>
</tr>
<tr>
    <td width="80" height="030" align="center" bgcolor="#DDEEFF">
```

```
        <font face="돋움" size="2" color="#004080"><strong>전화번호</strong></font>
      </td>
      <td width="460" height="030" align="left" bgcolor="#FFFFFF">
        <input type="text" name="tel" size="30" style="border: 1 solid" value="<%=rs("tel")%>">
      </td>
  </tr>
  <tr>
    <td width="80" height="030" align="center" bgcolor="#DDEEFF">
      <font face="돋움" size="2" color="#004080"><strong>글제목</strong></font>
    </td>
    <td width="460" height="030" align="left" bgcolor="#FFFFFF">
      <input type="text" name="title" size="30" style="border: 1 solid" value="<%=rs("title")%>">
    </td>
  </tr>
  <tr>
    <td width="80" align="center" bgcolor="#DDEEFF">
      <font face="돋움" size="2" color="#004080"><strong>글</strong></font>
    </td>
    <td width="460" align="left" bgcolor="#FFFFFF">
       <textarea wrap="hard" rows="11" name="content" cols="63" style="border: 1 solid">
       <%=rs("content")%>
       </textarea>
    </td>
  </tr>
  <tr>
    <td width="80" height="030" align="center" bgcolor="#DDEEFF">
      <font face="돋움" size="2" color="#004080"><strong>비밀번호</strong></font></td>
    <td width="460" height="030" align="left" bgcolor="#FFFFFF">
      <input type="password" name="pwd" size="8" style="border: 1 solid">
         <font face="돋움" size="2">(수정과 삭제시 필요!! )</font>
```

```
        </td>
    </tr>
    </table>
      <p>
        <input type="button" value="글올리기" name="write" OnClick="sendto()"
style="background-color:rgb(153,204,255);"> 
        <input type="button" value="글 다시쓰기" name="reset"
style="background-color:rgb(153,204,255);"> 
      </p>
    </form>
    </table>
    </body>
    </html>
```

---

[실행결과]

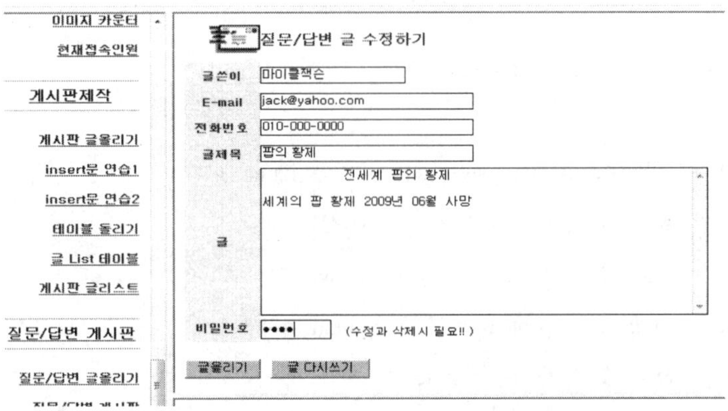


〈그림 9-5〉 수정하기 화면

### 예제 09_06) : 질문/답변 수정하기 처리페이지 (edit_ok.asp)

---

```
  <%
   name = request("name")
   email = request("email")
```

```
    tel = request("tel")
    title = request("title")
    pwd = request("pwd")
    content = request("content")

    '쿼리에 '가 들어가면 에러가 나기에 그것을 replace 처리해준다.
    title = replace(title,"'","''")
    content = replace(content,"'","''")

    Set db = Server.CreateObject("ADODB.Connection")
    db.Open "Provider=SQLOLEDB.1;Password=00000;Persist Security Info=True;User ID=sa;Initial
Catalog=BizDB;Data Source=DB 서버"

        SQL = "Select pwd from qaboard where board_idx = " & request("idx")
        set result = db.execute(SQL)

        if request("pwd") = result("pwd") then

                SQL = "Update qaboard set name = '" & name & "'"
                SQL = SQL & ", title = '" & title & "'"
                SQL = SQL & ", email = '" & email & "'"
                SQL = SQL & ", content = '" & content & "'"
                SQL = SQL & ", tel = '" & tel & "'"
                SQL = SQL & " where board_idx = " & request("idx")

         db.execute SQL

         Response.Redirect "list.asp"

        else
```

```
%>
<script language="javascript">
    alert("비밀번호가 일치하지 않습니다");
    history.back();
</script>
<% end if%>
```

---

## 예제 09_07) : 질문/답변 삭제하기 (del.asp)

---

```
<html>
<head><title>삭제</title></head>
<body bgcolor="#ffffff">
<form method="POST" action="del_ok.asp">
    <div align="left">
        <ul>
  <table border="0" cellspacing="0" width="300">
    <tr align="center">
      <td bgcolor="#99CCFF" align="center">
        <div align="center">
        <center>
      <p><font face="돋움" size="2">글의 비밀번호를 기입해 주십시요...</font><br>
        </center>
        </div>
      </td>
    </tr>
    <tr align="center">
      <td bgcolor="#E1E1E1">
      <p align="left"><input type="hidden" name="idx" value="<%=request("idx")%>">
    <font face="돋움" size="2">비밀번호 : 
```

```
            <input type="password" name="pwd" size="8"></font>
            <input type="submit" value=" 삭 제 "> <br>
              </td>
          </tr>
         </table>
          </div>
          <p align="left">  
           <a href="list.asp">
             <font face="돋움" size="2" color="#333333">list로 돌아가기</font>
            </a>]</font></p>
      </form>
      </body>
      </html>
```

---

[실행결과]

〈그림 9-6〉 삭제하기 화면

### 예제 09_08) : 질문/답변 삭제하기 처리 (del_ok.asp)

---

```
 <%
  Set DB = Server.CreateObject("ADODB.Connection")
  DB.Open "Provider=SQLOLEDB.1;Password=00000;Persist Security Info=True;User ID=sa;Initial Catalog=BizDB;Data Source=DB서버"

      SQL = "select pwd from qaboard where board_idx = " & request("idx")
      set result = db.execute(SQL)
```

```
	if request("pwd") = result("pwd") then
	 SQL = "Delete  from qaboard "
	 SQL = SQL & " where board_idx = " & request("idx")

	 db.execute SQL
	 Response.Redirect "list.asp"

	else
%>
<script language="javascript">
   alert("비밀번호가 일치하지 않습니다");
   history.back();
</script>
<% end if%>
```

## 9.7 관리자 구역

### 예제 09_09) : 관리자 로그인 창 (admin.asp)

```
<html>
<head><title></title>
<script language="javascript">
<!--
function sendit() {
		if (document.login.id.value == "" ) {
				alert("관리자의 ID를 기입해 주십시요");
```

```
                return false;
        }
        if (document.login.pwd.value == "" ) {
                alert("비밀번호를 기입해 주십시요");
                return false;
        }
                document.login.submit();
    }
//-->
</script>
</head>
<body bgcolor="#ffffff">
<form name="login" method="post" action="admin_ok.asp">
    <ul>
    <p><strong><font face="Arial Rounded MT Bold" color="#666666" size="3">Admin ID :
    </font></strong>
    <font face="돋움" size="2">
   <input type="text" name="id" size="8"></font><strong>
   <font face="Arial Rounded MT Bold" color="#666666" size="3">Passwd :</font>
   </strong>
   <font face="돋움" size="2">
   <input type="password" name="pwd" size="8"></font>
   <input type="button" value=" Login   " name="B1" OnClick="sendit()"
    style="color:rgb(102,102,102); background-color:rgb(253,238,238);"></p>
    </form>
  <p align="left"><font face="돋움" size="2">
   [<a href="list.asp" target="right">게시판 리스트로 </a>]</font></p>
</body>
</html>
```

[실행결과]

〈그림 9-7〉 관리자 로그인 창

## 예제 09_10) : 관리자 로그인 처리 페이지 (admin_ok.asp)

```
<%
  id = request("id")
  pwd = request("pwd")

  if id="admin" and pwd="1111" then
    session("id") = "admin"
  else
%>
<script language="javascript">
   alert("로긴 실패. 확인 후 다시 로긴해 주십시요");
   history.back();
</script>
<% end if %>
<html>
<head><title>관리자 로긴</title></head>
<body bgcolor="white">
<p> <br>
<p align="center"><font face="Century Gothic" size="6" color="#0000FF">
<strong>로그인 성공 </strong></font></p><br>
<p align="center"><font face="돋움" size="2">&lt; <a href="list.asp"><font
color="#008080">게시판으로</font></a> &gt;</font></p>
</body>
```

```
</html>
```

---

### 예제 09_11) : 검색기 처리 페이지 (qa_search.asp)

---

```
<%
    search = request("search")
    SearchString =request("SearchString")

  Set DB = Server.CreateObject("ADODB.Connection")
  DB.Open "Provider=SQLOLEDB.1;Password=00000;Persist Security Info=True;User ID=sa;Initial
Catalog=BizDB;Data Source=DB서버"

    SQL = "SELECT * FROM qaboard where " & search & " like '%" & SearchString & "%' "
    SQL = SQL & " ORDER BY qa_ref DESC, qa_level ASC"

    Set rs = Server.CreateObject("ADODB.Recordset")
    rs.Open SQL,db,3
%>
<html>

<head>
<title>검색결과</title>
<style type="text/css">
 A              {text-decoration: none; color:black}
 A:hover        {text-decoration: underline; color:orange}
</style>
</head>

<body bgcolor="#FFFFFF">
```

```
<%  if rs.BOF or rs.EOF then %>
<!-- 검색결과가 없을 경우 출력될 HTML들--시작-->

<p align="center"> </p>

<p align="center"> </p>

<p align="center"><font face="Arial Rounded MT Bold" size="5" color="#FF8000">No Result
!!</font></p>

<p align="center"> </p>

<p align="center"><font face="돋움" size="2"><%=SearchString%></strong> 로 검색을
수행하였지만</font></p>

<p align="center"><font face="돋움" size="2"><font color="#008080">발견된</font> <font
color="#008080">검색결과가 없습니다.</font></font></p>

<p align="center"> </p>

<p align="center"><font face="돋움" size="2">&lt; <a href="Reboard.asp">list로
돌아가기</a> &gt;</font></p>
<!-- 검색결과가 없을 경우 출력될 HTML들--끝-->
<%
else

'rs.MoveLast  '총 레코드의 숫자를 알기위해 레코드의 끝을 보낸다.
recordcnt = rs.RecordCount   '총 레코드의 갯수를 recordcnt라는 변수에 저장한다.
'rs.MoveFirst  '다시 레코드의 위치를 원상태로 돌린다.
%>
```

```
<p align="center"><font face="Arial Rounded MT Bold" color="#008080"><big><big><strong>검 색 결 과</strong></big> </big></font></p>
<div align="center">

<p align="center"><font face="돋움" size="2"><strong><%=Search%></strong> 에서 <strong><%=SearchString%></strong> (으)로 검색한 결과 <%=recordcnt%>
개의 데이터를 찾았습니다.</font></p>
<div align="center"><center>

<table border="0" cellspacing="2" width="600">
  <tr>
    <td width="50%" bgcolor="#008080" align="center" height="25"><font face="돋움" size="2" color="#FFFFFF">제목</font></td>
    <td width="20%" bgcolor="#008080" align="center" height="25"><font face="돋움" size="2" color="#FFFFFF">글쓴이</font></td>
    <td width="20%" bgcolor="#008080" align="center" height="25"><font face="돋움" size="2" color="#FFFFFF">날짜</font></td>

    <td width="10%" bgcolor="#008080" align="center" height="25"><font face="돋움" size="2" color="#FFFFFF">조회수</font></td>
  </tr>
<% Do until rs.EOF %>
  <tr>
    <td width="50%" align="left" height="25">
    <%
'************** 계층형 추가 ***************
if rs("qa_no") > 0 then
   wid = 5 * rs("qa_no")
%>
```

```
<img src="images/level.gif" width="<%=wid%>" height="16">
<img src="images/re.gif" width="26" height="16">
<% end if
'******************************************%>

        <font face="돋움" size="2" color="#000000"><a
href="content.asp?idx=<%=rs("board_idx")%>"><%=rs("title")%></a></font></td>
        <td width="20%" align="center" height="25"><font face="돋움" size="2" color="#000000"><a
href="mailto:<%=rs("email")%>"><%=rs("name")%></a></font></td>
        <td width="20%" align="center" height="25"><font face="돋움" size="2"
color="#000000"><%=left(rs("writeday"),10)%></font></td>

        <td width="10%" align="center" height="25"><font face="돋움" size="2"
color="#000000"><%=rs("readnum")%></font></td>
    </tr>
<%
rs.MoveNext
loop
%>
</table>
</center></div></div>

<hr width="600" align="center">

<p align="center"><font face="돋움" size="2">[<a href="list.asp">list로
돌아가기</a>]</font></p>
<% end if%>
</body>
</html>
<%
```

```
    rs.Close
    db.Close
    Set rs = Nothing
    Set db = Nothing
%>
```

---

# 제 10 장 회원인증, 관리

웹 사이트에 접속하는 사용자가 회원으로 가입하도록 하여 그들에 대한 개인정보를 저장할 수 있다면 정보를 이용하여 각 개인의 기호에 맞는 양질의 서비스를 개발하고 제공할 수 있을 것이다. 실제 운영하는 사이트가 전자상거래와 관련된 쇼핑몰 사이트라면 회원인증 방법은 더욱 필요하게 될 것이다. 여러분은 이미 앞장에서 게시판을 제작하면서 데이터베이스와 ASP에 대하여 어느 정도 익숙해져 있는 상태이기 때문에, 이 부분은 그렇게 어렵게 느낄 이유가 없다.

## 10.1 회원관리용 테이블 만들기

어떤 사람이 사이트에 접속하여, 회원으로 가입하기를 원하는 경우 그 사람의 개인 정보를 입력할 수 있는 폼이 있어야 하고, 이 폼에서 입력받은 내용을 전송 받아 데이터베이스에 저장하는 ASP 페이지를 작성해야 할 것이다. 가장 먼저 해야 할 작업은 역시 회원용 테이블을 작성하는 것이다. 앞장의 게시판 만들기와 마찬가지로 회원인증관련 파일을 저장하기 위하여 여러분의 홈디렉터리에 "member"라는 폴더를 따로 만들어서 (여기에서는 c:\Home\member) 거기에 저장하기로 하자. 테이블 작성에 필요한 MS SQL 쿼리문을 다음과 같이 작성해보자.

```
CREATE TABLE [dbo].[member] (
        [mem_idx] [int] IDENTITY (1, 1) NOT NULL primary key clustered,
        [mem_name] [varchar] (50) NOT NULL ,
        [mem_id] [varchar] (100)  NOT NULL ,
        [mem_pwd] [varchar] (30)  NOT NULL ,
        [mem_ssn] [varchar] (50)  NOT NULL ,
        [mem_sex] [varchar] (10)  NOT NULL ,
        [mem_job] [varchar] (15) NOT NULL,
        [mem_email] [varchar] (30) NULL,
        [mem_memo] [text]  NOT NULL
    )
```

이 쿼리문을 "member.sql" 라는 이름으로 저장하고 이 파일을 두 번 클릭하여, 자신의 데이터베이스를 열고 실행하면 테이블이 생성된다. 또는 [시작]-[프로그램]-[MS SQL Server]에서 쿼리 분석기를 열어서 실행하여도 된다.

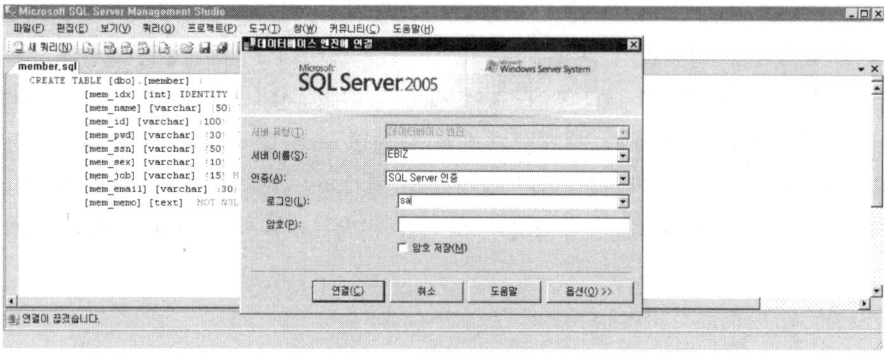


〈그림 10-1〉 쿼리문 열기화면

위의 화면에서 자신의 SQL Server를 선택하고 SA의 암호를 입력하고 [확인] 버튼을 클릭하자.

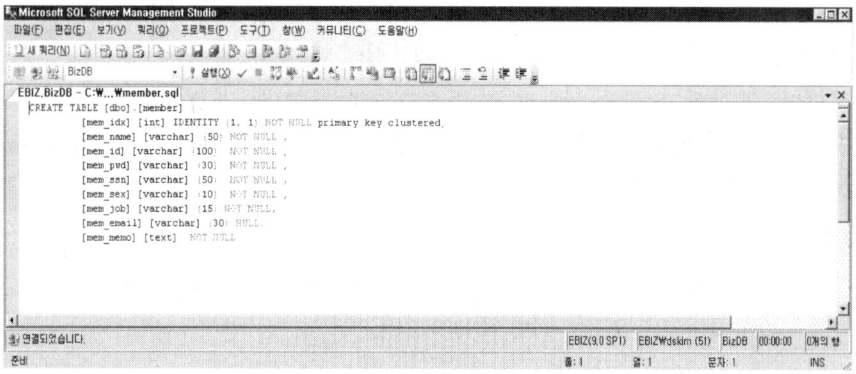


〈그림 10-2〉 쿼리 분석기 실행화면

마찬가지로 데이터베이스 BizDB를 선택하고 ( BizDB ), 실행 ( ▶ ) 시키면 BizDB 데이터베이스에 member 테이블이 생성된다. 엔터플라이즈 관리자를 열어서 확인해 보자.

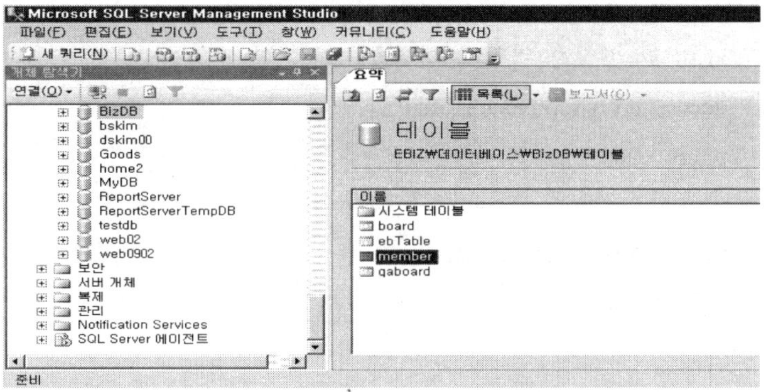

〈그림 10-3〉 member 테이블 생성 화면

## 10.2 회원 가입 폼 작성

이제 회원용 테이블을 만들었으면 다음으로 위의 데이터에 입력할 폼을 작성해보자. 물론 이 입력폼은 그 자체에서 데이터베이스에 입력할 수 있는 것은 아니다. 바로 앞장에서 게시판을 만들 때처럼 mem.htm이라는 입력폼을 만들고 이를 mem_ok.asp라는 파일로 전송하여, 이 mem_ok.asp이 데이터베이스에 저장하는 일을 수행하도록 작성하자. 그러면 회원가입 입력 폼을 다음과 같이 작성하여 mem.htm으로 이름을 지정하여 c:\Home\member에 저장하자.

**예제 10_01) : 회원가입 폼 (mem.htm)**

```
<html>
<head>
<title>◐ 회원가입 ◑</title>
<script language="JavaScript">
<!--
function gaip()
{
   var str;
   str = document.regiform.name.value;
   //이름 기입여부 체크
```

```
    if(str == "") {
            alert("▶ 성명을 기입해 주세요 !");
            document.regiform.name.focus();
            return true;
    }
    str = document.regiform.userid.value;
    //아이디 기입여부 체크
    if(str == "") {
            alert("▶ 아이디을 기입하셔야 합니다! .");
            document.regiform.userid.focus();
            return true;
    }
    //아이디 기입여부 체크
    if(str.length < 4) {
            alert(" ☞아이디는 4글자이상이어야 합니다.");
            document.regiform.userid.focus();
            return true;
    }
     //비밀번호 기입여부 체크
     str = document.regiform.pwd1.value;
    if(str == "") {
            alert("☞ 패스워드는 반드시 입력해야 합니다.");
            document.regiform.pwd1.focus();
            return true;
    }
  //비밀번호 확인결과가 같은지 체크
    if(document.regiform.pwd1.value != document.regiform.pwd2.value) {
            alert("☞ 패스워드가 일치하지 않습니다.");
             document.regiform.pwd2.focus();
            return true;
    }
     //메일주소 기입여부 체크
```

```
        str = document.regiform.email.value;
        if(str == "")
        {
                alert("☞ 메일주소를 입력해야 합니다.");
            document.regiform.email.focus();
                return true;
        }
        //주민등록번호가 각각 6자리,7자리가 맞는지 확인
        var ssn1 =document.regiform.ssn1.value;
        var ssn2 =document.regiform.ssn2.value;
        if((ssn1.length != 6) || (ssn2.length != 7))
        {
                alert(" ☞ 주민등록번호가 제대로 기입되지 않았습니다");
                document.regiform.ssn1.focus();
                return true;
        }
        document.regiform.submit();
        return true;
}
function onlyNumber()  //숫자만을 기입받게 하는 방법
{
    if((event.keyCode<48)||(event.keyCode>57))
        event.returnValue=false;
}
//-->
</script>
</head>
<body>
<form name="regiform" action="mem_ok.asp" method="post">
<table cellpadding="0" cellspacing="0" width="600" border="0">
<tr><td height="7" colspan="2">
    <p><center><font face="휴먼엑스포">◐ 회    원    가
```

```
   입 ◑</font></center><br><br>
    </td>
</tr>
<tr><td width="100" height="25" bgcolor="#E3F2F9" style="padding-left: 10">
      <font face="돋움" size="2" color="#002C57">이름</font></td>
      <td width="370" height="25" style="border: 0 solid; padding-left: 10">
      <input TYPE="text" size="10" name="name" maxlength="8">
      </td>
</tr>
<tr><td height="25" bgcolor="#E3F2F9" style="padding-left: 10" width="100">
      <font face="돋움" size="2" color="#002C57">사용자 ID</font>
    </td>
    <td height="25" style="border: 0 solid; padding-left: 10" width="370">
      <input TYPE="text" size="10" name="userid" maxlength="8">
    </td>
</tr>
<tr><td height="25" bgcolor="#E3F2F9" style="padding-left: 10" width="100">
      <font face="돋움" size="2" color="#002C57">암호</font>
    </td>
<td height="25" style="border: 0 solid; padding-left: 10" width="370">
      <input TYPE="password" size="10" name="pwd1" maxlength="8">
    </td>
</tr>
<tr><td height="25" bgcolor="#E3F2F9" style="padding-left: 10" width="100">
      <font face="돋움" size="2" color="#002C57">암호확인</font>
    </td>
    <td height="25" style="border: 0 solid; padding-left: 10" width="370">
      <input TYPE="password" size="10" name="pwd2" maxlength="8">
    </td>
</tr>
<tr><td height="25" bgcolor="#E3F2F9" style="padding-left: 10" width="100">
```

```
    str = document.regiform.email.value;
    if(str == "")
    {
            alert("☞ 메일주소를 입력해야 합니다.");
        document.regiform.email.focus();
            return true;
    }
    //주민등록번호가 각각 6자리,7자리가 맞는지 확인
    var ssn1 =document.regiform.ssn1.value;
    var ssn2 =document.regiform.ssn2.value;
    if((ssn1.length != 6) || (ssn2.length != 7))
    {
            alert(" ☞ 주민등록번호가 제대로 기입되지 않았습니다");
            document.regiform.ssn1.focus();
            return true;
    }
    document.regiform.submit();
    return true;
}
function onlyNumber() //숫자만을 기입받게 하는 방법
{
    if((event.keyCode<48)||(event.keyCode>57))
        event.returnValue=false;
}
//-->
</script>
</head>
<body>
<form name="regiform" action="mem_ok.asp" method="post">
<table cellpadding="0" cellspacing="0" width="600" border="0">
<tr><td height="7" colspan="2">
      <p><center><font face="휴먼엑스포">◐ 회    원    가
```

```
   입 ◑</font></center><br><br>
      </td>
</tr>
<tr><td width="100" height="25" bgcolor="#E3F2F9" style="padding-left: 10">
        <font face="돋움" size="2" color="#002C57">이름</font></td>
        <td width="370" height="25" style="border: 0 solid; padding-left: 10">
        <input TYPE="text" size="10" name="name" maxlength="8">
        </td>
</tr>
<tr><td height="25" bgcolor="#E3F2F9" style="padding-left: 10" width="100">
        <font face="돋움" size="2" color="#002C57">사용자 ID</font>
      </td>
      <td height="25" style="border: 0 solid; padding-left: 10" width="370">
        <input TYPE="text" size="10" name="userid" maxlength="8">
      </td>
</tr>
<tr><td height="25" bgcolor="#E3F2F9" style="padding-left: 10" width="100">
        <font face="돋움" size="2" color="#002C57">암호</font>
      </td>
<td height="25" style="border: 0 solid; padding-left: 10" width="370">
        <input TYPE="password" size="10" name="pwd1" maxlength="8">
      </td>
</tr>
<tr><td height="25" bgcolor="#E3F2F9" style="padding-left: 10" width="100">
        <font face="돋움" size="2" color="#002C57">암호확인</font>
      </td>
      <td height="25" style="border: 0 solid; padding-left: 10" width="370">
        <input TYPE="password" size="10" name="pwd2" maxlength="8">
      </td>
</tr>
<tr><td height="25" bgcolor="#E3F2F9" style="padding-left: 10" width="100">
```

```
    <font face="돋움" size="2" color="#002C57">주민등록번호</font>
  </td>
  <td height="25" style="border: 0 solid; padding-left: 10" width="370">
    <input TYPE="text" size="6" name="ssn1" maxlength="6" OnKeypress="onlyNumber();"> -
<input

TYPE="text" size="7" name="ssn2" maxlength="7" OnKeypress="onlyNumber();">
  </td>
</tr>
<tr align="center">
  <td height="25" style="padding-left: 10" bgcolor="#E3F2F9" width="100"><div align="left">
    <p><font face="돋움" size="2" color="#002C57"> 성별</font></div>
  </td>
  <td height="25" style="border: 0 solid; padding-left: 10" align="left" width="370"> <div
align="left">
    <p><font face="돋움" size="2" color="#002C57">
    <input TYPE="radio" name="sex" value="M" checked>남자
    <input TYPE="radio" name="sex" value="F">여자</font>
    </div>
  </td>
</tr>
<tr align="center">
  <td height="25" style="padding-left: 10" bgcolor="#E3F2F9" width="100"><div align="left">
    <p><font face="돋움" size="2" color="#002C57">직업</font></div>
  </td>
  <td height="25" style="border: 0 solid; padding-left: 10" width="370">
  <div align="left"><p><font face="돋움" size="2" color="#002C57">
  <select name="job" size="1" style="font-family: 돋움; font-size: 12; background-color:

rgb(255,255,255); color: rgb(0,0,0)">
            <option value="not">선택하여 주십시오. </option>
            <option value="회사원">회사원 </option>
```

```
                    <option value="학생">학생 </option>
                    <option value="공무원">공무원 </option>
                    <option value="교직자">교직자 </option>
                    <option value="기타">기타 </option>
        </select></font></div>
        </td>
    </tr>
    <tr align="center">
        <td height="25" style="padding-left: 10" bgcolor="#E3F2F9" align="center" width="100"><div

    align="left"><p>
            <font face="돋움" size="2" color="#002C57">email 주소</font></div>
        </td>
        <td height="25" style="border: 0 solid; padding-left: 10" align="center" width="370"><div
    align="left">
            <p><input TYPE="text" size="32" name="email" maxlength="40"></div>
        </td>
    </tr>
    <tr align="center">
        <td height="25" style="padding-left: 10" bgcolor="#E3F2F9" width="100"><div align="left">
            <p><font face="돋움" size="2" color="#002C57">자기소개</font></div>
        </td>
        <td height="25" style="border: 0 solid; padding-left: 10" width="370">
            <div align="left"><p><textarea ROWS="5" COLS="45" name="memo"

    wrap="physical"></textarea></div>
        </td>
    </tr>
    <tr>
    <td height="25" colspan="2"></td>
    </tr>
    <tr>
```

```
<br>
  <td height="25" colspan="2"><div align="center"><center>
     <input type="button" value="회원 가입" name="B1" OnClick="gaip();">
        
     <input type="button" value="가입 취소" name="B1" OnClick="history.back();">
  </center></div>
  </td>
</tr>
</table>
</form>
</body>
</html>
```

---

[실행결과]

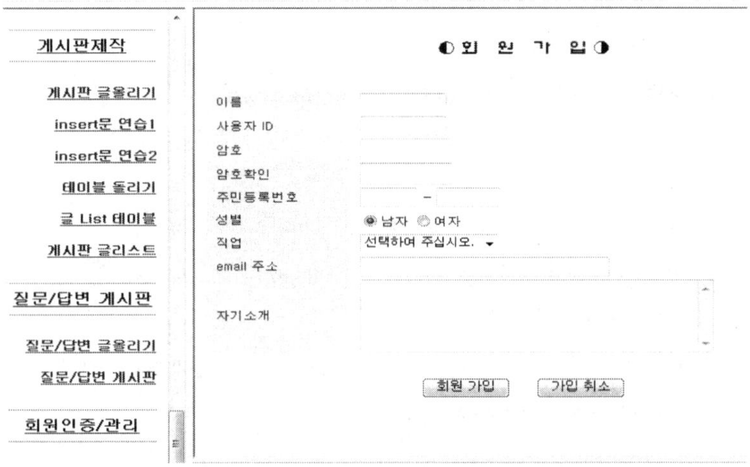


〈그림 10-4〉 회원가입 창

<소스 분석>

위의 소스에서 자바 스크립트와 관련된 내용은 게시판을 작성하면서 write.htm에서 나왔던 내용임으로 생소한 문제는 아니다. 그러나 위에서 focus()라는 메소드를 사용하고 있는데, 이것은 말 그대로 지정된 컨트롤에 집중되도록 하는 메소드로, 이 메소드를 사용하여 이 메소드가 호출되면 그 대상 컨트롤에서 커서가 깜박이게 된다. 또한 위에서 보면 function OnlyNumber()

라는 함수가 사용되고 있는데, 이것은 컨트롤에 숫자만 받아들일 수 있다는 의미인데, 바로 주민등록번호가 입력될 때 사용된다. 또한 주의 할 것은 자바 스크립트는 원래 c언어를 근간으로 개발되었기 때문에 대/소문자를 구분한다는 사실을 명심하자. 폼에 입력하여 기대했던 대로 동작하는지 확인 후 문제가 없다면, 이 mem.htm에서 입력된 내용을 버튼을 누르면, 데이터를 전송 받아 처리하는 mem_ok.asp를 페이지를 제작해보자.

## 10.3 회원 등록하기

이제 mem_ok.asp 페이지가 데이터를 넘겨받으면, 이 페이지는 넘겨받은 정보를 데이터베이스에 저장하는 작업을 수행하여야 한다. 그러나 우선 먼저 체크해야 할 일이 있는데, 그것은 이미 데이터베이스에 저장된 아이디와 현재 넘어온 아이디를 비교하는 일이다. 만일 비교하여 이미 존재하는 아이디라면, 다른 아이디를 사용하라는 메시지와 함께 이전 폼으로 되돌려서 아이디를 바꿀 수 있도록 유도해야 할 것이며, 중복되는 아이디가 없다면 데이터베이스에 저장하도록 해주자. 우선 mem_ok.asp 전체 소스를 보자.

**예제 10_02) : 회원가입 전송정보 DB 입력 (mem_ok.asp)**

---

```
<%
    Set ebdb = Server.CreateObject("ADODB.Connection")
    ebdb.Open "Provider=SQLOLEDB.1;Password=00000;Persist Security Info=True;User
ID=sa;Initial Catalog=BizDB;Data Source=DB서버"
    sql = "select mem_id from member where mem_id='" & request("userid") &"'"
    set result = ebdb.Execute(sql)
    if not result.eof then
%>
<script language="javascript">
alert(" ☞ 이미 존재하는 아이디 입니다. 다른 아이디를 기입해주세요");
history.back();
</script>
<%  else
     name = request("name")
```

```
    id = request("userid")
    pwd = request("pwd1")
    ssn = request("ssn1") & "-" & request("ssn2")
    sex = request("sex")
    job = request("job")
    email = request("email")
    memo = request("memo")
    memo = replace(memo,"'","''")

  sql = "insert into member (mem_name,mem_id,mem_pwd,mem_ssn,"
  sql = sql & "mem_sex,mem_job,mem_email,mem_memo) values "
  sql = sql & "('" & name & "','"
  sql = sql & id & "','"
  sql = sql & pwd & "','"
  sql = sql & ssn & "','"
  sql = sql & sex & "','"
  sql = sql & job & "','"
  sql = sql & email & "','"
  sql = sql & memo & "')"

  ebdb.Execute sql
%>
<script language="javascript">
 alert(" ☞ 회원가입을 축하합니다. \n\n ♨ 회원 로긴을 해주십시요");
 location.href="../left.asp?NewMember=<%=id%>"
</script>
<% end if%>
<html>
<head></head>
<body></body>
</html>
```

<소스 분석>

소스를 보자. 우선 처음 두 줄은 익숙한 데이터베이스 연결부분이다. 즉, CreateObject 메소드를 통하여 ADO Connection 객체의 인스턴스를 생성하고, 그 인스턴스로 데이터베이스를 열고 있다. 다음으로 만일 현재 전송받은 아이디가 쿼리의 내용에 같은 아이디인 사람이 데이터베이스내에 있다면 그 회원의 아이디를 다음과 같이 가져와서 변수 result에 저장하고 있다.

```
sql = "select mem_id from member where mem_id='" & request("userid") & "'"
set result = ebdb.Execute(sql)
```

그리고 다음 코드는

```
if not result.eof then
%>
<script language="javascript">
alert("☞이미 존재하는 아이디 입니다. ♨ 다른 아이디를 기입해주세요");
history.back();
</script>
```

만일 데이터가 있다면 (즉, 같은 아이디가 존재한다면), 자바 스크립트를 통해 메시지를 보내고 이전 페이지로 되돌아가는 것이다. 그리고 else (만일 존재하는 아이디가 없다면)를 사용하여, 데이터베이스에 저장하는 작업을 진행하고 있다. 그리고 저장을 마치면 마지막으로 또한 자바 스크립트를 통해 "회원 가입 축하" 메시지와 함께, 회원로긴 창으로 되돌리고 있다. 다음 단계에 필요한 회원 로긴 창을 제작해보자.

## 10.4 회원 로긴과 인증

여기서도 우선 수행해야 할 일을 생각해 보자. 회원 아이디와 비밀번호를 입력받아서, 데이터베이스에 있는 정보를 불러 비교하여, 데이터베이스에 존재하는 아이디와 비밀번호가 일치하고 있으면 통과하여 가고자하는 페이지로 이동시키고, 일치하지 않으면, 로그인 페이지로 가도록 제작해보자. 우리는 이 내용, 즉 회원의 아이디와 비밀번호를 입력받는 폼을 여러분의 홈디텍터리에 있는 login.asp 페이지에 다음과 같은 내용을 추가하여 보자.

### 예제 10_03) : left.asp에 회원 로그인 창 및 세션 창 추가 (left.asp)

```
<%
NewMember = request("NewMember")
%>
<html>
<head><title>menu</title><base target="main">
</head>
<body>
<center><h5>카운트 : <%=Application("count")%><h5></center>
<% if session("id")="" then %>
<form method="post" action="member/login_ok.asp" target="_parent">
<table style="line-height:100%; margin-top:0; margin-bottom:0;" border="0" width="140"
cellspacing="0" bordercolordark="white" bordercolorlight="black">
    <tr align="center">
      <td height="16" width="46"><p align="right">
       <font face="돋움" size="2" color="#333333"><b>UserID</b></font>
       </td>
      <td height="16" width="93"><p align="right">
       <input name="id" style="font-family:돋움; border-width:1px; border-style:solid;" size="13"
value="<%=NewMember%>">
       </td>
    </tr>
    <tr align="center">
      <td width="46"><p align="right">
       <font face="돋움" size="2" color="#333333"><b>PWD</b></font></td>
      <td width="93"><p align="right"><input type="password" name="pwd"
      style="font-family:돋움; border-width:1px; border-style:solid;"
      size="13"></td>
    </tr>
    <tr align="center">
      <td colspan="2"><p align="right"><font face="돋움" size="3">
```

```
        <input type="submit" value="  OK  " name="B1" style="font-weight:bold;
color:rgb(51,51,51); background-color:rgb(204,204,204);"></font></td>
     </tr>
     <tr align="center">
        <td colspan="2">
           <p style="line-height:100%; margin-top:0; margin-bottom:0;" align="center"> </p>
           <p align="right">
           <a href="member/mem.htm" target="right">
           <font face="돋움" size="2">회원가입</font></a></p>
</td>
     </tr>
</table>
<p align="left"> 
  </p>
</form>
<hr>
<center>
<font size="3" color="red">제 3장 </font>
</center>
<hr>
<h5 align="right"><a href="chap03\html_0301.htm" target="right">Hn 태그연습</h5>


............................... 이하 내용 같음 .........................................
<hr>
<center>
<font size="3" color="red">제 4 장 </font>
</center>
<hr>
<h5 align="right"><a href="chap04\asp_0401.asp" target="right">ASP 시작</h5>
............................... 이하 내용 같음 .........................................
<hr>
```

```
<center>
<font size="3" color="blue">제 5 장 </font>
</center>
<hr>
<h5 align="right"><a href="chap05\asp_0501.htm" target="right">GET 방식 입력폼</h5>
................................ 이하 내용 같음 ..........................................
<hr>
<center>
<font size="3" color="blue">제 6 장 </font>
</center>
<hr>
<h5 align="right"><a href="chap06\asp_0601.asp" target="right">Ad Rotator</h5>
................................ 이하 내용 같음 ..........................................
<hr>
<center>
<font size="3" color="blue">게시판제작 </font>
</center>
<hr>
<h5 align="right"><a href="board\write.htm" target="right">게시판 글올리기</h5>
................................ 이하 내용 같음 ..........................................
<hr>

<% else %>
<table style="line-height:100%; margin-top:0; margin-bottom:0;" border="0" width="157"
cellspacing="0" bordercolordark="white" bordercolorlight="black">
    <tr>
        <td width="153" height="96">
            <p style="line-height:100%; margin-top:0; margin-bottom:0;"
align="right"> </p>
            <p style="line-height:100%; margin-top:0; margin-bottom:0;" align="right"> </p>
<p align="right" style="line-height:100%; margin-top:0; margin-bottom:0;"><font
      face="돋움" size="2"
```

```
color="#333333"><strong>[<%=session("name")%>]</strong></font><strong><font
color="#6600CC" size="2" face="돋움">님 환영</font></strong><p style="line-height:100%;
margin-top:0; margin-bottom:0;" align="right"> </p>
            </td>
            <td width="0" height="151">
                <p> </p>
            </td>
        </tr>
        <tr>
        <td width="153">
        <p align="right">[<a href="member/logout.asp" target="_parent">logout</a>]</p>
        <p align="right"><font size="2">[</font><a href="member/mem_main.asp"
target="right"><font size="2">개인정보수정</font></a><font size="2">]</font></p>
        </td>
            <td width="0"></td>
        </tr>
</table>
<br>
<hr>
<br>
<center>
<font size="3" color="blue">질문/답변 게시판 </font>
</center>
<hr>
<h5 align="right"><a href="qaboard\write.asp" target="right">질문/답변 글올리기</h5>
<h5 align="right"><a href="qaboard\list.asp" target="right">질문/답변 게시판</h5>
<% end if %>
</body>
</html>
```

[실행결과]

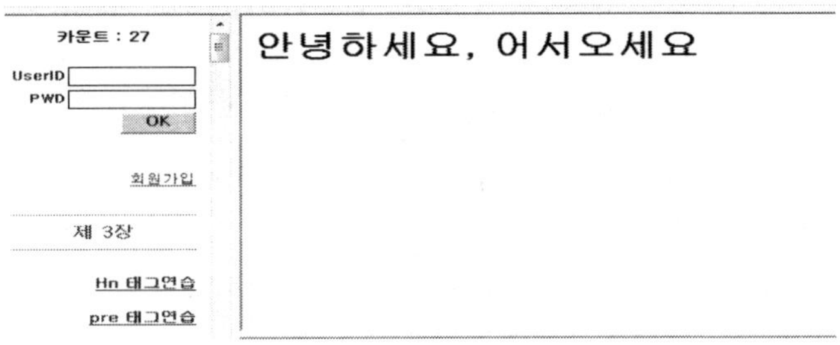


〈그림 10-5〉 회원 로그인 화면

<소스 분석>

이제 left.asp 페이지에서 아이디와 비밀번호를 입력받아, 그것은 action="member\ login_ok.asp"로 전송되고, 이 login_ok.asp 페이지는 이 정보를 실제 체크하여 처리하게 만들고자 한다. 즉, 존재하는 아이디이면 비밀번호를 검사하여 일치하면 통과하여 접근하는 페이지로, 아니면 다시 로긴 창으로 보내서 비밀번호를 다시 기입하도록 요구하도록 제작하자. 우선 마찬가지로 소스를 보도록 하자.

### 예제 10_04) : 로그인 처리 및 세션권한 주기 (login_ok.asp)

```
<%
    Set ebdb = Server.CreateObject("ADODB.Connection")
    ebdb.Open "Provider=SQLOLEDB.1;Password=00000;Persist Security Info=True;User ID=sa;Initial Catalog=BizDB;Data Source=DB서버"
    Set rs = Server.CreateObject("ADODB.RecordSet")
    sql = "select mem_id,mem_name,mem_pwd,mem_email from member where mem_id='" & request("id") & "'"

    rs.Open sql,ebdb
    if (rs.EOF or rs.BOF) then
%>
<script language="javascript">
alert("등록되지 않은 ID 입니다.\n\n먼저 회원으로 가입해 주세요");
```

```
location.href="mem.htm";
</script>
<% else
      if rs("mem_pwd") <> request("pwd") then
%>
<script language="javascript">
alert("비밀번호가 일치하지 않습니다.\n\n확인후 다시 시도해 주십시요");
history.back();
</script>
<%    else

            session("id") = (rs("mem_id"))
            session("name") = rs("mem_name")
            session("email") = rs("mem_email")

            Response.Redirect "../start.htm"
      end if

end if%>
```

---

[실행결과]

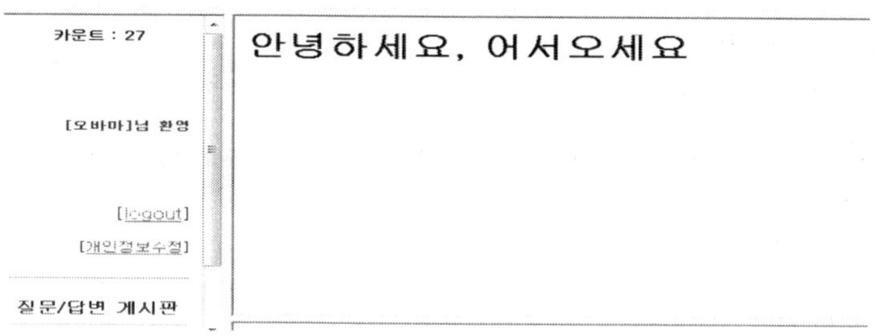


〈그림 10-6〉 회원 로그인 후 화면

<소스 분석>

소스의 첫 번째 부분은 지금까지 계속하여 반복되었던 부분으로, 데이터베이스 연결 객체를

만들고 데이터베이스에 연결하고 관련 데이터를 불러와서 레코드셋 객체를 만들어 변수에 저장하고 있다. 그리고 쿼리문은 다음과 같다.

```
sql = "select mem_id, mem_name,mem_pwd,mem_email
       from member where mem_id='" & request("id") & "'"
rs.Open sql,ebdb
```

즉, 사용자에게서 입력받은 아이디가 데이터베이스에 존재하는가를 검토하는 쿼리로, 결과가 없다면 아이디를 잘못 입력하였거나 또는 회원이 아님으로 "등록되지 않은 아이디 입니다"라는 메시지를 자바 스크립트를 통하여 전달하고, 새회원 가입창으로 이동시키고 있다.

```
if (rs.EOF or rs.BOF) then
%>
<script language="javascript">
alert("등록되지 않은 ID 입니다.\n\n먼저 회원으로 가입해 주세요");
location.href="mem.htm";
</script>
```

만일 레코드가 있다면 등록된 사용자임으로 이제는 패스워드를 비교하고, 이 패스워드가 일치하지 않으면, 비밀번호를 잘못 기입하였을 가능성이 가장 크기 때문에 다시 로긴 창으로 돌려서 패스워드를 제대로 기입하도록 유도하는 것이다.

```
<% else
     if rs("mem_pwd") <> request("pwd") then
%>
<script language="javascript">
alert("비밀번호가 일치하지 않습니다.\n\n확인후 다시 시도해 주십시요");
history.back();
</script>
```

그리고 마지막으로 아이디와 패스워드 모두 일치한다면 통과하여 연결될 페이지, 여기에서는 다시 left.asp 페이지로 연결시키고 있는 것이다.

우리는 이미 게시판의 관리자 모드를 공부하면서 잠깐 Session("id")에 대하여 언급한 것을 기억할 것이다. 즉, 관리자 모드 아이디와 패스워드로 통과한 사람만이 Session("id")로 "admin"이라는 값을 얻어서 글의 비밀번호를 볼 수 있도록 제작했었다.

위에서 left.asp 페이지는 세션값을 검토하여 각각 다른 결과의 페이지를 사용자에게 보여주게 될 것이다. 즉, 사용자가 Session("id")값을 가지고 있다면 (로긴 인증을 가지고 있다면) 그 사람은 "개인정보수정" 및 "회원가입탈퇴"를 할 수 있는 페이지와 링크할 수 있는 권한을 갖데 된다.

그러나 로그인을 한 회원이라고 해도 시간이 오래 지나거나 (기본 20분), 또는 접속을 끊었다가 다시 접속하는 경우에는 마찬가지로 다시 "회원로그인(가입)"을 해야 세션창으로 이동하게 된다.

### 예제 10_05) : 개인정보 수정 창 (mem_main.asp)

```
<%
if session("id")="" then
   Response.Redirect "start.htm"
end if
%>
<html>
<head><title>회원 개인 정보관리</title></head>
<body>
<div align="center"><center>
  <div align="left">
<table border="0" cellspacing="1" width="300">
  <tr>
    <td height="40" align="center" bgcolor="#99CCFF">
    <strong>회원 정보관리</strong></td>
  </tr>
  <tr>
   <td height="40" align="center" style="border-left: 1 dashed rgb(0,0,0); border-right: 1 
dashed rgb(0,0,0); border-bottom: 1 dashed rgb(0,0,0)"
```

```
	bgcolor="#FFFFFF"><font face="돋움" size="2">▶ 
    <a HREF="mem_edit.asp">정보 변경</a></font></td>
	</tr>
	<tr>
	  <td height="40" align="center" style="border-left: 1 dashed rgb(0,0,0); border-right: 1 dashed rgb(0,0,0); border-bottom: 1 dashed rgb(0,0,0)"
	bgcolor="#FFFFFF"><font face="돋움" size="2">▶ 
    <a href="mem_del.asp">회원 탈퇴</a></font></td>
	  </tr>
	</table>
	</div>
</center></div>

<p></p>
</body>
</html>
```

[실행결과]

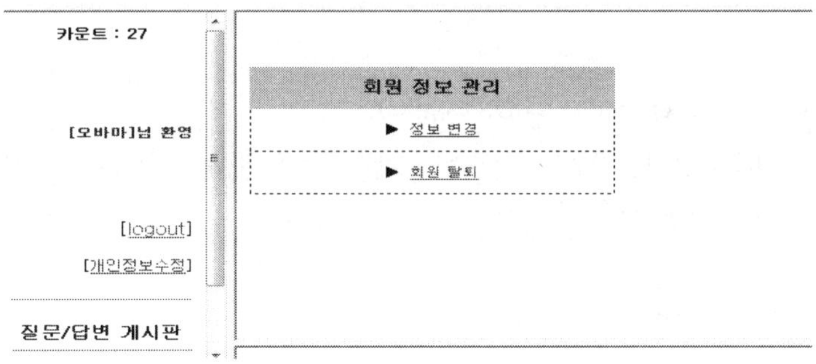


〈그림 10-7〉 회원 정보관리 화면

# 10.5 회원정보 수정/탈퇴

우리는 이제 회원으로 가입한 정보를 수정하거나 또는 회원 탈퇴를 할 수 있는 ASP 페이지를 제작하고자한다. 그리고 이 회원정보 수정이 가능한 페이지를 mem_edit.asp로 정하고, 탈퇴할 수 있는 페이지를 mem_del.asp로 하고자 한다. 그런데 ASP 페이지는 항상 어떠한 예상하지 못한 상황이 발생할 수 있다. 예를 들어, 개인정보의 수정 및 탈퇴는 회원가입 회원 당사자만이 mem_edit.asp 또는 mem_del.asp 페이지에 접근할 수 있어야 한다. 그러나 회원이 아니어도 어떤 옵션을 걸어주지 않으면 이 페이지에 접근할 수 있는 방법이 있는데, 그것은 물론 쉽지는 않지만 mem_edit.asp 및 mem_del.asp 페이지가 들어있는 폴더를 알아서 다음처럼 브라우저의 URL 기입창에 직접입력하고 들어올 수 있는 것이다.

ttp://IP주소 및 URL/mem_edit.asp

## 10.5.1 회원정보 변경 페이지 제작

그러면 이제 우선 mem_edit.asp 페이지를 다음과 같이 제작해보자.

**예제 10_06) : 개인정보 변경 (mem_edit.asp)**

```
<%
if session("id")="" then
   Response.Redirect "../start.htm"
end if

 Set db = Server.CreateObject("ADODB.Connection")
 db.Open("Provider=SQLOLEDB.1;Password=00000;Persist Security Info=True;User ID=sa;Initial
Catalog=BizDB;Data Source=DB서버")

 sql = "select * from member where mem_id='" & session("id") & "'"
 set rs = db.Execute(sql)

 name = rs("mem_name")
 id = rs("mem_id")
```

```
 pwd=rs("mem_pwd")
 ssn1 = left(rs("mem_ssn"),6)
 ssn2 = right(rs("mem_ssn"),7)
 sex = rs("mem_sex")
 job = rs("mem_job")
 email = rs("mem_email")
 memo = rs("mem_memo")

%>
<html>
<head><title>회원정보수정</title>
<script language="JavaScript">
<!--
function gaip()
{
    var str;

     //비밀번호 기입여부 체크
     str = document.regiform.pwd1.value;
    if(str == "") {
              alert("☞ 패스워드는 반드시 입력해야 합니다.");
              document.regiform.pwd1.focus();
              return true;
    }
//비밀번호 확인결과가 같은지 체크
    if(document.regiform.pwd1.value != document.regiform.pwd2.value) {
              alert("☞ 패스워드가 일치하지 않습니다.");
               document.regiform.pwd2.focus();
              return true;
    }

    document.regiform.submit();
```

```
    return true;
}
function onlyNumber()  //숫자만을 기입받게 하는 방법
{
   if((event.keyCode<48)||(event.keyCode>57))
       event.returnValue=false;
}
//-->
</script>
</head>
<body>
<form name="regiform" action="mem_ok.asp" method="post">
<table cellpadding="0" cellspacing="0" width="600" border="0">
<tr><td height="7" colspan="2">
      <p><center><font face="휴먼엑스포">◐ 회    원    정

   보 ◑</font></center><br><br>
     </td>
</tr>
<tr><td width="100" height="25" bgcolor="#E3F2F9" style="padding-left: 10">
        <font face="돋움" size="2" color="#002C57">이름</font></td>
        <td width="370" height="25" style="border: 0 solid; padding-left: 10">
        <input TYPE="text" size="10" name="name" maxlength="8" value="<%=name%>">
        </td>
</tr>
<tr><td height="25" bgcolor="#E3F2F9" style="padding-left: 10" width="100">
        <font face="돋움" size="2" color="#002C57">사용자 ID</font>
     </td>
     <td height="25" style="border: 0 solid; padding-left: 10" width="370">
        <input TYPE="text" size="10" name="userid" maxlength="8" value="<%=id%>">
     </td>
</tr>
```

```
<tr><td height="25" bgcolor="#E3F2F9" style="padding-left: 10" width="100">
        <font face="돋움" size="2" color="#002C57">암호</font>
    </td>
<td height="25" style="border: 0 solid; padding-left: 10" width="370">
        <input TYPE="password" size="10" name="pwd1" maxlength="8" value="<%=pwd%>">
    </td>
</tr>
<tr><td height="25" bgcolor="#E3F2F9" style="padding-left: 10" width="100">
        <font face="돋움" size="2" color="#002C57">암호확인</font>
    </td>
    <td height="25" style="border: 0 solid; padding-left: 10" width="370">
        <input TYPE="password" size="10" name="pwd2" maxlength="8" >
    </td>
</tr>
<tr><td height="25" bgcolor="#E3F2F9" style="padding-left: 10" width="100">
        <font face="돋움" size="2" color="#002C57">주민등록번호</font>
    </td>
    <td height="25" style="border: 0 solid; padding-left: 10" width="370">
        <input TYPE="text" size="6" name="ssn1" maxlength="6" OnKeypress="onlyNumber();"
value="<%

=ssn1%>">> - <input TYPE="text" size="7" name="ssn2" maxlength="7"
OnKeypress="onlyNumber();"

value="<%=ssn2%>">>
    </td>
</tr>
<tr align="center">
    <td height="25" style="padding-left: 10" bgcolor="#E3F2F9" width="100"><div align="left">
        <p><font face="돋움" size="2" color="#002C57"> 성별</font></div>
    </td>
    <td height="25" style="border: 0 solid; padding-left: 10" align="left" width="370"> <div
```

```
align="left">
        <p><font face="돋움" size="2" color="#002C57"><input TYPE="radio"
                name="sex" value="M" <% if sex ="M" then%>checked<%end if%>>남자 <input
TYPE="radio"
                name="sex" value="F" <% if sex ="F" then%>checked<%end if%>>여자</font>
        </div>
    </td>
</tr>
<tr align="center">
    <td height="25" style="padding-left: 10" bgcolor="#E3F2F9" width="100"><div align="left">
        <p><font face="돋움" size="2" color="#002C57">직업</font></div>
    </td>
    <td height="25" style="border: 0 solid; padding-left: 10" width="370">
    <div align="left"><p><font face="돋움" size="2" color="#002C57">
    <select name="job" size="1" style="font-family: 돋움; font-size: 12; background-color:
rgb(255,255,255); color: rgb(0,0,0)">
<option value="not" <% if job ="not" then%>selected<%end if%>>선택하여 주십시오. </option>
<option value="회사원" <% if job ="회사원" then%>selected<%end if%>>회사원 </option>
<option value="학생" <% if job ="학생" then%>selected<%end if%>>학생 </option>
<option value="공무원" <% if job ="공무원" then%>selected<%end if%>>공무원 </option>
<option value="교직자" <% if job ="교직자" then%>selected<%end if%>>교직자 </option>
<option value="기타" <% if job ="기타" then%>selected<%end if%>>기타 </option>
</select></font></div>
    </td>
</tr>
<tr align="center">
    <td height="25" style="padding-left: 10" bgcolor="#E3F2F9" align="center" width="100"><div
align="left"><p>
        <font face="돋움" size="2" color="#002C57">email 주소</font></div>
    </td>
    <td height="25" style="border: 0 solid; padding-left: 10" align="center" width="370"><div
align="left">
        <p><input TYPE="text" size="32" name="email" maxlength="40"
```

```
value="<%=email%>"></div>
      </td>
</tr>
<tr align="center">
      <td height="25" style="padding-left: 10" bgcolor="#E3F2F9" width="100"><div align="left">
         <p><font face="돋움" size="2" color="#002C57">자기소개</font></div>
      </td>
      <td height="25" style="border: 0 solid; padding-left: 10" width="370">
         <div align="left"><p><textarea ROWS="5" COLS="45" name="memo"
wrap="physical"><%=memo%></textarea></div>
      </td>
</tr>
<tr>
<td height="25" colspan="2"></td>
</tr>
<tr>
<br>
   <td height="25" colspan="2"><div align="center"><center>
       <input type="button" value="정보 수정" name="B1" OnClick="gaip();">
          
       <input type="button" value="수정 취소" name="B1" OnClick="history.back();">
   </center></div>
   </td>
</tr>
</table>
</form>
</body>
</html>
```

[실행결과]

〈그림 10-8〉 회원 수정창 실행 화면

<소스 분석>

데이터베이스의 데이터에서 아이디가 Session("id")와 일치하는 데이터를 가져오기 위하여 쿼리를 수행하고 레코드셋 변수에 저장하고 있다.

```
sql = “Select * from member where mem_id=’“ & session(“id“) & “’“
set Rs = db.Execute(sql)
```

주민등록번호의 경우 우리는 데이터베이스에 한꺼번에 저장을 하였기 때문에 여기에서는 원래의 모양으로 잘라서 넣어주고 있다는 것을 주의하면, 모든 것은 문제가 없을 것으로 생각한다.

```
ssn1=left(Rs(“mem_ssn“),6)
ssn2=right(Rs(“mem_ssn“),7)
```

그리고 이름과 아이디는 수정이 불필요하기 때문에 단지 출력해주고 있는 것을 알 수 있다. 흥미있는 것은 성별을 넣어주는 라디오 버튼의 경우에는 checked라는 문자를 속성에 넣어주면 됨으로 다음과 같이 만일 데이터베이스의 값이 M이면 M의 체크박스에 Check에 넣어 표시하고 F이면 F의 체크박스에 Check에 넣어 표시하고 있고, 선택에서는 Checked 대신에 Selected를 표시하고 있다.

이제 수정폼에 수정한 내용은 mem_edit_ok.asp로 전송되어 그 파일이 데이터의 내용을 처리함으로, 이 파일을 다음과 같이 만들어 보자.

## 예제 10_07) : 개인정보 변경 처리 (mem_edit_ok.asp)

```
<%
  pwd = request("pwd1")
  ssn = request("ssn1") & "-" & request("ssn2")
  sex = request("sex")
  job = request("job")
  email = request("email")

  memo = request("memo")
  memo = replace(memo,"'","''")

  Set db = Server.CreateObject("ADODB.Connection")
  db.Open("Provider=SQLOLEDB.1;Password=00000;Persist Security Info=True;User ID=sa;Initial
Catalog=BizDB;Data Source=DB서버")

  SQL = "Update member set mem_pwd = '" & pwd & "'"
  SQL = SQL & ", mem_ssn = '" & ssn & "'"
  SQL = SQL & ", mem_sex = '" & sex & "'"
  SQL = SQL & ", mem_job = '" & job & "'"
  SQL = SQL & ", mem_email = '" & email & "'"
  SQL = SQL & ", mem_memo = '" & memo & "'"
  SQL = SQL & " where mem_id = '" & session("id") & "'"

  db.execute SQL
%>
<script language="javascript">
alert("정보가 수정되었습니다. 감사합니다");
location.href="mem_main.asp";
</script>
```

<소스 분석>

위의 내용은 앞에서 반복하여 설명한 내용임으로 쉽게 이해가 될 것으로 생각한다. 이제는 마지막으로 회원탈퇴를 원하는 경우 이것을 처리하는 페이지를 제작해 보자.

### 10.5.2 회원 탈퇴 페이지 제작

어떤 가입회원이 탈퇴하는 것이 사이트에 도움이 되는 것은 아니지만, 정말 탈퇴하기를 원하는 경우를 위하여 이러한 서비스도 제공하는 것이 좋은 사이트라고 할 수 있다. 그럼 다음과 같이 회원탈퇴 페이지 mem_del.asp를 간단히 구성해보자.

**예제 10_08) : 회원 탈퇴 페이지 (mem_del.asp)**

```
<html>
<head>
<title>회원 탈퇴</title>
</head>
<body bgcolor="white">
<p align="center">  </p>
<p align="center"><font color="#004080"><strong>회원 탈퇴 신청</strong></font></p>
<p align="center"><font face="돋움" size="2">  </font></p>
<p align="center"><font face="돋움" size="2">정말로 회원에서 <font
color="#FF0000">탈퇴</font><font color="#000000">를 하시겠습니까?</font></font></p>
<p align="center"><font face="돋움" size="2">탈퇴를 하시면 더 이상 서비스를
제공받지 못합니다.</font></p>
<p align="center"><font face="돋움" size="2">  </font></p>
<p align="center"><font face="돋움" size="2"><a href="mem_del_ok.asp">탈퇴합니다</a>
         <a
href="mem_main.asp">취소합니다</a></font></p>
</body>
</html>
```

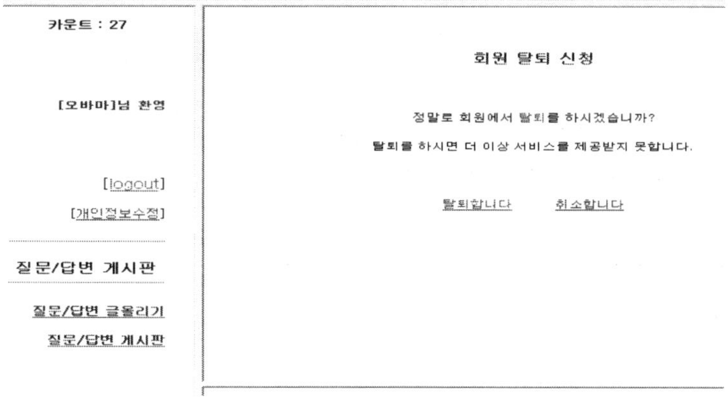


〈그림 10-9〉 회원 탈퇴 실행 화면

<소스 분석>

이미 Session("id")를 가지고 있는 사람만이 접근할 수 있음으로 이외의 특별히 더 추가할 내용은 없으나, 구성은 제작하는 사람의 취향에 맞게 내용을 추가할 수 있다. 계속하여 이제 실제 데이터베이스에서 정해진 정보를 삭제하는 기능을 수행 할 mem_del_ok.asp를 제작해보자.

### 예제 10_08) : 회원 탈퇴 처리 페이지 (mem_del_ok.asp)

```
<%
    Set db = Server.CreateObject("ADODB.Connection")
   db.Open "Provider=SQLOLEDB.1;Password=00000;Persist Security Info=True;User ID=sa;Initial Catalog=BizDB;Data Source=DB서버"

    SQL = "Delete from member where mem_idx='" & session("id") & "'"
    db.execute SQL

%>
<html>

<head>
<title>탈퇴</title>
</head>
```

```
<body>
<br>
<br>
<p align=center><font face="돋움" size="3" color="#002C57">
다시 또 찾아 주시면 언제든지 환영합니다.
</font><br>
<p align=center><font face="돋움" size="3" color="#002C57">
안녕히 가십시오.
</font>
</body>
</html>
```

마지막으로 제작할 페이지는 "logout.asp" 페이지이며, 지금까지 실력으로 여러분 스스로 어렵지 않게 제작할 수 있을 것으로 판단된다.

# 제 11 장 자료실 구축하기

웹 사이트에 접속하는 사용자가 자료실에서 자료를 올리고 다운받는 기능은 이제는 가장 필수적인 기능 중 하나이다. 자료실을 구축하기를 원하는 경우에 이러한 기능을 제공하는 것이 파일 업로드 컴포넌트이다. 이러한 기능을 제공하는 방법은 표준 컴포넌트가 있는 것은 아니므로 사용자가 원하는 컴포넌트를 선택하여 사용할 수 있다. 여기에서는 파일 업로드 컴포넌트로 ABCupload 컴포넌트를 사용하고자 한다.

## ○ ABCUpload

ABCUpload는 사용자가 웹 브라우저를 이용하여 원하는 파일을 IIS 웹 서버에 올릴 수 있도록 해주는 COM 컴포넌트이다. 이 ABCUpload를 실행하기 위해서 클라이언트쪽 소프트웨어는 필요치 않으며, RFC 1867에 정의된 바와 같이 표준 HTML 폼의 형태로 서버에서 동작한다. 여러분은 마이크로소프트 액티브엑스 스크립팅 인터페이스를 제공하는 가령 ASP 웹프로그래밍 언어를 이용하여 ABCUpload의 사용이 가능하다. 이 소프트웨어를 제공하는 사이트는

http://www.websupergoo.com.

이며, 설치 후 관련 웹 페이지와 설명문을 사용할 수 있다.

## ○ COM?

마이크로소프트 COM (Component Object Model)은 마이크로소프트 윈도우즈군에서 서로 소프트웨어 컴포넌트가 서로 교신할 수 있게 해주는 기술이다. 이 기술을 이용하여 개발자는 여러 소프트웨어를 응용 이용하여 재생산하고, 서로 링크하여 여러 장점을 만들어 윈도우즈 서비스의 효율을 높일 수 있다. 이 COM 오브젝트는 다양한 프로그래밍 언어, 가령 C++ 등을 이용하여 간단하게 수행할 수 있다. COM 기술은 COM+, DCOM, 그리고 ActiveX 등을 포함하고 있다. 마이크로소프트는 이 COM 인터페이스를 이용하여 많은 유용한 윈도우즈 응용 프로그래밍을 제공하고 있다. 또는 COM은 마이

크로소프트 오피스군의 응용에도 이용되는데, 예를 들어 워드파일을 엑셀스프레드 시트에 동적으로 링크할 수 있도록 하여 여러 반복적인 작업 등을 사용자가 쉽게 수행할 수 있는 기술 등을 제공하고 있다.

## 11.1 파일업로드 테스트

우선 여러분의 Home 디렉터리에 chap11이라는 디렉터리를 만들어 놓고 ABCUpload와 관련된 파일을 저장하여 left.asp 페이지에서 링크하여 연습해 보기로 하자.

### 예제 11_01) : 파일업로드 테스트 (fileup_01.htm)

```
<html>
<body>
<form method="post" action="fileup_01.asp" enctype="multipart/form-data">
<input type="file" name="file01"><br>
<input type="submit" name="submit" value="제출">
</form>
<body>
</html>
```

[실행결과]

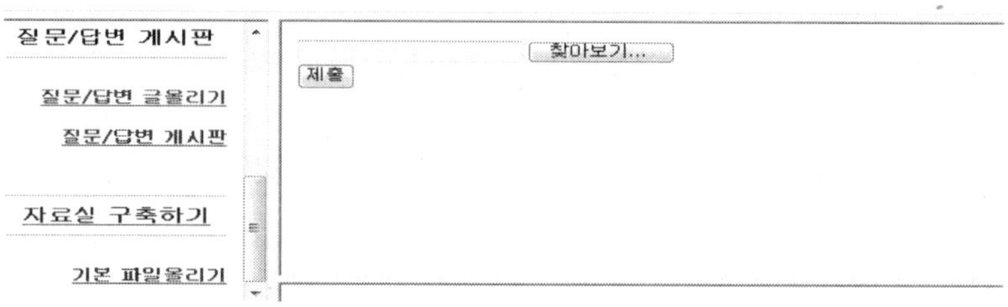


〈그림 11-1〉 단순한 파일 올리기

<소스 분석>

폼의 속성으로 enctype="multipart/form-data" 으로 정해주고 있으며, 이것은 파일을 업로드 하기 위한 준비라고 이해하면 된다. 다음으로 <input type="file" ...> 이라는 컨트롤을 기억하자.

**예제 11_01) : 파일업로드 테스트 처리 파일 (fileup_01.asp)**

```
<% @Language="VBScript" %>
<%
Set theForm = Server.CreateObject("ABCUpload4.XForm")
theForm.Overwrite = True
If theForm.Files("file01").FileExists Then
    theForm.Files("file01").Save "upload\myupload.dat"
End If
%>
<html>
<body>
File uploaded...
</body>
</html>
```

<소스 분석>

```
Set theForm = Server.CreateObject("ABCUpload4.XForm")은
```

theForm 이라는 이름으로 파일 업로드 파일을 연결하라는 ASP 명령어 이며, 다음으로

```
theForm.Overwrite = True
```

는 theForm 이 이미 있으면 덮어쓰라는 의미이며

```
theForm.Files("file01").Save "upload\myupload.dat"
```

은 전송된 업로드 파일을 upload라는 폴더에 myupload.dat 라는 이름으로 저장하라는 뜻이다. 실행하고 여러분의 upload 라는 폴더를 확인하면 myupload.dat라는 파일이 업로드 된 것을 확인할 수 있다.

**예제 11_02) : 이미지 파일업로드 (fileup_02.htm)**

```
<html>
<body>
<form method="post" action="fileup_02.asp" enctype="multipart/form-data">
<input type="file" name="image1"><br>
<input type="file" name="image2"><br>
<input type="submit" name="submit" value="전송">
</form>
<body>
</html>
```

**예제 11_02) : 이미지 파일업로드 처리 (fileup_02.asp)**

```
<% @Language="VBScript" %>
<%
Set theForm = Server.CreateObject("ABCUpload4.XForm")
theForm.Overwrite = True

Set theField = theForm.Files("image1")
If theField.FileExists Then
 theField.Save "upload/" & theField.FileName
end if
```

```
Set theField = theForm.Files("image2")
If theField.FileExists Then
 theField.Save "upload/" & theField.FileName
end if
%>
<html>
<body>
Images uploaded...
</body>
</html>
```

---

**예제 11_03) : 혼합된 형식의 업로드 (fileup_03.htm)**

---

```
<html>
<body>
<form method="post" action="fileup_03.asp" enctype="multipart/form-data">
당신이 좋아하는 색은?<br>
<input type="text" name="color" value="purple"><br>
당신이 좋아하는 꽃은?<br>
<input type="checkbox" name="flavor" value="flower1">flower1<br>
<input type="checkbox" name="flavor" value="flower2">flower2<br>
<input type="checkbox" name="flavor" value="flower3">flower3<br>
당신이 선택한 파일은?<br>
<input type="file" name="file"><br>
<input type="submit" name="submit" value="제출">
</form>
```

```
<body>
</html>
```

---

예제 11_03) : 혼합 형태의 파일업로드 처리 (fileup_03.asp)

---

```
<% @Language="VBScript" %>
<html>
<body>
<%
Set theForm = Server.CreateObject("ABCUpload4.XForm")

Response.Write "당신이 좋아하는 색은 : "
Response.Write theForm("color") & "<br>"

Response.Write "당신이 좋아하는 꽃은 <br>"
For i = 1 to theForm("flavor").Count
   Response.Write theForm("flavor")(i) & "<br>"
Next

Set theField = theForm.Files("file")
If theField.FileExists Then
   theField.Save "upload/" & theField.FileName
   Response.Write "파일" & theField.FileName & " 업로드 완료"
Else
   Response.Write "업로드 된 파일 없음"
End If
%>
```

```
</body>
</html>
```

[실행결과]

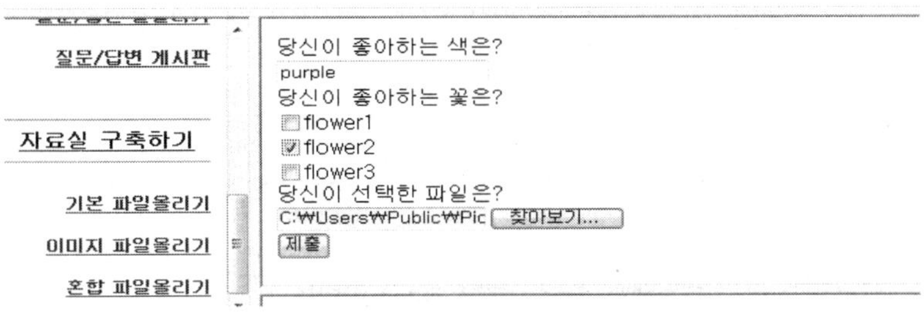


〈그림 11-2〉 혼합 형태로 파일 올리기

### 예제 11_04) : 파일업로드 진행과정보기 (fileup_04.htm)

```
<html>
<body>

<script language="javascript">
<!--
function DoUpload() {
    theFeats =
"height=120,width=500,location=no,menubar=no,resizable=no,scrollbars=no,status=no,toolbar=no";
    theUniqueID = (new Date()).getTime() % 1000000000;
    window.open("fileup_bar.asp?ID=" + theUniqueID, theUniqueID, theFeats);
    document.myform.action = "fileup_04.asp?ID=" + theUniqueID;
    document.myform.submit();
}
//-->
</script>
```

```
<form name="myform" method="post" action="fileup_04.asp.asp" enctype="multipart/form-data">
<input type="file" name="filefield1"><br>
<input type="button" name="dosubmit" value="Upload" OnClick="DoUpload()"><br>
</form>

</body>
</html>
```

---

예제 11_04) : 파일업로드 진행과정 Bar (fileup_bar.asp)

---

```
<%@EnableSessionState=False%>
<html>
<head><title>Progress...</title>
<meta http-equiv="expires" content="Tue, 01 Jan 1981 01:00:00 GMT">
<meta http-equiv=refresh content="2,fileup_04.asp?ID=<%=Request.QueryString("ID")%>">

<%
On Error Resume Next
Set theProgress = Server.CreateObject("ABCUpload4.XProgress")
theProgress.ID = Request.QueryString("ID")
%>

<script language="javascript">
<!--
if (<% =theProgress.PercentDone %> == 100) top.close();
//-->
</script>

</head>
```

```
<body bgcolor="#CCCCCC">

<table border="0" width="100%">
  <tr>
    <td><font face="Verdana, Arial, Helvetica, sans-serif" size="2"><b>파일업로드</b></font></td>
  </tr>
  <tr bgcolor="#999999">
    <td>
      <table border="0" width="<%=theProgress.PercentDone%>%" cellspacing="1"
bgcolor="#0033FF">
        <tr>
          <td><font size="1"> </font></td>
        </tr>
      </table>
    </td>
  </tr>
  <tr>
    <td>
      <table border="0" width="100%">
        <tr>
          <td><font face="Verdana, Arial, Helvetica, sans-serif" size="1">
            남은시간 :</font></td>
          <td><font face="Verdana, Arial, Helvetica, sans-serif" size="1">
              <%=Int(theProgress.SecondsLeft / 60)%> 분
              <%=theProgress.SecondsLeft Mod 60%> 초
              (<%=Round(theProgress.BytesDone / 1024, 1)%> KB of
              <%=Round(theProgress.BytesTotal / 1024, 1)%> KB ploaded)</font></td>
        </tr>
        <tr>
          <td><font face="Verdana, Arial, Helvetica, sans-serif" size="1">
```

```
                    진행율 :</font></td>
                <td><font face="Verdana, Arial, Helvetica, sans-serif" size="1">
                    <%=Round(theProgress.BytesPerSecond/1024, 1)%> KB/sec</font></td>
            </tr>
            <tr>
                <td><font face="Verdana, Arial, Helvetica, sans-serif" size="1">정보:</font></td>
                <td><font face="Verdana, Arial, Helvetica, sans-serif"
size="1"><%=theProgress.Note%></font></td>
            </tr>
          </table>
        </td>
    </tr>
    <tr></tr>
</table>
</body>
</html>
```

---

예제 11_04) : 파일업로드 처리 페이지 (fileup_04.asp)

---

```
<%
Response.Expires = -10000
Server.ScriptTimeOut = 300

Set theForm = Server.CreateObject("ABCUpload4.XForm")
theForm.Overwrite = True
theForm.MaxUploadSize = 8000000
theForm.ID = Request.QueryString("ID")
Set theField = theForm.Files("filefield1")
```

```
If theField.FileExists Then
  theField.Save "upload/" & theField.FileName
End If
%>

<html>
<body>
Upload Complete...
</body>
</html>
```

[실행결과]

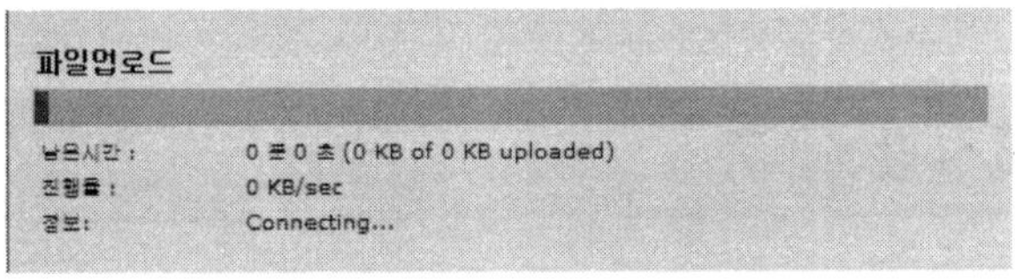


〈그림 11-3〉 파일업로드 진행과정

## 11.2 자료실을 위한 DB 테이블

자료실 구축을 위한 첫 단계로 파일 업로드 컴포넌트가 설치되면 다음으로, 우리는 자료실에서 이용할 데이터베이스와 테이블을 만들어야 한다. 데이터베이스는 역시 이미 만들어 두었던BizDB를 사용하고, fileUP라는 폴더를 생성하고 다음과 같이 일반게시판 제작에 사용했던 쿼리문을  약간 변형 작성하여 fileup.sql이라는 이름으로 이 폴더에 저장하여 두자.

```
create table [dbo].[fileup] (
  [board_idx] [int] identity (1,1) not null primary key clustered,
  [name] [varchar] (50) not null,
```

```
    [email] [varchar] (100) not null,
    [filename] [varchar] (100) not null,
    [title] [varchar] (50) not null,
    [pwd] [varchar] (50) not null,
    [num] [int] not null,
    [writeday] [varchar] (50) not null,
    [readnum] [smallint] not null default 0,
    [content] [text] not null
)
```

이제 앞장에서와 마찬가지로 쿼리 분석기를 열고 데이터베이스 BizDB를 선택하고 위의 쿼리 문을 불러와서 실행하면 BizDB 데이터베이스에 fileUP이라는 테이블이 생성될 것이다.

## 11.3 자료실 게시판 구축

이제 파일 업로드 컴포넌트를 설치하고, 데이터베이스 테이블을 구성하고, 파일을 업로드 할 폴더를 지정하여 쓰기 권한을 주었다. 이러한 설정이 끝나면 본격적으로 파일 업로드 할 자료실 게시판 페이지를 제작하여 보자.

우선 다음과 같이 제작하고 파일을 업로드 할 폼의 이름을 fileup 폴더에 writeup.htm 이라고 저장하자.

### 예제 11_05) : 자료실 파일 업로드 페이지 (writeup.htm)

```
<html>
<head><title>게시판</title></head>
<script language="javascript">
<!--
function sendto()
{
```

```
        //이름
        if (document.bizpress.name.value == "")  {
                alert("이름을 입력하세요.");
                return false;
        }
        //제목
        if (document.bizpress.title.value == "") {
                 alert("제목을 입력하세요.");
                 return false;
        }
         theFeats =
"height=120,width=500,location=no,menubar=no,resizable=no,scrollbars=no,status=no,toolbar=no";
    theUniqueID = (new Date()).getTime() % 1000000000;
    window.open("fileup_bar.asp?ID=" + theUniqueID, theUniqueID, theFeats);
    document.bizpress.action = "writeup_ok.asp?ID=" + theUniqueID;
              document.bizpress.submit();
}
//-->
</script>
<body bgcolor="#ffffff">
<table>
<form name="bizpress" method="POST" action="writeup_ok.asp" enctype="multipart/form-data">>
<table border="0" cellspacing="0" width="540" cellpadding="0">
<tr>
    <td width="80" height="50" align="right" bgcolor="#ffffFF">

<img src="images\write.gif" width="52" height="32" border="0"">     </td>
    <td width="460" height="50" align="left" bgcolor="#FFFFFF">
      <font face="돋움" size="3" color="#004080"><strong>게시판 글 올리기</strong></font>
    </td>
</tr>
<tr>
```

```
        <td width="80" height="030" align="center" bgcolor="#DDEEFF">
          <font face="돋움" size="2" color="#004080"><strong>글쓴이</strong></font>
        </td>
        <td width="460" height="030" align="left"bgcolor="#FFFFFF">
          <input type="text" name="name" size="20" style="border: 1 solid">
        </td>
    </tr>
    <tr>
        <td width="80" height="030" align="center" bgcolor="#DDEEFF">
         <font face="돋움" size="2" color="#004080"><strong>E-mail</strong></font>
        </td>
        <td width="460" height="030" align="left"bgcolor="#FFFFFF">
         <input type="text" name="email" size="30" style="border: 1 solid">
        </td>
    </tr>
    <tr>
        <td width="80" height="030" align="center" bgcolor="#DDEEFF">
          <font face="돋움" size="2" color="#004080"><strong>자료선택</strong></font>
        </td>
        <td width="460" height="030" align="left" bgcolor="#FFFFFF">
        <input type="file" name="filefield1" size="30" style="border: 1 solid">
        </td>
    </tr>
    <tr>
       <td width="80" height="030" align="center" bgcolor="#DDEEFF">
         <font face="돋움" size="2" color="#004080"><strong>글제목</strong></font>
       </td>
       <td width="460" height="030" align="left" bgcolor="#FFFFFF">
         <input type="text" name="title" size="30"style="border: 1 solid">
       </td>
    </tr>
    <tr>
```

```
    <td width="80" align="center" bgcolor="#DDEEFF">
      <font face="돋움" size="2" color="#004080"><strong>글</strong></font>
    </td>
    <td width="460" align="left" bgcolor="#FFFFFF">
       <textarea wrap="hard" rows="11" name="content" cols="63" style="border: 1
solid"></textarea>
    </td>
</tr>
<tr>
    <td width="80" height="030" align="center" bgcolor="#DDEEFF">
      <font face="돋움" size="2" color="#004080"><strong>비밀번호</strong></font></td>
    <td width="460" height="030" align="left" bgcolor="#FFFFFF">
      <input type="password" name="pwd" size="8" style="border: 1 solid">
         <font face="돋움" size="2">(수정과 삭제시 필요!! )</font>
    </td>
</tr>
</table>
 <p>
  <input type="button" value="글올리기" name="write" OnClick="sendto()"
style="background-color:rgb(153,204,255);"> 
  <input type="button" value="글 다시쓰기" name="reset"
style="background-color:rgb(153,204,255);"> 
 </p>
</form>
</table>
</body>
</html>
```

[실행결과]

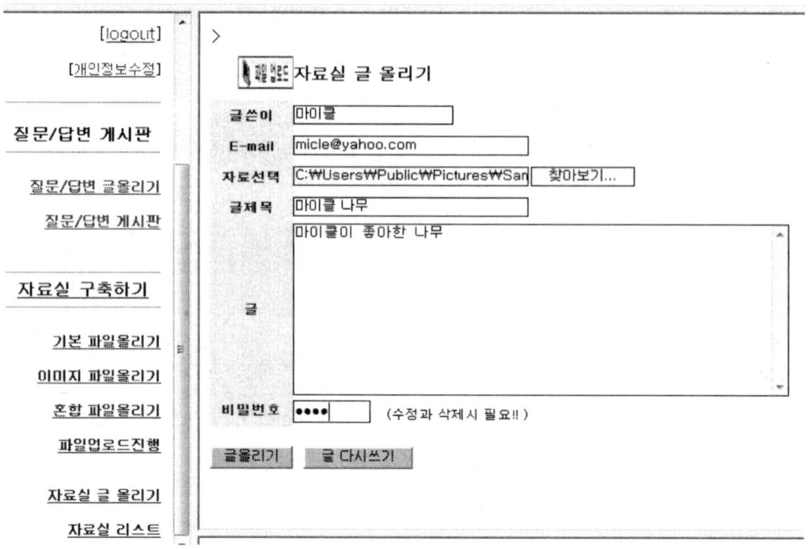


〈그림 11-4〉 자료실 게시판 글 올리기 화면

위에서 파일 업로드 진행상황을 알려주는 fileup_bar.asp 페이지는 앞의 연습문제에서 사용한 파일을 조금 고쳐서 사용할 수 있다. 그러면 이제 이렇게 받은 정보를 받아서 데이터베이스에 저장하고 처리할 페이지를 만들어 보자.

### 예제 11_06) : 자료실 파일 업로드 자료 처리 페이지 (writeup_ok.asp)

---

```
<%@EnableSessionState=False%>
<%
response.buffer=true
Response.Expires = -10000
Server.ScriptTimeOut = 1800

Set db = Server.CreateObject("ADODB.Connection")
db.Open "Provider=SQLOLEDB.1;Password=00000;Persist Security Info=True;User ID=sa;Initial
Catalog=BizDB;Data Source=DB서버"
```

```
 SQL = "Select Max(num) from fileup"

 Set rs = Server.CreateObject("ADODB.Recordset")
 rs.Open SQL, db

 If IsNULL(rs(0)) Then
   number = 1
 else
   number = rs(0) + 1
 End If

Set theForm = Server.CreateObject("ABCUpload4.XForm")
theForm.Overwrite = True
theForm.MaxUploadSize = 1000000000
theForm.ID = Request.QueryString("ID1")

upchk=0
Fname=hour(now)&minute(now)

Set theField = theForm("filefield1")(1)
filename1=theform("name")&"-"&Fname&"-"&thefield.safefilename

If theField.FileExists Then
          if thefield.length<610000000 then
               upchk=999
               theField.Save "upload/"& filename1
          else
               historyback "파일의 용량을 초과하였습니다..."
          end if
   else
        response.write "파일이 없음..."
end if
```

```
'---------------데이타베이스 입력 ---------------------------------------
if upchk=999 then
    fsize=round(thefield.length/1024)
    fname=theform("name")
    fname=replace(fname,"<","&lt")
    fmail=theform("email")
    ftitle=replace(theform("title"),"'","''")
    ftitle=replace(ftitle,"<","&lt")
    fcontent=replace(theform("content"),"'","''")
    fcontent=replace(fcontent,chr(13),"<br>")
    fpwd=theform("pwd")

    response.cookies("email")=fmail
    response.cookies("name")=fname


    SQL = "INSERT INTO fileup (name,email,filename,title,content,num,"
    SQL = SQL & " readnum,writeday,pwd) VALUES "
    SQL = SQL & "('" & fname & "'"
    SQL = SQL & ",'" & fmail & "'"
    SQL = SQL & ",'" & filename1 & "'"
    SQL = SQL & ",'" & ftitle & "'"
    SQL = SQL & ",'" & fcontent & "'"
    SQL = SQL & "," & number
    SQL = SQL & ", 0 ,'" & now() & "'"
    SQL = SQL & ",'" & fpwd & "')"

    db.Execute SQL

    db.close
```

```
        set db=nothing


        Response.redirect "up_list.asp"

    end if

  %>
```

---

<소스 분석>

위의 페이지는 일반게시판 제작에서 write_ok.asp를 응용한 것으로 어려운 부분이 없기 때문에 쉽게 이해할 수 있는 내용이다. 그리고 마지막으로 게시판의 내용 리스트와 마찬가지로 Response.redirect "up_list.asp"를 통하여 "up_list.asp"로 페이지로 되돌려주고 있다. 우선 "up_list.asp" 페이지의 소스를 보자.

**예제 11_07) : 자료실 게시판 리스트 페이지 (up_list.asp)**

---

```
<% Option Explicit %>
<% Response.Expires=-1 %>
<!--#include file="func.asp"-->
<!--#include file="config.asp"-->
<%
    Dim Gotopage
    Dim objConn, Rs
    Dim pagecount, recordCount, cor, i, part, page
    Dim SQL

    GotoPage = Request("GotoPage")
    if GotoPage = "" then GotoPage = 1
```

```
    Set objConn = Server.CreateObject("ADODB.Connection")
    objconn.Open strConnect

     SQL = "select count(Board_idx) as recCount from fileup"
     Set Rs =  objconn.Execute(SQL)

     recordCount = Rs(0)
     pagecount = int((recordCount-1)/pagesize) +1

    SQL = "SELECT TOP " & pagesize & " * FROM fileup "
    if int(gotopage) > 1 then
      SQL = SQL & " WHERE Board_idx not in "
      SQL = SQL & "(SELECT TOP " & ((GotoPage - 1) * pagesize) & " Board_idx FROM fileup"
      SQL = SQL & " ORDER BY Board_idx DESC) "
    end if
    SQL = SQL & " order by Board_idx desc"



     Set Rs = objconn.Execute(SQL)
%>

<html>
<head>
<style>
A:LINK  {color:#0a0a34;text-decoration:none;}
A:VISITED  {color:#374273;text-decoration:none;}
A:ACTIVE  {color:red;text-decoration:underline;}
A:HOVER  {color:#4b4bcc;text-decoration:NONE;}
body, div, p, br, table, tr, td, form, textarea, input { font-family:gulim; font-size:9pt;
text-decoration:none;}
```

```
</style>
<Script language="javascript">
   function doSearch()
   {
      var searchString = document.frmSearch.searchString.value;
      if (CheckStr(searchString, " ", "")==0){
         alert("검색어를 기입해 주세요");
         document.frmSearch.searchString.value= "";
         document.frmSearch.searchString.focus();
         return;
      }
      document.frmSearch.submit();
   }

   function CheckStr(strOriginal, strFind, strChange){
       var position, strOri_Length;
       position = strOriginal.indexOf(strFind);

       while (position != -1){
         strOriginal = strOriginal.replace(strFind, strChange);
         position = strOriginal.indexOf(strFind);
      }

      strOri_Length = strOriginal.length;
      return strOri_Length;
   }
</script>

</head>
```

```
<body topmargin="0" leftmargin="0">
<div align="center">
<table border="0" width="623">
        <tr>
            <td width="617">
                <p style="line-height:20%; margin-top:0; margin-bottom:0;" align="left"></p>
            </td>
        </tr>
</table>
</div>
<p>
<center><h3>자 료 실</h3></center>
<p><table border="1" bordercolor="#FFFFFF" width="569" cellpadding="0" cellspacing="0"
height="150" style="border-collapse: collapse">

<table cellpadding="0" cellspacing="0" border="0" width="600">
   <tr>
      <td bgcolor="white" height="30" width="400" style="padding-top:5px;">
      글의 갯수 : <%=recordCount%>   
      [ <a href="writeup.htm?part=<%=part%>">자료올리기</a>]  
         <% if int(gotopage) > 1 then %>
            [<a href="up_list.asp?gotopage=<%=gotopage-1%>">이전</a>]
         <% else %>
            <font color="gray">[이전]</font>
         <% end if %>
          
         <% if int(gotopage) < int(pagecount) then %>
            [<a href="up_list.asp?gotopage=<%=gotopage+1%>">다음</a>]
         <% else %>
            <font color="gray">[다음]</font>
```

```
<% end if %>
</td>
<td width="200" align="right">
page ( <%=gotopage%> / <%=pagecount%> )
</td>
</tr>
</table>

<tr height="22">
<td width="610" align="center" bgcolor="#FFFFFF" bordercolorlight="#E0E9C9"
bordercolordark="#E0E9C9" height="6">
</p>
<table border="1" cellpadding="2" cellspacing="1" style="border-collapse: collapse"
bordercolor="#FFFFFF" width="604">

<tr height="22">
<td width="156" align="center" bgcolor="#EEEBEB" bordercolorlight="#FFFFFF"
bordercolordark="#FFFFFF" height="6">
<font color="#333333">올린이</font></td>
<td width="293" align="center" bgcolor="#EEEBEB" bordercolorlight="#FFFFFF"
bordercolordark="#FFFFFF" height="10">
<font style="font-size:9pt" color="#333333">제목</font></td>
<td width="98" align="center" bgcolor="#EEEBEB" bordercolorlight="#FFFFFF"
bordercolordark="#FFFFFF" height="6">
<font style="font-size:9pt" color="#333333">등록일시</font></td>
<td width="36" align="center" bgcolor="#EEEBEB" bordercolorlight="#FFFFFF"
bordercolordark="#FFFFFF" height="6">
<font color="#333333">조회</font></td>
</tr>
```

```
<%
Do until Rs.EOF
cor = "white"
if i mod 2 = 0 then
 cor = "#EFEFEF"
end if
%>
      <tr bgcolor="<%= cor %>" height="22"
onMouseOver='this.style.backgroundColor="#FFFFD3"'
onMouseOver='this.style.borderTop="#000000"' onMouseOut='this.style.backgroundColor="<%= cor
%>"'>
          <td width="156" align="center" height="17" bordercolorlight="#FFFFFF"
bordercolordark="#FFFFFF">
          <font color="#6F3535"><% if rs("email")="" then %>
                      <%=rs("name") %>
          <% else %></font>
          <p align="left">
                    <font color="#6F3535"> <img src="images/email.gif"> </font>
           <font color="#6F3535"><%=rs("name") %></font></a><font color="#6F3535">
          <% end if %></font>
          </td>
          <td width="293" height="23" bordercolorlight="#FFFFFF" bordercolordark="#FFFFFF">
          <font color="#6F3535"><% if cdate(rs("writeday"))=date() then %>
                    <img border="0" src="images/new.gif" hspace="5">
          <% else %>
                    <img border="0" src="images/dot1.gif" hspace="5">
          <% end if %>
          </font><a href="up_content.asp?key=<%=rs("Board_idx")%>"><font color="#6F3535"><%=
rs("title") %></font></a></td>
          <td width="98" align="center" height="17" bordercolorlight="#FFFFFF"
```

```
bordercolordark="#FFFFFF"><font color="#6F3535"><%=left(rs("writeday"),10) %></font></td>
            <td width="36" align="center" height="17" bordercolorlight="#FFFFFF"
bordercolordark="#FFFFFF"><font color="#6F3535"><%=rs("readnum")%></font></td>
        </tr>
<%
        Rs.Movenext
        Loop

        Rs.close
        objconn.close
        Set Rs = Nothing
        Set objconn = Nothing

%>
  </table>
                              </td>
        </tr>

        <tr>
          <td width="598" colspan="4" background="images/board_line.gif" height="1">
        </td>
        </tr>
        <tr>
          <td width="598" colspan="4" height="35">
          <table border="0" cellpadding="3" cellspacing="1" width="50%" height="30">
            <tr>
          <td align="center" width="700">
          <%call gotoPageHTML(GotoPage, Pagecount)%>
          </td>
            </tr>
```

```
            </table>
        <tr>
            <td width="598" colspan="4" background="images/board_line.gif" height="1">
            <img border="0" src="images/board_line.gif" width="4" height="2"></td>
          </tr>
          <tr>
            <td width="598" colspan="4" height="22">
            <font size="2" color="#808080"> </font></td>
          </tr>
            </table>
            </td>
          </tr>
      </table><br>
  <form name="frmSearch" Method="post" action="searchResult.asp" onSubmit="return false">
  <table cellpadding="1" cellspacing="0" width="500" style="border:1px solid #cfcfdf">
     <tr bgcolor="#E7E9F1" height="20">
          <td width="15%" bgcolor="#EEEBEB">
                 <p align="center">
                 <font color="#800000">Search</font></td>
           <td bgcolor="#EEEBEB">
           <select name="column" align="absmiddle">
                 <option value="name">글쓴이</option>
                 <option value="title" selected>제목</option>
           </select>
           <input type="text" size="20" name="searchString">
           <input type="button" value="검색" onClick="doSearch();" style="color:rgb(111,53,53);
  background-color:rgb(253,242,242);">
          </td>
     </tr>
  </table>
```

```
</form>
</body>
</html>
```

---

[실행결과]

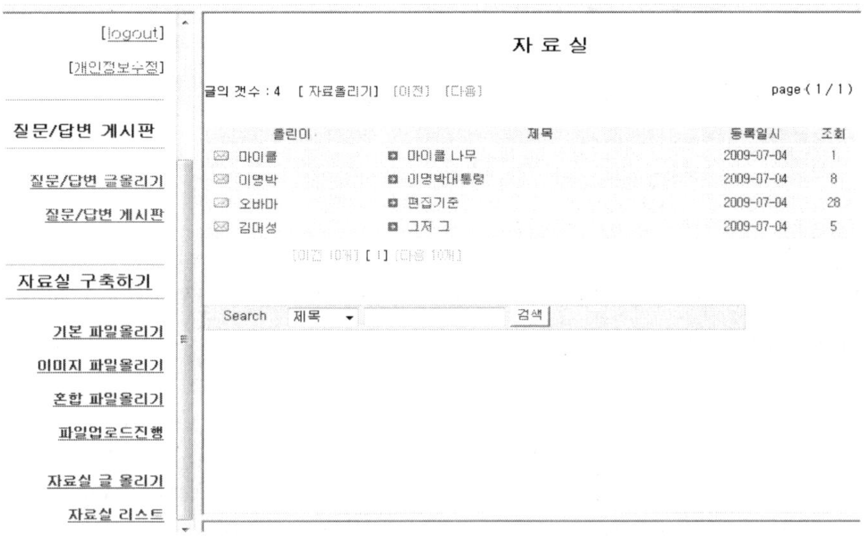


〈그림 11-5〉 자료실 게시판 리스트 화면

<소스 분석>

위의 자료게시판 리스트 페이지에서는 다른 게시판과 다르게 SSI(Server Side Include)를 이용하고 있다. 이 내용은 미리 이전에 설명하는 것이 좋았을지 모른다. 그러나 아마도 지금이 적절한 것 같은 생각이 든다. 서버사이드 인클루드라는 것은 일종의 일반 텍스트 파일로 어떤 페이지 밖에 저장해 두고, 필요할 때 불러서 사용하는 것이다. 이 SSI의 내용은 여러 가지 변수의 저장, 규칙적으로 사용하는 코드들의 집합으로 이루어 지는데 ASP 페이지로, 또는 inc, 또는 txt 파일로 만들어져도 상관은 없다. 사실 지금까지 우리는 어떤 ASP 페이지에서 데이터베이스를 연결하고 오픈하는데

```
Set db = Server.CreateObject("ADODB.Connection")
db.Open "Provider=SQLOLEDB.1;Password=00000;Persist Security Info=True;User ID=sa;Initial Catalog=BizDB;Data Source=DB서버"
```

라는 문장을 매번 사용하고 있다. 그러나 이 내용을 외부에 어떤 파일로 저장해 놓고 호출하여 사용할 수 있다면 편리할 것이다. 또한 데이터베이스 서버 등이 바뀌는 경우 외부의 호출할 파일 정보만 교체해 주면 된다. 즉, 위에서는 데이터베이스 연동 부분을 호출하기 위하여 다음과 같이

```
<!--#include file="config.asp"-->
```

config.asp 파일을 인클루드 시키고 있는데, 이 config.asp 파일은

```
<%
Dim StrConnect
strConnect= "Provider=SQLOLEDB.1;Password=00000;Persist Security Info=True;User ID=sa;Initial Catalog=BizDB;Data Source=DB서버"
%>
```

로 저장되어 있다. 이 확장자는 asp, inc, 또는 txt라도 상관이 없다고 했다. 이렇게 저장해 두고 필요한 경우 이 내용을 호출해서 사용할 수 있다면, dsn 이름이 바뀌든가, 계정의 아이디나 비밀번호가 바뀐 경우 이 인클루드 파일에서 한번만 변경해 주면 이 SSI 파일을 사용하는 ASP 페이지에 모두 적용되므로 참으로 유용하지 않은가? 이 시점에서 앞에서 연습한 게시판과 회원가입 등의 페이지에 이 인클루드 파일을 통해 수정하여 사용해 볼 것을 추천한다.

다음으로 등장하는 SSI는 func.asp 인데, 이 내용은

### 예제 11_07) : 페이징 및 함수 관련 서버사이드 인크루드 (func.asp)

```
<%
function ReplaceTag2Text(str)
    Dim text
    text = replace(str, "&", "&amp;")
    text = replace(text, "<", "&lt;")
    text = replace(text, ">", "&gt;")
```

```
    ReplaceTag2Text = text
End Function
%>

<%
'*****************************************************************
'* # FUNCTION NAME : 페이지별 바로가기
'* # FUNCTION CONT. : 게시판에서 페이지별 바로가기를 생성해 준다.
'* # MODIFICATIONS :
'*****************************************************************
Sub gotoPageHTML(page, Pagecount)
    Dim blockpage, i
    blockpage=Int((page-1)/10)*10+1

    '********** 이전 10 개 구문 시작 **********
    if blockPage = 1 Then
        Response.Write "<font color=silver>[이전 10개]</font> ["
    Else
        Response.Write "<a href='up_list.asp?gotopage=" & blockPage-10 & "'>[이전 10개]</a> ["
    End If
    '********** 이전 10 개 구문 끝**********

    i=1
    Do Until i > 10 or blockpage > Pagecount
        If blockpage=int(page) Then
            Response.Write " <font size=2 color=gray>" & blockpage & "</font>"
        Else
            Response.Write " <a href='up_list.asp?gotopage=" & blockpage & "'>" & blockpage & "</a>
"
        End If
```

```
        blockpage=blockpage+1
        i = i + 1
    Loop

    '********** 다음 10 개 구문 시작**********
    if blockpage > Pagecount Then
        Response.Write "] <font color=silver>[다음 10개]</font>"
    Else
        Response.write "] <a href='up_list.asp?gotopage=" & blockpage & "'>[다음 10개]</a>"
    End If
    '********** 다음 10 개 구문 끝**********
End Sub


'*************************************************************
'* # FUNCTION NAME : 검색결과에서 페이지별 바로가기
'* # FUNCTION CONT. : 검색결과에서 페이지별 바로가기를 생성해 준다.
'* # MODIFICATIONS :
'* # 참고사항 : 위의 함수에 각각의 링크에 column, searchString 을 추가해줌
'*************************************************************
Sub gotoPageOnSearch(page, Pagecount)
    Dim blockpage, i
    blockpage=Int((page-1)/10)*10+1

    '********** 이전 10 개 구문 시작 **********
    if blockPage = 1 Then
         Response.Write "<font color=silver>[이전 10개]</font> ["
    Else
        Response.Write "<a href='searchResult.asp?gotopage=" & blockPage-10 & _
```

```
                                    "&column=" & column & "&searchString=" & searchString &
"'>[이전 10개]</a> ["
   End If
   '********** 이전 10 개 구문 끝**********

   i=1
   Do Until i > 10 or blockpage > Pagecount
      If blockpage=int(page) Then
         Response.Write " <font size=2 color=gray>" & blockpage & "</font>"
      Else
         Response.Write " <a href='searchResult.asp?gotopage=" & blockpage & _
                                    "&column=" & column & "&searchString=" & searchString &
"'>" & blockpage & "</a> "
      End If

      blockpage=blockpage+1
      i = i + 1
   Loop

   '********** 다음 10 개 구문 시작**********
   if blockpage > Pagecount Then
      Response.Write "] <font color=silver>[다음 10개]</font>"
   Else
      Response.write "] <a href='searchResult.asp?gotopage=" & blockpage & _
          "&column=" & column & "&searchString=" & searchString & "'>[다음 10개]</a>"
   End If
   '********** 다음 10 개 구문 끝**********
End Sub

%>
```

위와 같이 함수를 따로 빼내서 SSI(서버 사이드 인클루드)파일로 만들어두고 사용하면 역시 많은 편리한 점이 있다. 여기에서 [이전 10개] 1 2 3 4 5 6 7 8 9 10 [다음 10개] 에 대한 소스설명이나 알고리즘에 대해서는 이야기하기에는 상당히 복잡하고 어려울 것 같다. 따라서 이에 대해서는 스스로 알고리즘을 분석해 보고자 노력해 보시기를 추천한다. 여기에서는 다만 다른 많은 개발자에 의해서 어느 정도 잘 만들어진 함수를 여러분에게 제공해 보도록 한다.

그리고 다음으로 이제 필요한 내용 및 자료를 다운받을 수 있는 up_content.asp 페이지를 제작해 보자.

### 예제 11_08) : 자료실 게시판 자료내용 페이지 (up_content.asp)

```
<%
response.buffer = true
'response.expires=0

dim key,SQL

key=request.querystring("key")
page=request.querystring("page")
part=request.querystring("part")

Set db = Server.CreateObject("ADODB.Connection")
db.Open "Provider=SQLOLEDB.1;Password=ebiz014630;Persist Security Info=True;User
ID=web01;Initial Catalog=BizDB;Data Source=EBIZ"

sql = "update fileup set readnum=readnum+1 where Board_idx="&key
db.execute(sql)

SQL = "Select * from fileup where Board_idx ="&key
```

```
set rs=db.execute(SQL)

%>
<html>

<head>
<title>자료실 내용</title>
<style>
body, div, p, br, table, tr, td, form, textarea, input { font-family:gulim; font-size:9pt;
text-decoration:none;}

<style type="text/css">{ }
    A:link { text-decoration:none }
    A:visited { text-decoration:none }
    A:active { text-decoration:none }
    .fldrroot { font-family: 굴림체;
         font-weight: bold;
         font-size  : 9pt
    }
    .fldritem {
         font-family: 굴림체;
         font-weight: normal;
         font-size  : 9pt;
    }
    -->
</STYLE>
</head>
<body topmargin="0" leftmargin="0">
<table border="0" cellpadding="0" cellspacing="0" style="border-collapse: collapse"  width="100%">
    <tr>
```

```
    <td width="100%" valign="top" height="40">
      <center><h3>자 료 내 용</h3></center>
    </td>
  </tr>
  <tr>
    <td width="100%" align="center">
    <table border="0" cellpadding="5" cellspacing="1" width="99%" style="border-collapse:
height="50">
    <tr>
    <td width="100%" colspan="2" height="18"><font color="#333333" face="돋움"
size="2"> 
    <img src="images/radial_gray.gif" width="11" height="11" border="0"></font>
    <font style="font-size:9pt" color="#333333" face="돋움" size="2">
    <b>제목</b> :  <%=rs("title")%></font></td>
    </tr>
    <tr>
    <td width="34%"><font color="#333333" face="돋움" size="2"> 
    <img src="images/radial_gray.gif" width="11" height="11" border="0"></font>
    <font style="font-size:9pt" color="#333333" face="돋움" size="2">
    <b>일자</b> :  20<%=left(rs("writeday"),13)%></font>
    </td>
    <td width="66%"><font color="#333333" face="돋움" size="2">   
    <img src="images/radial_gray.gif" width="11" height="11" border="0"></font>
    <font style="font-size:9pt" color="#333333" face="돋움" size="2">
    <b>올린이</b> : <%=rs("name")%></font></td>
    </tr>
    <tr>
      <td width="34%" height="16">
        <font color="#333333" face="돋움" size="2"> 
        <img src="images/radial_gray.gif" width="11" height="11" border="0"></font>
```

```
<font style="font-size:9pt" color="#333333" face="돋움" size="2">
<b>조회</b> :  <%=rs("readnum")%></font>
</td>
<td width="66%" height="16">
<font color="#333333" face="돋움" size="2">   
<img src="images/radial_gray.gif" width="11" height="11" border="0"></font>
<font style="font-size:9pt" color="#333333" face="돋움" size="2">
<b>E-mail</b> : </font>
<font style="font-size:9pt" color="#333333" face="돋움" size="2">
<%=rs("email")%></font>
</td>
</tr>
<tr>
  <td width="100%" colspan="2" height="16">
    <img src="images/radial_gray.gif" width="11" height="11" border="0">
  <font style="font-size:9pt" color="#333333" face="돋움" size="2">
  <b>파일</b> :  
   <a href="upload/<%=rs("filename")%>">
   <font color="#333333"><%=rs("filename")%></font></a></font>
   </td>
 </tr>
 </table>
</td>
</tr>
<tr>
        <td width="100%" align="center">
<tr>
  <td width="299" height="129" bgcolor="#ECF3F4" bordercolorlight="#823B3B"
bordercolordark="#6F3535" align="left" valign="top" style="line-height: 150%" bordercolor="maroon">
   <font style="font-size:9pt" color="#6F3535">   
```

```
        <%=rs("content")%>
       </font>
      </td>
    </tr>
      </td>
    </tr>
    <tr><td width="100%" colspan="2" height="16"></td></tr>

        <tr>
          <td width="100%" align="center">
          <p align="left">
          <font color="#333333">  
          [<img border="0" src="images/delete.gif">
          </font>
           <a href="del.asp?idx=<%=key%>">
           <font color="#333333">삭제하기</font></a><font color="#333333"> ] 
          [<img border="0" src="images/edit.gif"> </font>
           <a href="editup.asp?idx=<%=key%>">
           <font color="#333333">내용수정</font></a>
          <font color="#333333"> ] 
          [</font><a href="upload/<%=rs("filename")%>">
          <font color="#333333">
           <img border="0" src="images/file.gif"> 파일 다운 받기</font></a>
          <font color="#333333"> ] 
          [<img border="0" src="images/list.gif"></font>
          <a href="#" onclick="history.back();">
          <font color="#333333">리스트로 이동</font></a>
          <font color="#333333"> ]  </font>
          </td>
        </tr>
```

```
</table>
</body>
</html>
<%
set rs=nothing
db.close
set db=nothing
%>
```

[실행결과]

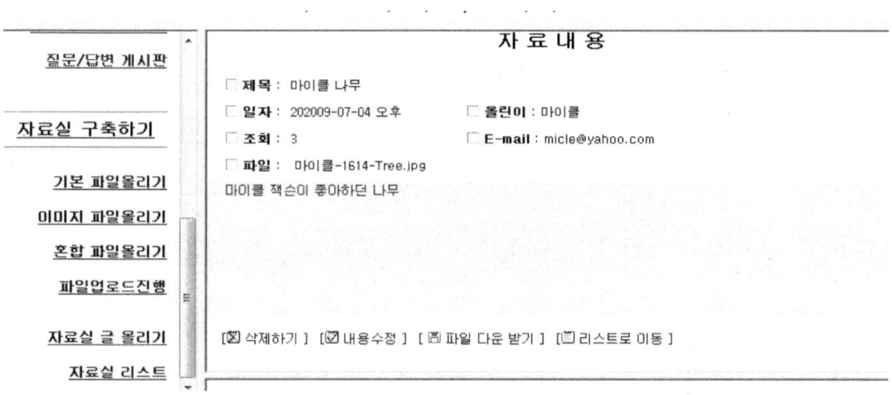


〈그림 11-6〉 자료실 게시판 자료내용 화면

위의 내용은 아주 특별한 것은 없고, 다만 파일을 다운받는 부분에서 다음 처럼

```
<a href="upload/<%=rs("filename")%>">파일 다운 받기</a>
```

처리하고 있다. 즉 현재 디렉터리에 있는 서브 디렉터리 upload에서 DB 테이블 filename과 일치하는 이름의 파일을 다운받을 수 있도록 처리하고 있다.

그리고 다음에 주어진 삭제하기, 수정하기, 그리고 검색 페이지는 앞 장에서 다룬 게시판을 응용하여 쉽게 제작할 수 있는 내용이다. 물론 여러분의 취향으로 다르게 만들 수 있다면 내공이 상당히 쌓여간다는 것을 의미하는 것이다.

### 예제 11_09) : 자료실 게시판 내용 및 자료삭제 페이지 (del.asp)

```
<html>
<head><title>삭제</title></head>
<body bgcolor="#ffffff">
<p><br></p>
<form method="POST" action="del_ok.asp">
   <div align="left"><table border="1" cellspacing="0" width="226" height="72">
    <tr>
      <td bgcolor="#99CCFF" height="20" width="224"><div align="left"><p>
      <font color="#FFFF00" face="Comic Sans MS"> </font><strong><font size="5" face="Comic
Sans MS">삭               제</font></strong>
</td>
    </tr>
    <tr align="left">
      <td bgcolor="#E1E1E1" width="224" height="36"><div align="center"><center><p> <input
type="hidden" name="idx" value="<%=request("idx")%>">
      <font face="돋움" size="2">비밀번호 : 
         <input type="password" name="pwd" size="8"></font><br>
            </td>
    </tr>
  </table>
  </div><div align="left"><p><input type="submit" value=" 삭 제 "
style="background-color:rgb(153,204,255);">
     <font face="돋움" size="2">[<a href="up_list.asp">list로 돌아가기</a>]</font></p>
  </div>
</form>
</body>
```

```
</html>
```

[실행결과]

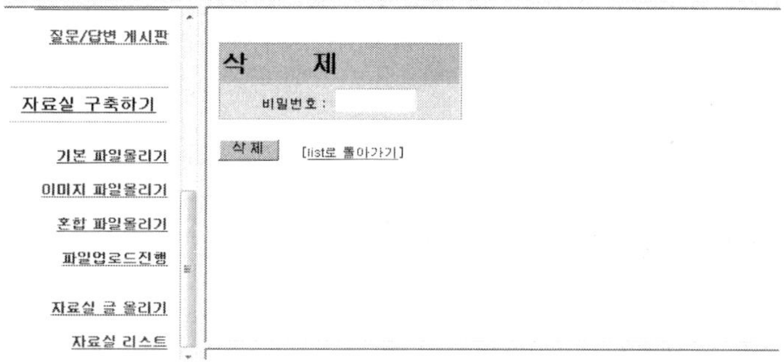


<그림 11-7> 자료실 삭제를 위한 비밀번호 입력 화면

### 예제 11_10) : 자료실 게시판 내용 및 자료삭제 처리 페이지 (del_ok.asp)

```
<%
   Set db = Server.CreateObject("ADODB.Connection")
   db.Open "Provider=SQLOLEDB.1;Password=ebiz014630;Persist Security Info=True;User
ID=web01;Initial Catalog=BizDB;Data Source=EBIZ"

    SQL = "select * from fileup where board_idx = " & request("idx")
    set result = db.execute(SQL)

    if request("pwd") = result("pwd") then
       SQL = "Delete from fileup "
       SQL = SQL & " where board_idx = " & request("idx")
       db.execute SQL

       url=server.MapPath("upload/"&result("filename"))

       Set Fso = CreateObject("Scripting.FileSystemObject")
```

```
        do while fso.FileExists(url)
            if fso.Fileexists(url) then
                fso.DeleteFile Cstr(url), True
            end if
        loop
    else
%>
                <script language="javascript">
                alert("비밀번호가 틀렸습니다");
                history.back();
                </script>
<% end if %>
        <script language="javascript">
        alert("삭제 되었습니다..");
        </script>
<%
        set rs=nothing
        db.close
        set db=nothing
        set fso=nothing
        Response.Redirect "up_list.asp"
%>
```

---

예제 11_11) : 자료실 게시 내용 수정 페이지 (editup.asp)

---

```
<%

    Set db = Server.CreateObject("ADODB.Connection")
    db.Open "Provider=SQLOLEDB.1;Password=ebiz014630;Persist Security Info=True;User
```

```
ID=web01;Initial Catalog=BizDB;Data Source=EBIZ"


   SQL = "SELECT * FROM fileup where board_idx=" & request("idx")

    Set rs = Server.CreateObject("ADODB.Recordset")
    rs.Open SQL,db

    content = replace(rs("content"),"chr(124)_pipe","|")
%>
<html>
<head><title>게시판</title></head>
<script language="javascript">
<!--
function sendto()
{
        //이름
        if (document.bizpress.name.value == "")  {
                alert("이름을 입력하세요.");
                return false;
        }
        //제목
        if (document.bizpress.title.value == "") {
                alert("제목을 입력하세요.");
                return false;
        }
                document.bizpress.submit();
}
//-->
</script>
```

```
<body bgcolor="#ffffff">
<table>
<form name="bizpress" method="POST" action="editup_ok.asp">
<table border="0" cellspacing="0" width="540" cellpadding="0">
<tr>
    <td width="80" height="50" align="right" bgcolor="#ffffFF">

<img src="images\write.gif" width="52" height="32" border="0"">     </td>
    <td width="460" height="50" align="left" bgcolor="#FFFFFF">
      <font face="돋움" size="3" color="#004080"><strong>자료실 글 수정하기</strong></font>
    </td>
</tr>
<tr>
    <td width="80" height="030" align="center" bgcolor="#DDEEFF">
      <font face="돋움" size="2" color="#004080"><strong>글쓴이</strong></font>
    </td>
    <td width="460" height="030" align="left"bgcolor="#FFFFFF">
      <input type="hidden" name="idx" value="<%=rs("Board_idx")%>">
      <input type="text" name="name" size="20" style="border: 1 solid" value="<%=rs("name")%>">
    </td>
</tr>
<tr>
    <td width="80" height="030" align="center" bgcolor="#DDEEFF">
     <font face="돋움" size="2" color="#004080"><strong>E-mail</strong></font>
    </td>
    <td width="460" height="030" align="left"bgcolor="#FFFFFF">
     <input type="text" name="email" size="30" style="border: 1 solid" value="<%=rs("email")%>">
    </td>
</tr>
<tr>
```

```
    <td width="80" height="030" align="center" bgcolor="#DDEEFF">
      <font face="돋움" size="2" color="#004080"><strong>글제목</strong></font>
    </td>
    <td width="460" height="030" align="left" bgcolor="#FFFFFF">
      <input type="text" name="title" size="30" value="<%=rs("title")%>">
    </td>
</tr>
<tr>
    <td width="80" align="center" bgcolor="#DDEEFF">
      <font face="돋움" size="2" color="#004080"><strong>글</strong></font>
    </td>
    <td width="460" align="left" bgcolor="#FFFFFF">
       <textarea wrap="hard" rows="11" name="content" cols="63" style="border: 1 solid">
       <%=content%>
       </textarea>
    </td>
</tr>
<tr>
    <td width="80" height="030" align="center" bgcolor="#DDEEFF">
      <font face="돋움" size="2" color="#004080"><strong>비밀번호</strong></font></td>
    <td width="460" height="030" align="left" bgcolor="#FFFFFF">
      <input type="password" name="pwd" size="8" style="border: 1 solid">
         <font face="돋움" size="2"></font>
    </td>
</tr>
</table>
 <p>
   <input type="button" value="수정완료" name="write" OnClick="sendto()"
style="background-color:rgb(153,204,255);"> 
   <input type="button" value="다시수정" name="reset"
```

```
style="background-color:rgb(153,204,255);"> 
 </p>
</form>
</table>
</body>
</html>
```

---

## 예제 11_12) : 자료실 게시 내용 수정하기 처리 페이지 (editup_ok.asp)

---

```
<%
a1=request("name")
a2 = request("email")
title = request("title")
pwd = request("pwd")
content = request("content")

Set db = Server.CreateObject("ADODB.Connection")
db.Open "Provider=SQLOLEDB.1;Password=ebiz014630;Persist Security Info=True;User
ID=web01;Initial Catalog=BizDB;Data Source=EBIZ"

'현재 글의 비밀번호를 가져오는 쿼리문을 작성한다.

SQL = "Select pwd from fileup where board_idx = " & request("idx")
set result = db.execute(SQL)

'입력받은 비밀번호와 실제 비밀번호를 비교하여 일치한다면

if request("pwd") = result("pwd") then
```

```
            SQL = "Update fileup set name = '" & a1 & "'"
            SQL = SQL & ", title = '" & title & "'"
            SQL = SQL & ", email = '" & a2 & "'"
            SQL = SQL & ", content = '" & content & "'"
            SQL = SQL & " where board_idx = " & request("idx")

        db.execute SQL

        Response.Redirect "up_list.asp"
        '데이터베이스에 현재의 레코드를 업데이트하고 리스트로 돌아가게 해준다.
    else
     '이전 폼으로 되돌려 보낸다. 예를 들면,
    response.redirect"Editup.asp?idx=" & request("idx")

  end if
  %>
  <script language="javascript">
     alert("비밀번호가 일치하지 않습니다");
     history.back();
  </script>
```

---

## 예제 11_13) : 자료실 게시 리스트의 검색 처리 페이지 (SearchResult.asp)

---

```
  <% Option Explicit %>
  <% Response.Expires=-1 %>
  <!--#include file="config.asp"-->
  <!--#include file="func.asp"-->
  <html>
```

```
<head> <title>검색결과</title>
<style type="text/css">
  A {text-decoration: none; color:navy }
  A:hover {text-decoration: underline; color:#ff4500}
  td { font-family:돋움; font-size:12 }
</style>
</head>
<%
  Dim Gotopage, column, searchString
  Dim Dbcon, Rs
  Dim pagecount, recordCount
  Dim SQL

  GotoPage = Request("GotoPage")
  if GotoPage = "" then GotoPage = 1

  column = Request("column")
  searchString = Request("searchString")

  Set Dbcon = Server.CreateObject("ADODB.Connection")
  Dbcon.Open strConnect

  SQL = " SELECT count(Board_idx) from fileup "
  SQL = SQL & " Where " & column & " like '%" & searchString & "%'"

  Set Rs = Dbcon.Execute(SQL)

  recordCount = Rs(0)
  pagecount = int((recordCount-1)/pagesize) +1
```

```
  SQL = "SELECT TOP " & pagesize & " * FROM fileup "
if int(gotopage) > 1 then
SQL = SQL & " WHERE " & column & " like '%" & searchString & "%' and Board_idx not in "
SQL = SQL & "(SELECT TOP " & ((GotoPage - 1) * pagesize) & " Board_idx FROM fileup"
SQL = SQL & " Where " & column & " like '%" & searchString & "%'"
SQL = SQL & " ORDER BY Board_idx DESC) order by Board_idx desc"
else
SQL = SQL & " Where " & column & " like '%" & searchString & "%'"
SQL = SQL & " order by Board_idx desc"
end if

  Set Rs = Dbcon.Execute(SQL)
%>
<body topmargin="5" leftmargin="20">
<br>
<table cellpadding="0" cellspacing="0" border="0" width="600">
  <tr bgcolor="slategray">
    <td height="30" width="300">  
      <font size="3" color=white><b>검색 결과 리스트</b></font>
    </td>
    <td width="300" align="right"><font color=white>
      <B><%=recordCount%></b> 개의 검색결과가 있습니다   
      page ( <%=gotopage%> / <%=pagecount%> ) </font> 
    </td>
  </tr>
  <tr bgcolor="white">
    <td height="20" colspan=2>  
      <a href="up_list.asp">&lt;&lt; 리스트로</a>
    </td>
  </tr>
```

```
</table>

<table cellpadding="3" cellspacing="1" width="600" bgcolor="slategray">
  <tr bgcolor="#eeeeee" height="25">
    <td width="340" align="center">제  목</td>
    <td width="20" align="center"><img src="images/clipw.gif" WIDTH="13" HEIGHT="13"></td>
    <td width="60" align="center">글쓴이</td>
    <td width="50" align="center">읽음수</td>
    <td width="130" align="center">날짜</td>
  </tr>
<%
    Dim Board_idx, name, email, title, yymmdd, strNew
    Dim yy, mm, dd, h, mi, readnum

    Do until Rs.EOF

      Board_idx = rs("Board_idx")
      name = rs("name")
      email = rs("email")

      If Len(name) > 4 Then name = Mid(name,1,4) & ".."
      if name="" then name="無名"

      name = ReplaceTag2Text(name)

      title = rs("title")
      If Len(title) > 22 Then title = Mid(title,1,23) & "..."
      If Trim(title) = "" then title = "[제목없음]"

      title = ReplaceTag2Text(title)
```

```
        yymmdd = rs("writeday")
        strNew = ""
        if datediff ("n",yymmdd,Now()) < 1440 then
          strNew = " <img src='images/new.gif' border=0>"
        end if

        yy= year(yymmdd)
        mm = right("0" & month(yymmdd),2)
        dd = right("0" & day(yymmdd),2)
        h = right("0" & hour(yymmdd),2)
        mi = right("0" & minute(yymmdd),2)
        yymmdd = yy & "/" & mm & "/" & dd & " (" & h & ":" & mi & ")"

        readnum = rs("readnum")
%>
  <tr bgcolor="white">
    <td height="20" style="padding-left:10px;">
    <%=title%> <%=strNew%></td>
    <td align="center"> </td>
    <td align="center">
      <% if email <>"" then %>
        <a href="mailto:<%= email%>"><%=name%></a>
      <%else%>
        <%=name%>
      <%end if%>
    </td>
    <td align="center"><%=readnum%></td>
    <td align="center"><%=yymmdd%></td>
  </tr>
```

```
<%
        Rs.Movenext
    Loop

    Rs.close
    Dbcon.close
    Set Rs = Nothing
    Set Dbcon = Nothing
%>
  <tr height="30" bgcolor="#eeeeee">
    <td align="center" colspan="5">
      <%call gotoPageOnSearch(GotoPage, Pagecount)%>
    </td>
  </tr>
</table>
</body>
</html>
```

여기에서 관리자 구역은 취급하지 않았지만, 지금까지의 과정을 잘 이해한 사람이면 어렵지 않게 관리자 구역을 만들어 사용할 수 있을 것이다.

웹사이트 구축을 위한

# ASP 웹 프로그래밍


2012년 2월 13일 인쇄
2012년 2월 17일 발행
저 자 김 대 성 저
펴낸이 오 성 걸
펴낸곳 오성미디어
주 소 132-916 서울시 도봉구 창 3동 491-1
전 화 02) 997-0136
FAX 02) 997-0137
등 록 2000. 5. 12 제 7-212 호
ISBN 978-89-6823-029-2 값 20,000원